スクールロイヤー

学校現場の事例で学ぶ教育紛争実務

Q&A 170

神内　聡 著

日本加除出版株式会社

は じ め に

　本書は、現職の高校教員と弁護士を兼業する筆者が、「教師」と「弁護士」の異なる視点を融合させて、スクールロイヤーを担当する弁護士と、教育紛争に対応する教師の先生方のお役にたてればと思い、170問に及ぶQ＆Aを1冊にまとめたものです。

　2016年に、文部科学省が概算予算要求の中で初めて政策として「スクールロイヤー」という語を使用して以来、教育関係者だけでなく法律家の間でも注目が集まっているスクールロイヤーですが、2018年1月に日本弁護士連合会が発表した「『スクールロイヤー』の整備を求める意見書」は、「子どもの最善の利益」を実現する観点からスクールロイヤーが活躍できる様々な場面を紹介しています。この意見書は保護者のクレームを「教育対象暴力」と称してモンスター・ペアレント対策としてスクールロイヤーを普及しようとする一部の動向を牽制する意義を持っており、筆者も素晴らしい意見書だと考えていますが、同時にスクールロイヤーにとって最も必要な知識は、子どもの権利ではなく教育現場の実情に関する知識であるとも考えています。

　本書は、そのようなスクールロイヤーにとって必要な知識を、170に及ぶ設問にまとめました。どの設問も教育現場では日常的に起きるケースですが、これまで法律家が正面から議論しておらず、他の弁護士の類書では掲載されていない争点も多数取り上げており、教員と弁護士の双方の視点を併せ持つ筆者の立場から、「教師の思考」と「弁護士の思考」の2つの思考を提示しつつ、スクールロイヤーに必要不可欠な知識を解説しています。また、本書の設問には、現役教師である筆者ならではの願いとして、一人一人人格と個性の異なる子どもたちと日々接する先生方が、マニュアル的な対応ではなくそれぞれの教員経験を踏まえて個別具体的な対応を考えてほしいという願いから、あえて結論を明示しない設問も含まれています。

　本書が教員と弁護士の異なる日常と思考の「架橋」となる役割を担うことができれば幸いです。

はじめに

　本書の出版に際しては、多くの方のご協力をいただきました。スクールロイヤーとしての勤務だけでなく、教師として未熟な自分をいつも支えてくださっている淑徳中学高等学校の先生方、教育現場と弁護士のあるべき関係について、いつも真剣な議論の中で私にたくさんの知見を与えてくださるスクールコンプライアンス学会の弁護士の先生方、約30年間私立学校の教師として勤務した後に弁護士に転身して私の事務所に参画していただいた上、国語教師の経歴を活かして本書の校正作業に尽力していただいた原口暁美先生、いつも明るく元気な笑顔と大人が決して思いつくことのできない豊かな発想で教師の仕事の魅力を伝えてくれる、教師の私にとって本当に「宝物」である淑徳高校の生徒の皆さんと卒業生の皆さん、そして、前作と同じく私との「不動のコンビネーション」で忙しい中でも適切で力強いアドバイスと素晴らしいアイデアで執筆作業を支え続けてくださった日本加除出版の山口礼奈さんに、この場を借りて本当に心から感謝の言葉を申し上げたいと思います。

　2018年3月3日　卒業式の日に

　　　　　　　　　　　　　　　　　　　　　　　　　神内　聡

凡　例

1　法令等の略記について

いじめ防止法　→いじめ防止対策推進法（2015施行）

給特法　→公立の義務教育諸学校等の教育職員の給与等に関する特別措置法

標準法　→公立義務教育諸学校の学級編制及び教職員定数の標準に関する法律

情報公開法　→行政機関の保有する情報の公開に関する法律

個人情報保護法　→個人情報の保護に関する法律

地方教育行政法　→地方教育行政の組織及び運営に関する法律

教育機会確保法　→義務教育の段階における普通教育に相当する教育の機会の確保
　　等に関する法律（2017施行）

障害者差別解消法　→障害を理由とする差別の解消の推進に関する法律（2017施行）

性同一性障害者特例法　→性同一性障害者の性別の取扱いの特例に関する法律
　　（2003制定）

改正著作権法　→平成30年5月25日法律第30号

いじめ防止法ガイドライン　→「いじめの防止等のための基本的な方針」（2017改定）

超勤務基準政令　→公立の義務教育諸学校等の教育職員を正規の勤務時間を超えて
　　勤務させる場合等の基準を定める政令

超勤4項目　→公立の義務教育諸学校等の教育職員を正規の勤務時間を超えて勤務
　　させる場合等の基準を定める政令2号

2　判例の略記について

最一小判平成27年4月9日民集69巻3号455頁
　→最高裁判所第一小法廷判決平成27年4月9日最高裁判所民事判例集69巻3号
　　455頁

[判例集略語]

民集	最高裁判所民事判例集		刑集	最高裁判所刑事判例集
行集	行政事件裁判例集		下民	下級裁判所民事裁判例集

iii

東高民	東京高等裁判所判決時報民事	刑月	刑事裁判月報
集民	最高裁判所裁判集民事	判時	判例時報
判タ	判例タイムズ		

3 用語の略記について

文科省 →文部科学省

日弁連 →日本弁護士連合会

中教審 →中央教育審議会

パワハラ →パワーハラスメント

SNS →ソーシャル・ネットワーキング・サービス

4 出典の略記等について

神内聡『学校内弁護士』 →神内聡『学校内弁護士 学校現場のための教育紛争対策ガイドブック』（日本加除出版、2016）

「チーム学校」答申 →中央教育審議会答申「チームとしての学校の在り方と今後の改善方策について」（2015）

学校における働き方改革特別部会「中間まとめ」 →「新しい時代の教育に向けた持続可能な学校指導・運営体制の構築のための学校における働き方改革に関する総合的な方策について（中間まとめ）」（2017）

中央教育審議会「チームとしての学校の在り方と今後の改善方策について」
→http://www.mext.go.jp/b_menu/shingi/chukyo/chukyo0/toushin/__icsFiles/afieldfile/2016/02/05/1365657_00.pdf

日本弁護士連合会「『スクールロイヤー』の整備を求める意見書」（2018）
→https://www.nichibenren.or.jp/library/ja/opinion/report/data/2018/opinion_180118_06.pdf

文部科学省「業務の適正化・役割分担等に関する具体的な論点」 →http://www.mext.go.jp/b_menu/shingi/chukyo/chukyo3/079/siryo/__icsFiles/afieldfile/2017/09/01/1395044_1.pdf

学校における働き方改革特別部会「業務の適正化・役割分担等に関する具体的な論点」
→http://www.mext.go.jp/b_menu/shingi/chukyo/chukyo3/079/siryo/__icsFiles/afieldfile/2017/09/01/1395044_1.pdf

目　次

序章　スクールロイヤー

Q1　スクールロイヤーの定義 ………………………………………………… 1

Q2　スクールロイヤーに求められる能力 ………………………………… 5

Q3　スクールロイヤーと利益相反行為 …………………………………… 7

Q4　スクールロイヤーと顧問弁護士の違い ……………………………… 9

Q5　スクールロイヤーのイメージ ………………………………………… 11

Q6　スクールロイヤーの類型 ……………………………………………… 14

Focus-1　教育委員と弁護士 ……………………………………………… 18

第1章　教育法と教育紛争

第1節　教育法総論 ———————————————————— 19

Q7　日本の教育法の特徴と問題点 ………………………………………… 19

Q8　教育法における重要法令と重要判例 ………………………………… 25

Q9　教育法令の重要改正 …………………………………………………… 27

Q10　学校設置者による教員個人の法的責任の違い ……………………… 29

　　　　補足 公立学校教員が個人責任を負う場合 ……………………… 31

Q11　在学契約 ………………………………………………………………… 32

Q12　教員の職務 ……………………………………………………………… 34

　　　　補足 スクールカウンセラーなどの法定化 …………………… 38

Q13　日本の学校の特徴 ……………………………………………………… 39

目 次

Q14　学習権の保障と濫用の防止 ································· 41

Q15　日本の教育法制の特徴（体罰・停学・退学の全面禁止と弊害）········· 43

Q16　日本の義務教育 ·· 45

Q17　学習指導要領とアクティブ・ラーニングの法的拘束力 ····· 49

Q18　学校と家庭の役割分担 ······································ 52

Q19　日本の教員数 ·· 56

Focus-2　「日本式教育」の課題とアクティブ・ラーニング ······· 59

第2節　教育紛争の解決方法 ———————— 61

Q20　教育紛争の特徴 ·· 61

Q21　教育紛争の初期対応 ··· 65

Q22　教育紛争と「チーム学校」 ································· 66

Q23　教育紛争の解決で中心となる教員 ························· 68

Q24　学校による仲裁の適否 ······································ 71

Q25　スクールロイヤーが面談等に同席することの適否 ········ 72

Q26　被害届の取扱い ·· 75

Q27　校内での犯罪の調査の適否 ································· 76

Q28　教育紛争における文書作成 ································· 78

　　　補足　学校の積極的情報提供義務 ······················· 81

Q29　録音・秘密録音の適法性 ···································· 82

Q30　報告書を作成する際の注意点 ······························ 83

Q31　教育紛争における情報公開請求への対応 ················· 85

Q32　教育紛争の責任能力と保護者の法的責任 ················· 87

Q33　教育紛争と損害賠償保険 ···································· 89

Q34　教育裁判における民事訴訟上の問題 ······················ 91

Q35　教育裁判における民事保全上の問題 ······················ 94

Q36　教育ADR ·· 97

Focus-3　費用対効果から考える教育紛争の解決方法 ················· 99

第3節　学校の法的責任 ——————————————— 100

Q37　学校・教員の過失の内容 ································· 100

Q38　学校の法的責任と因果関係の成否 ················· 101

Q39　学校の安全配慮義務 ································· 102

Q40　教員の親権者代理監督者責任 ····················· 105

Q41　私立学校の使用者責任 ····························· 107

Q42　教員の法的責任の構成 ····························· 108

第4節　外部専門家 ————————————————— 112

Q43　教育紛争と外部専門家 ····························· 112

Q44　外部専門家の注意点 ······························· 114

Q45　スクールカウンセラーの守秘義務 ················· 115

Q46　スクールソーシャルワーカーによる紛争解決の問題 ······· 118

Q47　医師の診断書の扱い ······························· 121

Focus-4　教員の能力と経歴 ·························· 124

第2章　教育紛争の典型と問題

第1節　学校事故 ————————————————— 125

Q48　災害共済給付の仕組み ····························· 125

Q49　災害共済給付で補填されない損害と報告書の記載方法 ······· 127

Q50　学校事故の初期対応 ······························· 128

　補足　災害時児童生徒引取責任者 ····················· 130

Q51　学校事故と法的責任の範囲 ······················· 131

Q52　学校事故の注意義務の程度 ······················· 134

Q53　修学旅行や校外学習における注意義務の程度 ············· 138

　補足　旅行会社との契約 ····························· 141

| 目 次

Q54	休み時間中の事故	142
Q55	始業前や放課後の事故	146
補足	登下校中の事故	148
Q56	給食時間や清掃時間の事故	149
Q57	学校事故における児童生徒の過失と家庭の法的責任	152
補足	児童生徒の過失によって教員が被害を受けた場合	157
Q58	学校事故と危険性の判断	157
Q59	学校設置物の事故と「瑕疵」の判断	162
Q60	学校事故の報告書作成や詳細調査の義務と危機管理体制の構築	165

第2節　保護者対応　169

Q61	保護者対応の心構え	169
Q62	文書による保護者対応	172
Q63	家庭訪問のリスク	173
Q64	保護者対応の時間帯と勤務時間	175
Q65	別居中の保護者への対応	177
Q66	PTAと加入を拒否する保護者への対応	180

第3節　学級担任　182

Q67	学級担任の職務内容	182
Q68	学校事故判例における学級担任の法的義務	185
Q69	いじめ判例における学級担任の法的義務	190
Q70	学級担任の法的責任	194
Q71	学級担任と保護者の役割分担	197
Q72	学級担任の変更要求	201
Q73	学級制度のメリットとデメリット	203

Focus-5 教員の業務の国際比較と日本の学級担任の特殊性 … 207

第4節　いじめ ――――――――――――――――――――――――――――――― 210

Q74 いじめの予防と法的対応 ……………………………………… 210

Q75 いじめの定義 …………………………………………………… 212

Q76 いじめ防止法ガイドラインの改定のポイントと問題点 …… 215

Q77 いじめ対策組織の役割と独自性 …………………………… 220

Q78 いじめの初期対応 …………………………………………… 222

Q79 いじめの調査に応じる義務 ………………………………… 224

Q80 いじめの調査手法 …………………………………………… 226

Q81 いじめの被害者と加害者の言い分が異なる場合 ………… 228

Q82 いじめの加害者への指導と保護者の法的責任 ………… 231

Q83 いじめの加害者に対する法的手段 ………………………… 234

Q84 いじめと個人情報 …………………………………………… 235

Q85 いじめの解決手法 …………………………………………… 237

Q86 スクールロイヤーによる被害者・加害者及びその保護者
との直接面談 …………………………………………………… 239

Q87 スクールロイヤーが被害者の支援や加害者の指導に直接
関与する際の問題点 ………………………………………… 242

Q88 いじめの法的責任 …………………………………………… 243
　　　補足 被害者側の過失相殺について ……………………… 247

Q89 ネットいじめ ………………………………………………… 248

Q90 私立学校におけるいじめの加害者の出席停止 ………… 251

Q91 いじめと不登校 ……………………………………………… 253

Q92 重大事態調査委員会の主体と構成員 …………………… 255

Q93 重大事態に関する調査 ……………………………………… 258
　　　補足 自殺事案に関する重大事態ではない調査委員会
について …………………………………………………… 259

Q94 文部科学省子ども安全対策支援室への連絡 …………… 260

Q95 いじめ予防教育 ……………………………………………… 261

目 次

Q96 海外と比較した日本のいじめ対応 ………………………… 263

Focus-6 いじめと法的措置 ……………………………………… 269

第5節 不登校 ——————————————————— 271

Q97 不登校の理由と学校の役割 ……………………………… 271

Q98 教育機会確保法 …………………………………………… 273

Q99 不登校対策の法制度上の問題点 ……………………… 275

Q100 スクールロイヤーと不登校対応 ……………………… 280

Q101 起立性調節障害と不登校 ……………………………… 282

Q102 フリースクールへの転学要求 ………………………… 284

Q103 家庭問題と不登校 ……………………………………… 287

Focus-7 不登校に対する教員と弁護士の見方の違い ……… 289

第6節 生徒指導 ——————————————————— 290

Q104 生徒指導の特徴と法的問題 …………………………… 290

Q105 日本の生徒指導の特徴と問題点 ……………………… 292

Q106 校則の法的根拠 ………………………………………… 293

Q107 生徒指導と学校の役割 ………………………………… 296

Q108 生徒指導の手法の変更 ………………………………… 298

Q109 児童生徒の懲戒処分の方法と注意点 ………………… 299

Q110 懲戒処分と適正手続の保障 …………………………… 301

Q111 退学処分の注意点 ……………………………………… 304

Q112 自主退学勧告 …………………………………………… 307

Q113 校則に明示されていない理由による退学処分 ……… 308

Q114 小中学校での退学処分 ………………………………… 310

Q115 小中学校での停学処分 ………………………………… 311

Q116 高校での停学処分と自宅謹慎 ………………………… 313

Q117 私立小中学校における出席停止 ……………………… 314

Q118 原級留置処分と生徒指導 ……………………………… 316

Q119	児童生徒の政治的活動の制限	318
Focus-8	弁護士が生徒指導に関わることの難しさ	320

第7節 体 罰 — 322

Q120	体罰の定義	322
Q121	体罰を行った教員に対する処分	327
Q122	言葉の暴力と不適切な指導	329

第8節 発達障害・特別支援教育 — 331

Q123	不当な差別的取扱いの禁止と合理的配慮	331
Q124	法的視点から留意すべき発達障害の特徴	335
Q125	発達障害と成績評価	337
Q126	発達障害の診断を促すことの適否	339
Q127	発達障害の情報共有（発達障害児が加害者になった場合など）	340
Q128	私立学校と障害者差別解消法	342
Focus-9	インクルーシブ教育の課題	344

第9節 外国人 — 345

Q129	外国人の就学義務	345
Q130	外国人の保護者対応	346
Q131	外国人の子どもに対する教育	348

第10節 部活動 — 350

Q132	部活動顧問と部活動指導員の職務内容	350
Q133	部活動顧問と部活動指導員の関係	351
Q134	部活動指導員による懲戒	353
Q135	部活動に立ち会う義務	354
Q136	部活動指導に求められる能力	355
Q137	職務命令による部活動顧問の担当	356
補足	部活動に関する生徒の要求に学校が応じる義務	358

目 次

Q138 部活動顧問の法的責任と通常の学校事故との違い ………… 359
Q139 部活動中の事故に関して教員に法的責任を負わせるべき
ではない場合 ……………………………………………………… 362
Q140 部活動中の生徒の異常の認識と対応 ………………………… 368
Q141 自主練習中の事故 ………………………………………………… 371
Q142 部活動顧問と部活動指導員の報酬 …………………………… 372
Q143 部活動でのレギュラー選考 …………………………………… 374
　　　補足 特待生の学費返還義務 ……………………………… 376
Focus-10 学校内弁護士の視点から考える部活動問題 ………… 378

第11節　児童虐待 ——————————————————————— 380

Q144 学校と教員の虐待通告義務 …………………………………… 380
Q145 学校と児童相談所の関係 ……………………………………… 382

第12節　少年事件 ——————————————————————— 385

Q146 少年事件の類型と学校への連絡 ……………………………… 385
Q147 少年事件に関する学校の対応 ………………………………… 387
Q148 スクールロイヤーの犯罪被害者対応 ………………………… 391
　　　補足 教員が加害者である刑事事件の被害者対応に
ついて ……………………………………………………… 393
Focus-11 法律上の基準年齢と教育現場での課題 ……………… 394

第13節　教員の労働問題 ——————————————————— 395

Q149 教員の時間外労働 ………………………………………………… 395
Q150 教員の労働に関する判例理論 ………………………………… 397
Q151 教員のパワハラ …………………………………………………… 401
Q152 有期雇用教員と無期雇用への転換 …………………………… 404
Focus-12 教員の仕事のやりがいと労働時間 …………………… 407

第14節 法教育 —————————————————————— 408

　Q153 法教育の定義とスクールロイヤーの役割 ·············· 408

　Q154 日本の法教育の問題点 ·································· 409

　Q155 政治的教育の課題 ·································· 416

　Q156 高校生の選挙犯罪 ·································· 419

　Focus-13 新科目「公共」と道徳の教科化 ·············· 422

第15節 著作権 —————————————————————— 424

　Q157 学校の教育活動と著作権 ·························· 424

　Q158 入試問題と著作権 ·································· 426

　Q159 教育現場での公正な慣行に基づく引用 ·············· 428

　Q160 未成年者の商取引 ·································· 429

　　　補足 児童生徒のインターネットオークション取引の
　　　　　　制限 ·· 430

第3章 その他の教育紛争

　Q161 教員の成績評価権とアクティブ・ラーニング ·············· 431

　Q162 教員の連絡手段の制限 ·························· 433

　Q163 教員免許の更新 ································ 435

　Q164 学校徴収金の徴収 ······························ 437

　Q165 給食対応 ···································· 439

　Q166 通学路の指定と学校の法的責任 ·················· 443

　Q167 中高一貫教育の法的問題 ························ 444

　Q168 ホームスクーリングやインターナショナルスクールと
　　　　就学義務 ···································· 447

　　　補足 日本人学校・中学留学 ···················· 449

xiii

Q169 性同一性障害の児童生徒の対応 ……………………………… 451

Q170 学校と組織内弁護士 ………………………………………… 453

おわりに —————————————————————— 458

事項索引 —————————————————————— 461

判例索引 —————————————————————— 466

著者紹介 —————————————————————— 472

序章　スクールロイヤー

スクールロイヤーの定義

Q1　スクールロイヤーとは、どのような弁護士を指しますか。

A1　スクールロイヤーは、一般的には学校設置者から委託を受けて、教育現場で生じる様々な紛争の解決をサポートする弁護士であると理解されています。もっとも、スクールロイヤーの概念はより広く捉えることも可能であり、教員として勤務する弁護士（「学校内弁護士」）もスクールロイヤーの一種であると言えます。

　「スクールロイヤー」という語が教育現場や弁護士業界で現れた時期は不明だが、文科省が初めて「スクールロイヤー」という語を使用したのは、2017年度予算に関する概算要求事項（2016年8月発表）の「いじめ防止等対策のためのスクールロイヤー活用に関する調査研究」である[1]。

　同省が想定するスクールロイヤー制度は、「いじめ対策・不登校支援等総合推進事業」の一環として、法律の専門家である弁護士が、その専門的知識・経験に基づき、いじめの防止等の対策に関わることにより、法的側面からのいじめの抑止、法令に基づく対応の徹底等、生徒指導上の諸課題の解決に向けた先進的な取組の開発のための調査研究を行うものであり[2]、また、報道によれば、スクールロイヤーの弁護士は、①いじめ防止などの対策のた

1

序章　スクールロイヤー

表1　スクールロイヤーの定義の比較

	文部科学省	中央教育審議会答申	日本弁護士連合会
主眼	いじめの防止等	保護者対応	子どもの 最善の利益の実現
特徴	・法的側面からのいじめ予防教育を行う ・いじめなどの諸課題の効率的な解決に資する ・いじめの予防教育を促す	・「チーム学校」の構成員として保護者対応を担う	・裁判になってから関わるのではなく、トラブルが予測されそうな段階から関わる ・学校側の代理人にはならない

めに学校に法的な助言をする、②保護者と学校のトラブル相談を請け負う、③学校や教育委員会の判断では迷う事案について、法的側面からアプローチし、法令に基づく対応・助言を行う、④学校に出向いて人権教育などを実施する、といった役割が想定されている[3]。そして、いじめ防止対策協議会の「いじめ防止対策推進法の施行状況に関する議論のとりまとめ」(2016年11月発表) では、弁護士が行ういじめ防止等の法教育として、「いじめは重大な人権侵害に当たり、被害者、加害者及び周囲の児童生徒に大きな傷を残すものであり、決して許されないこと、いじめが刑事罰の対象となり得ること、不法行為に該当し損害賠償責任が発生し得ること等について、実例 (裁判例等) を示しながら、人権を守ることの重要性やいじめの法律上の扱いを児童生徒に対して教える取組を推進する」ことが期待されており[4]、2016年度以降に導入されたスクールロイヤー制度は、いじめの防止等を主眼に弁護士が教育現場に対して法的サポートを行うものであると理解できる[5]。

　一方、中教審答申「チームとしての学校の在り方と今後の改善方策について」(2015年12月発表) は、保護者や地域からの要望等に対応するために弁護士の活用が想定されており、従来の弁護士と教育現場の関わりも日弁連の民事介入暴力対策委員会による行政対象暴力の一形態としての「教育対象暴力」への対応しか紹介されておらず、子どもの権利委員会等に属する弁護士が行ってきたいじめ防止等の取組には一切触れられていない[6]。

　このように、文科省が想定するスクールロイヤーの役割がいじめ防止等に

主眼が置かれているのに対し、中教審「チーム学校」答申が想定する「チーム学校」の構成員としての弁護士の役割は、民事介入暴力の一種たる「教育対象暴力」を行う保護者の対応に主眼が置かれている。前者は子どもの権利を専門とする弁護士が中心の職域であるのに対し、後者は民事暴力介入を専門とする弁護士が中心の職域であり、両者の弁護士の価値観は相当に隔たるといえる[7]。

　そもそもスクールロイヤーは弁護士業界の一部で提唱される弁護士像にすぎず、一般的に定まっているものではない。また、弁護士業界はこれまで弁護士と教育現場の関係の中でスクールロイヤーを独立した職域として積極的に議論していたわけでもない[8]。つまり、本設問に対する適切な回答がない状況で文科省による制度導入がまさに始まろうとしているのである。

　現況では、スクールロイヤーは一般的に「学校設置者からの委託を受けて教育現場に対する相談や助言を行う弁護士」と理解されており、文科省や「チーム学校」答申が想定する弁護士像にもおおむね合致するし、実際にこのような理解に基づくスクールロイヤーの実践も既に存在する[9]。しかし、この理解の問題点は、スクールロイヤーを学校設置者の委託を受けた弁護士として理解するため、保護者や子どもの代理人として教育現場と関わってきた弁護士がスクールロイヤーの理解から排除されてしまうことである。また、スクールロイヤーは子どもや保護者の側ではなく学校設置者の側に立つ弁護士であることから、「スクールロイヤー＝子どものための弁護士」と理解することは難しい。「スクールロイヤー」という語からは、スクールカウンセラー等の職種と同様に学校に非常勤で勤務する専門職員に近いイメージを受けるが、実際のスクールロイヤーは学校に勤務しないどころか、紛争が発生しない限り学校にはほとんど現れないし、児童生徒や教員の日常生活にもほとんど関与しないため、「スクールロイヤー」という語のイメージがもたらす弁護士像とかけ離れることこそがスクールロイヤー制度の最大のリスクであるとも考えられる[10]。

　このようなリスクを回避するためには、スクールロイヤーを「学校設置者からの委託を受けた弁護士」だけに名称独占させるのではなく、子どもや保

護者の側に立っていじめ問題に取り組む弁護士や、後述の筆者が実践する
「学校内弁護士」もスクールロイヤーとして広く理解することが重要である
（実際に、「スクールロイヤー」の語のイメージに最も合致するのは学校内弁護士である）。

　なお、日弁連は「『スクールロイヤー』の整備を求める意見書」（2018年1
月発表）で、「学校現場で発生する様々な問題に対して、裁判になってから関
わるのではなく、むしろトラブルが予測されそうな段階から、学校の相談相
手としての立場で、子どもの最善の利益の観点から、教育や福祉、子どもの
権利等の視点を取り入れながら継続的に助言する弁護士」を「スクールロイ
ヤー」と定義している[11]。この定義は 弁護士業界の様々な意見を調整した上
での総花的な印象は拭えないが、裁判になってから関わる弁護士ではなく、
「子どもの最善の利益」の観点から助言する弁護士であると定義する点が特
徴的と言える。また、意見書では大阪府のスクールロイヤー事業や、筆者が
実践する岐阜県可児市のスクールロイヤー事業や学校内弁護士制度も紹介さ
れている。

　以上のように、スクールロイヤー制度を定着させる上では、スクールロイ
ヤーの概念を適切に理解し、議論を整理する必要がある（表1参照）。

1　文科省「平成29年度概算要求主要事項」12頁。

2　文科省「いじめ対策・不登校支援等総合推進事業」参照。

3　教育新聞2016年9月2日。なお、同報道によれば、試験的に3自治体を公募してスクー
ルロイヤー調査研究を行うとされているが、文科省はどの自治体が公募に応じたかを明らか
にしていない。

4　文科省「いじめ防止対策推進法の施行状況に関する議論のとりまとめ」9頁。

5　その後、文科省は2017年8月に発表した2018年度予算に関する概算要求事項においても、
引き続き「いじめ防止等対策のためのスクールロイヤー活用に関する調査研究」を盛り込み、
「法律の専門家である弁護士が、その専門的知識・経験に基づき、学校において法的側面
からのいじめ予防教育を行うとともに、いじめなどの諸課題の効率的な解決にも資する、
学校からの相談体制の整備に関する調査研究」を10地域で実施することを示した（文科省
「平成30年度概算要求主要事項」3頁）。

6　中教審「チームとしての学校の在り方と今後の改善方策について」67頁。

7　子どもの権利を専門とする弁護士と民事介入暴力を専門とする弁護士の価値観の隔たり
は、民事暴力介入を専門とする弁護士らが刊行した『教育対象暴力』（近畿弁護士会連合
会民事介入暴力及び弁護士業務妨害対策委員会編、ぎょうせい、2015）が教育現場で流
通した際に、同書の問題点を議論する形で顕在化したことが小野田正利氏によって示され

ている（小野田正利『「迷惑施設」としての学校』（時事通信出版局、2017）94〜99頁参照）。
8　弁護士と教育現場の関係についての議論を整理した文献として、神内聡＝五十嵐裕美子＝中野敬子＝坂本順子「学校現場への弁護士の関わりの諸態様と課題（弁護士部会の活動紹介とともに）」（スクール・コンプライアンス研究5号74〜82頁）等がある。
9　最も初期の例としては、2007年に港区で導入された、区から委託を受けた港区の弁護士団体に所属する弁護士による、同区内の学校の校長を対象とした相談事業がある。それ以外にも、大阪府、滋賀県、岡山県等で、類似の相談事業が導入されている。
10　なお、2018年4月〜5月にかけて放送された、NHKドラマ「やけに弁の立つ弁護士が学校でほえる」では、非常勤で学校に勤務し、職員室に机が用意されている弁護士が主人公であるが、このように実際に学校で勤務する弁護士は筆者以外には実践や導入がほとんど進んでおらず、スクールロイヤーのイメージと実情の乖離を示唆するものである。
11　日弁連「『スクールロイヤー』の整備を求める意見書」（2018）1頁。

スクールロイヤーに求められる能力

Q2　スクールロイヤーにはどのような能力が必要ですか。また、スクールロイヤー制度を導入するに当たって、弁護士業界に必要なことを教えてください。

A2　教育現場の実情を理解していることや、教育学の知見がある程度必要ですが、教員経験や教員免許は不要であり、裁判経験が豊富な必要もありません。また、スクールロイヤー制度を導入するに当たっては、弁護士会で現職教員による弁護士向けの研修、現職教員との交流や情報交換の機会を増やし、弁護士が教育現場の実情と学校側のニーズを理解する機会が必要です。

　スクールロイヤーが弁護士として最低限の能力が必要であることは当然であるが、その立場や期待される役割に鑑みると、スクールロイヤーは通常の弁護士以上に教育現場の実情を理解している必要がある。実際に、大半の弁護士はマスメディア等を通したレベルの教育現場の知識しか持っておらず、中には偏向的な情報を鵜呑みにする弁護士さえ存在する。特に、いじめや不登校等の子どもと学校の利害が対立する紛争では、いじめや不登校の原因を学校にのみ見出そうとするマスメディア

の単純化された思考に同調する弁護士も多いが、スクールロイヤーを担当する弁護士にはより正確な教育現場の実情を認識する姿勢と機会が必要である。

　また、スクールロイヤーはできる限り教育学の学術レベルの知見に触れておくことが望ましい。教育紛争は誰もが経験する教育という領域の紛争であるため、紛争解決の場面では弁護士であっても自らの教育経験や保護者としての経験に基づく教育観に影響されやすい。そのため、客観的で実証的な教育学の学術的視点を踏まえて、できる限り経験則に基づく主観的な教育観を排除して紛争解決に当たる必要がある。

　一方で、筆者はスクールロイヤーには教員経験は必要ではなく、教員免許も必要ないと考えている。筆者自身は教員として学級担任や教科指導等の校務分掌を担当しているが、スクールロイヤーの全てに教員経験や教員免許を要求することは非現実的だけでなく、教員経験に基づく紛争解決に固執し、かえって法的に適切な解決が阻害されてしまう可能性も否定できない。もっとも、教員は「同業者意識」の強い職業なので、スクールロイヤーになる弁護士に教員経験や教員免許があれば教育現場の教員からは信頼感は得られやすいし、説得力を持たせることも容易であろう。

　また、一般的に弁護士は裁判経験が豊富なほうがよいが、教育紛争は子どもの意思を尊重し、継続的な学習機会の保障に配慮する必要から裁判になじまない紛争が多いことから、スクールロイヤーには必ずしも裁判経験が豊富な必要はなく[12]、かえって裁判経験が豊富な弁護士は裁判による解決を志向しがちであるため、必ずしもスクールロイヤーの適性があるわけではない。

　スクールロイヤー制度の導入に際しては、弁護士会で現職教員による弁護士向けの研修や現職教員と弁護士の交流や情報交換の機会を増やすことも不可欠である。弁護士会では子どもの権利や教育問題に関する研修やシンポジウムは盛んである一方で現職教員と接する機会は非常に少なく、弁護士が現職教員から教育現場の実情を直接知る機会が非常に限られている状況が弁護士の教育現場に対する誤解を生む土壌となっている。通常の弁護士は学校を相手方とした事件で、弁護士の「敵」として現場教員と接する場合がほとんどであり、子どものために献身的に働く現職教員の過酷な日常を知るよりも、

序章　スクールロイヤー

事件を起こした「問題教員」と接するほうが圧倒的に多く、このままでは教育現場の実情を誤って認識している弁護士がスクールロイヤーを担当するリスクが高い。現状ではスクールロイヤーにふさわしく教育現場の実情に通じた弁護士は非常に少なく、現職教員と接する機会も明らかに不足していると言わざるを得ず、弁護士会は制度導入に向けて早急に現職教員と接する機会を増やすべきである。

12　前述の日弁連の意見書でもスクールロイヤーは学校側の代理人として活動することは想定されていない（日弁連・前掲注10）4～5頁参照）。実際に、教育紛争が裁判で争われるとしても、裁判が終結するまでに子どもが学校を卒業してしまうことも多く、保護者が裁判での解決を希望していても、友人など人間関係や学校での学習環境を考慮して子ども自身は裁判を希望しない場合も多い。

スクールロイヤーと利益相反行為

Q3 スクールロイヤー制度を導入するに当たって、注意すべきことを教えてください。

A3 教育紛争は利害関係が複雑であることから、スクールロイヤーの関与が利益相反行為とならないように注意すべきです。特に、いじめや教員の労務問題などは、スクールロイヤーの立場上、利益相反になりやすいことから注意する必要があります。また、学校教育法37条4項の解釈も問題になります。

　スクールロイヤーの最大の目的は、教育紛争を適切に解決し、子どもの権利を保障することだが、あくまでも学校設置者の委託を受けて教育紛争に関与する立場であるため、紛争の当事者関係において子どもはスクールロイヤーの「相手方」になる可能性が高い。しかし、弁護士は弁護士法及び弁護士倫理規程により「利益相反行為」は原則として禁止されている（弁護士法25条・弁護士職務基本規程27条）ため、スクールロイヤーが教育紛争の解決において学校の利益よりも子どもの利益を優先する

7

ことは、利益相反行為との関係で問題が全くないわけではない。もちろん、スクールロイヤーが学校よりも子どもの利益を優先することは制度趣旨から鑑みて当然であり、利益相反の問題は生じないと考えることも可能である。また、スクールロイヤーは委任契約を受けた弁護士として独立性や第三者性を有するため、株式会社の監査役に類似する立場として、子どもの最善の利益のために学校や教員の行為の適法性を監査する立場であると考えるならば、利益相反の問題はさほど懸念には及ばないとも考えられる[13]。しかし、教育紛争は利害関係が非常に複雑である点が他の紛争と異なる特徴であり、子どもの最善の利益を適切に判断することは容易ではない。

　例えば、文科省がスクールロイヤー制度の主眼として想定するいじめ紛争では、「被害者」「被害者の保護者」「加害者（通常は複数）」「加害者の保護者（通常は複数）」「教員（学級担任など）」「管理職教員（校長など）」「学校設置者」と、最低でも7種の利害関係を異にする関係者が存在する。このような複雑な利害関係等を、スクールロイヤーが学校設置者から委託を受けた立場で利益相反行為に抵触することなく、子どもの最善の利益を適切に判断していじめ問題を解決することは現実的に非常に困難である。また、学校設置者と教員の利害が対立する労働問題でいずれの利益を優先すべきか判断が難しい場合にもスクールロイヤーの利益相反の問題が生じ得る。このため、スクールロイヤーが子どもや保護者と直接面談する場合や、教員から直接労働相談を受ける場合は、学校設置者からの委託を受けた立場であることを相手に明確に示した上で対応することが必要になる[14]。

　実は、学校設置者の委託を受けた外部専門家に利益相反の問題が生じ得る点はスクールロイヤーに限られない。例えば、学校設置者から委託を受けたスクールカウンセラーは、児童生徒に対する守秘義務を負う立場にある一方で、児童生徒のカウンセリング内容を学校と情報共有すべき立場でもある点で、スクールロイヤーと同様に利益相反の問題が生じ得る。しかし、スクールロイヤーは弁護士として法令により利益相反が厳格に禁止され、利益相反行為の場合には懲戒処分を受ける可能性がある点で、他の外部専門職以上に利益相反の問題は重要なはずだが、スクールロイヤーを導入する現段階でも

序章　スクールロイヤー

そのような議論はほとんどなされていない。

　スクールロイヤーは子どもの最善の利益を実現するために導入される制度であり、子どもの最善の利益を擁護する「オンブズパーソン」たる職域と理解すべきだが、学校設置者から委託を受けた立場を捨象できないスクールロイヤーが、利益相反を生じさせずに子どもの最善の利益を最優先に考慮して教育紛争を解決することは、現実には非常に困難であることも認識しなければならず、スクールロイヤーは教育紛争の複雑な利害関係を的確に理解し、利益相反行為に注意する必要がある。

　なお、学校教育法37条４項で「校長は、校務をつかさどり、所属職員を監督する」と規定していることから、スクールロイヤーが教員に相談や助言をする業務が「校務」に含まれ、かつ学校設置者の委託を受けた立場である者も「所属職員」に含まれるのであれば、スクールロイヤーの活動は校長の校務監督権に服することになり、利益相反の問題だけでなく、弁護士の職務上の独立性や第三者性に抵触する余地もある。

13　もっとも、監査役は株主総会で選任されることから、選任過程で株主の意思が反映されるのに対し、スクールロイヤーは学校設置者の一存で選任され選任過程で子どもの意思が反映されるわけではないことから、スクールロイヤーと学校設置者の委託関係を監査役と株式会社の関係と同列に扱うことは無理がある。どちらかと言えば、監査役の立場は自治体の教育委員や学校法人の監事の立場に類似すると考えられる。

14　スクールロイヤーが子どもの利益を保護することは学校の利益を保護することにつながることから利益相反に該当しないという考え方は、理念的には十分あり得るが、実際にそのようなスクールロイヤーが学校や教員からの信頼を得られるかは別問題である。スクールロイヤーを担当する弁護士は、このような理念はあくまでも弁護士目線に立ったものであることを自覚しておかなければならない。

スクールロイヤーと顧問弁護士の違い

Q4　スクールロイヤーと自治体や学校法人の顧問弁護士の違いを教えてください。

A4　スクールロイヤーは学校設置者だけでなく、教育現場の教員に対して相談や助言を行うため、法的な視点だけでなく教育現場の実

情に応じた相談や助言を行う必要がある点で顧問弁護士と異なります。また、訴訟による紛争解決を前提としない相談や助言を行う点も顧問弁護士と異なります。

　　学校設置者である地方自治体や学校法人が顧問弁護士を付けている場合は、教育現場で紛争が生じたら顧問弁護士が相談や助言を行う。スクールロイヤーも学校設置者からの委託に基づき相談や助言を行う点で顧問弁護士と類似するが、顧問弁護士よりも教育紛争に特化して相談や助言を行う点で、異なる点もある（表2参照）。

　例えば、顧問弁護士は通常学校設置者に対する相談や助言を行うが、スクールロイヤーは学校設置者に限らず、教育現場の教員に対しても相談や助言を行い、事案によっては利益相反にならない範囲で子どもや保護者からの相談や助言を行うこともあり得る。この点はスクールロイヤーの存在意義とも関わっており、顧問弁護士はあくまでも法的視点からの相談や助言を行えばその存在意義は十分だが、スクールロイヤーは法的視点だけでなく教育現場の実情に応じた相談や助言を行わなければ存在意義が見出せない。例えば、同じクラスの生徒同士のけんかでは当事者である生徒及び保護者の言い分や事実認識が異なっている場合が多く、学級担任は生徒や保護者の対立が学級経営に影響しないよう苦慮しなければならない。このような場合、顧問弁護士であれば法的視点から「生徒同士のけんかは学校外での紛争解決に委ねるべきであり、原則として学校は生徒や保護者の対立を解決する法的義務はなく、保護者に対しては毅然と対応すべきである」という回答をすれば、その役割は果たしたことになろう。しかし、弁護士の助言に沿って保護者に毅然と対応しても、自分が担任するクラス内の生徒や保護者の対立は温存されたままで、日常的かつ継続的に生徒や保護者と接する学級担任の負担が軽減されるわけではないから、スクールロイヤーが顧問弁護士と同様の法的視点のみの回答しかできないのであれば、教員の負担を軽減するために導入された制度趣旨に沿わない。この場合、スクールロイヤーは少なくとも学級担任からクラスの状況等を直接聞き取った上で、生徒や保護者の性格や家庭環境等

序章　スクールロイヤー

表2　スクールロイヤーと顧問弁護士の比較

	スクールロイヤー	顧問弁護士
法的立場	学校設置者からの委任	学校設置者からの委任
主な業務	学校設置者及び教員への法律相談	学校設置者への法律相談
代理人になるか	ならない	なる
助言の特徴	教員と子ども・保護者の 継続的な関係を見据えた助言	訴訟を見据えた助言

も考慮して、毅然とした対応に終始すべきかどうかも含めて助言すべきであり、教員の目線に立って相談や助言に応じることで顧問弁護士とは異なる存在意義を発揮できる。換言すれば、教育現場の実情に応じた相談や助言ができるかどうかが、まさにスクールロイヤーの腕の見せ所なのである。

　また、顧問弁護士に相談する段階では訴訟提起の一歩手前まで紛争が成熟化している場合が多いので、顧問弁護士は訴訟による解決を前提とした相談や助言を行うことが一般的であり、訴訟も辞さない強硬策を学校に対して助言することもある。しかし、教育紛争は子どもが継続的に学校に通学する立場であることを考慮すれば訴訟による解決になじまない面があり、特に私立学校では訴訟になること自体が学校の評判に大きな影響を及ぼすため、たとえ勝訴したとしても学校経営の視点からは最良の手段とは言えない場合が多い。スクールロイヤーが顧問弁護士と異なって紛争が成熟化した段階ではなく紛争の初期段階から関与することに照らせば、スクールロイヤーは訴訟による解決を前提としない姿勢で相談や助言に臨むことが重要であり、この点でも顧問弁護士と異なる役割を担っていると言える。

スクールロイヤーのイメージ

Q5 スクールロイヤーと学校内弁護士の違いを教えてください。

A5　スクールロイヤーは教員ではないため、日常的に教育現場に関わらず、原則として教育活動に関わらない点で学校内弁護士と異なり、学校内弁護士が教員としての立場で行う生徒指導や校務分掌

11

等は担当できません。スクールロイヤーは委任契約に基づき、学校内弁護士は雇用契約に基づき、それぞれ相談や助言を行うことから、利益相反の面でも違いがあります。

　学校内弁護士は、教員として学校で勤務する弁護士のことである。学校内弁護士は弁護士が教員として日常的に学校で勤務することにより、①「チーム学校」の一員として、教育現場で日常的に教員に対して直接助言や相談を行うことができる、②子どもや保護者と日常的に接することにより、子どもの人権を直接保障することができる、③学級経営や教科教育を弁護士が担当することにより、法教育に貢献できる、といった点で、スクールロイヤー以上に教育現場のサポートを行うことが可能である。

　スクールロイヤーと学校内弁護士の最大の違いは、スクールロイヤーは弁護士のみの立場から教育現場に関与するのに対して、学校内弁護士は弁護士と教員の双方の立場から教育現場に関与する点である(表3参照)。したがって、学校内弁護士は原則として教員免許が必要であり、教員として日常的に教育現場で勤務し、教科教育や法教育等の教育活動にも関わる(筆者の場合、教科教育だけでなく学級担任や部活動顧問も担当するので、学校で行う教育活動のほとんど全般に日常的に関与している)。学校内弁護士は日常的に教育現場にいるので、教育紛争に際しても教員に直接相談や助言を行う機会が日常的にあり、この点で紛争が発生した場合に初めて教育現場に関与するスクールロイヤーと決定的に異なる。また、スクールロイヤーは教員ではないため、生徒指導や校務分掌には原則として関与しないが、学校内弁護士は「弁護士資格を有する教員」としての立場で生徒指導や校務分掌にも関与するため、いじめ紛争や児童生徒への懲戒処分の事案で両者の役割には違いが生じる。

　また、スクールロイヤーは学校設置者と委任契約に基づき相談や助言を行うため、受任者としての独立性が確保されており、学校設置者の意向にある程度は沿う必要性があるとしても、必ずしも従属的に相談や助言を行う必要はないが、学校内弁護士は学校設置者と雇用契約に基づき相談や助言を行う

序章　スクールロイヤー

表3　スクールロイヤーと学校内弁護士の比較

	スクールロイヤー	学校内弁護士
学校設置者との法的関係	学校設置者との委任契約	学校設置者との雇用契約
校長との法的関係	独立した立場から助言	校長の監督下で助言
教員免許の要否	不要	必要
主な業務	弁護士としての業務のみ	教員としての業務も行う
助言のタイミング	紛争が発生した場合に助言	日常的に助言

ため、被用者として使用者たる学校設置者に従属的に相談や助言を行う（民間企業などの社内弁護士と同様の立場）。そのため、学校内弁護士は学校設置者との関係ではスクールロイヤー以上に利益相反の問題が生じやすく、例えば、被用者である他の教員からの労働関係の相談は、学校内弁護士自身が被用者である以上、受けづらい立場にある。

　一方、スクールロイヤーが利益相反の関係で弁護士として子どもや保護者に対する相談や助言が原則として困難である場合であっても、学校内弁護士は教員として子どもや保護者に対する相談や助言を行うことが可能であり、例えば、いじめ紛争において、学校設置者から委託を受けた弁護士であるスクールロイヤーが利益相反の関係から直接相談や助言を行うことが難しい被害者に対しても、学校内弁護士ならば教員としての立場から相談や助言を行うことができるし[15]、加害者に対しても教員としての立場から適切な指導を行うことができる。

　学校内弁護士は原則として教員免許が必要であり、教育活動に関与するための知識や経験も必要になるため、一般の弁護士にとってはハードルが高いが[16]、スクールロイヤーと比較した学校内弁護士の最大の利点は、「教員」という立場を活かして「弁護士」が実現すべき人権擁護活動を実践できる点であり、前述のようにいじめ問題においてスクールロイヤー以上の役割を発揮できるため、文科省が想定するスクールロイヤー事業を最も効果的に実現できる職域でもある。したがって、筆者としては、スクールロイヤーの拡充だけでなく、将来的には一人でも多くの学校内弁護士が増えることが子どもの最善の利益の観点からは不可欠と考えている（スクールロイヤーが学校の組織内弁護士として雇用されるメリットとデメリットについては、Q170参照）。

13

15 形式的には教員としての相談や助言だが、弁護士資格を有する教員の相談や助言なので実質的には弁護士が相談や助言を行うことと大差はない。
16 実際には「特別免許状制度」（教育職員免許法4条3項）を活用すれば、弁護士が特定の教育委員会や学校法人で教員として採用されることも可能であるため、弁護士が教員として勤務することはそれほど困難ではない。むしろ、弁護士が教育現場に関与しようとするならば、教員という仕事への興味関心が必要であろう。

スクールロイヤーの類型

Q6 スクールロイヤーの形態としては、どのようなタイプが考えられますか。

A6 「相談型」「派遣型」「巡回型（拠点型）」「学校配置型」「教員兼務型」の5タイプが考えられます。スクールロイヤーの理念からすれば「教員兼務型」が最も適切ですが、公立学校では原則として導入できないデメリットがあります。そのため、「学校配置型」が現実的に最も望ましい形態であると考えます。

スクールロイヤーが導入されるとしても現状での勤務形態は不明確だが、既に普及しているスクールソーシャルワーカーの先行事例[17]を参照にすると、表4のような勤務形態が考えられる。

表4の①はスクールロイヤーが教育委員会の委託に基づき、教育紛争が発生した学校から直接相談を受ける形態で、大阪府や岡山県などで実施され

表4　スクールロイヤーの勤務形態

①相談型	スクールロイヤーが教育委員会専属の弁護士として、学校からの相談に直接応じる。
②派遣型	スクールロイヤーを教育委員会に配置し、学校からの要請に応じて派遣する。
③巡回型	スクールロイヤーを教育委員会又は拠点校に配置し、担当地域の複数校を定期的に巡回する。
④学校配置型	スクールロイヤーを特定の学校に配置し、定期的に勤務する。
⑤教員兼務型	スクールロイヤーを特定の学校の教員として雇用し、定期的に勤務する。

ているスクールロイヤー事業や、筆者が現在実施しているスクールロイヤー事業の大半はこの形態である。この形態はスクールロイヤーが学校に赴いて教員から直接相談を受けることは想定されておらず、むしろ校長などの管理職が教育委員会を介して弁護士の相談や助言を依頼する、という流れが中心だが、学校設置者の顧問弁護士との役割の違いが明確でないため、スクールロイヤーを担当する弁護士自身が教育法や学校法務に詳しい弁護士でなければ独自の存在意義を見出し難い。

②はスクールロイヤーが教育委員会の委託に基づき、教育紛争が発生した学校からの要請に応じて、学校に直接赴いて相談や助言を行う形態で、現状のスクールソーシャルワーカーで最も多い形態がこの「派遣型」であることに鑑みると、スクールロイヤーの場合も「派遣型」が中心になる可能性が考えられる。また、勤務時間や人員の確保の点からも予算上の制約が少なく、学校設置者としては最もスクールロイヤーを導入しやすい形態と言える。

③はスクールロイヤーごとに担当地域を割り当て、各地域の複数校を定期的に巡回して相談や助言を行う形態であり、①②よりも定期的に学校に直接赴く機会がある点にメリットがある。

④はスクールロイヤーが定期的に学校に勤務し、日中は職員室や専用個室などで執務する形態であり、スクールカウンセラーでは一般的な形態であって、スクールソーシャルワーカーでも一部の自治体で導入されている。

⑤はスクールロイヤーが教員として学校に勤務する形態であり、筆者が実践する「学校内弁護士」はこの形態で、①～④の形態と決定的に異なる点は、スクールロイヤーが弁護士だけでなく教員の立場を併有することである。

①～③の形態は弁護士の職務上の独立性や第三者性を重視しており、予算上の制約を考慮すれば導入しやすいメリットがあるが、スクールロイヤーが教育現場に日常的かつ直接関与する機会が少ないことから、教員との信頼関係を構築しづらく、児童生徒や保護者の実態も把握しづらい。そのため、スクールロイヤーが教育現場の実情を理解していなければ、学校が求めるニーズを十分理解しないまま相談や助言を行うことで、かえって教育現場の弊害になる可能性すらある。

これに対し、④と⑤の形態はスクールロイヤーが教育現場に日常的かつ直接関与する機会が多いことから、教員との信頼関係を構築しやすく、児童生徒や保護者の実態も把握しやすい。また、学校に勤務する際には職員室等で他の教員と交流する機会も多いため、スクールロイヤーが収集できる情報量は①〜③よりも格段に多く、教育現場の実情を理解できる機会も多い。スクールロイヤーが教育現場に日常的かつ直接関与できる④と⑤の形態は、弁護士を含む「チーム学校」構築の観点からも望ましい。

特に、⑤の形態はスクールロイヤーが弁護士としてだけでなく教員としても教育紛争の解決に関与し、授業その他の学校の教育活動それ自体に関わることができる点で、スクールロイヤーの理念を最もよく体現できる形態であり、筆者としては最も適切な形態であると考える[18]。しかし、「教員兼務型」スクールロイヤーは、学校設置者との間で委任関係ではなく雇用関係に基づく形態であるため、弁護士としての職務上の第三者性は大きく後退してしまう上に、スクールロイヤーが教育活動に関わるとすれば、弁護士活動が校長の校務監督権（学校教育法37条4項）に服することになり、弁護士の職務との整合性に問題が生じる（もっとも、この点は前述のとおり、「校務」「所属職員」の解釈によっては②③④型のスクールロイヤーも校長の校務監督権に服すると解される余地が生じる）。また、「教員兼務型」スクールロイヤーは原則として教員免許を保有する弁護士でなければ担当できないため、人材確保が非常に難しい。

このため、筆者としては教育現場に日常的かつ直接関与できる上に、現実的にも導入しやすい④の「学校配置型」スクールロイヤーが最も望ましい形態であると考える。実際に、スクールソーシャルワーカーの業務においても、「派遣型」「巡回型」よりも「学校配置型」のスクールソーシャルワーカーのほうがメリットが大きい点が知られている。

以上のように、スクールロイヤーを教育現場で長期的に定着させる視点からは、人材確保や予算の制約などの理由で中途半端な「派遣型」の形態を採用するよりも、弁護士が教育現場に日常的かつ直接関与できる「学校配置型」の形態を採用すべきであろう（なお、日弁連の意見書では、「地域ごとのブロックに担当弁護士を置く」「指定校への配置」「中学校を拠点巡回」等の方法が記載されている）[19]。

序章　スクールロイヤー

17　文科省「ＳＳＷガイドライン（素案）」より。

18　実際に、ごく少数ではあるが、専門的な知識や経験を有する教員がスクールカウンセラーやスクールソーシャルワーカーを兼務する例もある。

19　日弁連・前掲注10) 10〜11頁。

| 序章　スクールロイヤー

教育委員と弁護士　　　**Focus-1**

　これまで弁護士が教育業界と最も接点があった分野は教育委員ですが、実際に、教育委員の一人を弁護士から選ぶ教育委員会は多く、教育委員になった弁護士は合議制執行機関の一員として教育行政の一端を担いつつ、自治体の顧問弁護士と別ルートで教育現場の紛争解決を担う役割があると言えます。

　文科省の調査によれば、2001年に教育委員を担当する弁護士数は全国で110人、2015年は109人と[1]、人数にほとんど変化はないですが、この期間に市町村合併により教育委員の総数は激減しているため、割合的に言えば2001年の教育委員の総数に占める弁護士率は0.81％だったのが、2015年は1.46％に上昇しています。

　同じ専門職である医師の教育委員の割合は、2001年は4.45％だったのが2015年は4.18％で[2]、弁護士とは逆に減少しています。また、2015年の弁護士の教育委員に占める女性の割合は43.1％であり、医師の教育委員に占める女性の割合が24.3％であるのと比べてはるかに高いです。

　スクールロイヤーの導入に際しては、これまで以上に弁護士教育委員の役割と責任についても議論されるべきです。

表　弁護士・医師の教育委員数の推移

	2001			2015		
	市区町村	都道府県	計	市区町村	都道府県	計
弁護士	99	11	110	97	12	109
医師	579	27	606	300	13	313
総数	13381	234	13615	7257	232	7489
弁護士率	0.74%	4.70%	0.81%	1.34%	5.17%	1.46%
医師率	4.33%	11.54%	4.45%	4.13%	5.60%	4.18%
女性弁護士				42	5	47
女性医師				70	3	73

（文部科学省地方教育費調査・教育行政調査による）

1　ただし、この調査では「弁護士」のみの項目ではなく「法務従事者」という項目になっているため、弁護士以外の隣接法律専門職（司法書士等）も含まれている可能性が高い。

2　ただし、この調査では「医師」のみの項目ではなく「医師、歯科医師、獣医師、薬剤師」という項目になっているため、医師以外の医療専門職が含まれている可能性が高い。

第1節　教育法総論

日本の教育法の特徴と問題点

Q7　日本の教育法の特徴と問題点について教えてください。

A7　日本の教育法の特徴は海外と比較して独特な日本の教育制度の下で構築されている点であり、グローバル化の中で教育紛争を適切に解決するルールとして機能しなくなっている点が問題です。

解説

　教育法は教育現場での子どもの個性と多様性を保障するツールであり、その究極的な目的は子どもの学習権を保障することにある。今日では子どもの権利条約により、子どもの人権が学校教育で最大限に保障されるべきことは世界共通の普遍的価値観でもあるが、日本の教育法は海外と比較して独特な日本の教育制度の下で構築されているため、その特徴を理解するにはまず日本独特の教育制度を理解しなければならず、その特殊性を正確に理解せずに国際法の理念を適用することは弊害も大きい。

　筆者が教員と弁護士の双方の視点から日本独特の教育制度であると考えるのは、次のような点である。

① 学級担任や教員定数をはじめ、日本独特の「学級」を基準とした教育制度である

② 部活動顧問制度をはじめ、部活動が学校教育の一環として位置づけられている

③ 学校と家庭の役割や責任の分担が社会的に議論されておらず、家庭や社会が学校や教員に求めることが多い

④ 児童生徒の問題行動に対する法的手段が非常に少ない

⑤ 学校設置者によって、教員個人が負う法的責任が異なる

⑥ 教員の「善意」に基づく違法な時間外労働を立法・行政・司法が容認している

⑦ 教員に求められる業務や責任が重大であるにもかかわらず、海外と比較して教員1人当たりの児童生徒数が多い一方で、教育予算は少ない

⑧ 政策過程や紛争解決の場面で現職教員の有する専門性が信用されていない

⑨ 個人的体験に依拠した教育評論が客観的な学術的知見より支配的である

　①～③は日本の教育制度の特徴、④～⑥は日本の教育法制の特徴、⑦～⑨は日本の教育政策の特徴、と大まかに区別できる。スクールロイヤーを担当する弁護士は、日本独特の教育制度の中で構築されてきた日本の教育法があらゆる場面で適切に機能しなくなっている実情を理解すべきである。

　①については、日本では「学級」という概念があらゆる教育制度の基準であり、学級という組織を経営するために学級担任という教員業務が当然のように存在するが、学級担任の職務内容が日本ほど広い国は存在しない。日本の裁判所は学級担任に対して、集団生活で必要な人格教育や児童間の事故を防止するために必要な事項についての教育を施す義務を負わせており、その義務は教員の職責の中でも重要な地位を占めるものであって、学級担任は児

童生徒の「生命、身体等の保護のために、単に一般的、抽象的な注意や指導をするだけでは足り」ず、「学校における教育活動及びこれと密接不離な生活関係に関する限り」は、児童生徒の「一人一人の性格や素行、学級における集団生活の状況を日頃から綿密に観察」し、「事故によりその生命、身体等が害されるという事態の発生を未然に防止するため、万全の措置を講ずべき義務を負う」と解しており[1]、その法的責任は極めて過酷だが、学級担任の規定は学校教育法その他の法令に存在しない（なお、学級制度は日本のいじめ問題の温床であると理解し、その解体を主張する社会学上の知見もある）[2]。また、日本では予算上の教員定数も学級を基準に決定し[3]、学習指導要領上の教育活動の一内容としても「学級活動」が存在することから、児童生徒にとって学級活動は学習内容でもあるが、学級制度自体を定義する法令は存在しない。

　②については、教員の長時間労働の議論で部活動への社会的関心が高まっているが、教育現場では今更といった感が強い。給特法で教員に超過勤務が認められている項目[4]（以下「超勤4項目」）に含まれない部活動業務の過酷な実情を知りながら何らの政策上の是正措置を採ってこなかった文科省の責任と、部活動顧問は自らの意思で自主的に業務を担当すると解して給特法は適用されないことを示した裁判例[5]や、部活動顧問の注意義務に平均的なスポーツ指導者以上の科学的知見を要求した最高裁判例[6]のように、何ら法令で規定されていない部活動顧問の業務に過酷な時間外労働と法的責任を負わせた司法の責任は極めて重大である。部活動は学習指導要領において「生徒の自主的、自発的な参加により行われ」るものであり、学校教育の一環ではあるが教育課程の内容としては位置づけられていないにもかかわらず、ほとんどの教育委員会が制定する学校管理運営規則では、学校が「教育活動の一環」として部活動を設置及び運営するものとされ、校長は教員に部活動の指導業務を校務として分掌させることができると規定しており[7]、法令で何ら規定されていない部活動顧問業務が教育委員会規則で教員に強制されている実態すら存在する。しかも、部活動顧問業務が教員の長時間労働の問題で批判されているにもかかわらず、2021年から施行される新学習指導要領では「生徒の自主的、自発的な参加により行われる部活動」は「学校教育が目指

す資質・能力の育成に資するもの」という文言が付加されており[8]、学校教育との関連が一層強化された記載に改訂されている点も注意すべきである。

③については、日常的な保護者対応の場面といじめや学校事故などの紛争解決場面の双方で問題が生ずる。日本では教育的指導や法的責任に関する学校と家庭の役割分担が議論されておらず、欧米のように「校門が（学校と家庭の）責任の境目」といった社会的コンセンサスが成立していない一方で、家庭や社会が学校や教員に求めることは海外とは比較にならないほど多い。海外では教員が児童生徒と同じ時間に下校する風景が一般的だが、日本ではまず目にしないし、日本の教員に求められる業務は担当教科の指導だけではなく、生活・生徒指導、カウンセリングから学校事故の仲裁、給食費の徴収まで、あらゆることが含まれる。

④については、例えば「体罰」に関して、アメリカやイスラーム諸国を除けば、日本と同様に例外なく禁止している国は非常に多いが、日本のように小中学校の「停学」や公立学校の「退学」を例外なく禁止している国はほとんどない。日本の学校が児童生徒の問題行動に対して法的に可能な手段が少ないことは、かえって違法な体罰が横行する、いじめの場合に加害者でなく被害者が転校を余儀なくされる、自宅謹慎や別室指導などの法令の根拠がない措置が採られる、といった問題の背景でもあり、結果的に児童生徒の問題行動に対する法的手段の少なさが子どもの人権を侵害しているのである。

⑤については、判例上、公立学校教員の教育活動は「公権力の行使」であるがゆえに国家賠償法が適用され、原則として個人責任を負わないが、同じ学校教育法に基づく教育活動でも私立学校教員の教育活動は純然たる私的行為であると解され、国家賠償法は適用されず教員は原則として個人責任を負う。しかし、同じ教員で法的な個人責任の有無が異なることは明らかに不合理・不公平である上、私立学校も「公の性質」を有することは教育基本法8条や私学助成制度などの教育法制の体系に鑑みて明らかであり、私立学校教員の教育活動を純然たる私的行為であると考えることは整合性を欠く。

⑥については、部活動顧問を始めとする給特法に根拠がない公立学校教員に対する違法な時間外労働と、本来は民間企業と同様の時間外勤務手当の支

給が必要な私立学校教員の脱法的な「教職調整手当」の存在について、立法・行政・司法は黙認するところか、子どもたちのために働く教員の善意を容認して違法な時間外労働を助長してきた。しかも、ワークルールが全く守られていない教育現場で、教員が子どもたちにワークルールを教育すべく「ワークルール教育推進法（仮称）」が成立されようとしている滑稽な状況すら存在する。教員の長時間労働については、2017年に設置された「学校における働き方改革特別部会」での適切な議論が待たれるところである。

　⑦については、OECD（経済協力開発機構）調査によると、前期中等教育における日本の1学級当たりの生徒数は31.2人で、OECD平均の24.1人を大きく上回り、教員1人当たりの生徒数も日本は20.3人で、OECD平均の12.4人をやはり大きく上回る[9]。また、2009年の一般政府総支出に対する公財政支出学校教育費の比率において、日本は6.4％であり、これはOECD平均の8.7％を大きく下回り、OECD諸国では最低水準であった[10]。このことは、日本の教員は海外よりもはるかに少ない教員数と教育予算の中で、海外と比較してはるかに幅広い業務と法的責任を担わなければならないことを意味する。

　⑧については、現在の教育政策に影響を与えている教育再生実行会議、いじめ防止対策協議会、前述の学校における働き方改革特別部会等の構成員には、校長等の管理職を除いた現職教員は1人も存在せず、むしろ、企業人、大学関係者、弁護士や医師など教員以外の専門家、NPO等の関係者、といった教員免許も教員経験もない者が大半である。また、校長等の管理職は学級担任や部活動顧問などの業務から離れて久しく、必ずしも現在の教育現場の感覚に鋭いわけではない点も注意すべきであり、教育政策で最も影響を受ける現職教員の意見や専門性が政策に影響を与える組織に全く反映されていない点は、例えば医療や税務といった他領域の政策分野と比較しても異常と言ってよい[11]。筆者は、「チーム学校」政策も「教員以外の外部専門家を導入すれば教員が担当する現状よりも良くなる」といった、現職教員の能力や専門性への客観的根拠のない不信感に基づいていることを懸念しており、教育紛争の解決でも、例えばいじめの重大事態調査委員会では、弁護士・医師・研究者等が第三者の構成員に含まれる一方で、現職教員の第三者が含ま

第1章　教育法と教育紛争

れることはほとんどなく、教員経験がない構成員のみで適切な調査が可能か
は疑問であり、現職教員の専門性が軽視されている実情がうかがわれる。

　⑨については、学校教育は誰もが経験するものであり、保護者として経験
する学校教育も含めば、多くの人間にとって学校教育は人生で二度以上経験
するため、教育に関する議論はどうしても個人的経験に左右されやすい。し
たがって、教育に関する議論においては、個人的経験を捨象した論拠に基づ
く議論が他領域以上に重要だが、日本では個人的意見に依拠した教育評論が
マスメディア上でも支配的であり、客観的な論拠に基づく学術的知見の影響
力は小さい[12]。

　以上のような日本独特の教育制度の下で構築された日本の教育法制が、今
日教育現場で日々生じている教育紛争を適切に解決するルールとして機能し
なくなっている実態を、スクールロイヤーを担当する弁護士は理解しなけれ
ばならない。スクールロイヤーには従来の弁護士以上に教育現場に関わりな
がら紛争解決を担う中で、現在の日本の教育法制の問題点を是正すべく社会
的な提言を行っていく役割も求められている。

1　浦和地判昭和60年4月22日判時1159号68頁。

2　内藤朝雄『いじめの構造』(講談社、2009)199頁。

3　公立義務教育諸学校の学級編制及び教職員定数の標準に関する法律など。

4　給特法に基づく政令により、「教育職員に対し時間外勤務を命ずる場合は、次に掲げる
業務に従事する場合であって臨時又は緊急のやむを得ない必要があるときに限るものとす
ること。イ 校外実習その他生徒の実習に関する業務　ロ 修学旅行その他学校の行事に関
する業務　ハ 職員会議（設置者の定めるところにより学校に置かれるものをいう。）に関す
る業務　ニ 非常災害の場合、児童又は生徒の指導に関し緊急の措置を必要とする場合そ
の他やむを得ない場合に必要な業務」と規定されており、部活動業務はこれに含まれない
（文科省「公立学校の教育公務員の勤務時間等について」参照）。

5　札幌高判平成19年9月27日裁判所ウェブサイト。

6　最二小判平成18年3月13日集民219号703頁。

7　例えば、東京都教育委員会学校管理運営規則12条の12等を参照。

8　中学校学習指導要領（2017年3月告示）11頁。

9　国立教育政策研究所『教員環境の国際比較』(明石書店、2014)67頁。

10　文科省「教育指標の国際比較（平成25(2013)年版)」42頁。

11　海外と比較しても、例えば日本の教育再生実行会議と類似する位置づけの組織である
フィンランドの国家教育委員会が、原則として教員経験がなければ委員になれないことと決

第1節　教育法総論

定的に異なっている。

12　こうした現状を批判的に捉えた著作が中室牧子『「学力」の経済学』（ディスカヴァー・トゥ
エンティワン、2015）である。しかし、中室氏が参考にするアメリカ型のエビデンスに基づ
く教育政策もまた、決して効果を上げているわけではない点に留意すべきである。

教育法における重要法令と重要判例

Q8 教育法を構成する重要な法令や重要判例には、どのようなものが
ありますか。

A8 最も重要な法令として学校教育法（施行令・施行規則を含む）が、最
も重要な判例として旭川学力テスト事件最高裁判決があります。

解説　　　教育法を構成する法令は多岐にわたるが、日本国憲法、教育基
本法、学校教育法（施行令・施行規則を含む）、民法、学校保健安全
法、教育職員免許法、子どもの権利条約は、国公私立を問わずあ
らゆる学校に適用される基本法令であり、特に学校教育法が実務上最も重要
である。これ以外にも、公立学校では、地教行法、教育公務員特例法、地方
公務員法、国家賠償法、給特法、標準法等が、私立学校では、私立学校法、
私立学校振興助成法等が、それぞれ重要法令として機能している。

また、実務上は教育判例も重要で、旭川学力テスト事件最高裁判決[13]は、
子どもの学習権、教育権の帰属、学習指導要領の法的性質について言及した
大法廷判決として、教育法で最も重要な判例である。その他の重要な最高裁
判例は**表1**のとおりである。

もっとも、**表1**の最高裁判例の中には教育現場の実情を無視した不適切
な判例もあるため、本書ではスクールロイヤーの実務上、注意して取り扱う
べき判例についても指摘する。

なお、教育法で伝統的に重要な法規範として重視されてきた「教育条理」
については、人間的な関わり合いを本質とする教育活動の特徴に鑑みると、
教育条理が重要な規範として機能し得る場合があることを否定すべきではな
いが、教育条理は客観的な解釈や法的安定性の観点から問題も多く[14]、今日

25

第 1 章　教育法と教育紛争

表 1　教育法の重要最高裁判例

論点	裁判日	判示内容
学校事故の基本的な判断枠組み	最二小判昭和62年 2 月 6 日（集民150号75頁）	公立学校における教員の教育活動は「公権力の行使」（国家賠償法 1 条 1 項）に該当し、教員は学校における教育活動により生ずるおそれのある危険から生徒を保護すべき義務を負っており、危険を伴う技術を指導する場合には、事故の発生を防止するために十分な措置を講ずるべき注意義務がある
在学契約論	最二小判平成18年 11月27日（民集60巻 9 号3437頁）	大学と学生との間で締結される在学契約の法的性質は、教育法規や教育の理念によって規律されることが予定されている有償双務契約としての性質を有する私法上の無名契約である
部活動の本質と顧問教員の法的義務	最二小判昭和58年 2 月18日（民集37巻 1 号101頁）	部活動が本来生徒の自主性を尊重すべきものであることに鑑みれば、何らかの事故の発生する危険性を具体的に予見することが可能であるような特段の事情のある場合でない限り顧問教員は個々の活動に常時立会し、監視指導すべき義務までを負うものではない
校則の法的根拠	最三小判昭和52年 3 月15日（民集31巻 2 号234頁）	大学は一般市民社会と異なる部分社会を形成しており、目的を達成するために必要な諸事項について学則等を規定する権能を有する
退学処分に関する基本的な判断枠組み	最三小判昭和49年 7 月19日（民集28巻 5 号790頁）	私立大学が建学の精神に基づき学生を退学処分にしたことは合理性を欠くものではなく、学長の裁量権の範囲内であり適法である
	最二小判平成 8 年 3 月 8 日（民集50巻 3 号469頁）	学長の信仰上の理由により剣道実技の履修を拒否した学生に対する退学処分等は、裁量権の範囲を超えて違法である
体罰の判断基準	最三小判平成21年 4 月28日（民集63巻 4 号904頁）	教員の行為が体罰に該当するかどうかは、目的、態様、継続時間等から判断して、教員が児童に対して行うことが許される教育的指導の範囲を逸脱するかどうかにより判断される
教員の時間外勤務	最三小判平成23年 7 月12日（集民237号179頁）	担任の仕事、校務分掌、部活動顧問などによる時間外勤務については、給特法との関係で違法ではない

の教育紛争を解決する規範としてはほとんど機能しないと考えられる。

13　最大判昭和51年 5 月21日刑集30巻 5 号615頁。

14　坂田仰=黒川雅子=河内祥子=山田知代『図解・表解　教育法規』（教育開発研究所、新訂第 3 版、2017） 7 頁。

第1節　教育法総論

教育法令の重要改正

Q9 スクールロイヤーの実務において、教育法に関する最近の重要な法令や改正の動きを教えてください。

A9 いじめ防止法ガイドラインの改定、不登校に関する教育機会確保法の制定、発達障害に関する障害者差別解消法の制定、有期雇用教員に関する労働契約法の改正、の４つです。

　いじめ防止法（2013年施行）は、いじめの定義を立法化し、いじめの対応について学校の法的義務を規定した法律だが、同法の実務上の解釈運用基準であるガイドライン「いじめの防止等のための基本的な方針」が2017年３月に全面的に改定され、新たに「いじめの解消」の定義と対応が設けられたほか、校内研修の回数、学校基本方針の内容、いじめ対策組織の構成と周知、いじめに係る情報共有の徹底、外部専門家の支援、ネットいじめへの対応等、多くの点が改定された（Q76参照）。また、同時に「いじめの重大事態の調査に関するガイドライン」も新たに策定されたが、これらのガイドラインの記載は極めて網羅的であり、教員がその内容を正確に理解することは非常に難しいだけでなく、内容自体も政策担当者の目線から作成されたものであって、教育現場の実態に則しているとは言い難いため、スクールロイヤーにはガイドラインを教育現場の実態に則して適切に運用する能力が求められる。

　不登校に関する教育機会確保法（2017年２月施行）は、学校の不登校への対応に関する基本的な方向性を法律により規定した点で教育現場への影響は大きいと考えられ、同法は学校や教員に新たな法的義務を規定しているわけではないが、不登校の子どもや保護者の視点に立った対応が盛り込まれており、不登校児童生徒が行う多様な学習活動における個々の実情に応じた必要な支援、学校以外の場における不登校児童生徒の多様で適切な学習活動の重要性、個々の休養の必要性、不登校児童生徒等に対する情報の提供等の支援に必要な措置等を規定する。また、いじめ防止法における重大事態に不登校の場合

27

が含まれていることに鑑みて、「不登校重大事態に係る調査の指針」も策定されたが、不登校の原因は非常に多種多様であり、いじめや人間関係だけでなく親子関係や家庭環境に原因がある場合も多く、児童生徒にできる限り学校に登校してほしいと願う教員の目線も決して軽視すべきではないことから、スクールロイヤーは不登校の複雑な実情を正確に把握した上で、一面的ではない対応を心掛ける必要がある。

　障害者差別解消法（2016年4月施行）は、特に発達障害を有する児童生徒の対応において、教育現場に大きな影響を与えている[15]。教育現場では発達障害を有する児童生徒に対して障害者差別解消法が規定する「合理的な配慮」に基づくできる限りの対応が求められるが、発達障害は他の障害と比較して外見上は認識しづらく、医学的な知見も発展途上の段階であり適切に診断できる専門家が少ない。また、発達障害を有する児童生徒が紛争当事者になる場合は、合理的配慮を踏まえた対応や紛争解決が必要になるため、通常の紛争解決よりも対応が難しく、スクールロイヤーは法律の文言解釈や保護者の意向だけに捕らわれず、教育現場の実情と発達障害の子ども本人の利益に考慮した対応を促していく必要がある。

　有期雇用教員の雇用期間に関する労働契約法の改正（2012年）では、同一の使用者との間で有期労働契約が通算で5年を超えて継続して反復更新された場合は[16]、現に締結している有期労働契約の内容である労働条件と同一の労働条件による期間の定めのない労働契約の申込みをすることができるようになり、労働者が申込みをした場合には使用者は承諾したものとみなされることになった。2018年4月からは改正に基づく有期雇用契約の無期雇用転換が実施されるが[17]（Q152参照）、今日の教育現場では常勤・非常勤に関わらず、多くの有期雇用教員が児童生徒の教育活動を担当しているため、この法改正が教育現場に与える影響は使用者たる学校設置者だけでなく、教員や児童生徒にも非常に大きい。このため、スクールロイヤーが有期雇用教員の雇止めや労働条件をめぐる紛争に関与する際には、他分野の有期雇用問題と異なった児童生徒の教育的観点からの考察が必要になる。

第1節　教育法総論

15　発達障害に関しては、2004年に発達障害者支援法が制定されており、その目的に「学校教育における発達障害者への支援」が盛り込まれている。

16　ただし、この期間算定は「継続」して反復更新されていることが必要であり、途中で6か月以上の空白期間がある場合は再び空白期間後から5年間が起算されることになる。

17　この無期雇用転換は、いわゆる正社員と呼称され、昇給や退職金等が一般的に保障されている労働者とは異なり、あくまでも「現に締結している有期労働契約の内容である労働条件と同一の労働条件」での期間の定めのない雇用が保障されるにすぎない点に留意したい。したがって、今後の教育現場では「（正規雇用）教員」「有期雇用教員」とは異なる「無期雇用教員」が存在することになる。

学校設置者による教員個人の法的責任の違い

Q10　教員が法的責任を問われる場合に、公立・私立・国立大学法人でそれぞれどのような違いがあるでしょうか。

A10　公立学校の場合は、設置者である地方公共団体が国家賠償法に基づく不法行為責任を負うことから、原則として教員個人は法的責任を負いません。また、争いはありますが、国立大学法人にも国家賠償法が適用され、公立学校と同じく教員個人は法的責任を負わないとする裁判例があります。しかし、私立学校の場合は、設置者である学校法人が使用者責任に基づく不法行為責任を負うだけでなく、教員も個人として不法行為責任を負う可能性があります。

解説

　　日本の教育法制では教員が法的責任を問われる際に、学校設置者により教員の個人責任の成否が異なる（表2を参照）。

　　まず、公立学校の教員の過失により損害が生じた場合、公立学校の設置者である地方公共団体が国家賠償法に基づく法的責任（不法行為責任

表2　教員の個人責任の成否

	公立学校	私立学校
学校設置者の責任	国家賠償責任（国家賠償法1条）	使用者責任（民法715条）
教員の個人責任	原則として負わない （重過失ある場合は求償義務あり）	原則として負う（民法709条）

29

第1章　教育法と教育紛争

の一種）を負う。判例によれば、公立学校の教員の教育活動は「公権力の行使」（国家賠償法1条1項）に該当するため、同法が適用される結果、原則として教員個人は法的責任を負わない[18]（同法1条は公務員が、故意又は過失により他人に損害を加えた時は、「国又は公共団体が、これを賠償する」と規定する）。また、国立大学法人に国家賠償法が適用されるかは争いがあるが、国立大学法人に国家賠償法が適用されると判示する裁判例[19]によれば、国立大学法人の教員は公立学校の教員と同様に、原則として個人の法的責任を負わない。これに対し、私立学校の教員の過失により損害が生じた場合は、学校の設置者である学校法人が使用者責任（民法715条1項）に基づく不法行為責任を負うと同時に、教員個人も不法行為責任（民法709条）を負うため、私立学校では教員が個人として法的責任を問われる可能性が高い。

　しかし、私立学校の教員も公立学校の教員同様に文部科学大臣が告示する法規としての学習指導要領に拘束されるのだから、学校設置者の法的性質はともかく、教員が行う教育活動それ自体は公立学校・国立大学法人と私立学校で実質的に何らの違いもないにもかかわらず、公立学校・国立大学法人の教員の教育活動は「公権力の行使」なので国家賠償法により原則として個人責任を負わず[20]、私立学校の教員の教育活動は「公権力の行使」ではないので民法により個人責任を負う、と区別する判例の法理は、甚だ不公平である。確かに、私立学校は児童生徒から教育サービスの対価として授業料を徴収する点で営利性を否定できないが、教育基本法の趣旨に照らせば、学校は公立私立問わず全て「公の性質」を有するものであり（1条）、私立学校も「公の性質」を有することから学校法人のみが設置できる（6条）とされており、私立学校の教育事業が公的なものであり、純粋な民間企業の営利事業とは本質を異にすることは教育基本法上明らかである[21]。また、私立学校が行う教育事業は、本来は国家が行うべき公共事業の「補完的」な役割も担っている実情からすれば[22]、私立学校に国家賠償法を適用しない判例法理は私立学校の実情にも反している。

　したがって、私立学校の教員の教育活動も公立学校に準じて「公権力の行使」と評価し、国家賠償法1条1項を準用ないし類推適用すべきであろう。

第1節 教育法総論

　なお、近年では公立学校の教員のほとんどが訴訟に巻き込まれた場合に備えて訴訟保険に加入しているが、公立学校の教員はそもそも原則として個人の法的責任を負わないため、訴訟保険に加入する必要性はほとんどない[23]。むしろ、実情としては個人で法的責任を負うリスクのある私立学校の教員で訴訟保険に加入している教員は圧倒的に少なく、私立学校の教員に向けた訴訟保険の整備と充実が早急に望まれるところである。

補足

公立学校教員が個人責任を負う場合

　公立学校・国立大学法人の教員は国家賠償法により原則として個人責任を負わないが、重過失の場合は国又は地方公共団体から求償される可能性がある（国家賠償法1条2項）。近時、部活動において重大な体罰や不適切な指導監督により熱射病で部員の生徒を死亡させた教員に対し、地方公共団体が教員に対する求償権の行使を怠る事実が違法であることの確認を求めた住民訴訟において、当該教員の重過失を認め、求償権の行使を怠っていると認めた裁判例がある[24]。

　また、被害者側が公立学校・国立大学法人の教員個人の法的責任をあえて追及したい場合に、国家賠償法ではなく、民法上の不法行為責任（709条）及び使用者責任（715条1項）を選択して訴訟提起する場合もある。この場合、裁判所によっては釈明等を求めた上で請求権の変更を命令することもあろうが、少なくとも訴訟提起の時点で却下されることはなく、実際に、公立学校の教員の不法行為責任とともに、学校設置者である地方公共団体には国家賠償法ではなく民法上の使用者責任を認めた裁判例もある[25]。したがって、厳密に言えば、公立学校・国立大学法人の教員であっても、訴訟上は教員個人の法的責任が追及される可能性がある。

18　最二小判昭和62年2月6日集民150号75頁。

19　例えば、名古屋高判平成22年11月4日裁判所ウェブサイト、福岡高判平成27年4月20日判例集未登載など。

20　判例によれば「公権力の行使」に該当しない国公立病院の医師の医療行為と公立教員

第1章 教育法と教育紛争

の教育活動の本質的な違いを合理的に説明するのは困難であり、そうすると、公立学校の教員の教育活動を「公権力の行使」と解するのは不適切である、との批判もある。
21 教育基本法8条が、国及び地方公共団体に助成その他の適当な方法により私立学校教育の振興に努める義務を規定していることも、私立学校の教育事業が公的なものであり、純粋な民間企業の営利事業とは本質を異にすることを示していると言えよう。
22 多くの私立学校が公立学校の入学試験に落ちた生徒の「受入先」として機能している現実に鑑みても、私立学校が行う教育事業が公的な教育サービスを受けられない生徒のニーズを補完するといえ、この意味で極めて公共性の高い事業であることが理解できる。
23 弁護士への相談料などの訴訟費用を保険で填補できるというメリットはあるが、そもそも学校が訴えられた場合は教育委員会が地方公共団体の顧問弁護士に相談するため、教員が個人で弁護士に相談することはほとんどない。
24 大分地判平成28年12月22日裁判所ウェブサイト。
25 例えば、静岡地判浜松支平成8年2月19日判時1588号130頁など。この事案は、高校の事務職員が同僚の女性職員を殺害した事件で、県に使用者責任が認められた事例である。

在学契約

Q11 在学契約とはどのような契約でしょうか。また、在学契約が適用される範囲や当事者について教えてください。

A11 最高裁判所は、在学契約は私法上の無名契約であると解しています。また、私立学校には在学契約が適用されますが、在学契約の当事者が誰であるかは争いがあります。

　　在学契約は学校事故において、学校の安全配慮義務を観念するために提唱された法理で、その法的性質については様々な解釈がなされていたが、最高裁判所は学納金返還訴訟[26]で、大学の設置者である学校法人と学生との間に締結される「在学契約は、大学が学生に対して、講義、実習及び実験等の教育活動を実施するという方法で、上記の目的にかなった教育役務を提供するとともに、これに必要な教育施設等を利用させる義務を負い、他方、学生が大学に対して、これらに対する対価を支払う義務を負うことを中核的な要素とするもの」であり、「学生が、部分社会を形成する組織体である大学の構成員としての学生の身分、地位を取得、保持し、大学の包括的な指導、規律に服するという要素も有している」ように、

第1節　教育法総論

在学契約は「複合的な要素を有するものである上」、大学の目的や公共性等から「教育法規や教育の理念によって規律されることが予定されており、取引法の原理にはなじまない側面も少なからず有している」点に鑑みると、在学契約は「有償双務契約としての性質を有する私法上の無名契約と解するのが相当」であると判示した。この判決は私立大学と学生との間には在学契約が適用され、その当事者は学校法人と学生であることを明示したが、その後の最高裁判決では「私立中学校又は私立高等学校の各学校設置者とその生徒との間の在学関係は、在学契約に基づく」と判示されている[27]ことから、判例は私立学校と児童生徒の間にも在学契約が適用されると考えている（もっとも、最高裁はこの場合の当事者は明示していない）[28]。

　これらの判例の動向から、在学契約は私立学校と生徒の関係を基礎づける重要な法的概念であると理解できるため、本書では私立学校の生徒に対する法的義務、法的責任、校則の制定根拠等において、在学契約を論拠としている。一方、公立学校においても在学契約を適用する立場もあり、実際にそのように判示する裁判例[29]や、公立学校と生徒の親権者との間に在学契約を適用し、在学契約に付随する安全配慮義務を示す裁判例[30]もある。しかし、公立学校は原則として児童生徒及び保護者に学校を選択する権利はなく、通学する公立学校は法令で強制的に決定されるため、公立学校に「契約」の概念を観念することには無理があるし、ほとんどの裁判例で「在学契約」ではなく「在学関係」という文言を用いて公立学校と児童生徒及び保護者の関係を説明しているのも、児童生徒及び保護者が原則として通学する公立学校を自主的に選択する権利がないことを考慮してであろう。したがって、公立学校に在学契約を適用すべきではないが、公立学校であっても併設型中学校や中等教育学校のように生徒や保護者が学校を選択できる場合は、私立学校と同様に在学契約の適用が考えられ、学校選択制と在学契約の法理は密接に関連すると言える。

　また、高校以下の在学契約の当事者については、生徒のみに当事者性を認める「生徒当事者説」が有力だが[31]、この説では在学契約に基づいて保護者が固有の慰謝料を請求できず、高校生以下の児童生徒が主体的に学校を選択

33

第1章　教育法と教育紛争

し、契約当事者として行動することは実質的に困難であるとの批判[32]もある
ため、生徒と保護者の双方に当事者性を認める「生徒・保護者当事者説」が
妥当である。

26　最二小判平成18年11月27日民集60巻 9 号3437頁。

27　最一小判平成21年12月10日民集63巻10号2463頁。しかし、この判例が示す在学契約が
最二小判平成18年11月27日・前掲注26）と同じく「私法上の無名契約」であるかは明らか
ではない。

28　第一審・控訴審とも在学契約の当事者を生徒と解したが、最高裁はあえてその点を明示
しなかったため、在学契約の当事者を生徒とは考えていない可能性もある。

29　例えば、長野地判昭和54年10月29日判時956号104頁は、「教育行政と切りはなした本来
の教育の分野においては、優越的な意思が支配し他方がこれに服従する関係にあるとみる
べきではない」とした上で、在学関係は「もっぱら合意に基礎を置き、その合意が準拠する
教育基本法、学校教育法等教育法令、さらには、教育目的にそう慣習、条理によって補完
され、これによって規律さるべき契約関係と解すべきを相当」とする旨判示する。

30　例えば、横浜地判平成18年 3 月28日判時1938号107頁は、「公立高校の設置者である地
方公共団体と在学する生徒の親権者との間には、公法上の在学契約関係が存在」すると
した上で、その「付随義務として」「事故が生徒に発生した場合には、その原因などについ
て調査した上で、必要に応じて、当該生徒又は親権者に報告する義務がある」と判示し、
公立学校と親権者との間に在学契約を適用し、調査報告義務を在学契約に付随する義務
と位置づける。

31　東京地判平成18年 9 月26日判時1952号105頁（最一小判平成21年12月10日・前掲注27）
の第一審）は、親に学校選択の自由があるからといって「そのことから当然に、子が中学
校又は高等学校に入学後の在学契約の当事者が親であるということはできない」とした上
で、私立中学・高校を経営する学校法人は「保護者との契約に基づいて教育に関する給付
を提供するものではなく、教育に関する給付を受ける主体である生徒との間における在学
契約に基づいて上記給付を行うものというべきであり、被告との間の在学契約の当事者は
生徒であるということができる」と判示し、生徒当事者説に立っている。

32　神内聡『学校内弁護士』62頁。

教員の職務

Q12　教員はどのような職務を担当しますか。

A12　校長、副校長、教頭、教諭、教務主任、学年主任、保健主事、
生徒指導主事、進路指導主事、主幹教諭、指導教諭、養護教諭、
栄養教諭等は、法令に規定された職務を担当します。これに対

第1節　教育法総論

し、学級担任、部活動顧問は法令に規定がないため職務内容が不明確であり、長時間労働の原因になりがちであり、法的義務や法的責任も不明確であることから教員にとって予期しない過酷な義務や責任が課される可能性があります。なお、スクールカウンセラー、スクールソーシャルワーカー、部活動指導員は、教員が担当するわけではありませんが、2017年4月より法令上の職種として規定されることになりました。

教員の職種の多くは法令に規定があり、学校に必ず置く職種とそうでない職種、教員が担当する職種とそうでない職種がある。学校教育法及び施行規則に規定がある職種は、校長、副校長、教頭、教諭、教務主任、学年主任、保健主事、生徒指導主事、進路指導主事、

表 3-1　教員の職務

職種	法令	職務内容	必置	教員担当
校長	法37条4項	校務の掌理 職員の監督	必置	原則担当 (民間人可)
副校長	法37条5項・6項	校長の補佐 校長の職務代行	任意	原則担当 (民間人可)
教頭	法37条7項・8項	校長の補佐、校務の整理、児童生徒の教育、校長の職務代行	原則必置	原則担当 (民間人可)
教諭	法37条11項	児童生徒の教育	必置	担当
教務主任	規44条4項	教育計画の立案その他の教務に関する事項の連絡調整・指導・助言	原則必置	担当
学年主任	規44条5項	当該学年の教育活動に関する事項の連絡調整・指導・助言	原則必置	担当
保健主事	規45条4項	保健事項の管理	原則必置	担当
生徒指導主事	規70条4項	生徒指導に関する事項の掌理・連絡調整・指導・助言	中学校・高校は原則必置	担当
進路指導主事	規71条3項	生徒の職業選択の指導その他の進路の指導に関する事項の掌理・連絡調整・指導・助言	中学校・高校は原則必置	
主幹教諭	法37条9項	校長・教頭の補佐、校務の一部の整理、児童生徒の教育	任意	担当
指導教諭	法37条10項	児童生徒の教育、教育指導の改善及び充実のための指導・助言	任意	担当
養護教諭	法37条12項	児童生徒の養護	原則必置	担当
栄養教諭	法37条13項	児童生徒の栄養指導・管理	任意	担当

※「法」は学校教育法、「規」は同法施行規則とする

35

第1章　教育法と教育紛争

表 3 - 2　教員以外の職種の職務（事務職員を除く）

職種	法令	職務内容	必置	教員担当
学校評議員	規49条 2 項	校長の求めで学校運営への意見陳述	任意	担当しない
スクールカウンセラー	規65条の 2	児童生徒の心理に関する支援	任意	担当しない
スクールソーシャルワーカー	規65条の 3	児童生徒の福祉に関する支援	任意	担当しない
部活動指導員	規78条の 2	スポーツ、文化、科学等に関する教育活動に係る技術的な指導	任意	担当してもよい

※「法」は学校教育法、「規」は同法施行規則とする

主幹教諭、指導教諭、養護教諭、栄養教諭などである。**表 3 - 1** は法令上の職務内容などをまとめたものである。

　しかし、これらの法令に規定がある職種と異なって、学級担任と部活動顧問は法令に何らの規定もない「教育慣習法」的な職種であり、特に児童生徒や保護者にとっても最も身近で重要な教員である学級担任が法令上の職種ではない点は、法律論としても教育論としても極めて重要な特徴である。

　学級担任や部活動顧問は職務内容が法令上不明確であるため、教員は何をどこまでやればよいか職務の範囲を認識できずに職務を担当することになり、学級担任や部活動顧問が教員の長時間労働の大きな原因になっている。また、学級担任や部活動顧問は法令上の職務内容が不明確ゆえに法的義務や法的責任も不明確だが、日本の司法は学級担任や部活動顧問の法的位置づけを全く無視して法的義務や法的責任を議論しており、学級担任や部活動顧問は、予測し得ない法的義務や法的責任を負わされるリスクを日常的に抱えている[33]。そもそも、学級担任や部活動顧問は海外では見られない日本の教育制度において独特な職務であり、その職務内容には海外では本来的に教員の職務ではないと考えられているものも多数含まれる。日本の教員にとって学級担任や部活動顧問は、法令の根拠なく極めて過酷で重大な責任が課せられる業務なのである。

　しかし、学説には「教諭は、児童の教育をつかさどる」（学校教育法37条11項）の規定をもって、校長は校務分掌の一環として職務命令で学級担任や部活動

顧問を命じることができると考える見解もあり[34]、教育現場の実務もそのように考えている。もっとも、この見解は他の教員の職務が法令で規定されているのに学級担任や部活動顧問が除外されている理由を説明できておらず、海外では日本のような学級担任や部活動顧問の業務は必ずしも教員の業務とは考えられていないことに鑑みると、「教育をつかさどる」からといって当然に教員の職務や校務分掌に学級担任や部活動顧問が含まれると解するのは無理がある。そもそも、担任教員のいない学級や顧問教員のいない部活動が事実上成立し得ないことを考えると、学級担任や部活動顧問の職務内容が法令で規定されていないことは、株式会社で例えれば会社法で取締役の職務内容が規定されていないようなもので、法律論としてはあり得ない話である。

　実のところ、学級担任や部活動顧問が法令で規定されていない最大の理由は、学級担任や部活動顧問が担う業務を法令で明確に規定することが不可能なほど広範囲にわたるからであり、法令で明確に職務内容を規定すれば、日本の学級担任や部活動顧問が有する「何でも屋」としての機能が失われてしまうからに他ならない。穿った見方をすれば、学級担任や部活動顧問をあえて法令で規定しないことで、それらの職務を担う教員の尊い「自己犠牲」の精神によって、世界でも最高峰の水準にある日本の教育サービスが維持されているのである。

　しかし、筆者は日本の学級担任や部活動顧問の制度を廃止することには反対であり、特に学級担任は日本の教育制度の最良の特徴でもあり、子どもに対して「教師」だけでなく「カウンセラー」「ソーシャルワーカー」「親代わり」にもなれる「何でも屋」であるがゆえに、児童生徒や保護者がいつでも気軽に寄り添える教員として、教師と子ども、学校と家庭の信頼関係を構築するために必要不可欠の存在である[35]。日本の初等中等教育が世界で最高水準にあり、児童生徒や保護者に対してきめ細やかで幅広い多様な教育サービスを提供することができるのも、学級担任制度が存在するからである。

　したがって、スクールロイヤーは学級担任の法的位置づけだけでなく、学級担任制度自体が日本の教育制度を支えていることを理解した上で、学級を担う教員の心情や目線に配慮した教育紛争の解決を志向しなければならない。

第1章　教育法と教育紛争

スクールカウンセラーなどの法定化　　　　　補　足

　2017年4月より施行されている学校教育法施行規則の改正により、「スクールカウンセラー」「スクールソーシャルワーカー」「部活動指導員」が法令上の職種として規定された（表3 - 2参照）。スクールカウンセラーやスクールソーシャルワーカーは教員が担当することが想定されている職種ではないが[36]、それぞれ児童心理や児童福祉の専門家として、児童生徒や教員を支援する重要な職種として教育現場でも既に定着している職種である[37]。また、部活動指導員は教員が担当する部活動顧問の負担を軽減するために導入された職種だが、急場しのぎで制度設計された感は否めず、課題も多いことから今後教育現場でどのように運用されるかは未知数である（Q132参照）。なお、スポーツ庁の通知によれば、部活動指導員を教員が担当することが否定されているわけではない点に留意したい[38]。

33　その典型的な例が、部活動顧問が教員の業務として法的にどのように位置づけられているか、という点に全く触れずに、平均的なスポーツ指導者のレベルでは予測不能な落雷事故に関して、科学的知見のレベルからは予見可能であったとして、部活動顧問に法的責任を認めた最高裁判決（最二小判平成18年3月13日集民219号703頁）であろう。

34　菱村幸彦『Q&Aスクール・コンプライアンス111選』（ぎょうせい、2017）86～87頁。

35　この点について、アメリカやイギリスに留学した筆者の担任する生徒が、日本の学級担任制度のメリットを紹介している。神内・前掲注32）58～60頁参照。

36　もっとも、法令上はスクールカウンセラーやスクールソーシャルワーカーを教員が兼任することは否定されていないので、例えば、心理学の専門知識を有する教員がスクールカウンセラーを兼ねることはあり得る。筆者のように、スクールロイヤーである弁護士が教員を兼任するような場合と同じであろう。

37　筆者はこの点について、改正前よりスクールカウンセラー等の法定化を提唱していたことは付記しておきたい。神内・前掲注32）205頁参照。

38　平成29年3月14日28ス庁第704号通知「学校教育法施行規則の一部を改正する省令の施行について」参照。

第 1 節　教育法総論

日本の学校の特徴

Q13 海外と比較して日本の教員の仕事にはどのような特徴がありますか。

A13 学級担任、部活動顧問の他に、校務分掌において教員が担当する業務が多いことや、検定教科書の使用が義務付けられ、教員に完全な教授の自由がないため、教員の授業に対する制約が多いことが挙げられます。

　教員の長時間労働が社会問題化したことを受けて、2017年に中教審に「学校における働き方改革特別部会」が設置され、有識者による教員の長時間労働の改善が議論されている。同部会では資料として「業務の適正化・役割分担等に関する具体的な論点」を作成し、日本と海外の教育制度及び教員の業務を比較している[39]。しかし、この資料の内容は調査が不正確なものが多く、裁判例の動向にもほとんど言及していないため、適切な日本と海外の比較が行われているとは言い難い（Focus-5参照）。

　日本と海外の教員の仕事を比較すると、日本では校務分掌において教員が担当する業務が多い点が特徴として挙げられ、特に教頭（又は副校長）と学級担任の業務が非常に多い。例えば、各種の調査・統計への回答は、日本では主に教頭（又は副校長）が主体となって行う校務分掌上の業務だが、海外では基本的に教員の業務ではなく事務職員の業務である。また、給食費の集金など学校徴収金に関する業務は、日本では主に学級担任の業務だが、海外では基本的に事務職員の業務である。児童生徒の教育活動に関しても、欠席児童への連絡、いじめの初期対応、問題行動を起こした児童生徒への指導等は、海外では教員ではなくカウンセラー、ソーシャルワーカー、Teaching Assistant、Mentorなどの専門スタッフが一次的に担当するが、日本ではほとんどの場合で学級担任が一次的に担当する。また、日本では日常的に見られる学級担任の家庭訪問であるが、海外ではまず家庭訪問は行われない。

　日本では、教育現場のニーズが少ない業務を教育行政機関があえて導入す

ることで教員の業務負担が増える例もある。地域ボランティアとの連絡調整を行う地域学校協働活動推進員・地域コーディネーターの配置に伴う教員の連絡調整業務等がその代表例であるが、海外ではそもそもこのような役割を担う職種自体が存在しない。

　以上のような教員の過大な業務負担が改善しない最大の理由は、教育政策上の重要議論に学級担任や部活動顧問を担当する現職教員がほとんど関与できないからである。前述の「学校における働き方改革特別部会」も、教員や部活動の負担改善を議論する組織であるにもかかわらず、構成員に学級担任や部活動顧問を担当する現職教員は一人もおらず、「現場不在」の議論が常態化しているため、いくら議論しても抜本的な改善には結びつかない。

　日本の教員の仕事のもう一つの大きな特徴は、教員の授業に対する制約が非常に多いことである。まず、日本は教科書検定制度を採用していることから、授業の教材は原則として検定教科書を使用しなければならず、教員は授業で使用する教材を自由に選定できないが、欧米諸国では教科書検定制度はなく、教員は授業で使用する教材を自由に選定することができる。また、日本の学習指導要領は法規としての拘束力を有するものであり[40]、教員の授業は内容及び方法において学習指導要領に拘束される。これは、児童生徒に教授内容を批判する能力が備わっておらず、普通教育では教員を選択する余地が乏しく、教育の機会均等を図る必要があることを理由に、日本の高校以下の教員に完全な教授の自由を認めていない[41]ことによるものである。そのため、日本の教員は海外と比べて授業における自由度は極めて低く、教材の選定、授業内容、授業方法など、あらゆる場面で検定教科書と学習指導要領の統制を受けている。

　しかし、最近の教育政策で促進されているアクティブ・ラーニングは海外で一般的に実践されている授業方法に影響されたものであり、検定教科書や教員の教授の自由の制限が存在しない海外の授業方法に類似するアクティブ・ラーニングを促進しながら、検定教科書を維持し、教員の完全な教授の自由を認めない法制度を維持することは、明らかに矛盾した政策であると言わざるを得ず、現状の教科書検定制度や最高裁判決に基づく学習指導要領及

第1節　教育法総論

び教員の教授の自由の解釈は、早急に見直すべきである[42]。

　スクールロイヤーは、本項で示した日本の教員の仕事の国際比較上の特殊性を適切に理解し、教員の過大な業務負担や授業に対する制約に配慮した現実的な助言や支援を行っていかなければならない。

39　文科省「業務の適正化・役割分担等に関する具体的な論点」参照。
40　最一小判平成2年1月18日集民159号1頁参照。
41　最大判昭和51年5月21日・前掲注13）は、「大学教育の場合には、学生が一応教授内容を批判する能力を備えていると考えられるのに対し、普通教育においては、児童生徒にこのような能力がなく、教師が児童生徒に対して強い影響力、支配力を有することを考え、また、普通教育においては、子どもの側に学校や教師を選択する余地が乏しく、教育の機会均等をはかる上からも全国的に一定の水準を確保すべき強い要請があること等に思いをいたすときは、普通教育における教師に完全な教授の自由を認めることは、とうてい許されないところといわなければならない」と判示する。
42　そもそも旭川学力テスト事件判決（最大判昭和51年5月21日・前掲注13））自体40年以上も前の判例であり、今日の教育政策を規律する規範として機能し得るかは甚だ疑問である。

学習権の保障と濫用の防止

Q14　学習権とはどのような権利ですか。教育現場では学習権をどのように理解すべきでしょうか。

A14　学習権は、子どもが1人の人間としてその尊厳を尊重され、人格及び能力を最大限に発達させ自己実現のために教育を受けて学習することを求める権利であり、日本国憲法、子どもの権利条約等で保障されている重要な人権です。教育現場では学習権を最大限尊重し、学校・教員・保護者は子どもの学習権を侵害してはならず、子どもが他人の学習権を侵害するのを防止しなければならないこと、保護者は子どもの学習権を濫用してはならないこと、といった点を理解する必要があります。

　子どもの学習権の定義は論者によって様々であるが、本書ではひとまず「子どもが1人の人間としてその尊厳を尊重され、人格及び能力を最大限に発達させ自己実現のために教育を受けて学習

することを求める権利」であると定義する。この権利は日本国憲法26条が保障する教育を受ける権利の背後にある理念的な権利であり、最高裁も旭川学力テスト事件最高裁判決において、26条の「規定の背後には、国民各自が、一個の人間として、また、一市民として、成長、発達し、自己の人格を完成、実現するために必要な学習をする固有の権利を有すること、特に、みずから学習することのできない子どもは、その学習要求を充足するための教育を自己に施すことを大人一般に対して要求する権利を有するとの観念が存在している」ことと判示している[43]。

　学習権は、教育現場において最も重要な権利であり、人権であると同時に、教育現場や教育紛争の解決では学習権の保障が価値判断の根幹として機能する。学校・教員・保護者は連携協力して子どもの学習権を保障しなければならず、立法・行政・司法も同様である。

　教育紛争の解決においても、原則として学習権を侵害するような解決は許されない[44]。例えば、退学処分・停学処分といった学習権への侵害の程度が強い懲戒処分は慎重に行わなければならないし、不登校も学習権が侵害されている状態であり、解消されるように適切に対応しなければならない。また、学習権には子どもが大人に対してより良い教育を求める側面もあることから、子どものニーズに応じた教育が行われる必要があり、障害を持つ子どもへの対応はその例である。さらに、学習権は人権であり、普遍性を有することから、外国人の子どものニーズにもできる限り対応していく必要がある。

　一方、子どもは学習権を侵害される客体だけでなく、他人の学習権を侵害する主体でもあり、その典型例はいじめである。このため、いじめのような教育紛争を解決する場合は、被害者の学習権の保障と同時に加害者が被害者の学習権を侵害している実態を理解し、加害者による被害者の学習権の侵害を防止するために、学校・教員・保護者が連携協力することが必要である。また、学習権は基本的人権として保障される以上その濫用も許されず、保護者が自分の子どもの利益の実現のみを要求する不合理なクレームは、保護者による子どもの学習権の濫用でもある。教育紛争の解決においては、学習権を最大限保障すると同時に、学習権の衝突を調整する視点も必要になる。

43 最大判昭和51年5月21日・前掲注13)。
44 ただし、学習権の侵害から直接裁判による救済を求めることができるかは、学習権に具体的な権利性を肯定するかどうかの議論になる。横田守弘「子どもの学習権の権利性」日本教育法学会編『教育法の現代的争点』(法律文化社、2014)38頁参照。

日本の教育法制の特徴 (体罰・停学・退学の全面禁止と弊害)

Q15 海外と比較して、日本の教育法制は児童生徒の問題行動に対する法的手段が少ないのでしょうか。

A15 少ないといえます。例えば、日本のように児童生徒の問題行動に対する法的手段として「停学」「退学」が例外なく認められない国はほとんどないため、子どもの学習権への侵害を放置したり、教員の負担が大きい要因になっています。

解説　日本の教育法制で児童生徒の問題行動に対して学校及び教員が採ることができる法的措置は、下記の表4のとおりである。

教育活動の一環としての「生徒指導」と「懲戒」は、どの学校でも認められるが、「体罰」は例外なく禁止される (学校教育法11条)。もっとも、有形力を行使したからといって直ちに「体罰」に該当するわけではない (Q120参照)。

「停学」は「学齢児童又は学齢生徒に対しては、行うことができない」(学校教育法施行規則26条4項) ため、小中学校においては国公私立を問わず停学処

表4　児童生徒の問題行動に対する法的手段

法的手段	主体	備考
生徒指導	教員	全ての学校で認められる
懲戒	教員	全ての学校で認められる
(体罰)		(例外なく認められない)
停学	校長	全ての小中学校で例外なく禁止
退学	校長	公立小中学校では例外なく禁止
出席停止	教育委員会	私立小中学校では例外なく行えない
原級留置	校長	法令上は禁止されていない

分は禁止される。「自宅謹慎」「在宅指導」などの実質的な停学処分と評価される措置も禁止される、と解する考え方が強い。

「退学」は公立小中学校（併設型中学校を除く）、義務教育学校、特別支援学校に在学する学齢児童又は学齢生徒に対しては、行うことはできない（学校教育法施行規則26条3項）ため、公立小中学校では退学は例外なく禁止される。私立小中学校では退学処分が可能である。

「出席停止」は教育委員会が保護者に対して命ずるもので（学校教育法35条、49条）、出席停止を判断する主体は学校（校長）ではなく教育委員会である。したがって、出席停止は校長の判断で行うことはできず、教育委員会が所管しない私立小中学校ではそもそも出席停止を行うことができない。

「原級留置」は法令の規定がないが、禁止されているわけではないと解される。実際に、高校では校長が生徒指導の一環として原級留置を行うことは少なくない。もっとも、義務教育である小中学校では原級留置はほとんど行われていない（Q16参照）。

以上のように、日本の教育法制の特徴は児童生徒の問題行動に対する法的手段で「例外なく禁止」とされている事項が多く、海外と比較して学校や教員が採り得る法的手段が著しく少ない点である。例えば、日本の公立小中学校では、どんなに問題行動を繰り返す児童生徒であっても停学も退学もすることができないが、国際的には非常に珍しく、他者の学習権を侵害する児童生徒に対して有効な法的手段がないため、かえって子どもの学習権の侵害が放置されてしまうリスクが高く、人権保障の観点からは極めて問題の多い法制度であると言える。

また、法的手段の少なさが法令に根拠のない違法な手段を助長させてしまう面もある。例えば、日本のように児童生徒の問題行動に対する適法な手段が少ないと、「愛のムチ」のような体罰を肯定する教育論が「必要悪」として一定の支持を得てしまう。実際に、海外であれば公立学校であっても、教員の指導に従わず抵抗する児童生徒には停学や退学などの厳しい制裁が加えられることが一般的だが、日本ではそのような児童生徒に厳しい制裁ができない代わりに教員が違法な体罰に至るケースも少なくない[45]。同様に、私立

第1節　教育法総論

小中学校では学校の判断で出席停止措置ができないため、それよりも重い退学処分をせざるを得ないことは、日本の法制度の不備が子どもの権利に重大な侵害を及ぼす例であると言える。

　スクールロイヤーを担当する弁護士は、懲戒処分等が子どもの権利に及ぼす悪影響だけに着目するのではなく、日本では海外と比較して児童生徒の問題行動に対する法的手段が少ないがゆえに、かえって子どもの権利が侵害されている実情を理解すべきであり、むしろスクールロイヤーの視点から法制度の不備を指摘し、早急な改正に向けた社会提言を行っていくべきである。

45　この点で、体罰禁止のみを主張し、海外との法制度比較や代替的な法制度整備をほとんど議論しようとしない日本の現状は極めて問題である。

日本の義務教育

Q16 義務教育制度に関しては「教育義務制」と「就学義務制」の2つの考え方、運用に関しては「年齢主義」と「課程主義」の2つの考え方があるとされますが、日本の義務教育はどのような考え方を採用していますか。また、日本の義務教育段階に原級留置（留年）はありますか。

A16 日本の義務教育は「就学義務制」と「年齢主義」を採用していると解されていますが、現状では日本の就学義務制と年齢主義に基づく運用は、子どもの学習権の観点からは大きな問題を抱えています。また、日本の義務教育段階でも原級留置はできますが、事実上ほとんど原級留置はありません。

　　　　義務教育制度の運用に関しては、大きく分けて「教育義務制」と「就学義務制」の2つの考え方がある[46]（表5-1参照）。前者は学校以外での義務教育を認めるもので、アメリカ・イギリス・フランス等で採用されているが、どのような条件であれば学校以外での義務教

第1章　教育法と教育紛争

育が認められるかは国によって異なり、ほとんどの国では厳格な条件[47]が付されている（Q168参照）。後者は学校以外での義務教育を認めないもので、ドイツ・日本等が採用する[48]。教育義務制はホームスクーリングをはじめ子どもの個性や能力に応じた多様な教育が可能であることから、義務教育の本旨からいえば教育義務型が本来の在り方であると考える見解もあるが[49]、教育義務型は就学義務型以上に保護者の意思が子ども本人の意思よりも優先されやすく、家庭の経済力や保護者の学歴等の家庭事情が子どもの学力格差に直結する可能性があり、どちらが優れているかは一概に言えない。

　日本の義務教育は保護者に小中学校で9年間の普通教育を受けさせる義務を負わせており（学校教育法16条、17条）、かつ罰則も設けられている（同法144条）ことや、保護者に学齢期の子どもを小中学校に出席させないことについて「正当な事由」がなければならない（学校教育法施行令20条）ことから、就学義務制を採用していると考えられ、文科省も同様に解している[50]。もっとも、

表5-1　義務教育における教育義務制と就学義務制

	教育義務制	就学義務制
学校以外での義務教育	認められる	認められない
ホームスクーリング	認められる	認められない
採用する主な国	アメリカ・イギリス・フランス	ドイツ・日本
理念	教育の私事性を重視	教育の公共性を重視
メリット	子どもの個性や能力に応じた多様な教育ができる	全ての子どもに一定の教育水準を確保することができる
デメリット	・保護者の意思が子ども本人の意思よりも優先される ・家庭の経済力や保護者の学歴等が子どもの学力格差に直結しやすい	・国家や社会の意向が子ども本人の意思よりも優先される ・子どもの個性や能力に応じた多様な教育を提供できない

表5-2　義務教育における年齢主義と課程主義

	年齢主義	課程主義
進級の基準	年齢	課程の修了認定
原級留置	なし	あり
採用する主な国	日本・イギリス	フランス・ドイツ
メリット	・子ども同士の競争が少ない ・子どもの心理的負担が少ない	・個性や能力に応じた教育ができる ・同一学年の学力格差が少ない

46

第1節 教育法総論

日本国憲法26条2項や教育基本法5条1項は保護者が負う義務として「就学義務」という文言を用いていないこと、子どもにとっては教育を受けることは権利であって義務ではないこと等を根拠に、日本でも教育義務制を採用することは解釈上可能であるとも考えられるが、前述のとおり、教育義務制と就学義務制のいずれにも一長一短があることから、殊更に日本の義務教育が教育義務制を採用していると解釈する必要性は乏しいと考えられる。

　就学義務制の下では、正当な理由がない限り保護者は子どもを学校に出席させなければならないことから、正当な理由が認められない欠席は就学義務違反になる。最近の教育現場では不登校が就学義務との関係で問題になるが、近時制定された教育機会確保法の下で新たな争点が生じている（Q98参照）。少なくとも、就学義務制を後述する年齢主義と合わせて運用する日本の義務教育の現状は、不登校児童生徒をはじめ、障害児や外国人の子どもの学習権の保障の観点からは大きな問題を抱えている[51]。

　また、義務教育の運用に関しては大きく分けて「年齢主義」と「課程主義」の2つの考え方がある[52]（表5-2参照）。年齢主義は子どもの年齢により所属する校種・学年を決める考え方であり、課程主義は子どもの学習段階や一定の課程を修了したことにより所属する校種・学年を決める考え方である。

　日本の義務教育は、保護者は子どもが満6歳に達した日の翌日以降における最初の学年の初めから満12歳に達した日の属する学年の終わりまで小学校等に就学させる義務を負い、子どもが小学校等の課程を修了した日の翌日以降における最初の学年の初めから、満15歳に達した日の属する学年の終わりまで中学校等に就学させる義務を負うことから（学校教育法17条）、年齢主義を採用していると一般的には解されている。しかし、日本の義務教育における課程修了及び卒業認定は、児童生徒の平素の成績を評価して認定することから（学校教育法施行規則57条ほか）、課程主義を否定していないとも考えられ、法令上は「年齢主義」「課程主義」のいずれを採用しているかは明確ではない。また、法令上は明記されていないが、日本の義務教育段階においても原級留置（いわゆる留年）は可能である。ただし、現在の日本の義務教育段階では原級留置は事実上ほとんど行われず、年齢とともに進級することから、運用上

47

第1章　教育法と教育紛争

は年齢主義を採用している。

　一昔前の日本では過酷な受験競争の弊害に鑑みて、子どもの権利保障の観点から子ども同士の競争をできる限りなくして心理的負担を緩和することが奨励されていたため、年齢主義のメリットが強調されていた（実際に、現在でも弁護士業界では年齢主義を支持する考え方は多い）。しかし、筆者は現在の教育制度の下では年齢主義はほとんどメリットがないと考えている。年齢主義の最大の問題点は子どもの個性や能力を無視して画一的に同一学年に所属させる点であり、この点は「すべて国民は、法律の定めるところにより、その能力に応じて、ひとしく教育を受ける権利を有する」と規定する憲法26条１項の規定にそぐわず、子どもの個別具体的なニーズに応じた学習権の保障を侵害する可能性すらある。加えて、年齢主義の下では必要な学力を習得できずに進級する児童生徒が放置されてしまい、高学年になるほど学力差が拡大してしまう一方、「飛び級」制度がないことから学力の高い児童生徒も放置されてしまう。つまり、現在の日本の年齢主義は子どもの学習権を侵害する制度として機能しているのである。

　また、年齢主義は「不登校」「生徒指導」の分野で、スクールロイヤーとしても無視できない弊害をもたらしている（詳細はQ99・Q118参照）。年齢主義の運用では、たとえ１年間学校に登校しなくとも原級留置になることなく次学年に進級するが、筆者はこうした運用がかえって不登校児童生徒を支援することなく放置し、学力や将来のことを顧みない教育が助長される要因になっていると考える。また、生徒指導の面では原級留置は退学と停学の中間的処分として位置づけられ、実際に義務教育ではない高校の生徒指導ではそのように機能しているが、年齢主義では義務教育段階での原級留置は行われないため、小中学校で問題行動を起こした児童生徒に対する原級留置処分を行うことがはばかられる。これは、日本の義務教育段階では児童生徒の問題行動に対する法的手段が非常に少ないことを踏まえれば、柔軟で臨機応変な生徒指導を困難にすることを意味する（Q15参照）。このように、年齢主義は生徒指導の手法を硬直化する弊害もある。

　したがって、スクールロイヤーは現在の年齢主義に基づく日本の義務教育

第 1 節　教育法総論

の弊害を直視し、課程主義への移行を提言していくべきではないかと考える。

46　より詳細には、①子どもの義務教育を、家庭を中心とする私教育の場、国公立学校、私学のうちのどこで行うかを選ぶ権利を親に認めるもの、②国公立学校だけへの就学を認めるもの、③国公立学校又は私学への就学義務を認めるもの、④就学義務制を原則としながら例外的に教育義務を認めるもの、の 4 つに類型化する見解がある。結城忠「就学義務制と教育義務制（1）」教職研修36巻10号117〜119頁参照。

47　例えば、フランスは教育義務制を採用しつつも、厳格な課程主義と義務教育監督強化法による学校以外での義務教育の監督を強化し、学力維持を図ろうとしている（藤井穂高「世界の義務教育の歴史と現状　フランス」清水一彦＝山内芳文『国際化と義務教育』（全国海外教育事情研究会、2008）109〜111頁参照）。また、アメリカのカリフォルニア州でも教育義務制を採用しつつも、厳格な罰則や裁判所命令による教育義務の履行確保が行われており、ホームスクーリングも保護者が教員免許を有することが原則となっている（惣脇宏「カリフォルニア州の児童保護事件：ホームスクーリングと未成年裁判所の就学命令」国立教育政策研究所紀要138集199〜204頁参照）。

48　ドイツの就学義務はナチス・ドイツ時代に制定された義務教育法に基づいており、日本以上に厳格である。

49　市川昭午『市川昭午著作集第 5 巻　教育の私事化と公教育の解体－義務教育と私学教育』（学術出版会、2013）119頁。

50　文科省「小・中学校への就学について」参照。

51　現在の就学義務制には、不登校児童生徒の問題、障害を持つ児童生徒の就学先決定に関わる問題、外国籍の子どもの問題、の 3 つの問題が生じているとされる。江澤和雄「就学義務制度の課題」レファレンス60巻 5 号30〜31頁参照。

52　もっとも、これ以外に「習得主義」「履修主義」といった考え方もあるが、それぞれの相違を説明する字数上の余裕がないことから、本書では 2 つの考え方に絞って説明した。

学習指導要領とアクティブ・ラーニングの法的拘束力

Q17　学習指導要領には法規としての拘束力があると解されていますが、新しい学習指導要領で導入された「主体的・対話的で深い学び」（いわゆるアクティブ・ラーニング）の規定にも拘束力はありますか。例えば、アクティブ・ラーニングをしない授業を行えば、学習指導要領に違反し違法となるのでしょうか。

A17　学習指導要領に法規としての拘束力を認める現在の教育行政及び最高裁判所の解釈によれば、「主体的・対話的で深い学び」

49

と評価されない授業は、学習指導要領に違反し違法になる可能性があります。

　　最高裁判所は旭川学力テスト事件最高裁判決において、文部科学大臣は「教育の機会均等の確保等の目的のために必要かつ合理的な基準を設定することができる」とした上で、学習指導要領は「全体としてはなお全国的な大綱的基準としての性格をもつものと認められる」ことから、法的見地からは「必要かつ合理的な基準の設定として是認することができる」と判示しており[53]、これを受けて、伝習館事件判決では学習指導要領が「法規としての性質を有する」とした控訴審の判断を正当とし、憲法に反しないと解している[54]。このため、一般的には最高裁判所も学習指導要領が法規として法的拘束力を有することを認めていると考えられている。

　もっとも、従来の学習指導要領の規定は授業内容に関するものが中心で、授業方法に関する規定はほとんどなかったため、学習指導要領に法的拘束力があると解しても、教員の授業方法に対する影響はほとんどなかったと言ってよい。ところが、2017年3月に公示された新学習指導要領では、授業内容・授業方法ともに「主体的・対話的で深い学び」の実現が求められている。

　仮に、学習指導要領に法的拘束力があるとすれば、設問のように学習指導要領で規定する「主体的・対話的で深い学び」を実現できない教員の授業方法は違法になる。しかし、問題は何をもって「主体的・対話的で深い学び」であるかを判断する難しさであろう。

　実は、「主体的・対話的で深い学び」は、新しい学習指導要領の改訂過程

表6　日本と海外の教育制度の違いとアクティブ・ラーニング

	日本	海外
教員1人当たりの児童生徒数	多い	少ない
1学級当たりの児童生徒数	多い	少ない
授業形態	大人数授業	少人数授業
検定教科書の有無	あり	なし
教員の完全な教授の自由	なし	あり
大学入試で問われる知識量	多い	少ない
授業中の児童生徒の態様	受動的	能動的

においては「アクティブ・ラーニング」という語で表現されていたものを、定義があいまいな文言を法令用語として用いるのが適切ではないとの理由で書き換えられたものである。アクティブ・ラーニングの手法自体は古くから存在するが、表現が「主体的・対話的で深い学び」に変更されたとしても、何をもって「主体的・対話的で深い学び」と判断するか、定義のあいまいさと判断の難しさはほとんど変わらず、学習指導要領に法的拘束力を認めるのであれば、多義的な概念を用いることは不適切であり、設問のような事態が教育現場で生じた場合に、解決が不可能になってしまう。

　「主体的・対話的で深い学び」を法的に考察すると、「対話的」という部分と、「深い学び」という部分は、現在の教育現場の実務と整合しない可能性がある[55]。例えば、「対話的」な授業を実現する場合には、発達障害を有する子どもをはじめ、自分の意見を人前で発表することを恥ずかしいと感じる子どもや、他人にからかわれる可能性を不安に感じる子どもが、結果的に成績評価において不利に扱われる可能性が生じてしまうし、不登校の児童生徒も対話に参加できないことから、当然成績評価上で不利に扱われるだろう。筆者は、「対話的」な授業がいじめを誘発する可能性すらあり得るのではないかと懸念しており、学習指導要領による「対話的」な授業の強制がいじめ、不登校、発達障害等の対応に悪影響を及ぼすことになりかねない。

　また、「深い学び」の実現を目指すことは教育上当然であるとしても、日本の教員は授業において検定教科書の使用が義務付けられており、完全な教授の自由は認められていないため、「深い学び」を実現することが妨げられてしまう。例えば、筆者の担当する公民科目の授業において、生徒が「現在の政府の政策の問題点について教えてほしい」と質問した場合、教員に政治的中立性を厳格に要求する現在の教育行政の解釈では、教員は生徒の質問に的確に回答することができず、結果的に生徒が「主体的・対話的で深い学び」を実現することができない。

　そもそも、新しい学習指導要領にアクティブ・ラーニングの実践が要求されるようになった背景には、教育のグローバル化を目指すために、海外での教育実践や能力の高い児童生徒が集まる特定の進学校での教育実践の成功例

第1章　教育法と教育紛争

に強く影響された一部の政策担当者の思惑があり、決して教育現場から創出されたニーズではない。アクティブ・ラーニングを導入するに当たっては表6で示すような日本と海外の教育制度の違いを理解することが前提だが、教育制度の違いを度外視して海外のアクティブ・ラーニングを表面的に導入することは、教員・児童生徒双方にとって極めて過大な負担を強いるものであろう。なお、筆者はアクティブ・ラーニングに反対ではなく、教員数を増やすことで1学級当たりの児童生徒数が減ることを条件にすれば、現在の日本の受動的・詰め込み式の教育より大きな教育効果が期待できると考えている点を付言しておきたい。つまり、アクティブ・ラーニングが成功するためには、文科省が必要な条件を整備することが大前提である。

　表6で示した日本と海外の教育制度の違いを理解すれば、現状の日本の教育制度でアクティブ・ラーニングを導入して「主体的・対話的で深い学び」を実現することは到底不可能であることは容易に理解できるだろう。学習指導要領に法的拘束力があるならば、新指導要領は「法は不可能を強制しない」という格言に正面から反するものであり、今後の教育現場が混乱することは想像に難くない。特に、公立学校では教員の授業案作成から成績評価に至る全過程において学習指導要領の影響力が非常に強い[56]ことから、スクールロイヤーは「主体的・対話的で深い学び」を強制する新学習指導要領の影響を的確に理解していく必要があろう。

---

53 最大判昭和51年5月21日・前掲注13）。
54 最一小判平成2年1月18日・前掲注40）。
55 これに対して、「主体的な」学びについては、従来の学習指導要領でも規定されていた。
56 多くの弁護士は教育現場における学習指導要領の影響力を正確に理解しておらず、最近まで、教員が学習指導要領に基づいて授業案を作成する実務を理解していなかったように見受けられる。

学校と家庭の役割分担

Q18 学校と家庭の役割分担ができていない日本の現状が、教育紛争に及ぼしている影響と課題について教えてください。

52

第1節　教育法総論

A18
教員の労働環境だけでなく、教育紛争の解決や司法判断にも悪影響を及ぼしています。限りある教員の労働時間の中で子どもの学習権を平等に保障するためには、1人の子どもに接する時間が多ければ、他の子どもに接する時間が減る関係にあることを社会全体が認識すべきです。また、「モンスター・ペアレント」という語が独り歩きする傾向は警戒すべきであり、スクールロイヤーをクレーム対応の専門家として理解すべきではありません。

前述Q13で紹介した学校における働き方改革特別部会の資料「業務の適正化・役割分担等に関する具体的な論点」からは、海外では教員の業務とは考えられていない業務の多くを日本の教員が担当している実態が理解できるが、同部会が議論する以前より比較教育学の分野ではこのような知見は示されていた。その代表的な著作が『新版 世界の学校』であり、同書では欧米の学校が「校門を境として『親』と『学校』は責任（役割）を明確に分担する。先生は教科を教えるだけでそれ以上のことは社会から何も要求されない」[57]ことに言及し、欧米の教育では学校と家庭の役割分担が社会的コンセンサスとして成立していることを示している。また、日本の教育に比較的近いとされる韓国や中国の教育制度も、部活動がない点や、登下校指導・給食・清掃指導などは教員ではなく事務職員や保護者のボランティアが中心的に行っている点等で、日本よりも欧米の教員業務に近い。つまり、海外と比較して日本の教育制度の最大の問題点は、学校と家庭の役割分担が明確でない点である（Q7参照）。

もっとも、法律上の建前は、教育基本法10条1項で「父母その他の保護者は、子の教育について第一義的責任を有するものであって、生活のために必要な習慣を身に付けさせるとともに、自立心を育成し、心身の調和のとれた発達を図るよう努めるものとする」と規定し、家庭の第一義的教育責任が示されていることから、学校と家庭の役割分担ができていない点は法的というよりは社会的な問題である。

しかし、日本の裁判所が学校と家庭の役割分担を意識しない社会風潮にな

びいてしまう傾向も存在する。例えば、子どもの「自己抑制力」の欠如への対応や日常的なしつけのレベルの指導を学校や教員の法的義務として押し付ける裁判例[58]は、その典型例と言えよう。また、家庭の法的問題やモラルの問題をすり替えて学校に負担を強いる傾向もある。例えば、給食費未納の問題は本質的には法的問題（もちろんモラルの問題も含まれるが）であり、学校が未納者への対応を強いられること自体、法治国家としてあり得ない話である。また、欧米では原則として家庭の責任において子どものスポーツや文化活動が行われていることから、部活動の問題は教員の勤務時間の問題というよりそもそも部活動は学校教育が担うべきかという問題だが、学校教育と部活動の関係には教育制度を超えた複雑な利害関係が存在することから[59]、現在の日本でこの点を正面から議論することは難しく、教員の部活動への負担は根本的に改善されないまま現在に至っている。

　現在の日本社会で必要なものは、教員の限られた労働時間で子どもの学習権を等しく保障するために、「教員が1人の子どもに対応する時間を増やせば、他の子どもに対応する時間が減る」というトレードオフの関係を社会的コンセンサスとして認識することである。例えば、教員が教材準備中に保護者からの相談に対応すれば、1人の子どもに対応するために他の子どものための授業準備の時間が失われることになる。もちろん、教員は経験に即して業務の優先順位を決定するが、いずれの業務も子どもの利益に関わることから、教員にとってどの業務を優先すべきかを決定することは容易ではない。もし、限られた時間内では全ての子どもの利益が実現できないのであれば労働時間を増やすしかないが、日本の教育現場ではこうした労働時間の増加が常態化しているので、教員の労働環境は一向に改善されないのである。

　学校と家庭の役割分担を考える上でもう1つ重要なテーマが「モンスター・ペアレント」である。しかし、筆者は弁護士が殊更に「モンスター・ペアレント」という語に捉われてクレーム対応する傾向を警戒しており、ましてや教員として保護者と接した経験のない弁護士が、保護者対応に「教育対象暴力」といった概念を率先して用いて紛争解決を提示しようとする姿勢は妥当でない[60]。保護者が学校や教員に対して何らかの要求をすることは、

第1節　教育法総論

教育サービスへの対価としての授業料（又は税金）を負担している以上当然のことであり、かけがえのない我が子のために時として理不尽な要求をすることもやむを得ない面がある。となると、学校と家庭の役割分担において「モンスター・ペアレント」の存否は問題にならない点に注意すべきである。

中教審「チーム学校」答申では、保護者のクレーム対応に弁護士を投入することが示唆されていた。しかし、弁護士が保護者のクレーム対応を考える際には「モンスター・ペアレント」の語が独り歩きしている現状を警戒すべきであり、ましてやスクールロイヤーが「モンスター・ペアレント」という印象論に基づくクレーム対応の専門家として理解されることは大きな誤りである[61]。スクールロイヤーを担う弁護士にとって大切なことは、子どもの最善の利益を平等に実現するために、「教員が1人の子どもに接する時間が多ければ、他の子どもに接する時間が減る」関係を社会全体に認識させることであって、印象論の域を出ない「モンスター・ペアレント」論に立脚した保護者対応に貢献することではない点に注意すべきであろう。

57　二宮皓編『新版　世界の学校』（学事出版、2014）8頁。

58　例えば、仙台地判平成20年7月31日判時2028号90頁など。この判例では、加害者が自己抑制力に乏しい場合は、そのことで他の生徒に危害が及ぶ危険性を具体的に認識すべき注意義務があることを学級担任に要求している。

59　その最たる例が、高校野球とマスメディア、プロ野球との関係であろう。

60　近畿弁護士会連合会民事介入暴力及び弁護士業務妨害対策委員会『教育対象暴力』（ぎょうせい、2015）に対する批判については、神内・前掲注32)84頁参照。

61　報道によれば、文科省はスクールロイヤーをいじめ対策において活用する方針で予算概算要求している、と考えられているが（例えば、2017年8月24日付朝日新聞）、それはいわゆる「後付け」であり、中教審「チーム学校」答申では、チーム学校の取組みとしての弁護士の活用について、「関係機関・団体における取組として、日本弁護士連合会の民事介入暴力対策委員会では、平成22年から行政対象暴力の一形態として教育対象暴力の検討が行われている」としか示されておらず、民事介入暴力対策専門の弁護士が行う保護者のクレーム対応だけを紹介しており、筆者が実践する「学校内弁護士」や子どもの権利委員会などが提供する「いじめ予防授業」など、弁護士によって既に行われているいじめ対策の取組みを一切紹介していない。したがって、文科省が当初からいじめ対策という子どもの人権への対応にスクールロイヤーを活用する意図があったわけではなく、むしろ「モンスター・ペアレント」の語の流行に影響されて、民事介入暴力対策の視点から保護者のクレーム対応のためにスクールロイヤーを導入しようとする意図でしかなかったことは疑いようがない。

第1章　教育法と教育紛争

日本の教員数

Q19 現在の教育現場において、最も必要なことを教えてください。

A19 教育予算を増やし、教員数を増やすことです。教育現場の教員が望むことは、スクールロイヤー等の外部専門家を増やすことではなく、学級担任をはじめ「教諭」としての業務を担当できる教員を増やすことであり、これが教育政策にとって最優先事項です。

最近の教育政策では教員ではなく教員以外の外部専門家を増やすことに主眼が置かれ、スクールロイヤーの導入もこの傾向の一環である。学校における働き方改革特別部会でも教員の業務の整理が検討されており、表7のように「基本的には学校以外が担うべき業務」「学校の業務だが、必ずしも教師が担う必要のない業務」「教師の業務だが、負担軽減が可能な業務」に分類され[62]、前二者は教員以外の外部専門家を積極的に導入することで教員の労働環境を改善する効果が期待されている。

しかし、これらの業務を教員以外の外部専門家が担うべきであると本当に教員が望んでいるかと言えば、筆者はそうではないと考えている。

筆者が教育現場で教員として働いて実感することは、ほとんどの教員は「子どものためなら自己犠牲を惜しまない」という価値観を持っていることで、たとえ学級担任や部活動顧問などの業務が多忙で負担であるとしても、子どものために多忙であるならそれは教員にとっての「やりがい」であり、

表7　学校における働き方改革特別部会の分類による学校と教員の業務

基本的には学校以外が担うべき業務	学校の業務だが、必ずしも教師が担う必要のない業務	教師の業務だが、負担軽減が可能な業務
①登下校に関する対応 ②放課後以降の見回り、児童生徒が補導された時の対応 ③学校徴収金の徴収・管理 ④地域ボランティアとの連絡調整	⑤調査・統計等への回答等 ⑥児童生徒の休み時間における対応 ⑦校内清掃 ⑧部活動	⑨給食時の対応 ⑩授業準備 ⑪学習評価や成績処理 ⑫学校行事の準備・運営 ⑬進路指導 ⑭支援が必要な児童生徒・家庭についての対応

第1節　教育法総論

決して否定的なものではない。筆者自身、学級担任業務は日本の教育制度の最大の長所であり、日本の教員の業務の中でも最大の「やりがい」であると感じている。また、保護者対応が負担であったとしても、結果的に保護者と信頼関係を構築することで子どものためになるなら、それは「やりがい」に還元される。つまり、教員経験のない論者によって否定的に議論されている部活動や保護者対応であっても、多くの教員にとっては「やりがい」であり、日本の教育制度の長所なのである。したがって、教員の負担軽減目的で専門スタッフを増やそうとする最近の教育政策の傾向は、教員にとっての「やりがい」も減らしてしまうことになりかねず、教育現場の教員が本当に望んでいるとは思われない。

　おそらく教育現場の教員が誰しも望んでいることは「教員数を増やすこと」であり、教員数に見合う教育予算を増やすことであって、教員以外の外部専門家を導入することではない。なぜなら、教員は子どものために働くことを決して厭わないため、教員数さえ増えれば学級担任や部活動顧問の業務も余裕を持って担当でき、日本の教育制度の長所である子どもの学習権のニーズに対応したきめ細やかで幅広い充実した教育サービスを提供できるが、教員以外の外部専門家を増やしても結局彼らは学級担任などの教員の業務を担当することはできないため、質の高い教育サービスを維持しながら教員の負担を軽減することにはつながらないのである。

　Q7で指摘したとおり、日本の教育現場は少ない教員数と教育予算の中で世界最高水準の教育サービスを社会的に要求され、その結果教員への負担が社会問題化している。こうした傾向は文科省も把握しているが[63]、予算上の要求では教員数の増加よりも外部専門家の拡充を優先しているのが実情であり、国立教育政策研究所等の研究上の知見でも外部専門家の拡充が提言される一方で、教員数増加の必要性の提言はほとんどない。また、財務省は少子化により児童生徒40人当たりの教員数はここ20年間で40％増加していることや、教員数の増加と学力向上やいじめ対策との関連性がないことなどを理由に、教員数を増やす必要はないと考えているが[64]、このような暴論が教育予算を編成する担当官庁から示されること自体、教育現場の実態が全く理解

57

第1章　教育法と教育紛争

されていない証拠であろう。

　スクールロイヤーを担当する弁護士は、「教員数を増やさない限り、教員
の負担は軽減されない」という点を理解しておくべきである。もし、スクー
ルロイヤーがこの点で心得違いをすれば、教育現場の実態を理解できず、教
員が本当に望むニーズを理解できない政策担当者と変わらず、教員の信頼を
得ることは不可能である。

　したがって、スクールロイヤーは自らの職域拡大を提示して教育現場へ貢
献することと同時に、教育現場の教員が望むニーズを適切に理解し、日本の
教育制度の長所を失わないためにも教員数の増加を求める社会的提言を行っ
ていくべきであろう。

62　学校における働き方改革特別部会「新しい時代の教育に向けた持続可能な学校指導・運
　　　営体制の構築のための学校における働き方改革に関する総合的な方策について（中間まと
　　　め）」（2017）14〜15頁。
63　文科省「学級規模の基準と実際［国際比較］」参照。
64　財務省「参考資料（文教・科学技術）」参照。

「日本式教育」の課題と
アクティブ・ラーニング

Focus-2

　新学習指導要領では「アクティブ・ラーニング」と呼ばれる教授法が導入されました。その背景には、思考力・判断力・表現力といった能力の向上よりも知識を習得することに主眼を置く「日本式教育」では世界に通用する人材を育成できないのではないかという懸念があります。しかし、法令用語としてはアクティブ・ラーニングは「主体的で対話的な深い学び」という文言になっており、アクティブ・ラーニングが多義的であることを示しています[1]。

　次表のとおり、「日本式教育」は教員の教授法が一方的になるため、子どもたちが受け身で、内容も知識偏重になりやすい点がデメリットとして批判されることが多いですが、①～③は日本人の基礎学力が全体的に高く、日本の科学技術や芸術文化の独創性、日本人労働者の勤勉性と技能を支える教育の特徴でもあり、筆者は「日本式教育」の特徴がデメリットだけとは考えていません[2]。

　日本の教育制度が硬直的であることは否定できず、教える内容がほとんど精選されずに教科書に掲載されるうえ[3]、知識偏重の大学入試制度は形骸化して選抜機能を十分に果たしていない面があることから、筆者自身もアクティブ・ラーニングを日本の教育に導入する意義も必要性も実感しています。しかし、「日本式教育」の前提である日本の教育制度自体にはほとんど手を付けず、表面的に海外で実践されているアクティブ・ラーニングを導入する現状の教育政策の流れには大反対です。海外のアクティブ・ラーニングは、「少人数教育（1クラス15～20人）」「多様な選択科目がある（義務的な必修科目よりも子どもの学習意欲が高い）」「知識偏重でない大学入試（積極性・コミュニケーション能力等も重視される）」「教員の完全な教授の自由が保障される」「検定教科書の使用義務がない」という、「日本式教育」とは正反対の教育制度の下で実践されているからこそ機能する教授法なのです。

　また、次表で示すアクティブ・ラーニングのデメリットは、法的問題ともなり得るものです。特に最近の法令が要求する不登校や発達障害の対応と、新学習指導要領が要求するアクティブ・ラーニングが両立し得るかは全く議論されていませんが、教員と弁護士の交流の機会を増やして議論すべき重要テーマです。

第1章 教育法と教育紛争

表 「日本式教育」とアクティブ・ラーニングのデメリット

「日本式教育」	アクティブ・ラーニング
①大人数による画一的な教育が中心であり、子ども個人のニーズに応じた教育がしづらい	❶子ども個人の能力や主体性に教育効果が左右されるため、家庭環境等によって学力格差が生じやすい
②必修科目が多い上に、選択科目が少なく多様でない	❷自分の意見を述べたり協働作業で学ぶ機会が多いため、日本の学校環境では「同調圧力」が生じやすく、いじめを誘発する可能性がある
③膨大な知識量を要求する大学入試制度が存在する	❸客観的な学力評価ではなく「授業貢献度」の評価が重視されるため、教員による恣意的な成績評価が行われやすい
④検定教科書制度があり、教員の完全な教授の自由が保障されていない	❹発達障害や不登校の子どもが成績評価の面で不利益を受けやすい

　「日本式教育」を脱却してアクティブ・ラーニングを定着させるためには、教員数と教育予算を確保して少人数教育が実施できる環境を整備し、検定教科書制度を廃止して教員の完全な教授の自由を認めることが必要ですが、現状で文科省が着手していることは大学入試制度改革だけです。同省が責任を持って日本の教育制度を海外のものに近づけなければ、アクティブ・ラーニングがかえって教員や子どもたちに多大な弊害を及ぼすことになるでしょう。

1　弁護士になじみのあるアクティブ・ラーニングとしては、ソクラテス・メソッドがある。これはアメリカのロースクールで行われている教授法で、膨大な予習量を前提に、教員が学生に対して授業中に質問を繰り返すことで論理的思考等を研鑽するものである。

2　実際に、日本人の自然科学分野のノーベル賞受賞者数は非英語圏では圧倒的に多いことから、「日本式教育」が独創性を育成できないという批判は全く当てはまらない。また、日本の漫画、アニメ、ゲーム等のサブカルチャーは世界的に有名であることから、「日本式教育」が日本の芸術文化の独創性に多大な貢献をしていると考えられる。

3　実際に、日本の小中高で学ぶ内容は、欧米と比較しても異常に多い。例えば、筆者が担当する社会科では、アメリカ人も知らないアメリカの歴史を日本の高校生が学ばなければならないほど、日本の歴史教育は詳細にすぎ、学ぶべき知識が全く精選されていない。

第2節　教育紛争の解決方法

教育紛争の特徴

Q20 教育紛争の特徴について教えてください。

A20 教育紛争は、①当事者の利害関係が複雑であり、「子ども」が存在する、②学校教育は誰もが経験しているため、主観的な教育観に影響されやすい、③教育は人格や個性に直接触れる活動であり、法的解決になじまない面がある、④教育活動の大半は公的なものであり、強制的な要素を持ったものが少なくない、⑤日本の教育制度の問題点が教育紛争の原因になりやすい、といった特徴があります。

　　　教育紛争の解決に際しては、他の紛争と異なる教育紛争独自の特徴を正確に理解することが不可欠であり、この点はスクールロイヤーを担当する弁護士に限らず、その他の弁護士、教員、学校設置者、学校関係者、そして保護者も同様である。

　第一に、教育紛争は当事者の利害関係が複雑であり、「子ども」が存在する[1]。通常の訴訟は原告と被告の対立であり、訴訟の原因となる紛争の当事者関係も「二項対立」的であるため、ほとんどの場合は2つの利害関係について考慮すればよいが、教育紛争は、「子ども」「保護者」「教員」「学校設置者」等、様々な利害関係者が存在し、特に「子ども」が当事者として存在する点が教育紛争の最大の特徴である。　教育紛争では子どもと保護者の利害が対立することや、対立しなくとも両者の意思に齟齬があることは少なくないし[2]、児童虐待のように、保護者自体が子どもの利益を直接侵害する主体となる場合すらあることから、子どもと保護者は紛争上は別人格であり、両者の利害が対立する可能性も踏まえて紛争解決を検討すべきである。また、学校側も教員と学校設置者を一体的な当事者として理解することは妥当でなく、教育紛争において、教員と学校設置者の利害関係が一致しないことは珍

61

しいことでないし、より正確に言えば、学級担任や部活動顧問などの現場教員と、校長や教頭などの管理職教員の利害関係も一致しないことのほうが多い。例えば、いじめ紛争では、「被害者の子ども」「被害者の保護者」「加害者の子ども（通常は複数）」「加害者の保護者（通常は複数）」「現場教員」「管理職教員」「学校設置者」という最低でも７つの利害関係の異なる関係者が存在するが、このような複雑な利害関係こそが教育紛争の特徴であり、紛争解決を困難にする要因でもある。そして、このような複雑な教育紛争で最優先すべき概念は「子どもの利益」であり、「子どもの学習権の保障」であって、「子ども」の存在は、教育紛争の複雑な利害関係を整理し、妥当な紛争解決を導く上で最重要要素でもある。

　第二に、教育紛争の舞台となる学校生活はほとんど全ての人間が経験するため、紛争解決の際に各々が経験した学校教育に基づく主観的な教育観に影響されやすい[3]。学校教育は、多くの人が１回目は「子ども」として、２回目は「保護者」として、人生で二度関わるため、それぞれの立場で主観的な教育観を形成する可能性が高い。このような主観的な教育観は、自らの学校教育経験やマスメディアの影響に依拠した先入観や偏見であることが多いが、従来はこうした主観的な教育観が教育紛争の解決にもたらす弊害は正面から議論されてこなかった。本来は客観的な法の解釈と適用によって教育紛争を解決しなければならない法律家もまた、自らの学校教育の経験に基づく主観的な教育観に影響されながら、教育紛争の解決に関与してしまうことも多い。教育紛争では客観的な学術レベルの議論に触れることで主観的な教育観をできる限り捨象した解決を目指す必要があり[4]、スクールロイヤーを担当する弁護士は、判例等の法的知識以外にも教育学や社会学等で議論される学術レベルの知見もある程度理解しておくべきである。

　第三に、教育紛争は「教育」という人格や個性に直接触れる営みに関する紛争のため、他の紛争のように画一的で演繹的な思考による紛争解決よりも個別具体的で帰納的な思考による紛争解決を図る必要がある[5]。教育紛争ではある事案において適切に解決を導いた法律論が別の事案にも適合することはほとんどないと言ってよく、教育紛争に関する確定した最高裁判決が紛争

件数の割に少ないのは紛争を解決する個別具体的な法律論が必要な教育紛争の特徴に起因する。教育紛争では法的三段論法である「条文解釈→事実の適用→結論」といった思考に依存するよりも、各々の子どもの人格や個性に応じて帰納的に紛争解決方法を構築すべき場面が多い上に、子どもの利益の観点からは裁判による解決がなじまないことも多い（Focus-3参照）。

第四に、教育紛争の大半は公的な教育活動に関するものであり、私的自治の原則や契約自由の原則がなじむ私法領域とは異なる。教育の私事性を強調することで子どもの不登校の権利や保護者の学校選択の自由等を観念する考え方もあるが、実際の教育活動は公立・私立を問わず、最高法規たる憲法と、教育基本法と学校教育法という2つの公法によって大半の教育活動が規律され、義務教育段階では子どもは原則として通学する学校を強制的に決定され、保護者は就学義務を負う立場にある。また、子どもや保護者は学校を選択する自由はあっても教育内容を選択する自由まであるわけではない点にも留意すべきであり、例えば、私立学校であっても、入学後に子どもや保護者が学級担任を自由に選択できるわけではない。一方、教員側も勤務する学校を選択する自由はあっても教育内容を選択する自由は制限されており、例えば、学級担任は自ら担任する学級の子どもや保護者を自由に選べるわけではない。このことは、「子ども」「保護者」「教員」の三者にとっての法的リスクが、選択の余地がほとんどない「運」に大きく左右されることを意味しており、スクールロイヤーをはじめとする弁護士が教育紛争の解決に関与する場合は十分に理解しておくべき点である。

第五に、教育紛争の原因を考察する際には日本の教育制度の固有の問題点を理解しておかなければならない。校門を境に保護者と学校が役割と責任を明確に分担し、教員は教科を教えることが中心でそれ以上に社会からの要求はない海外の教育制度[6]とは異なり、日本の教育制度は学校の役割と家庭の役割を明確に区別しない社会的コンセンサスの上に成立しており、家庭や社会が学校に求める役割が非常に大きく[7]、学校や教員に多大な法的責任を課している。例えば、学級担任のような子どもや保護者に対してほとんど全ての一次的な対応をする教員が存在することは、それだけ日本の家庭や社会が

第1章　教育法と教育紛争

教員に対して求める役割や責任が幅広いということであり、部活動も同様である[8]。また、家庭や社会が学校に求める役割には法的根拠が乏しく「法律による教育」がほとんど機能していない点も、日本の教育制度の特徴であり[9]、学級担任や部活動はいずれも法的根拠の乏しい教育制度である。不登校や体罰についても「法律による教育」が徹底されているとは言い難く、例えば、不登校の子どもへの喫緊の対応が家庭や社会から学校に求められているが、一方で、保護者の就学義務、教育目標の達成、教育課程の修了認定などの法律上の規定の存在はほとんど無視された状態にある（詳しくはQ99参照）。体罰についても、法律で体罰が禁止されているにもかかわらず、体罰と懲戒を区別する有意義な判断基準が未だに教育現場で機能していない（詳しくはQ120参照）。学習指導要領の法的拘束力や教科書検定制度の存在といった教員の教育活動に対する強い制約も日本の教育制度の問題点である。こうした日本の教育制度の問題点が教育紛争の原因になりやすい点は、スクールロイヤーだけでなく家庭や社会全体が理解しておかなければならない。

　以上の5つの特徴が、スクールロイヤーが教育紛争の解決の際に必ず意識しておくべき教育紛争の特徴と言える。

1　神内聡『学校内弁護士』82～83頁。

2　この点は、子どもの権利を専門とする弁護士の間でも共有されている認識である。『新・子どもの権利擁護マニュアル』（東京弁護士会、2016）8～9頁。

3　神内・前掲注1）8頁。

4　神内・前掲注1）56頁参照。

5　山口卓男編『新しい学校法務の実践と理論』（日本加除出版、2014）3～5頁、山口卓男「学校現場の法務と弁護士のかかわり」坂田仰編『生徒指導とスクール・コンプライアンス』（学事出版、2015）149～158頁をそれぞれ参照。

6　二宮皓編『新版　世界の学校』（学事出版、2014）8頁。

7　二宮・前掲注6）72～77頁。

8　とりわけ、高校野球や国体等のスポーツ大会の存在は、社会全体が学校教育に大きな役割を求めていると言ってよいだろう。

9　二宮・前掲注6）28～32頁。

第2節 教育紛争の解決方法

教育紛争の初期対応

Q21 教育紛争の初期対応について、重要な点を教えてください。

A21 法的対応と教育的対応の区別を意識した対応が重要であるため、教育的対応の知見を有するスクールロイヤーが、初期対応の段階で相談や助言を行うことが望ましいです。

初期対応はあらゆる紛争解決において重要だが、教育紛争では初期対応において学校や教員が行う教育的対応で十分な場合と、教育行政機関や弁護士が関与する法的対応が必要な場合を適切に区別し判断することが非常に重要になる (表1を参照)。

児童生徒や保護者からの要求の多くは学校に法的な対応義務はなく、教員が教育的対応によって解決すべきものだが、中には法的に対応すべきものが含まれているのも事実であり、紛争の初期段階で教育的対応と法的対応のいずれが必要かを教員が判断することは容易ではないことから、スクールロイヤーの存在意義は教育紛争の初期段階でこそ重要になる。例えば、いじめや体罰は初期段階で法的な定義に該当するかを判断する必要があり、その判断次第で事後の対応が大きく異なるため、スクールロイヤーが初期段階で具体的な行為や事実が法的な定義に該当するかを判断することが重要になる。

また、教育紛争では教育的対応と法的対応の双方が同時進行で必要な場合もある。例えば、いじめを理由に不登校になったと保護者が申し立てた場合は、いじめの定義に該当するかを判断する法的対応が必要な一方で、不登校

表1 教育紛争の初期段階における対応の区別

具体例	教育的対応	法的対応
保護者は要求していても子ども本人は要求していない場合	不要	不要
授業内容の改善、担任の不適切な学級経営、部活動の指導方針	必要	不要
報告書、謝罪文書、保護者の犯罪行為（暴力、脅迫、強要、業務妨害）	不要	必要
生徒指導（退学処分）、いじめ、体罰、不登校、発達障害	必要	必要

65

第1章　教育法と教育紛争

になった児童生徒の学習計画や成績評価等を検討する教育的対応により不登校を教育的に改善する必要もある（Q91参照）。また、生徒指導においても、教育的指導にとどめるべきか、退学処分等の法的効果を伴う対応をすべきか、といった教育的対応と法的対応を同時に考慮すべき事態が生じる。この際に、スクールロイヤーが法的判断だけでなく、教育的対応についても次善策を助言できるのであれば、なお効果的であることから、スクールロイヤーには法的知見だけでなく教育学の知見もある程度研鑽しておくことが望ましい。

　一方、教育紛争では教育的対応ではなく、むしろ法的対応で解決を図るべき場合もある。例えば、保護者が犯罪行為を伴って学校に要求する場合は、そもそも学校や教員が初期段階からも教育的対応をすべきではなく、一刻も早く警察や弁護士に相談し、法的対応での解決を図るべきである。

　実際のスクールロイヤー制度では、「一般教員→管理職→学校設置者→スクールロイヤー」といった過程を経て第一報が届くことが一般的であるため、初期段階から迅速で機能的にスクールロイヤーが関与することは、筆者のように日常的に教育現場に勤務する学校内弁護士がいなければ現実的には困難であろう。しかし、それでも従来の顧問弁護士と比べれば、スクールロイヤーは紛争の初期段階から関与できる可能性は高く、教育現場が初期段階から積極的にスクールロイヤーの助言や相談を求めうる制度運用が望まれる。

教育紛争と「チーム学校」

Q22 教育紛争の解決に関与する外部専門家の対応としては、どのようなものがあるでしょうか。また、外部専門家が関与せずに、教育紛争を教員のみで適切に解決できるでしょうか。

A22 外部専門家の対応としては、スクールロイヤーの法的対応、スクールカウンセラーの心理的対応、スクールソーシャルワーカーの福祉的対応などが考えられます。また、教育紛争を教員のみで解決することも不適切でも不可能でもありません。

第2節　教育紛争の解決方法

　　教育紛争の解決に際しては、教員以外の専門職が関与する教育的対応以外の対応が必要になる場合もある。例えば、いじめの事案においては、いじめの該当性を判断すべき場合は、法律専門職であるスクールロイヤーが関与して法的対応を行うことが望ましく、いじめの被害者の精神状態によっては心理専門職であるスクールカウンセラーが関与して被害者の精神状態をカウンセリングで判断する等、心理的対応を行う。また、いじめの原因が当事者の家庭環境にも要因がある場合は、福祉専門職であるスクールソーシャルワーカーが関与して家庭訪問や保護者への支援等、福祉的対応を行う。このように、教育紛争の解決に際しては、教員以外の専門職が関与して対応することが想定されており、中教審「チーム学校」答申でも「専門性に基づくチーム体制の構築」が提唱されている。

　では、教育紛争の解決を教員のみで解決すること、例えば、いじめ紛争を教員のみで解決することに法的な問題はないだろうか。実は、いじめ防止法ガイドラインは、いじめを教員のみで解決することを奨励していないが[10]、これはいじめを教員のみで解決することが教員にとって負担が大きいからではなく、教員のみによる解決ではいじめの放置や事実の隠ぺい等が行われることで適切に解決できないという現職教員の専門性に対する不信感によるものである。こうした考え方は前述の「チーム学校」答申も同様であり、同答申は海外では教員以外の専門スタッフが担う専門性の高い業務を日本の教員は担当することが多いことを根拠に、教員の負担を軽減する目的で「専門性に基づくチーム体制の構築」を提唱しているようにも理解できるが、筆者はそのような理解には違和感を持っている。なぜなら、これまでも日本の教員が海外と比べて幅広い業務を担っていたのは、日本の教員にはそれだけの力量があるという社会的信頼が存在していたからであり、現在の日本の教員には幅広い業務を担えるだけの力量がないから教員以外の人材を含めて「チーム学校」を構築すべきであるという、教員の負担軽減よりも教員への不信感に立脚したスタンスこそが、同答申の背景事情として存在していると推察できるからである。

　しかし、いじめ防止法ガイドラインや中教審答申が想定しているように、

第1章　教育法と教育紛争

「教員以外の専門職が関与すれば教育紛争がより適切に解決できる」と考えるのは早計である。教員は日常的に教育現場で勤務する教育専門職であり、それ相応に経験則や職業倫理等の「教師力」を携えている。そのような教師力が教育紛争の解決において全く機能しないとは思われず、むしろ、適切な教師力を研鑽した教員であれば、他の専門職が関与するよりも適切に教育紛争を解決できる可能性は高い。また、教員以外の専門職が関与して教育紛争の解決を図るとすれば、当然関与する専門職の力量に左右されるが、教育現場の実情を理解しておらず、自己の専門性のみに執着した専門職が関与するのであれば、適切な教育紛争の解決は到底見込めない。

　筆者は、高度な「教師力」が備わった教員であれば、たとえいじめのような複雑な教育紛争であっても、他の専門職が関与せずに教員のみで適切に紛争を解決することも十分可能であると考えており、この点で教員が子どものために最良と考えられる方法を教育専門職としての裁量の範囲内で判断すれば、ひとまずは学校としての責務を果たしているとして、教員の判断に信頼を置く考え方[11]をスクールロイヤーは参考にすべきである。

10　例えば、いじめ防止法22条で設置が義務付けられている学校いじめ対策組織は「当該学校の複数の教職員、心理、福祉等に関する専門的な知識を有する者その他の関係者により構成される」と規定されており、ガイドラインでも可能な限り「スクールカウンセラー・スクールソーシャルワーカー、弁護士、医師、警察官経験者等の外部専門家を当該組織に参画させ」るよう要求していることから、教員以外の外部専門家の関与によるいじめ解決を奨励している。

11　「対談　子どもたちを守るために　学校と弁護士の連携で複眼的視野を」MORGEN158号10〜11頁の山口卓男弁護士の意見を参照。

教育紛争の解決で中心となる教員

Q23
教育紛争を組織的に解決するに当たって、スクールロイヤーが意識すべき点を教えてください。また、教育紛争の組織的な解決において中心となるべき教員は誰でしょうか。

A23
スクールロイヤーは学校全体によるチーム意識で紛争を解決する姿勢を促すことが必要ですが、学級担任等が個人で紛争を解決しようとする姿勢にも理解を示すことが望まれます。また、教育紛争の解決では校長や教頭等の管理職教員が中心になりますが、学年主任や生徒指導主事等、学級担任や紛争の現場により近い立場の教員が中心となって解決に当たることも重要であり、スクールロイヤーは彼らに対する相談や助言も重視すべきです。

　教育紛争の解決に際しては、教員が個人で紛争を解決しようとするのではなく、学校全体によるチーム意識で組織的に対応することで解決する姿勢が重要であることは、いじめ防止法ガイドラインをはじめ、不登校や学校事故等、あらゆる教育紛争の解決指針において共通に示される姿勢であり、スクールロイヤーが教育紛争の解決に関与する際には、教員が個人的なスタンドプレイをすることを抑制し、学校全体によるチームプレイを促進するように助言する必要がある。

　しかし、筆者は、教員が個人で教育紛争を解決したいと志向する姿勢も理解しており、筆者自身も学級担任を担当する際に、担任学級の紛争はできる限り担任自身によって解決したいと志向した経験を何度もしている。自分の担任学級の紛争であれば、他のどの教員よりも児童生徒の実情を知っていると考えるのは学級担任として自然であり、特に日常的に児童生徒と接する機会の多い学級担任は、できる限り担任自身の方針によって解決することで、児童生徒に対する担任としての責任を果たしたいと考えるのが通常である。また、教員は本質的に専門職であることから業務上の裁量の範囲が広く、中でも学級担任の業務は多種多様であることも相まって裁量が特に広い業務であるため、教育紛争の解決で教員が個人的なスタンドプレイに走りがちな点は、教員業務の特殊性ゆえにある程度やむを得ない面がある。

　一方、教員が個人で紛争を解決しようとする背景には教員同士の信頼関係が構築されていない場合も多く、例えば、学級担任が管理職の紛争解決の力量を信頼していない場合は、自分自身で解決したほうがよいと考えることは

第1章　教育法と教育紛争

自然である。スクールロイヤーが紛争解決に関与する際には、杓子定規に学校全体による組織的対応を促すだけでなく、学級担任等の教員業務が紛争解決でも個人的対応になりやすい特殊性や、教員同士の信頼関係次第では個人的対応をせざるを得ない背景等を理解した上で、個人的対応よりも組織的対応が適切であることを教員に理解させる必要がある。

　学校がチーム意識を持って組織的に教育紛争の解決を図る際にチームの中心となる教員は、一般論としては校長や教頭等の管理職であるが、現実の教育現場では、校長や教頭は学級担任等の「第一線の教員業務」を離れて久しい人材であり、一般教員との関係も近いわけではないことから、現場感覚に乏しい場合が多く、校長が実質的に「名誉職」化して実働的な教員ではない学校も多い。一方、学年主任や生徒指導主事等は学級担任を兼任する場合もある教員であり、「第一線の教員の業務」と一般教員の上司たる地位も併せ持つ場合があり、管理職よりも一般教員との関係が近い。学年主任は法律上も「当該学年の教育活動に関する事項について連絡調整及び指導、助言に当たる」（学校教育法施行規則44条5項）と規定されており、組織的対応の鉄則とされる「ホウ・レン・ソウ」（報告・連絡・相談）の中核となるべきことが法律上も求められている教員であり、生徒指導主事も生徒指導の領域において「生徒指導に関する事項をつかさどり、当該事項について連絡調整及び指導、助言に当たる」（学校教育法施行規則70条4項）と規定される教員である。実際の教育現場では、教育紛争の解決に際して学年主任や生徒指導主事がチームの中心として機能することが多く、また法律上もそのように求められているため、スクールロイヤーは校長や教頭等の管理職に対する相談や助言を介して学校の組織的対応を支えるだけでなく、学年主任や生徒指導主事に対する相談や助言を重視することで、彼らが学校の組織的対応の中心として適切に機能し、その負担の軽減となるような法的サポートを実現すべきである[12]。

12　初期対応のポイントについて学年主任を軸とした対応を提唱している、神内・前掲注1）98〜100頁を参照。

第2節　教育紛争の解決方法

学校による仲裁の適否

Q24 学校が法的責任を負わない教育紛争を解決すること、例えば、学校外での児童生徒のけんかが原因である紛争を仲裁することは妥当でしょうか。

A24 学校の法的責任が問題とならない教育紛争に関しては、原則として学校は紛争解決を担当すべきではありませんが、①当事者が学校に紛争解決を一任する旨の合意があり、②学校が紛争解決と生徒指導を不可分一体的に行うことが合理的だと考えられる場合は、学校が児童生徒のけんかを仲裁してもよいでしょう。

　教育紛争の一方当事者は学校であると一般的にはイメージしがちだが、法的には学校が紛争当事者とは言えない場合も多い。例えば、学校外で児童生徒がけんかにより負傷した場合は、学校の管理下ではないため原則として学校は管理責任を負わず、また日常的に児童生徒への指導を怠っていなければ監督責任も負わない。しかし、学校外で生じたけんかは校内やクラス内の児童生徒の人間関係にも影響することから学校も無関係ではなく、紛争当事者である児童生徒だけでなく、その保護者も対立する場合には、学校や教員は非常に難しい状況に置かれる。

　実際の教育現場では紛争を早期に解決して円滑な学校運営を図るために、児童生徒間のけんかを学校が仲裁する場合がしばしば見られる。しかし、学校の紛争解決手法や判断が不適切であればかえって法的責任を負う可能性もあり、原則として学校が法的責任を負わない教育紛争の解決は学校が担当すべきではなく、学校外の裁判や示談等によって解決すべきである。

　ただし、学校にとって早期の紛争解決を図る必要性も無視できず、特に学級担任は同じクラスの児童生徒や保護者が対立している状況では円滑な学級運営に支障が生じることから、このような状況を一刻も早く改善したいと考えるのが通常である。また、児童生徒間の紛争解決では法的な紛争解決だけでなく、教育的な生徒指導を並行して行わなければならない場合も多く、例

第 1 章　教育法と教育紛争

えば、学校外の児童生徒間のけんかであれば、教員は両当事者の言い分を聞いた上で、教育的観点から再発を防止するために必要な生徒指導を行うのが通常である。このような教員の行為を実質的に考察すると、紛争解決と生徒指導が不可分一体的に行われていると考えられ、その意味では裁判等による紛争解決よりも、学校が紛争解決を担当すると同時に児童生徒への教育的指導も行うことが合理的かつ効率的であると考えられる場合もある。

　したがって、学校が紛争解決に関与する際の法的リスクをできる限り排除した状態であり、かつ生徒指導の必要性が高い場合には、学校が当事者間の紛争解決を図ることは例外的に許容されると考えられる。具体的には、①紛争当事者双方が「学校に紛争解決を一任する」旨の合意を書面で示した上で、②学校が紛争解決と生徒指導を不可分一体的に行う必要性が高い場合は、学校が児童生徒や保護者の対立を仲裁してもよいと考えられる。

スクールロイヤーが面談等に同席することの適否

Q25 スクールロイヤーが、児童生徒への聞き取りや保護者との面談に同席する場合に、注意すべき点や、同席するほうが望ましい場合について教えてください。

A25 スクールロイヤーが聞き取りや面談に同席することは必ずしも禁止されませんが、スクールロイヤーは学校の代理人ではなく、弁護士の同席が児童生徒や保護者に与える印象の観点からも慎重に判断すべきであり、①学校設置者や教員と協議する、②学校設置者から委託を受けた立場であることを明示する、③知り得た情報は学校や教員と共有することを告知する、といった条件の下に同席すべきです。また、学校設置者の委託を受けている以上、「子どもの利益のために活動する弁護士」であることを強調しないように注意すべきです。一方で、児童生徒や保護者が弁護士を同伴する場合は、相手方の弁護士が依頼者から都合のよい事実しか聞かされていないことも多いため、スクールロイヤーが同席したほうが望ま

72

第2節　教育紛争の解決方法

しいです。

　　スクールロイヤーが学校に派遣された場合、学校や教員から児童生徒への聞き取りや保護者との面談に同席を求められることがある。学校や教員としては、児童生徒や保護者が秘密録音して聞き取りや面談の内容を証拠化している昨今の教育現場の実情に鑑みれば、児童生徒や保護者の対応で弁護士が同席してくれることは大変心強く、聞き取りや面談の際に想定外の困難な状況に陥った場合でも弁護士の法的サポートを即座に受けられるメリットがある。また、スクールロイヤーはあくまでも学校や教員の助言者であって代理人ではないが、スクールロイヤーが常に助言者としての立場に終始する姿勢が学校や教員のニーズに応えるものであるかは議論の余地があり、実際上も代理人でない助言者として聞き取りや面談に同席したとしても実質的な相違があるわけではないため、スクールロイヤーが聞き取りや面談に同席することは、必ずしも禁止されるものではない。

　しかし、スクールロイヤーはあくまで学校や教員の助言者としての立場であって代理人ではないことはもちろん、学校や教員の「用心棒代わり」でもないから、本質的には児童生徒への聞き取りや保護者との面談に同席することは好ましくない。そもそも、学校設置者から委託を受けたスクールロイヤーが、紛争の相手方当事者でもある児童生徒や保護者に対して、聞き取りや面談を介して接することは利益相反の観点から注意すべき点が多い。また、聞き取りや面談に際して弁護士が同席するとなると、児童生徒や保護者の印象にも変化が生ずると予想され、教員のみによる聞き取り以上に児童生徒への多大な圧力になりかねず、保護者が警戒することでかえって態度が硬化して紛争が長期化するリスクもある。したがって、スクールロイヤーが聞き取りや面談に同席する場合は、①学校設置者や教員と協議する、②学校設置者から委託を受けた弁護士であることを明示する、③知り得た情報は学校や教員と共有することを告知する、といった条件の下に慎重に同席すべきである。

　また、子どもの権利を専門とする弁護士がスクールロイヤーを担当する場合は、児童生徒や保護者に対して殊更に「子どもの利益のために活動する弁

73

護士」であることを強調しすぎれば、児童生徒や保護者がスクールロイヤーの立場を誤解し、かえって子どもの利益の侵害のリスクが大きくなることにも注意すべきである。例えば、スクールロイヤーが児童生徒や保護者に対して「子どもの利益のために活動する弁護士」であることを強調して伝えた結果、児童生徒や保護者がスクールロイヤーの立場を誤解して自己に不利な重要な情報を提供した場合、スクールロイヤーは学校設置者の委託を受けている以上、利益相反を回避する観点から学校にとって必要不可欠な情報は学校に伝えなければならないが、そのような対応は結果的に児童生徒の利益をかえって侵害することになりかねない。

　一方、スクールロイヤーが聞き取りや面談に同席したほうがよい場合としては、聞き取りや面談に際して児童生徒や保護者が弁護士を同伴する場合がある。児童生徒や保護者の依頼を受けた弁護士は、依頼者から都合のよい事実関係しか聞かされていない場合が少なくないため、正確な事実関係や学校や教員の法的な言い分を必ずしも理解しているとは限らない。そのため、児童生徒や保護者が弁護士を同伴する場合は、スクールロイヤーが聞き取りや面談に同席して、弁護士同士で正確な事実関係や法的な言い分を理解し合うことが、子どもや教員の利益の観点からは望ましい。また、児童生徒が聞き取りに全く応じない場合や、保護者が威圧的で強硬な態度を示している場合等では、聞き取りや対応に慣れていない教員にとって負担が大きい（どの学校にも聞き取りや保護者対応に慣れている教員がいるわけではない）。筆者の経験上、このような場合には総じて子どもの利益を考慮する上で「隠れた」重要な事実関係が存在している場合が多く、スクールロイヤーが聞き取りや面談に立ち会ってそのような事実関係の存在を示唆する「雰囲気」を感じ取る必要性もあることから、例外的に聞き取りや面談に立ち会うことも許されるであろう（もっとも、具体的にどのような場合にスクールロイヤーが同席すべきかといった判断基準については、今後のスクールロイヤー制度の運用の中で議論されるべきである）。

第2節 教育紛争の解決方法

被害届の取扱い

Q26 被害者の保護者が「警察に被害届を提出する」と言っている場合には、どのように対応すればよいでしょうか。

A26 被害届は必ず受理されるとは限らず、受理されたとしても警察は学校と協議しながら捜査することが一般的です。そのため、被害届の提出に反対するのではなく、警察と協議して冷静な対応を検討することが望ましいです。

　教育現場では、教育紛争の当事者が警察に被害届を提出することがある。例えば、学校で窃盗等の犯罪被害に遭った被害者や、いじめで暴行を受けた被害者が、窃盗や暴行等の犯罪行為の事実を申告するため、被害届を提出するような場合である。

　以前の学校は教育紛争に警察が関与することを嫌う傾向があったため、被害者が被害届を提出することを取りやめるように働きかけることもあった。現在でも、学校内外で犯罪行為が行われた場合には、警察と連携することに抵抗はなくても、被害者が被害届を提出することには抵抗感を感じる学校や教員は非常に多い。

　しかし、被害届は犯罪の被害に遭った事実を警察に申告する行為にとどまり、刑事訴訟法上の制度ではなく、警察の内規（犯罪捜査規範）による制度にすぎないため、警察に捜査義務と検察官への送検義務が法的に生じる告訴や告発とは異なって、被害届を提出したとしてもそのことによって警察に犯罪を捜査する義務が法的に生じるわけではない。また、警察は被害届が提出されたら必ず受理しなければならないが、実際には、警察は被害届を提出する必要がある事案かどうかを検討した上で事実上受理しない場合も多い。

　もっとも、被害届は警察にとって捜査の端緒となる行為であり、被害届が提出されたことにより、形式的であっても一定の捜査が行われることが一般的であるから、被害届の提出によって警察の捜査が行われた結果、教育紛争が刑事的に解決されることもあるし、被害届の提出をきっかけに加害者が示

談に応じ、紛争解決することもある。このため、被害者が被害届を提出した場合は、学校は後日警察が捜査することを想定して対応する必要があり、学校は把握している事実関係を警察に報告した上で、警察と協議することが重要である。この際に、警察が学校の対応方針や捜査に関して助言を与えてくれることも多いが、スクールロイヤーが存在するのであれば、警察と連携して、あるいは警察とは別の観点から学校に助言することも効果的である。例えば、被害者に対して当面の学校としての方針や見解をどのように連絡すべきか、捜査される可能性のある加害者への対応や事前の告知などをどうすべきか、捜査の際に誰が立ち会うべきか、といった点について、スクールロイヤーが学校に助言することが考えられ、捜査の際にスクールロイヤーが立ち会うこともあり得る。

このように、被害届は受理されたとしても警察やスクールロイヤーとの連携によって適切に対応できる場合が多いことから、学校や教員は被害者が被害届を提出する意思を示したとしてもこれに対して表立って反対することは避けるべきであり、むしろ被害届が提出された場合のことを想定して、日頃から最寄りの警察署との連携関係を構築しておくべきである。

校内での犯罪の調査の適否

Q27 校内で犯罪の調査をすること、例えば、校内で窃盗が相次いでいる場合に、所持品検査をすることは可能でしょうか。

A27 校内における犯罪の有無を調査することも、任意かつ相当な方法であれば可能です。しかし、捜査機関である警察と異なり、学校はあくまでも教育機関なので、犯罪の調査であっても教育目的が必要です。

学校が教育機関であることに鑑みると、学校が犯罪の有無を調査することは本来好ましいことではないが、学校は児童生徒が安全に教育を受けることができるよう配慮する法的義務を負ってい

第2節　教育紛争の解決方法

るため、校内で窃盗等の犯罪が行われたと疑われる場合、学校は安全配慮義務を履行するために必要な範囲で事実関係を調査すべきである。しかし、学校が事実関係の調査以上に犯罪の「犯人探し」を行うことは、児童生徒と教員の信頼関係を前提とする教育活動に鑑みると適切ではない。

　校内における犯罪の有無を調査する際には、任意かつ相当な方法でなければならない。例えば、児童生徒の意思を強制的に抑圧した上で自白を促すことは任意性がなく許されないし、教員が数人で取り囲んで威圧的に聞き取りを行う態様の調査も相当性がなく許されない。

　また、学校はあくまでも教育機関であり、捜査機関である警察とは本質的に異なるため、学校が行う犯罪の調査は、警察の捜査のように有罪を立証する目的の証拠収集ではなく、学校の教育目的を達成するために、教育活動に関連する限りにおいて行われるものであり、児童生徒に対する安全配慮義務に基づく調査である以上、安全配慮義務を履行するために必要な範囲内で行われるものである。

　一方で、学校が行う犯罪の調査は刑事訴訟法等の法令で規定される警察の捜査と異なるため、自白の任意性、補強法則、違法収集証拠排除の原則等が常に学校の調査に適用されるわけではない。例えば、学校が事実の有無を調査する場合に、自白以外の物的証拠がないからといってその事実を認定できないわけではなく、教員が数人で取り囲んで威圧的に聞き取っても、その自白内容を事実認定に用いることが禁止されるわけではない。その事実が学校にとって法的な対応に必要な事実であれば学校は何らかの対応をすべきであり、例えば、生徒数人を威圧的に調査して自白からいじめが疑われた場合、学校はいじめ防止法に基づく対応が必要になる。

　学校が行う調査がどこまで許されるかは、調査方法によって議論がある。例えば、校内で窃盗が相次いでいる場合に学校で所持品検査をすることに関しては、児童生徒のプライバシーに配慮しつつ、所持品検査の必要性と目的を児童生徒と保護者に説明した上であれば許されると考えられ[13]、校内に防犯カメラを設置することも、同様に児童生徒のプライバシーに配慮し、保護者に設置の必要性と目的を説明した上で、その同意を得て設置することは許

77

されると考えられる[14]。

13　学校が部分社会である点を所持品検査の根拠とする見解もある。菱村幸彦『Q&Aスクール・コンプライアンス111選』（ぎょうせい、2017）164頁。
14　菱村・前掲注13）165頁。

教育紛争における文書作成

Q28　保護者から文書による回答を要求された場合の対応について、また、教育紛争において、文書による対応が効果的な場合について教えてください。

A28　文書で回答しなければならない法的義務はほとんどないため、口頭で回答しても問題ありません。また、「報告書」のように法的な事実関係や因果関係等を示す文書は、原則として弁護士が関与するまでは作成すべきではありませんが（災害共済給付申請の「報告書」を除く）、紛争解決を停滞させない観点から、「お見舞いの手紙」等の文書については、内容次第で文書で回答しても良い場合があり、「念書」「誓約書」等の文書についても、生徒指導の場面で活用することが効果的な場合があります。外国人の児童生徒や保護者の対応に際しても、文書による回答が役立つ場合があります。

　最近の教育紛争では、学校が保護者から文書による回答を要求されることが多い。保護者が文書による回答を要求する目的は学校の対応を証拠化することにあるため、このような要求に対して学校は動揺しがちであるが、前述のQ21の表1のとおり、保護者が文書による回答を要求したとしても学校が文書により回答しなければならない法的義務を生じさせる規定はほとんどない[15]。また、いじめ防止法などのように、保護者に対して情報等の提供を法的に義務付けている法令もあるが[16]、情報提供の方法として文書による回答を必ずしも法的義務としているわけではない（もっとも、文書での回答が法的義務でないとしても、公立学校や教育委員会等の行政

機関によって報告書等の文書の作成が想定されている法令の規定があれば、後日情報公開請求の規定に基づいて保護者が文書の開示を請求する可能性が高い)。

　したがって、法律論としては保護者から文書での回答を要求されたとしても、これを拒否することが可能であり、学校や教員は執拗に文書での回答を要求する保護者に対して毅然とした対応をとることが妥当である。例えば、教員は保護者に対して、「法律上は文書で回答する必要はないため、口頭にてお答えします」と回答すればよい。

　もっとも、学校が文書による回答を拒否することで紛争解決が停滞することが望ましくない場合もあれば、学校が積極的に文書を作成して紛争解決に活用することが効果的な場合もある。つまり、文書で回答してはならない場合と文書で回答してもよい場合を区別することが重要であり（表2参照）、スクールロイヤーの相談や助言も必要になろう。

　まず、「報告書」は通常、過失や因果関係といった法的な評価に関わる事実関係を記載する文書であり、個人情報やプライバシーに係る情報が含まれることが多いため、少なくとも弁護士に相談して助言を受けるまでは保護者に開示してはならない。一方、学校で児童生徒が負傷した場合に申請する災害共済給付に関しても、申請時に学校が作成する報告書の添付が必要になるが、災害共済給付は他の保険制度と異なり過失の有無が不明確であっても児童生徒の救済や学校教育の円滑な運営の趣旨から医療費等の支給がなされる仕組みになっているため[17]、災害共済給付の申請に関する報告書については、過失に関連する事実関係を詳細に記載せずに、「学校の管理下」で生じた災

表2　教育紛争における文書の活用

報告書	保護者に開示すべきでない
災害共済給付申請に関する報告書	保護者に開示してもよい
謝罪文	文書を作成すべきではない
お見舞いの手紙	内容次第では文書を作成してもよい
念書	生徒指導の場面では作成したほうがよい
誓約書	生徒指導の場面では作成したほうがよい
外国人の児童生徒や保護者への事務連絡	文書で回答したほうがよい
再発防止策	文書で回答してもよい

害であることを証明するに足りる事実を端的に記載すれば足りる。したがって、この場合は報告書であっても学校は渋らずに作成し、場合によっては前述の災害共済給付の趣旨を保護者に説明した上でこれを開示してもよい。

次に、「謝罪文」のように、学校や教員が過失を認めて謝罪する内容の文書は原則として作成すべきではないが、学校や教員に明らかに過失がある場合にはスクールロイヤー等の弁護士と協議して作成することはあり得る。一方、「お見舞いの手紙」のように、学校や教員の法的評価に必ずしも関連しない事実関係や、法的責任を認める趣旨で示す謝罪の感情とは異なる教員の感情を示す文書であれば、場合によっては保護者に対して文書で回答することが効果的でもある。確かに、学校や教員にとって文書で回答することは相当な心理的プレッシャーになるが、教育紛争の多くは初期対応における教員と保護者の感情的な亀裂に起因するものであることから、学校が事態を真摯に受け止めているスタンスを文書で示したり、教員が教育者としての率直で正直な気持ちを手紙で示すことで、保護者の感情も和らぎ紛争解決の糸口が見つかることも多く[18]、文書での回答を拒絶し続けることで保護者との円滑な話合いが停滞し、かえって紛争が長期化してしまうことも多い。

次に、「念書」「誓約書」は生徒指導の場面では積極的に活用すべき場合もある。一般的に生徒指導は文書ではなく口頭で行われるが、他の児童生徒へ危害を加える可能性が高い児童生徒や、家庭の指導力が低く反省の念や更生意識が不足している児童生徒に対して、違反した場合の制裁をあらかじめ文書で規定した「念書」「誓約書」を交わすことは、事後の生徒指導を効果的に行う意味で重要である。「念書」「誓約書」は内容だけでなく、その存在自体が児童生徒や保護者に対するプレッシャーになる可能性も高く、日本の教育法制は退学や停学等の法的手段を採りづらいことから、代替手段として「念書」「誓約書」を活用する意義は大きいと考えられる。

最後に、文書は保護者対応においても効果的な場合がある。例えば、日本語能力が弱い外国人の児童生徒や保護者に対しては、言語上の誤解を避けるためにも事務連絡を含めた日常的なやり取りに文書を活用することは効果的であり（たとえ日本語の文書であっても、通訳を付けずに口頭でやり取りするよりもト

第2節　教育紛争の解決方法

ラブルが少なく、文字であれば保護者は子どものために自国語に翻訳すべき義務があると考えられる）、学校事故やいじめ等の事後対応としての「再発防止策」も、文書による回答が効果的である。

　なお、後述するQ29のとおり、現状では民事訴訟においては秘密録音も証拠として提出することは否定されないため、たとえ文書での回答を拒絶したとしても、口頭で回答する際に秘密録音されれば、結局のところ回答内容が証拠化され、文書での回答とさほど変わらない点に留意すべきである。

学校の積極的情報提供義務 　　　　　　補 足

　2007年の学校教育法改正により、学校に「保護者及び地域住民その他の関係者の理解を深めるとともに、これらの者との連携及び協力の推進に資するため、当該小学校の教育活動その他の学校運営の状況に関する情報を積極的に提供する」法的義務が規定された（学校の積極的情報提供義務、学校教育法43条ほか[19]）。本規定は学校評価（同法42条）と関連して規定されたものであり、必ずしも保護者のクレーム対応に関連した規定ではないが、クレームを行う保護者には「学校が積極的に情報を提供してくれない」という意識を持つ者もいることから、保護者のクレーム自体を軽減する目的で日常的に情報提供を積極的に行う必要はあり得る。もっとも、本条においても文書による情報提供は法的義務ではない点に留意すべきである。

15　例えば、行政指導は行政手続法により、相手方の求めに応じて行政指導の趣旨、内容及び責任者を記載した書面を交付しなければならないが（同法35条）、学校における児童生徒への処分や指導には同法が適用されないため（同法3条1項7号）、教育紛争において文書による回答が要求される場合はほとんどないと考えられる。

16　例えば、いじめ防止法28条2項「学校の設置者又はその設置する学校は、前項の規定による調査を行ったときは、当該調査に係るいじめを受けた児童等及びその保護者に対し、当該調査に係る重大事態の事実関係等その他の必要な情報を適切に提供するものとする」。

17　例えば、児童生徒同士のけんかのように、過失を明らかにすることが困難な場合であっても、特に悪質な場合を除いて、「学校教育の円滑な運営に資するという災害共済給付制度の目的から、被災児童生徒等の救済という観点で、損害賠償関係について明らかでなくと

81

も、医療費等の給付を行う扱い」になっている。〈http://www.jpnsport.go.jp/anzen/Portals/0/anzen/branch/hiroshima/pdf/kakehashi8-9.pdf〉参照。
18　神内・前掲注1）89〜91頁参照。
19　準用規定は、幼稚園（28条）、中学校（49条）、高等学校（62条）、中等教育学校（70条）、特別支援学校（82条）、専修学校（133条）、各種学校（134条2項）。

録音・秘密録音の適法性

Q29 教育紛争において、教員との面談の録音を要求する保護者への対応を教えてください。また、秘密録音は違法でしょうか。

A29 秘密録音は、少なくともそれ自体は違法とまで言えず、民事訴訟では証拠として提出することも否定されていないので、学校が録音を拒否したとしても結局のところ秘密録音される可能性は高く、文書で回答しない場合も面談では事実関係や因果関係などに関する内容を明確に回答することは避けるべきです。また、学校としては「録音するのは自由ですが、録音されないほうが教員も率直に話しやすいので、録音せずに面談することをお奨めします」と回答するとよいでしょう。なお、学校側も証拠化の目的や保護者による録音内容の改ざんを防止するため、保護者に対して録音を求めることが必要な場合もあります。

　最近の教育紛争では、保護者が学校や教員と面談する際に録音を要求する場合が多い。保護者が録音する目的は面談内容の証拠化にあることから、学校は録音を要求する保護者を当然警戒し、これを拒否する学校も多く、録音を許可しなければならない法的義務もない。
　しかし、仮に学校が録音の要求を拒否したとしても、保護者が秘密録音すれば結局面談内容は証拠化されてしまう。秘密録音の適法性については議論があるものの、法的には原則として適法であると解されており、民事訴訟においては証拠として提出することも否定されていないため、保護者が秘密録音した場合に学校が証拠化を防止することは事実上困難であり、表面的には保護者の録音要求を拒否したとしても結局は秘密録音による面談内容の証拠

化を防ぐことができない。そのため、法的な事実関係や因果関係に関する内容等を文書で回答してはならないのと同様に、面談でも法的な事実関係や因果関係等に関する内容を明確に回答することは避けるべきである。

　もっとも、学校が保護者の録音要求に安易に応じることにも問題があり、保護者が学校との円滑な交渉よりも証拠化を優先するような場合は、そのようなスタンスが必ずしも子どもの利益に資するとは限らないことを警告する必要もあるため、学校としては「録音するのは自由ですが、録音されないほうが教員も率直に話しやすく、気持ちも伝えやすいので録音せずに面談することをお奨めします」と回答することで、録音しないメリットを保護者に伝えた上で録音を許可する姿勢が適切ではないかと思われる。

　一方で、保護者の態度や属性によっては、学校がむしろ証拠化の必要性から積極的に保護者に録音を求めなければならない場合もあり得る。例えば、暴言や威圧的な言動を行う保護者との面談においては、証拠化の必要性が高いことから学校側が保護者との面談内容を録音することが不可欠である。保護者の秘密録音が違法ではないのと同様に、学校が行う秘密録音も違法ではないため、場合によっては秘密録音する必要性もあり得よう。

報告書を作成する際の注意点

Q30　学校で報告書を作成する場合は、どのような点に気を付けるべきでしょうか。

A30　報告書には事実のみを記載するにとどめ、事実の評価や因果関係は原則として記載すべきではありません。また、当事者で認識が異なる事実や争いがある事実については、それぞれの事実を併記しておくとよいです。

　学校が報告書を作成する場合としては、任意に作成する場合、法的に作成しなければならない場合、法的ではないが作成すべきであるとガイドライン等で規定されている場合、の3類型がある。

第1章 教育法と教育紛争

このうち、任意で報告書を作成する場合は、例えば、保護者の要求に応じて学校が報告書を作成する場合である（Q62参照）。保護者が文書での報告を要求する意図は証拠収集にあることから、学校としてはこれを警戒し拒否しても法的には問題ないが、事案によっては学校にとっても報告書を作成することが証拠化の観点から望ましい場合もある。

一方、法的に報告書を作成しなければならない場合としては、例えば、学校の教育活動で負傷した児童生徒の保護者が治療費の補填のために災害共済給付の申請を行う際に必要な報告書を学校が作成する場合（日本スポーツ振興センター業務方法書28条）、学校保健安全法に基づき出席停止又は臨時休業を行った際に作成する報告書（学校保健安全法施行規則20条）等がある。

また、今日の教育現場では、法的に報告書の作成が明記されているわけではないが、文科省や教育委員会が作成したガイドライン等において、報告書の作成が規定されている場合も多い。例えば、重大な学校事故の詳細調査に関しては、文書による報告書の作成が想定されており[20]、学校で行ういじめの調査においても、学校設置者や監督官庁に行う報告は文書によって行うのが通例なので、通常は報告書が作成される。

報告書の作成において注意すべき点は、報告書に記載する内容は、原則として事実のみを記載するにとどめ、事実の評価や因果関係は記載すべきではないという点である。例えば、「Aが『Bが他の生徒から悪口を言われている姿を見た』と証言した」という事実を報告書に記載する場合は、「Aが『Bをいじめている姿を見た』と証言した」と記載してはならない（「悪口を言う」という事実を「いじめ」と評価しているため）。また、「BがAの肩を叩いた」「Aが肩を負傷した」という2つの事実を記載する場合は、「BがAの肩を叩いたことによってAが負傷した」と記載してはならない（因果関係を記載しているため）。もっとも、他の事実と相まって「いじめ」という法的評価や因果関係という法的関係が推認できる場合は、「推認できる」「思われる」「考えられる」といった断定的ではない表現で記載するとよい。ただし、法的評価や法的関係を記載する場合は、原則としてスクールロイヤー等の弁護士と協議した上で記載するかどうかを判断すべきである。

第2節　教育紛争の解決方法

　また、当事者で認識が異なる事実や争いがある事実については、それぞれ
の事実を報告書に併記しておくとよい。例えば、「Aは○○と証言した」「B
は××と証言した」と記載しておけば、あとは第三者が報告書を解釈する際
に、食い違う事実からどのように事実認定するかの問題になる。争いのある
事実を学校が様々な事実と整合させて報告書に一定の事実認定に関する見解
を記載することも決して不適切ではないと考えられるが、その際には弁護士
と協議することが不可欠である。

　文書は証拠としての価値が重大であり、学校にとって法的リスクも大きい
ことから、文書を作成する場合は原則としてスクールロイヤー等の弁護士と
協議すべきであろう。

20　文科省「学校事故対応に関する指針」(2016)19頁。「詳細調査」とは、「基本調査等を
踏まえ必要な場合に、学校事故対応の専門家など外部専門家が参画した調査委員会にお
いて行われる詳細な調査であり、事実関係の確認のみならず、事故に至る過程を丁寧に探
り、事故が発生した原因を解明するとともに、事故後に行われた対応についても確認し、
それによって再発防止策を打ち立てることを目指すものである」とされる（同16頁）。

教育紛争における情報公開請求への対応

Q31　保護者から事実関係の情報提供を求められた場合は、どのよう
に対応すべきでしょうか。また、報告書の開示を要求された場
合は、どのように対応すべきでしょうか。

. . . .

A31　学校には保護者に対して積極的情報提供義務がありますが、紛
争に関する事実関係の情報提供については個人情報保護法制の
適用を受けることから、学校や学校設置者だけで判断するので
はなく、スクールロイヤーと協議して対応すべきです。また、公立学校が作
成する文書は情報公開条例に基づく開示請求の対象になるので、報告書の開
示が要求された場合は、これを拒否しても後日開示請求により全部開示又は
部分開示される可能性があることを念頭に置いて、スクールロイヤーと協議

85

第1章　教育法と教育紛争

して対応すべきです。

　前述Q28の補足のとおり、2007年の学校教育法改正により、学校に保護者に対する積極的情報提供義務が導入されたが、本規定は学校評価（同法42条）と関連して規定されたものであり、教育紛争の解決手法として学校の積極的情報提供義務を規定したわけではない。また、教育紛争に関する事実関係の情報の多くは個人情報を含むものであり、たとえ紛争の一方当事者たる保護者から事実関係の情報提供が求められたとしても、これに対応して教示することは個人情報保護の観点から問題があるため、紛争に関する事実関係の情報提供を行うかどうか、行うとしてもどの程度行うかどうか、といった判断は、スクールロイヤー等の弁護士と協議して行うべきである。

　なお、いじめ防止法23条5項は、学校がいじめを受けた児童等又はその保護者に対する支援及びいじめを行った児童等に対する指導又はその保護者に対する助言を継続的に行うに当たっては、「いじめを受けた児童等の保護者といじめを行った児童等の保護者との間で争いが起きることのないよう、いじめの事案に係る情報をこれらの保護者と共有するための措置その他の必要な措置を講ずる」と規定する。この規定はいじめ紛争において、学校に保護者に対する一定の情報提供を講ずべき義務を示唆するものだが、その解釈については議論がある（詳しくはQ84参照）。

　公立学校で作成する文書は情報公開条例上の「行政文書」[21]なので、公立学校が作成する報告書等の文書は情報公開請求の対象となり、何人も公立学校で作成する文書の情報公開を請求できるが、情報公開法5条に相当する条例条項で列挙する「不開示情報」が記録されている場合は、文書は開示されない。ただし、この場合でも不開示情報が記録されている部分を容易に区分して除くことができるならば、当該部分を除いた部分を開示しなければならない（部分開示、情報公開法6条に相当する条例条項）。

　「不開示情報」として開示できない情報の多くは、いわゆるプライバシーの観点からの個人情報であり、当該情報に含まれる氏名、生年月日その他の

86

記述等により特定の個人を識別できるものであるが[22]、個人情報であっても
「法令の規定により又は慣行として公にされ、又は公にすることが予定され
ている情報」及び「人の生命、健康、生活又は財産を保護するため、公にす
ることが必要であると認められる情報」は、不開示情報とならない。この点
で、いじめ紛争での加害者の個人情報は、いじめの被害者との関係では「人
の生命、健康、生活又は財産を保護するため、公にすることが必要であると
認められる情報」に該当する可能性が問題になる（Q84参照）。

　以上のように、公立学校が作成する文書の情報開示に関しては情報公開条
例が適用されるため、法令に基づく運用がなされるが、私立学校が作成する
文書には情報公開法が適用されないため、私立学校が作成する文書は開示す
る法的義務がない。しかし、私立学校が作成した文書の一切について保護者
からの開示の要求に応じないという姿勢が紛争解決を長期化させてしまい、
私立学校と保護者の信頼関係の構築に支障が生じる可能性もあるため、私立
学校でも事案によって保護者に文書を開示することが望ましい場合かどうか
の判断は、スクールロイヤーないし顧問弁護士と協議して行うべきである。

21　なお、情報公開法の「行政文書」とは、行政機関の職員が職務上作成し、又は取得し
た文書、図画及び電磁的記録（電子的方式、磁気的方式その他人の知覚によっては認識す
ることができない方式で作られた記録をいう。以下同じ。）であって、当該行政機関の職員
が組織的に用いるものとして、当該行政機関が保有しているものをいう（情報公開法2条
2項）。情報公開条例では「公文書」と定義される。

22　情報公開法5条1号によれば、「個人に関する情報（事業を営む個人の当該事業に関す
る情報を除く。）であって、当該情報に含まれる氏名、生年月日その他の記述等（文書、図
画若しくは電磁的記録に記載され、若しくは記録され、又は音声、動作その他の方法を用
いて表された一切の事項をいう。次条第2項において同じ。）により特定の個人を識別する
ことができるもの（他の情報と照合することにより、特定の個人を識別することができるこ
ととなるものを含む。）又は特定の個人を識別することはできないが、公にすることにより、
なお個人の権利利益を害するおそれがあるもの」が不開示情報に該当する。

教育紛争の責任能力と保護者の法的責任

Q32
教育紛争の当事者である児童生徒の責任能力について教えてく
ださい。また、児童生徒の責任能力や賠償能力がない場合、保

第1章 教育法と教育紛争

護者はどのような法的責任を負いますか。

A32 事理弁識能力がない児童生徒には損害賠償責任など民事上の責任能力がなく、14歳未満の児童生徒には犯罪が成立しません。
児童生徒の事理弁識能力にかかわらず、保護者の監督義務違反と児童生徒の不法行為によって生じた損害との間に相当因果関係がある場合は、保護者は損害賠償責任を負います。

教育紛争の当事者のほとんどは未成年者たる児童生徒であるため、法律上の責任能力がない場合が多い。例えば、損害賠償責任など民事上の責任については、未成年者は「自己の行為の責任を弁識するに足りる知能を備えていなかった」（民法712条）場合は賠償責任を負わないし、犯罪など刑事上の責任についても、14歳未満の者の行為は処罰されない（刑法41条）ので、中学2年生には同じ行為をしても犯罪になる者とそうでない者が混在する（14歳未満の者が構成要件に該当する行為に及んだ場合は、少年法上の「触法少年」として扱われる。Q146参照）。

上記のうち、民事上の賠償責任の判断基準になる「自己の行為の責任を弁識するに足りる知能（事理弁識能力）」の有無を区別する年齢はおおむね10歳前後とされるが、年齢で判断せず事案に応じて加害者の言動などから事理弁識能力を推認すべきである。加害者に事理弁識能力がない場合は監督者である保護者が賠償責任を負う（民法714条1項）が、保護者が監督義務を怠らなかった時又は怠らなくても被害者の損害が生ずべきであった時は責任を負わない（同項ただし書）。もっとも、保護者が監督義務を怠らなかったことを証明するのは非常に難しいとされる。

一方、加害者が責任能力を負う場合は加害者が直接被害者に賠償責任を負うが、加害者は未成年者であるため賠償能力がなく、被害者が救済されなくなってしまう。そこで、判例は「未成年者が責任能力を有する場合であっても監督義務者の義務違反と当該未成年者の不法行為によって生じた結果との間に相当因果関係を認めうる」場合は、監督義務者に民法709条に基づく不

第2節　教育紛争の解決方法

法行為が成立すると解している[23]。また、同判例によれば、加害者の責任能力がなく714条が適用される場合であっても、監督義務者につき709条の不法行為が併存的に成立することを妨げる趣旨ではないと解されている。

　教育紛争で保護者の監督義務違反と加害者の不法行為によって生じた結果との間に相当因果関係が認められる場合は事案によって様々だが、裁判所は子どもが他の児童生徒に対する加害行為に及ぶ危険性を認識していた保護者には監督義務違反と被害者の損害との間に相当因果関係を認める傾向にあるため、保護者の法的責任が成立する重要なポイントは「保護者が子どもの危険性を認識していたかどうか」という点にあり、学校は保護者に対して、子どもが他の児童生徒に危害を及ぼす危険性があることを連絡し、指導の協力を求めることで危険性を認識させる必要がある。もっとも、教育紛争の損害のほとんどは保護者の一般的なレベルの家庭教育によって子どもが習得しているはずの年齢相応の能力や規範意識の欠如によってもたらされる損害であり、学校の連絡等によって保護者が初めて認識するようなレベルの危険性ではなく、学校の連絡等がなくても保護者たる立場で自分の子どもの危険性を当然認識しなければならないものである。この点は、学校と家庭の役割分担が法的責任のレベルでも適切に議論されていない日本の問題点であり、特に児童生徒と日常的に関わる学級担任と保護者の法的責任の分担の場面で問題になる（詳しくはQ71参照）。

23　最二小判昭和49年3月22日民集28巻2号347頁。

教育紛争と損害賠償保険

Q33　教育紛争で損害賠償を請求された場合に、保険による損害賠償の補填がなされることはありますか。また、自治体や教員が加入する訴訟保険はありますか。

A33　学校事故の治療費等については、災害共済給付によって補填されます。また、学校や教員が過失によって損害賠償責任を負う

89

第1章　教育法と教育紛争

場合には、教員や自治体が加入する訴訟保険によって損害賠償が補填されることがあり、自治体に対する国家賠償請求では自治体が保険に加入していることを前提に訴訟活動が行われることが一般的です。しかし、公立学校教員は原則として個人の法的責任を負わないにもかかわらず訴訟保険の加入率が高い一方で、個人の法的責任を負う可能性がある私立学校教員の訴訟保険の加入率は低く、訴訟保険の存在告知と加入の促進が必要です。

解説　　教育紛争で損害賠償が問題になる場合、一定の損害賠償については保険制度によって補填がなされる。

　　学校事故が起きた場合の治療費等については、原則として日本スポーツ振興センターが実施する災害共済給付制度によって補填される（この制度については、Q48参照）。

　それ以外に、学校や教員の過失による損害賠償責任が成立する場合に、損害賠償金や弁護士費用等が補填される保険（一種の訴訟保険）がある。自治体が加入する保険の存在は公立学校に対する国家賠償請求訴訟の際に重要な意義を有しており、公立学校の設置者である自治体を訴える被害者側の児童生徒や保護者は、保険による損害賠償の補填がなされることを前提に自治体の賠償能力を想定して訴訟を提起することが一般的であり、賠償能力に乏しい直接の加害者たる児童生徒や保護者をあえて訴えずに、学校設置者たる自治体のみに訴訟提起することもある。訴訟保険では和解の場合も和解金が保険で填補されるのが通常なので、被害者は自治体が和解に応じることを想定して訴訟を提起することもある[24]。

　また、昨今の教育紛争の増加を慮ってか、公立学校教員の訴訟保険への加入率は非常に高いが、公立学校教員は国家賠償法の適用により原則として個人の損害賠償責任を負わないため（Q10参照）、公立学校教員の訴訟保険は加入率の高さの割に事実上ほとんど機能していない[25]。一方、現在の判例法理では私立学校教員には国家賠償法が適用されず、個人の損害賠償責任を負う可能性が高いにもかかわらず、私立学校教員の訴訟保険への加入率は非常に低いが、これは私立学校教員に対する訴訟保険の認知度が低いことも一因で

あり、実際に私立学校教員でも加入できる訴訟保険は複数存在するが、私立学校教員でその存在を認識している者は少ない。このため、私立学校を設置する学校法人はできる限り訴訟保険の存在を教員へ告知し、加入を促すべきである。

---

24 もっとも、和解であっても訴訟保険で補填されるためには自治体が過失を認めた上での和解が前提であるため、自治体があくまでも過失の有無を争うのであれば和解で訴訟保険は利用できない。
25 公立学校教員が個人で弁護士に相談する際の弁護士費用が訴訟保険で補填される可能性はあるが、実際に公立学校教員が個人で弁護士に相談することはほとんどない。

教育裁判における民事訴訟上の問題

Q34 教育紛争が民事訴訟になった場合に、民事訴訟法上で注意すべき点を教えてください。

A34 教育紛争は共同訴訟になりやすく、事案によっては審理や判決内容が矛盾なく合一に扱われるべき場合もあるため、学校が不当に不利な判決結果を負担しないように配慮した訴訟活動を心掛けるべきです。例えば、学校が当事者となっていない児童生徒間の訴訟であっても、事案によっては学校設置者が独立当事者参加や補助参加を検討すべきです。

　　　　教育紛争が訴訟で争われる場合、多数当事者による共同訴訟になることが多い。例えば、いじめ紛争では通常、加害者は複数であることから、被害者は複数の加害者に対する共同訴訟を提起し、学校事故でも加害者が複数である場合は、被害者は複数の加害者に対する共同訴訟を提起する。

　教育紛争における共同訴訟は、いわゆる通常共同訴訟（民事訴訟法38条）であり、本来は別個に提起されるべき請求だが、各共同訴訟人と相手方との間の複数の請求に関連性がある場合なので、審理などを共通に行う。通常共同

訴訟では、各共同訴訟人は独立して訴訟行為を行い、互いの訴訟行為に影響されない（共同訴訟人独立の原則、民事訴訟法39条）が、通常共同訴訟では同じ裁判官の下で審理が行われるため、共同訴訟人の1人が提出した証拠は他の共同訴訟人の主張する事実の認定にも利用される（証拠共通の原則）。例えば、いじめ裁判で、加害者とされる被告の1人が提出した証拠は、他の加害者とされる被告が主張する事実を肯定する場合にも否定する場合にも用いられる。

　教育紛争が訴訟で争われる場合の大半は、不法行為ないし安全配慮義務違反に基づく損害賠償請求訴訟であり、民事訴訟法38条で規定する通常共同訴訟と考えられているが、厳密にはそう単純ではない場合もある。例えば、いじめ裁判で被害者が加害者に対して不法行為に基づく損害賠償を、学校に対していじめ防止法違反の不作為に基づく損害賠償を、それぞれ請求した場合、通常共同訴訟を利用するとすれば、被害者の加害者に対する請求は棄却され、学校に対する請求は認容される場合があり得る。なぜなら、損害賠償請求の対象となる不法行為として評価される「いじめ」と、いじめ防止法が定義する「いじめ」は異なっており、前者の「いじめ」ではなくとも後者の「いじめ」と評価されれば、学校や教員はいじめ防止法上の法的義務を履行しなければならず、これを怠れば不作為の違法行為となるため、理論上はいじめの直接的な加害者に対する請求が認められなかったしても、学校に対する請求のみが認められる可能性があるからである（Q75参照）。

　また、学校事故裁判においても、被害者が加害者に対して不法行為に基づく損害賠償を、学校に対して事故時の管理責任や事故後の諸対応に対する損害賠償を、それぞれ請求する場合も、通常共同訴訟では加害者の過失が認められずに請求が棄却される一方で、学校や教員の事故時の管理責任や事故後の諸対応の過失は認められ請求が認容される可能性がある（Q57参照）。しかし、通常共同訴訟において学校や教員とは独立して加害者が訴訟活動を行った結果、被害者と一次的・直接的な当事者関係にある加害者が損害賠償責任を負わないにもかかわらず、二次的・間接的な当事者関係である学校や教員が損害賠償責任を負わなければならない、という結論になるのであれば、学校や教員の法的責任は加害者の訴訟活動に大きく左右されてしまうため、訴

訟法的には問題ないとしても、教育現場の感覚からすれば極めて理不尽な結論になってしまう。このことは、いじめや学校事故においては、通常共同訴訟において共同被告とされる学校・教員と加害者の法的な利害関係は全く異にしており、むしろ対立関係ですらあるという現実が無視されていることに他ならない。学校にとって最もリスクが高い場合は、加害者が事故の法的責任を免れようと被害者の「矛先」を加害者から学校や教員へと変えるように「誘導」し、被害者と加害者との間で「馴れ合い」の訴訟活動が行われる結果、学校や教員が思わぬ法的責任を負わされる場合である。

　このような弊害を回避する方策としては、独立当事者参加（民事訴訟法47条）や補助参加（民事訴訟法42条）の活用が考えられる。例えば、いじめ裁判において、被害者と加害者の当事者間で訴訟が行われている場合に、加害者が自己の法的責任を否定する代わりに学校の法的責任を主張することを防止するため、学校が独立当事者参加によって独自の法的利害関係を有する立場から訴訟に参加するという方策である（ただし、現在の民事訴訟法の理論や判例法理に基づけば、このような学校の訴訟参加は独立当事者参加として扱われない可能性も高い）。また、学校事故裁判において、被害者と加害者の当事者間で訴訟が行われている場合に、学校が管理責任や監督責任を否定する主張を訴訟上も行う必要性から、加害者側に立って補助参加する場合も考えられ、実際にこのような補助参加が行われた裁判例[26]もある。

　教育紛争における被害者と加害者の法的関係と被害者と学校・教員の法的関係は、訴訟法上は共通に解釈できるとしても、教育現場の感覚では全く別物であり、教育法上も別異に解釈すべきものである。また、加害者と学校・教員の法的関係も、共同不法行為者として扱われる場合であっても不法行為の法的根拠は異なることが通常であり、事実上の利害関係も全く対立することが通常である。このような複雑な教育紛争の法的関係が訴訟で争われるとなると、被害者・加害者間の訴訟活動によって学校が思わぬ法的責任を負わされる可能性もあるため、スクールロイヤーは学校や教員が訴訟において独自の法的利害関係を主張できる方策を理解しておく必要があろう。

26　最一小判平成27年4月9日民集69巻3号455頁では、自動二輪車を運転して小学校の校庭横の道路を進行していた第三者が、その校庭から転がり出てきたサッカーボールを避けようとして転倒して負傷し、その後死亡した事案で、第三者の遺族がサッカーボールを蹴った小学生の保護者に対し、監督義務違反に基づく損害賠償を請求したが、学校設置者である市が、本件校庭は少年野球チームが学校設置者の許可を受けて使用しており、小学生の監視など管理監督責任を負っていたのは当該少年野球チームであって学校設置者ではない、また、生徒が放課後に校庭で遊ぶことは、それ自体何ら危険な行為ではなく、禁止する理由もないから、本件校庭でサッカーボールを蹴るなどしていたとしても、学校は事細かく注意を促すべき義務はなく、そのような監視行為を期待することは不合理であると主張して、小学生の保護者側に立って補助参加している。

教育裁判における民事保全上の問題

Q35 教育紛争で民事保全上の仮処分が申し立てられる場合には、どのような場合がありますか。申し立てられた場合、学校はどのように対応すればよいでしょうか。また、教育紛争において、仮処分の決定と本案訴訟の判決の判断が異なった場合には、どのような問題があるでしょうか。

A35 私立学校で退学処分が争われる場合には仮処分が申し立てられる場合が多く、学校は審尋手続に対応する必要があります。また、学校側が不当な要求を繰り返す保護者の立入り等を禁止する仮処分を申し立てる場合もあります。仮処分の手続で行われる審尋に対応するためには、必要な疎明資料や陳述書等を迅速に収集・作成しなくてはならないため、スクールロイヤーと協議して支援してもらうことが望ましいです。なお、教育紛争において仮処分の決定と本案訴訟の判決の判断が異なった場合、決定から判決までの間に行われた教育活動の法的効力が問題になり、例えば、単位の履修や卒業認定の効力等が問題になります。

教育紛争が裁判で争われる場合、訴訟提起の際に行政処分の執行停止の申立て又は民事保全法上の仮処分の申立てが行われることがある。前者は公立学校が行う処分に対して、後者は私立学校

が行う処分に対して、それぞれ利用される手続である[27]。これらの手続が利用される最も多い事例に退学処分を争う場合があるが、公立小中学校では児童生徒の退学処分はできないため[28]、行政処分の執行停止は原則として公立高校等の退学処分に限られる。これに対し、私立学校では小中学校でも児童生徒の退学処分が可能なので、民事保全手続で退学処分を争う場合は多い。

　一旦退学処分が下されれば、学校が事後に撤回するか、処分が違法であり無効であると裁判所が判断しない限り、児童生徒は退学になり、当該学校に在籍して教育を受けられなくなるため、退学処分を争う場合は児童生徒の学習権の保障の観点から、裁判が終結するまで暫定的に学校に在籍し、教育を受ける機会を確保する必要性があり、緊急性も高い。したがって、学校側は退学処分を行う場合は、児童生徒や保護者が学校に在籍する地位の確認を求める仮処分を申し立てる可能性が高いことを想定しておくべきである。

　また、学校側が仮処分を申し立てる場合もある。例えば、不当な要求を繰り返す保護者の学校への立入りや連絡を禁止する地位の確認を求める仮処分等であるが[29]、警察と協議した上で刑事手続によって対応するほうが望ましい場合もある。

　仮処分は裁判のような厳格な審理ではなく、迅速に仮の処分を決定する必要性から裁判の審理よりも簡明な審尋手続によって行われる。審尋では証人尋問等の詳細な証拠調べは原則として行われず、裁判で提出する訴訟資料よりも簡明な疎明資料と、言い分等を記載した陳述書を中心に仮処分の必要性が検討されるため、学校は仮処分等の申立てに対して、必要な疎明資料や陳述書の収集・作成を迅速に行わなければならない。しかし、日常的に多忙な教育現場において、学校や教員が疎明資料や陳述書の迅速な収集・作成に対応することは困難なので、スクールロイヤーと協議して対応することが現実的である。この場合、スクールロイヤーは疎明資料や陳述書の収集・作成を支援するだけでなく、事案によっては仮処分の手続上で学校に和解を促すことも考えられよう。

　なお、教育紛争に関する仮処分では、仮処分の決定と本案訴訟の判決の判断が異なった場合に、決定から判決までの間に行われた教育活動の法的効力

が問題になる。例えば、高校が問題行動を理由にある生徒を退学処分にした
が、生徒側の仮処分の申立てが一旦は認められて高校の在籍を継続し、卒業
して大学に進学したものの、その後本案訴訟で結局学校が勝訴し、退学処分
が有効かつ適法だった場合に、仮処分の決定から本案訴訟の判決までの間に
行われた単位の履修や卒業認定の効力も失われることで、大学の入学資格で
ある高校卒業の効力も失われ（学校教育法90条1項参照）、一旦入学した大学を
退学しなければならないのであろうか。学校の退学処分が有効かつ適法で
あった以上、当該高校で卒業を認定される生徒の利益も消失し、卒業認定も
取り消されるべきであるから、法的整合性の観点からは大学入学資格を失っ
た以上大学も退学すべきであると考えるのが妥当だが、当該生徒の学習権の
保障の観点からは、卒業認定の効力自体は否定せず、学校が紛争で受けた損
害を生徒が金銭賠償することによって解決することも考えられよう[30]。

　教育紛争では、児童生徒の学習権の確保の観点から執行停止や仮処分が活
用されているが、同時に執行停止・仮処分状態で行われる教育活動の効力に
関する法的な議論も今後は充実させる必要があろう。

27　国立大学法人が行う処分に対する仮処分等については議論の余地があり、国立大学法
人の教育活動に関する損害賠償に国家賠償法を適用する裁判例が多い（「第2章第1節
学校事故」の項を参照）ことを理由に行政処分の執行停止を申し立てる解釈論もあり得る
が、国立大学法人が行う処分を行政処分と同視することは実質的に困難であると考えれば、
民事保全法上の仮処分を申し立てる解釈論になろう。

28　公立中学校でも併設型中学校等では退学処分が可能なので、行政処分の執行停止が争
われる。

29　近畿弁護士連合会民事介入暴力及び弁護士業務妨害対策委員会編『事例解説　教育対
象暴力』（ぎょうせい、2015）212～220頁。

30　最三小判昭和43年12月24日民集22巻13号3428頁は、「仮処分命令が、その被保全権利
が存在しないために当初から不当であるとして取り消された場合において、右命令を得てこ
れを執行した仮処分申請人が右の点について故意または過失のあつたときは、右申請人は
民法709条により、被申請人がその執行によつて受けた損害を賠償すべき義務があるものと
いうべく、一般に、仮処分命令が異議もしくは上訴手続において取り消され、あるいは本
案訴訟において原告敗訴の判決が言い渡され、その判決が確定した場合には、他に特段
の事情のないかぎり、右申請人において過失があつたものと推認するのが相当である」と
解しており、この判例に基づけば、学校は生徒が申し立てた仮処分等によって受けた損害
を賠償請求することが可能であろう。もっとも、このような事案で学校の損害の内容を法
的に評価することは困難な場合もあろう。

第2節 教育紛争の解決方法

教育ADR

Q36 教育紛争に関して、ADR（裁判外紛争解決手続）を利用する場合、どのような事案がADRに適しているでしょうか。

A36 ADRは非公開かつ裁判とは異なる解決手法の提示が可能であることから、金銭ではなく謝罪や教育的な対応の改善などを求める紛争、私立学校で学校の評価に係る紛争、性的な言動や連絡帳の内容等児童生徒のプライバシーに係る紛争等は、ADRに適している場合があります。

　ADRは裁判とは異なる手続で紛争解決を促す制度で、今日では弁護士会が設置している紛争解決センターをはじめ、様々なADRが制度化されており、医療事故、金融関連の紛争等を専門的に扱うADRも導入されている。教育紛争でも、少額の損害賠償を請求する学校事故や児童生徒間のけんかなどの紛争で、ADRが利用されることがある[31]。また、教育分野では実務的に教育行政機関に属する制度や指導主事（地方教育行政法18条3項）などの専門的教育行政職員による解決案の提示などが、ADR類似の紛争解決機能を有する手法として頻繁に利用されており[32]、学術的にも教育分野のADRは、これまでも教育法学者によって独自に提唱されてきた制度設計である[33]。

　ADRは裁判と比べて、「柔軟な手続や解決案が可能」「原則として非公開」「迅速かつ低費用」等の利点がある（表3を参照）。例えば、学校や教員の対応に不満がある児童生徒や保護者が、学校や教員に対して金銭賠償ではなく謝罪を要求する場合は、裁判上の判決で学校や教員に謝罪させることは難しいが、ADRであれば可能であるし、裁判と異なってADRの審理は非公開なので、学校や児童生徒の名誉やプライバシーを保護することもできる。このため、金銭ではなく謝罪や教育的な対応の改善などを求める紛争、私立学校で学校の評価に係る紛争、性的な言動や連絡帳の内容等児童生徒や保護者の名誉やプライバシーに係る紛争等は、裁判よりもADRによる解決が向いて

97

第1章　教育法と教育紛争

表3　教育紛争でADRの活用が想定される場合

ADRのメリット	活用の具体例
判決とは異なる多様な解決が可能	金銭ではなく謝罪や再発防止策を要求する事案
非公開の審理・手続	名誉やプライバシーへの配慮が必要な事案
迅速かつ低費用で解決可能	請求額が少額の事案

いると考えられる。

　しかし、裁判ではなくADRを利用する場合であっても本節で説明した教育紛争特有の問題はADRにも当てはまるため、ADRに関与するあっせん人が教育現場の実情を的確に理解し、教育法や教育学の知見をある程度持たなければ、ADRでの教育紛争の適切な解決は期待できない。そのため、スクールロイヤーへの研修と同様に、ADRのあっせん人に対する現職の教員や学術研究者による研修を充実させる必要がある。また、公立学校に関しては、ADRを利用する費用が教育委員会の予算に計上される関係から、議会の承認手続等が必要になるため、ADRを利用することには難しい面があり、ADRの利用は私立学校が中心になるのではないかと予想される。

31　なお、筆者の所属する東京弁護士会では教育紛争に特化したADRである「学校問題ADR」を2018年より導入している。

32　例えば、東京都教育委員会が設置している学校問題解決サポートセンターなど。また、指導主事は法令で学校における「教育課程、学習指導その他学校教育に関する専門的事項の指導に関する事務に従事する」と規定されており、この規定に基づいて教育現場からの相談に応じて解決案を提示することがある。

33　例えば、森部英生氏は教育紛争の解決手法としての教育ADRの制度設計を学術的に古くから提唱していた。森部氏は季刊教育法161～166号において、「教育紛争の裁判外解決」をテーマに教育ADRについて論じている。

費用対効果から考える
教育紛争の解決方法

Focus-3

　紛争解決と言うと「裁判」がイメージしやすいですが、教育紛争は裁判になじまない面があります。お金がかかるだけでなく、学校や他の子どもを相手に裁判すれば、子どもの学校での環境や友人関係に影響が及ぶこと、裁判は時間がかかるので、子どもが卒業するまでに解決しない可能性があること、等、子どもにとって負担が大きいからです。

　そのため、費用対効果や子どもの負担を考えると、教育紛争では裁判以外の解決方法が重要になります。そこで、弁護士に相談や助言、交渉の代理等を依頼することが考えられます。

　弁護士に相談するだけならば、相場は大体「1時間1万円」です。地域によっては、子どものための無料法律相談等も存在します[1]。ただ、教育紛争は早期に解決しないことも多いので、弁護士の継続的な助言を受けるサービスを個々の弁護士と契約することもあります（筆者が依頼者に最も推奨しているのはこのサービスです）。弁護士に交渉の代理を依頼すると弁護士費用は高くなりますが、弁護士が子ども・保護者側の代理人となったことで、学校側も弁護士を代理人に立て、双方弁護士同士の交渉でスムーズに紛争が解決することにもつながります。また、裁判と異なって非公開の場で安価かつ迅速な解決が行われるADR（裁判外紛争解決手続）を利用する方法もあります。

　教育紛争では費用対効果を度外視して、勝訴ではなく社会的に議論を提起する目的で「政策形成訴訟」を起こすこともあります（教科書検定訴訟等）。紛争解決における費用対効果の検討は、法と経済学や法社会学の領域で研究されていますが[2]、スクールロイヤーも知っておくべき知見だと思います。

1　例えば、東京弁護士会が設置している「子どもの人権110番」は、無料電話相談である。

2　教育紛争に法と経済学や法社会学の知見を取り入れて検討している画期的な先行研究としては、今橋盛勝『教育法と法社会学』（三省堂、1983）、森部英生「連載：『教育紛争解決学』の創設・樹立に向けて」季刊教育法171〜174号、馬場健一「学校教育紛争における未成年児童・生徒の周縁化と抵抗－体罰事件の処理過程を素材に－」法社会学77号65〜87頁、等がある。

第1章 教育法と教育紛争

第3節　学校の法的責任

学校・教員の過失の内容

Q37 学校が法的責任を負う場合の「過失」は、どのようなものでしょうか。

A37 学校は、学校における教育活動により生ずるおそれのある危険から児童生徒を保護すべき義務があり、その義務に違反したことが「過失」と評価されます。その際には、結果や危険性を予見することが可能であったかどうか、結果を回避する義務を怠ったかどうか、が検討されます。

　学校が法的責任を負う前提として、「過失」が存在しなければならないが、法的な過失とは、不注意により何らかの法的義務に違反することを意味する。判例では、学校は「学校における教育活動により生ずるおそれのある危険から生徒を保護すべき義務」があり、「事故の発生を未然に防止すべき一般的な注意義務を負う」とされている[1]。また、法的な過失とは、「結果や危険性を予見でき、かつ結果を回避できたにも関わらず、その結果を回避する義務を怠ったこと」と一般的に解され、「予見可能性」と「結果回避可能性」の2つが主な要件として検討される[2]。

　例えば、バレーボール部の練習時に生徒間のけんかが生じることは通常予見できないから、この場合は教員に予見可能性が認められず、法的責任は成立しない[3]。また、生徒が負傷した際に保護者に連絡せず、後日重篤な後遺症が発生したとしても、事故直後に一般的に見て外観上何らの異常もなく、生徒自身も異常を訴えていなかった場合には、結果回避可能性が認められず、法的責任は発生しない[4]。もっとも、予見可能性や結果回避可能性を判断する基準は裁判でも様々であって明確ではなく、本書では教員としての経験に基づく教育現場の目線から予見可能性や結果回避可能性の有無を論じる立場を採るため、被害者救済の観点に立つ論者の感覚と異なる点は、あらかじめ

100

理解していただきたい。

なお、教育裁判では、結果回避可能性よりも予見可能性の有無で法的責任の成否が決定されることがほとんどであり、中には本来結果回避可能性の有無を検討すべき事案であっても、予見可能性の有無で法的責任の成否を決定した事案もある[5]ことから、教育裁判では裁判所が常に「予見可能性」と「結果回避可能性」の２つの要件を厳密に検討して学校や教員の過失を判断しているかは断言できない。

1　最二小判昭和62年２月６日集民150号75頁、最二小判平成２年３月23日集民159号261頁など。
2　判例は、過失を「予見可能性＋結果回避義務違反」と定式化している。大村敦志『新基本民法６不法行為編』（有斐閣、2015）39頁。
3　例えば、最二小判昭和58年２月18日民集37巻１号101頁など。
4　例えば、最二小判昭和62年２月13日民集41巻１号95頁など。
5　例えば、最二小判平成18年３月13日集民219号703頁。原審（高松高判平成16年10月29日判時1913号66頁）は、結果回避可能性の有無を検討して教員の過失を否定したが、最高裁は予見可能性の有無のみを検討して教員の過失を肯定した。

学校の法的責任と因果関係の成否

Q38 学校の法的責任が認められるためには、過失以外にどのような要件が必要ですか。

A38 教員の過失と結果との因果関係、損害の発生が必要です。因果関係では、特にいじめと自殺の間の因果関係が認められにくいことが多いです。

　　学校の法的責任が認められるためには、過失以外に損害の発生と、過失と損害との間に因果関係が必要になる。教育紛争の多くは子どもが当事者なので、逸失利益や精神的損害の算定が難しいことが多いが、日本スポーツ振興センターによる災害共済給付の制度によって、治療費などの一次的な損害の多くは補填される。もっとも、慰謝料などの精神的損害や特別損害は補填されないため、裁判上で争われることも多い

(「災害共済給付」についてはQ48参照)。

　また、因果関係は被害者にとって立証が難しい要件であり、特にいじめを理由に子どもが自殺した事案の裁判例では学校や教員の過失が認められたとしても、過失と自殺の結果との間の因果関係までは認められないことも多い。調査する側にとっても、いじめの重大事態の調査において過失と自殺の因果関係を調査報告書上で認定することには多大な負担が伴う（Q93参照）。

学校の安全配慮義務

Q39 学校が債務不履行に基づく責任を負うのは、どのような場合でしょうか。また、学校に債務不履行責任を追及することのメリットを教えてください。

A39 学校が児童生徒に対する安全配慮義務に違反した場合であり、その根拠としては信義則又は在学契約が考えられます。また、消滅時効の点で不法行為責任よりも債務不履行責任を追及するほうが被害者に有利であるため、不法行為に基づく損害賠償が時効により請求できない場合であっても、安全配慮義務違反としての債務不履行に基づく損害賠償請求ができる場合があります。ただし、改正民法により、このメリットはほとんど解消されることになります。

　学校の法的義務である「学校における教育活動により生ずるおそれのある危険から生徒を保護すべき義務」は、不法行為責任だけでなく債務不履行責任の内容として論じられることもあり、その場合にこの義務は「安全配慮義務」と一般的に称される。

　安全配慮義務は本来教育裁判ではなく、労働災害裁判で提唱されたものである。最高裁は、自衛隊員が服務中の自動車事故で死亡した事案で、公務遂行に当たって国は公務員に対して、「公務員の生命及び健康等を危険から保護するよう配慮すべき義務」（「安全配慮義務」）を負うとした上で、「安全配慮義務は、ある法律関係に基づいて特別な社会的接触の関係に入つた当事者間

において、当該法律関係の付随義務として当事者の一方又は双方が相手方に対して信義則上負う義務として一般的に認められるべきもの」と判示している[6]。この判例で示された安全配慮義務が教育紛争における学校と児童生徒の関係にも適用されるかはそれ自体議論の余地があるが、多くの裁判例で公立学校と児童生徒の関係においても安全配慮義務が存在すると判断されている（もっとも、債務不履行責任の内容ではなく、国家賠償法上の不法行為責任の内容として安全配慮義務違反を適用する裁判例がほとんどである）。

　学校が児童生徒に対し安全配慮義務を負う法的根拠については、「在学関係上の信義則」と「在学契約」の2つが主張される。私立学校に関しては在学契約が適用されるため[7]、私立学校が児童生徒に対し在学契約上の安全配慮義務を負うことについて争いはほとんどないが、公立学校に関しては、児童生徒が主体的に公立学校を選択する関係に乏しく、契約関係に類似する関係を観念することが難しいため、「在学関係上の信義則」を理由に安全配慮義務を負うとする裁判例がほとんどである。

　もっとも、公立学校であっても、併設型中学校や中等教育学校では児童生徒が主体的に学校を選択する関係にあり[8]、私立学校に類似する在学契約を観念できる余地がある（国立大学法人が設置する学校も同様）。しかし、これらの特殊な公立学校と児童生徒の関係は、「公権力の行使」として国家賠償法が適用される一方で、在学契約としての契約関係も観念しうるため、法的な整合性がとれない。このことは、学校設置者の性質により国家賠償法の適否を区別する現在の判例法理が、学校選択の拡大と公立学校の多様化を進める教育政策によって私立学校とほとんど変わらない公立学校も存在する現状に沿わなくなっていることを示すものと言える。

　学校に不法行為責任ではなく安全配慮義務違反としての債務不履行責任を追及するメリットは消滅時効の期間にあり[9]、不法行為に基づく損害賠償請求権の消滅時効期間は3年であるのに対し、債務不履行に基づく損害賠償請求権の消滅時効期間は10年であるため、不法行為に基づく損害賠償請求権が時効により消滅した場合であっても、債務不履行に基づく損害賠償請求を未だなしうる場合があり得る。一方で、債務不履行責任は契約責任であるため、

第1章　教育法と教育紛争

慰謝料等の精神的損害を理由とする損害賠償請求ができるのは契約当事者に限られる。

このように、不法行為に基づく損害賠償請求が時効により請求できない場合に安全配慮義務違反を根拠に債務不履行責任を認めた事例としては、福岡地判平成27年3月3日判時2271号100頁がある[10]。この事案では、県立高校で行われた騎馬戦の最中の事故で後遺障害を負った被害者と保護者が、学校設置者である地方公共団体に対し、不法行為に基づく国家賠償法上の損害賠償請求と安全配慮義務違反による債務不履行に基づく損害賠償請求の双方を求めたところ、前者は時効により消滅していたことから、後者による請求が認められた。同時にこの裁判例は、高校は義務教育課程ではなく、一般に高校生は意思能力を有することから、県立高校との間で在学関係に入ったのは被害者である生徒であって保護者ではなく、学校設置者は保護者との関係では安全配慮義務違反による債務不履行責任を負わないと判示し、高校生の場合に債務不履行に基づく損害賠償を請求できる当事者は生徒であって保護者ではないと解している。したがって、高校生が被害者の学校事故で不法行為に基づく損害賠償請求権が時効消滅した場合には、債務不履行を理由とする保護者固有の慰謝料請求権は認められない可能性が高い。

なお、2017年に成立した改正民法では、債務不履行に基づく損害賠償請求権を含む全債権の消滅時効期間について、債権者が権利を行使することができることを知った時から「5年」に統一し、人の生命又は身体を害する不法行為による損害賠償請求権の消滅時効期間についても被害者又はその法定代理人が損害及び加害者を知った時から「5年」に改正したため、生命及び身体の侵害に関する限り、不法行為責任と債務不履行責任で消滅時効の点での違いはなくなった[11]。したがって、教育紛争においても消滅時効における安全配慮義務違反を理由とする債務不履行責任のメリットは解消されたといえる（ただし、消滅時効の起算点の解釈により、不法行為責任と債務不履行責任で消滅時効の適否が異なる可能性は残る）。

一方、判例は、法令に基づいて当然に負うべきものとされる通常の注意義務と安全配慮義務は異なると考えており[12]、私立大学の応援団員が上級生か

第3節　学校の法的責任

ら暴行を受けて死亡した事故につき学校法人の使用者責任を認めた事案で、第一審が学校法人と学生との間の在学契約に基づく安全配慮義務違反を認めた点に対し、「学校法人自身の在学契約上の義務と当該学校法人の被用者の不法行為法上の注意義務とを混同しているかのような部分があって、その説示において必ずしも適切でない憾みがある」と判示していることからすれば[13]、少なくとも私立学校の教員が負う不法行為法上の注意義務と、私立学校と児童生徒との間の在学契約に基づく安全配慮義務は異なると考えられる。この判例法理は公立学校・国立大学法人と児童生徒の間の在学関係でも同様に適用される可能性が高いことから、教育紛争では不法行為に基づく学校・教員の過失と、債務不履行に基づく学校・教員の過失は異なると考えられる。

6　最三小判昭和50年2月25日民集29巻2号143頁。
7　最一小判平成21年12月10日民集63巻10号2463頁。
8　同時に、公立学校であっても併設型中学校や中等教育学校では、私立学校と同様に中学校での退学処分も認められている（学校教育法施行規則26条3項参照）。
9　立証責任については、判例は安全配慮義務違反を理由とする債務不履行責任の立証責任は請求者側にあると解しているため（最二小判昭和56年2月16日民集35巻1号56頁）、この点で不法行為責任を追及する場合と違いはない。
10　それ以外の事例としては、神戸地判平成19年2月23日判例地方自治309号67頁、京都地判平成5年5月28日判時1472号100頁などがある。
11　長期消滅時効においても、生命又は身体の侵害による損害賠償請求権の長期消滅時効期間は権利を行使することができる時から「20年」に改正され、不法行為に基づく損害賠償請求権の長期消滅時効期間が不法行為の時から「20年」であることと統一された。
12　最二小判昭和58年5月27日民集37巻4号477頁。
13　最三小判平成4年10月6日集民166号21頁。

教員の親権者代理監督者責任

Q40　教員が親権者の代わりに法的責任を負う場合はありますか。

・・

A40　加害者である児童生徒に責任能力がない場合に、教員が親権者の代わりに監督責任を負う可能性がありますが、教員個人に無限定な責任を負わせるリスクがあり、学校と家庭の法的責任の

分担の観点からも問題があるため、原則として否定すべきです。

　　生徒間の事故において加害者である児童生徒に責任能力がない場合には、教員が親権者の代理監督者としての立場で法的責任を負うことがある（親権者代理監督者責任、民法714条2項）。ここでの責任能力とは、一般的に物事を判断することができる事理弁識能力を意味し、そのような能力のない未成年者が加害者となった場合に、親権者代理監督者としての教員は、監督義務を怠らなかったか、又は監督義務を怠らなくても損害が生じたことを証明しない限り法的責任を負う（民法714条1項ただし書）。

　しかし、教員が必ずしも親権者代理監督者に該当するとは断言できない。教員個人は公立・私立を問わず、児童生徒に対して契約当事者としての監督義務を負うのではなく、法律上の解釈から導かれる「教育活動により生ずるおそれのある危険から児童生徒を保護すべき義務」としての監督義務を負うのであり、親権者と教員の間に代理監督を観念できる関係にはない。また、事理弁識能力の存否は判例上も一義的に決まるものではなく、同じ年齢であっても事理弁識能力の存否は判断が分かれることから、教員としては予測不可能な法的責任を負うリスクがある。

　そもそも、児童生徒の第一義的な教育責任は保護者にあると規定する教育基本法10条1項の趣旨に鑑みれば、教員に一般不法行為や安全配慮義務としての監督義務を負わせることは当然としても、保護者の代理監督者としての責任を負わせることは同条の趣旨に反するものであり、またその必要性にも乏しい。したがって、教員に親権者代理監督者責任を負わせることは否定すべきである（なお、教員個人に親権者代理監督者責任を負わせるのではなく、監督義務を委託された契約当事者としての学校設置者に限定して親権者代理監督者責任を負わせるべきであるとする考え方もある）[14]。

---

[14] 楪博行「代理監督者の責任を巡る問題：幼稚園児と小学校低学年児童に対する学校と教師の責任を中心に」京都文教短期大学研究紀要52巻20頁。

私立学校の使用者責任

Q41 私立学校が使用者責任を負う法的根拠を教えてください。

A41 「利益を得ている者が損失についても責任を負うべきである」とする報償責任の考え方が根拠です。しかし、私立学校が行う教育活動は「公の性質」を有するものであり、営利性に乏しいことから、報償責任が妥当するかは議論の余地があります。

　　使用者責任が認められる法的根拠は、「利益を得ているものが損失についても責任を負うべきである」とする報償責任の考え方にあるが、私立学校に使用者責任を認める場合に報償責任を根拠とすることには、私立学校に国家賠償法の適用を認めない現在の判例法理と関連して議論の余地がある。

　私立学校は「公の性質」を有し、学校法人のみが設置できる（教育基本法6条）。また、このような私立学校の性質に鑑み、国及び地方公共団体には助成その他の適当な方法により私立学校教育の振興に努める義務がある（教育基本法8条）。このことは私立学校の教育事業が公的なものであり、純粋な民間企業の営利事業とは本質を異にすることを示している。確かに、私立学校は児童生徒から教育サービスの対価として授業料を徴収していることから、その点で営利性を否定するわけにはいかないが、私立学校が行う教育事業は本来は国家が行うべき公共事業であることから、そもそも利益を得ることが目的ではない（私立学校の中には公立学校の入学試験に不合格だった生徒の「受入れ先」として機能する学校もあり、私立学校が行う教育は公的教育を受けられない生徒のニーズを補完する意味があるから、極めて公共性の高い事業である）。

　このように考えると、私立学校に国家賠償法ではなく民法上の使用者責任を適用する現在の判例法理は、私立学校の法的性質や現実の役割にそぐわないものであり、実務家や研究者が議論すべき余地があるように思われる。

教員の法的責任の構成

Q42 教員個人の法的責任を追及することで、教員がプレッシャーを感じたり、萎縮することを避けるため、学校や学校設置者の組織的な法的責任を追及する法律論や、教員の仕事の実態に即した法律論はあるでしょうか。

A42 安全配慮義務を理由とする債務不履行責任、無過失責任の法理等が提唱されていますが、行政法の考え方を活用して組織的責任の追及を議論することや、教員個人の法的責任についても医療訴訟や会社法の知見も取り入れた議論を活発化することで、教員の仕事の実態や専門職としての面を考慮した過失論が展開されることが望まれます。

　不法行為の法理では、学校の不法行為責任（国家賠償責任を含む）が成立する前提として、教員個人の不法行為責任が成立する必要があるため、教員が個人としての法的責任を追及されることにより、心理的圧力を感じたり、教育活動が委縮したりする可能性がある。そこで、教員の個人責任を追及することなく、学校や学校設置者である教育委員会・学校法人などの組織的責任を追及する法理の必要性が議論されている。

　まず、前述した安全配慮義務を理由とする債務不履行責任の解釈を広げることにより、学校などの組織的責任を追及する考え方がある。この考え方では、債務不履行責任が学校設置者の自己責任を問うものであることから、学校設置者をして事故防止へ意識的・組織的に取り組むことを期待できるとともに、教員個人の教育活動への萎縮効果を最小限にとどめることができるとされる[15]。例えば、学校事故やいじめの事案で、学校事故やいじめを防止するための体制の不備を追及する場合は、教員個人ではなく組織である学校設置者が負う安全配慮義務としてのコンプライアンス体制の構築義務を追及することで、教員個人の法的責任の追及を回避することができる。

　しかし、学校設置者の組織的責任としての安全配慮義務が認められるとしても、前述のとおり、判例のほとんどは国家賠償法上の責任ないし使用者責

第3節　学校の法的責任

任において安全配慮義務を論じている。学校設置者のコンプライアンス体制構築義務を検討する裁判例もあるが、結局は具体的な過失行為の検討において、学校設置者の「履行補助者」としての教員の過失が安全配慮義務違反と評価されるにとどまることが多い[16]。その理由として、一般的な会社と異なり、学校設置者はそもそも国又は地方公共団体か、法律で定めた学校法人のみに限定され、法律で要求される組織体制もかなり厳格であることから[17]、実質的にコンプライアンス体制が機能しているかはともかく、形式的なコンプライアンス体制の構築自体はどの学校にも存在することがほとんどだからである。また、安全配慮義務は対等な当事者関係を原則とする民事上の責任から派生した概念だが、学校と児童生徒の関係にそのような関係を見出すことは難しく、この点で教育紛争において安全配慮義務を拡大解釈することは、学校が「公の性質」を有するものであり、教育活動が本来的に公的なものであることと矛盾する側面があることは否めない。

　次に、学校事故の賠償責任については「無過失責任」とする立法化を求める考え方がある[18]。この考え方は、学校事故の法的責任を学校設置者の組織的無過失責任と構成するもので、これにより教員個人の法的責任を追及することなく、被害者救済も容易になるため、学説上は古くから提唱されてきた。また、無過失責任と捉えることにより、発達成長過程にある児童生徒の能力に基づく過失を過失相殺として考慮しなくともよいというメリットもある[19]。

　しかし、この考え方の画期性は評価できるものの、学校設置者として無過失責任を負うのであれば、学校設置者が営む教育活動への萎縮効果が大きくなるため、結果的に教員個人の教育活動に萎縮効果が及ぶことと実際上は変わらなくなってしまう。また、家庭教育と協働して発達成長過程にある児童生徒に「危険」を認識させることも学校教育の重要な役割であるが、学校事故の賠償責任が無過失責任になると被害者救済が容易である反面、かえって危険性の高い教育活動が強行されたり、児童生徒が危険を省みない行動を誘発する可能性もある。したがって、立法論としてはともかく、学校教育上は学校事故の賠償責任を無過失責任とすることには抵抗があろう。

　思うに、学校の教育活動は公立・私立を問わず公的側面が強いものである

109

ため、学校の法的責任を民事法の議論のみで考察するには無理があることから、行政法における裁量論の議論を活用し、学校設置者の教育的判断やコンプライアンス体制構築に行政裁量論の考え方を適用することで組織的責任を観念することも1つの方向性として考えられよう[20]。

　また、教員の仕事は専門職としての面を有する仕事であり[21]、医師の医療行為と同様に教員個人の教育活動は専門的で裁量の広い要素を有することから、医療訴訟で争われる医師の過失責任の前提として医師に医療行為の裁量が認められていることと同様に、教員個人の過失責任においても裁量論が検討されるべきであろう。例えば、教員個人の教育活動の過失については、教員に委ねられた裁量の範囲にあるか否かを判断基準とすることで、教育的見地から過失を判断することが可能になり、教員の仕事の実態にかなう過失論が展開できると考えられる。さらに、校長の学校経営や学級担任の学級経営は、ある種のマネジメント的側面を有する教育活動でもあるので、会社法における経営判断原則の考え方を適用することも考えられる[22]。こうした考え方は、教員の専門職としての要素を考慮できる点で、現状の一般的な職業と同じ視点での過失論よりは教員の仕事の実態に即しているといえよう。

　このように、教員個人の法的責任を追及することなく学校設置者の組織的責任を追及することや、教員の仕事の実態や専門性を考慮するために他分野の法理を教育紛争でも議論することが重要になろう。

15　坂東司朗=羽成守『学校事故』(青林書院、2015) 5頁。

16　例えば、熊本地判平成27年9月11日判例集未登載は、私立学校の野球部内で起きた暴行や窃盗の事案において、学校生活環境が十分に整備されていなかった点を学校法人と生徒との間の在学契約上の安全配慮義務違反と評価し、学校法人独自の安全配慮義務(「就学環境整備義務」との文言を用いている)を認めたが、一方で当該義務は教員によって具体的に履行されるものとして、教員個人の過失も認めている。

17　学校教育法や私立学校法だけでなく、学校安全保健法やいじめ防止法などで学校事故やいじめの予防体制構築は厳格に要求されている。

18　伊藤進「学校事故における過失責任主義の問題点」日本教育法学会編『教育法の現代的争点』(法律文化社、2014) 306頁。

19　伊藤・前掲注18) 311頁。

20　神内聡『学校内弁護士』69〜71頁参照。

21　ユネスコ=ILO「教員の地位に関する勧告」(1966) においても、「教育の仕事は専門職と

第3節　学校の法的責任

みなされるべきである」と提唱されている。
22　学級担任の法的責任に、裁量論や経営判断原則を適用する議論については、神内・前
　　掲注20) 38〜40頁参照。

第1章 教育法と教育紛争

第4節　外部専門家

教育紛争と外部専門家

Q43 教育紛争に関与する外部専門家にはどのような職種がありますか。

A43 スクールロイヤーなどの弁護士の他に、スクールカウンセラー、スクールソーシャルワーカー、医師、警察、教育行政職員等があり、法令により職務が規定されているものとそうでないものがあります。

　　　　　教育紛争を解決するに際しては、教員や弁護士の他に様々な外部専門家が関与する。政策的には中教審「チーム学校」答申において、複雑化・多様化した課題を解決するための体制整備が求められる中で「専門性に基づくチーム体制の構築」が提唱され、教員以外の専門スタッフの参画が想定されており、スクールカウンセラー、スクールソーシャルワーカー、学校司書、部活動指導員、看護師等が列挙されている。法的には、教育紛争に関与する外部専門家は、法令によって職務が規定されているものとそうでないものに区別され、学校医、スクールカウンセラー、スクールソーシャルワーカー、部活動指導員は、法令上に職務が規定されている職種である[1]。もっとも、スクールカウンセラーやスクールソーシャルワーカーは2017年4月の学校教育法施行規則によって法令上の職種となったのであり、それまでは教育現場で重要な役割を果たしていたにもかかわらず、法令上の職種でもなく補助金事業上の職種にすぎないことが指摘されていた[2]。また、外部専門家は国家資格が必要なものとそうでないもの、法令上の守秘義務を負うものとそうでないものにも区別され、この点は教育紛争を解決するに際して重要な区別となる（次頁の表を参照）。

　実際の教育紛争の解決の場面では、福祉職や医療職の他、警察や教育行政職員も重要な役割を担うことが多い。例えば、校内での犯罪、学校事故、い

112

第 4 節　外部専門家

表　教育紛争に関わる外部専門家の法令上の類型

	規定の有無	国家資格の有無	守秘義務[※]の有無
学校医	○	○	○
スクールロイヤー	×	○	○
スクールカウンセラー	○	×	×
スクールソーシャルワーカー	○	×	×
部活動指導員	○	×	×
警察職員	○	×	○
教育行政職員	○	×	○

※ここでの守秘義務は、法令上の守秘義務のことである（業界団体のガイドラインや個別の契約上の守秘義務ではない）

じめ等では、被害者が被害届を提出した場合をはじめとして、警察が事実関係の捜査を担当することがあるし、日常的にも学校と警察が連携を求められる場面は多い。また、教育紛争が発生した場合には、校長等の管理職教員は、弁護士よりもまず設置者である教育委員会に所属する教育行政職員に一次的な助言や相談を求めることがほとんどで、教育行政職員（特に指導主事等の教員出身者が担当することの多い役職の職員）は、どの外部専門家よりも教育紛争の解決の際に重要な役割を担うことが一般的である。

　このような中で、教育紛争を解決する際に重要な役割を担う新たな職種として「スクールロイヤー」が導入されるに至っている。現状のスクールロイヤーは、法令上の根拠がない制度であるが、これまでも教育紛争に関与してきた子どもや保護者側の代理人弁護士、顧問弁護士、弁護士教育委員等とともに教育紛争の解決に関与する外部専門家として理解されるべき弁護士であり、今後の教育紛争を解決する際に重要な役割を担うことが期待されている。

1　学校医については学校保健安全法23条１項（「学校には、学校医を置くものとする」）。スクールカウンセラーについては学校教育法施行規則65条の２（「スクールカウンセラーは、小学校における児童の心理に関する支援に従事する」）。スクールソーシャルワーカーについては同規則65条の３（「スクールソーシャルワーカーは、小学校における児童の福祉に関する支援に従事する」）。部活動指導員については同規則78条の２（「部活動指導員は、中学校におけるスポーツ、文化、科学等に関する教育活動（中学校の教育課程として行われるものを除く。）に係る技術的な指導に従事する」）。

2　神内聡『学校内弁護士』51頁。

113

外部専門家の注意点

Q44 外部専門家が教育紛争に関与する際に、学校が想定しておくべきことを教えてください。

A44 外部専門家は個々の能力差や人材の地域差が大きいにもかかわらず、中教審や文科省が推進する「チーム学校」構想ではその点が考慮されていないため、学校はそのような能力差や地域差を想定した上で外部専門家の支援を受ける必要があります。

　Q43のとおり、教育紛争には教員以外の様々な外部専門家が関与し、中教審「チーム学校」答申でも、本来的に教員の業務ではない専門性の強い業務については、原則として外部専門家が担当することにより、教員の負担を軽減することが奨励されているが、教育紛争に関与する外部専門家は個々の能力差や人材の地域差が非常に大きいため、「チーム学校」の理念を強調し過ぎて学校や教員が全面的に外部専門家に依存することはリスクもある。

　例えば、教育紛争に関与する弁護士については、教育法の知識や教育現場の実情を的確に理解する弁護士は非常に少ない上に、子どもの権利や民事介入暴力等、それぞれの弁護士の専門性によって教育紛争に関わるスタンスも異なるため、個々の能力差は非常に大きいと言わざるを得ず、またその個人差が紛争解決に直接影響するリスクも大きい。また、弁護士はその偏在も業界としての問題があり、都市部はともかく地方では弁護士の絶対数自体も少ないことから人材の地域差も非常に大きい。

　個々の能力差が大きい点は、弁護士に限らずスクールカウンセラーやスクールソーシャルワーカー等の他の外部専門家も同様であり、この２つの職種は統一的な人材育成が弁護士や医師ほど確立されていない面もある。また、医師も専門領域が細分化されており、例えば、同じ精神科医であっても児童精神医学を専門とする医師と成人の精神医学を専門とする医師では、発達障害に対する知見や診療経験に大きな能力差がある。

第 4 節　外部専門家

　問題はこのような外部専門家の個々の能力差や人材の地域差が、「チーム学校」答申の理念ではほとんど無視されている点である。学校は外部専門家の能力差や地域差を必ず想定した上で、教育紛争の解決に当たって支援を受ける意識が必要であり、そうでなければ学校や教員が想定外のリスクを甘受しなければならないおそれがある。こうしたリスクを少しでも回避するために、教育紛争に関与する外部専門家同士での意見交換や共同研修などの交流の機会が必要であり、そうした機会に教員も参画することが必要だが、現状ではそのような動きはほとんど見られない。筆者も様々な研修に参加した経験があるが、スクールカウンセラー、スクールソーシャルワーカー、児童精神科医などが一堂に会して交流する機会が最も有意義であったと感じている。したがって、教員や外部専門家同士の意見交換や共同研修を活発化させることが、「チーム学校」の理念を実現する上で政策担当者の重要な責務であると言えよう。

スクールカウンセラーの守秘義務

Q45 スクールカウンセラーには学校との関係で守秘義務が認められますか。例えば、スクールカウンセラーが児童生徒から「学校には言わないでほしい」と懇願されて聞き取った情報については、学校や教員で共有すべきでしょうか。また、スクールカウンセラーが児童生徒に対して「学校や先生には言わないので本当のことを教えてほしい」と質問して聞き取った情報についてはどうでしょうか。

A45 スクールカウンセラーは法令上の守秘義務を負う職種ではありませんが、学校との関係では委託契約上の守秘義務を負うことが一般的です。しかし、スクールカウンセラーは学校の職員として勤務する立場であり、外部のカウンセラーとは異なることから学校との関係で守秘義務を厳格に解するべきではなく、学校や教員で共有することが必要な情報は共有すべきです。また、スクールカウンセラーが、学校や教員と共有しないことを条件に持ち出して児童生徒とカウンセリングすることは

115

不適切であることから、そのようなカウンセリングをすべきではありません。

　　スクールカウンセラーは児童生徒の心理に関する支援に従事する職種だが（学校教育法施行規則65条の2参照）、通常は学校設置者からの委嘱により児童生徒のカウンセリング業務を行う。ほとんどのスクールカウンセラーは非常勤の学校職員だが、最近はその役割の重要性に鑑みて常勤のスクールカウンセラーを置く学校もごく少数だが存在する。スクールカウンセラーは心理学を専攻した専門職であり、教員とは異なる外部性と第三者性を有する職種である。

　スクールカウンセラーの業務は児童生徒のプライバシーに係る情報に接することから、学校設置者からの委嘱に際しては契約上の守秘義務が課されることが一般的である。そのため、スクールカウンセラーが児童生徒のカウンセリングから入手した情報を、学校や教員が共有したい場合であっても、スクールカウンセラーが守秘義務を理由にこれを拒むことがあり得る。特に、設問のように児童生徒から「学校には言わないでほしい」という条件の下に聞き取った情報は、児童生徒との信頼関係や、スクールカウンセラーの外部性と第三者性の観点から、スクールカウンセラーの守秘義務を重視して学校や教員との情報共有を拒むことは許容されると考えることも可能であろう。

　しかし、スクールカウンセラーが児童生徒から得た情報は、学校や教員にとっては紛争解決に資する貴重な情報であることも多く、特に児童生徒が学校や教員に秘匿することを条件に告知した情報は、児童生徒のプライバシーが高い情報とはいえ、紛争解決においても重要な情報である可能性が高い。例えば、スクールカウンセラーが得たクラス内の人間関係に関する情報は、学級経営を担当する学級担任の立場からすれば、学級経営に大きな影響を与える情報である可能性が高いため、スクールカウンセラーと情報を共有したいと考えるのが通常である[3]。

　実際の教育現場では、このような場合にスクールカウンセラーの守秘義務が優先し、学校や教員が貴重な情報を共有できない悩みも発生しているが[4]、スクールカウンセラーの守秘義務はあくまでも委託契約上の義務であって、

第 4 節　外部専門家

法令上の守秘義務ではなく、この点で医師や弁護士の守秘義務とは大きく異なる[5]。また、スクールカウンセラーは高度な心理学の知見を有する専門職であるが、その能力には個人差が大きいことも事実であり、この点はスクールカウンセラーを担う主たる人材である臨床心理士が民間資格にすぎない点にも起因する。そもそも、スクールカウンセラーの外部性と第三者性を、学校外の一般のカウンセラーと同視して守秘義務を高度に設定するならば、スクールカウンセラーの独自性や存在意義がかえって没却されてしまい、教育現場で担う重要な役割が全うされなくなるおそれがある。むしろ、スクールカウンセラーは学校の委嘱を受けて校長の監督下でカウンセリング業務を行うことから、その守秘義務は学校との関係では無制限に認められるものではなく、スクールカウンセラーは学校に対して必要な情報を報告する義務を負っていると考えるべきであろう[6]。したがって、設問のように、児童生徒から「学校には言わないでほしい」と懇願されて聞き取った情報であっても、スクールカウンセラーは情報を学校や教員で共有すべきであり、児童生徒のプライバシーへの配慮に関しては、カウンセリングの際に学校や教員に伝える可能性があることをあらかじめ児童生徒に告知しておく必要があろう。

　また、スクールカウンセラーのカウンセリング自体に関する法的責任はほとんど議論されていないが、不適切なカウンセリングによって児童生徒や保護者、学校や教員に損害が生じた場合は法的責任を問われる余地がある。例えば、設問のように、スクールカウンセラーが児童生徒に対して「学校や先生には言わないので本当のことを教えてほしい」という条件を付けてカウンセリングを行った場合、前述のとおり、仮にそのような情報であってもスクールカウンセラーが学校や教員との関係では情報を共有すべきことからすれば、情報が学校や教員に知れたことで児童生徒が何らかの精神的損害を受けたならスクールカウンセラーのカウンセリングが原因と評価され、法的責任を問われる可能性があり、このようなカウンセリング手法は不適切であるからすべきではない。また、スクールカウンセラーが未熟な場合は、相談者の立場を考慮するあまり、かえって学校や教員と児童生徒の対立を深めてしまうような回答を示すこともあり得るが、このようなカウンセリングも学校

117

第1章　教育法と教育紛争

や教員に損害を与える可能性があることからすべきではない。

　2017年4月よりスクールカウンセラーが法定の職種となったことで、今後はスクールカウンセラーの職務内容に応じた法的責任の議論も深めていく必要がある。また、2017年9月に公認心理師法が施行されたことにより、今後は、スクールカウンセラーを担当する人材は国家資格としての公認心理師資格を有する者が中心になっていくと考えられる。

3　神内・前掲注2）204頁。

4　文科省も、「スクールカウンセラーは、その専門性とともに、いわゆる「外部性」に有効な側面を有しているとされるが、一方で、学校組織の一員として、管理職の指導や学校の方針のもとで活動を行っているという側面もある。こうした認識が十分でないため、スクールカウンセラーと学校の教職員との間において、必要な情報の共有がなされないことがある」と考えている（文科省「スクールカウンセラーについて」〈http://www.mext.go.jp/b_menu/shingi/chousa/shotou/066/gaiyou/attach/1369846.htm〉）。

5　例えば、弁護士や医師と異なり、民事訴訟法で守秘義務を理由に証言拒絶権を行使できる職種に臨床心理士は含まれていない（民事訴訟法197条1項2号参照）。また、一般的に臨床心理士は業界団体の倫理規程により守秘義務を負っている（日本臨床心理士会倫理綱領第2条、日本臨床心理士資格認定協会臨床心理士倫理綱領3条等）が、弁護士会と異なり臨床心理士会は強制加入団体ではないため、倫理規程の拘束力は強くない。

6　文科省も「スクールカウンセラーを学校における相談体制の一員として位置づけ、児童生徒に関する状況や悩みに関して、児童生徒やその保護者のプライバシーに配慮しつつ、適切な連携の観点から、必要な情報の共有を行うことが大切である」と考えている。文科省・前掲注4）参照。

スクールソーシャルワーカーによる紛争解決の問題

Q46　スクールソーシャルワーカーが児童生徒の福祉に関連する家庭内の紛争を解決することは認められるでしょうか。

A46　スクールソーシャルワーカーは児童生徒の福祉に関連して家庭に対する支援や助言を行うことは可能ですが、離婚訴訟などの家庭内の法的紛争を解決することは弁護士法に違反するおそれがあるため、認められていません。

スクールソーシャルワーカーは児童生徒の福祉の支援に従事する職種だが（学校教育法施行規則65条の3参照）、スクールカウンセラーと同様に、通常は学校設置者からの委嘱により児童生徒のカウンセリング業務を行う。しかし、スクールソーシャルワーカーはスクールカウンセラーと異なり、非常勤で学校に勤務する形態は非常に少なく、また、担当する人材も社会福祉士や精神保健福祉士の国家資格を有する者が多い[7]。

現在のスクールソーシャルワーカーの運用は、「配置型」「派遣型」「巡回型」の3類型がある。配置型は特定の小中学校に週数日、定期的に勤務する形態で、勤務中は職員室に在駐することも多い。配置型は児童生徒にとって最も身近な存在になれるスクールソーシャルワーカーであるだけでなく、教員と日常的に接することから教員にとっても相談や助言を受けやすい存在であり、業務に関する貴重な情報を入手しやすい点や、紛争の初期対応の段階から関与できる点で、他の二形態よりも紛争解決の場面でのメリットが大きい。これに対し、派遣型は配置型のように定期的に学校に勤務するのではなく、学校設置者に属しながら学校からの要請があった際に随時学校に派遣される形態である。学校が設置者にスクールソーシャルワーカーの派遣を要請する場合は、紛争がかなり成熟した段階であることが一般的なので、派遣型は紛争の初期段階で関与することが難しいことが多く、児童生徒や教員との日常的な関わりもないことから、教育現場にとって身近なスクールソーシャルワーカーとは言い難い。巡回型はスクールソーシャルワーカーが担当する学校を順番に定期的に訪問して助言や相談に応じる形態で、配置型と派遣型の中間的形態とも言える。巡回型は学校のニーズに応じて訪問頻度を設定しており、必要性が高い学校へは頻繁に訪問することからそれなりに児童生徒や教員にとって身近な存在になり得るが、配置型と比べると学校との関わりは日常的とは言えず、また、担当する学校で紛争が同時的に並行すると負担も大きくなってしまう。

スクールソーシャルワーカーの職務内容と存在意義に鑑みれば、最も理想的で適切な運用形態は配置型のように思われるが、教育予算の逼迫から実際の運用形態は派遣型と巡回型が圧倒的に多く、配置型が導入されている学校

は非常に少ないため、配置型による運用を実現できるよう、教育予算を充実させることが教育行政の重大な責務である。

スクールソーシャルワーカーは児童生徒の福祉の支援を行うが、最も多い業務は児童生徒の家庭環境の改善である。家庭環境はいじめや不登校の要因となることが多く[8]、児童生徒の学習権の保障の観点からも、スクールソーシャルワーカーが行う家庭への福祉的な支援は重要な役割を担っている。一方で、スクールソーシャルワーカーはスクールカウンセラー以上に紛争解決の場面に踏み込んで支援しなければならない場合もあり、例えば、夫婦仲の悪い家庭の児童生徒の学習環境の改善はスクールソーシャルワーカーが支援すべき典型的な事例だが、同時に夫婦間の紛争は法的には法律事件（離婚事件）として扱われる可能性のある紛争であることから、スクールソーシャルワーカーが夫婦間の紛争それ自体の解決を法的見解として示すことは、弁護士法72条に違反する可能性があり得る[9]。したがって、スクールソーシャルワーカーが家庭への福祉的支援を行う際には、法的紛争の解決ではなく、あくまでも福祉的な観点からの家庭環境の改善に主眼を置くことが重要である。

実際には家庭環境の改善に関する法的支援と福祉的支援の区別は難しいため、スクールロイヤーが導入されている場合は、スクールロイヤーとスクールソーシャルワーカーが連携して児童生徒の家庭環境の改善に関与することが理想的だが、スクールロイヤーやスクールソーシャルワーカーがともに日常的に学校現場に関与しない運用形態であれば、必ずしも両者の適切な連携が期待できない。児童生徒への福祉的な支援が、いじめや不登校等の子どもの学習権の保障にとって深刻な問題を解決する際に重要な役割を担うことに鑑みれば、スクールロイヤーとスクールソーシャルワーカーの適切な連携を可能とする制度の運用が不可欠である[10]。また、全国的に一定以上の普及が進んでいるスクールカウンセラーと比べると実際のスクールソーシャルワーカーは人材の地域差が非常に大きいことも問題であり、この点もスクールソーシャルワーカー事業の課題と言える。

なお、私立学校においてはスクールカウンセラーと異なり、スクールソーシャルワーカーはほとんど重視されていない。これは、特定の区域から通学

する児童生徒が多い公立学校と異なり、私立学校は様々な区域から通学する児童生徒が多いことから、特定の区域を担当することが一般的なスクールソーシャルワーカーの業務と必ずしも適合しない面があることによる。しかし、筆者の経験では私立学校も家庭環境に問題を抱える児童生徒は非常に多く、公立学校とは異なる私立学校ならではのスクールソーシャルワーカーのニーズが存在していると確信している。したがって、スクールソーシャルワーカーの職務内容や存在意義を軽視しがちな現在の私立学校の傾向は問題視すべきであり、私立学校にも配置型のスクールソーシャルワーカーの導入を促すことが急務であると考える。

7　文科省は平成30年概算予算請求で、全国に8,000人以上のスクールソーシャルワーカーを学校に配置する予算を計上している。文科省「文部科学省における平成30年度児童虐待防止対策関連予算要求について」〈http://www.mhlw.go.jp/file/06-Seisakujouhou-11900000-Koyoukintoujidoukateikyoku/0000180504.pdf〉参照。

8　統計的には、不登校の原因はいじめよりも家庭に係る状況が多い（Q97参照）。

9　弁護士法72条は「弁護士又は弁護士法人でない者は、報酬を得る目的で訴訟事件、非訟事件及び審査請求、再調査の請求、再審査請求等行政庁に対する不服申立事件その他一般の法律事件に関して鑑定、代理、仲裁若しくは和解その他の法律事務を取り扱い、又はこれらの周旋をすることを業とすることができない」と規定しており、スクールソーシャルワーカーが委託契約により報酬を得て夫婦間の法律事件などを取り扱うことは、同条の解釈如何によっては違法であると解される可能性がある。

10　この点で、弁護士と配置型スクールソーシャルワーカーを兼務する平林剛氏の実践が大変参考になる。

医師の診断書の扱い

Q47 教育紛争において、医師の診断書はどのように理解すればよいでしょうか。

A47 医師の診断書は因果関係や事実関係を法的に証明するものではなく、医学的に成立し得る仮説としての因果関係や事実関係を記載したものであることから、学校は診断書に記載された医師の見解を考慮しつつも、あくまでも教育的な見地から因果関係や事実関係を判断すべきです。また、精神疾患を理由とする医師の診断書については、作

121

成を依頼した者の背景事情や作成した医師の専門性なども考慮しながら、記載内容が虚偽でないかどうか慎重に判断すべきです。

　　教育紛争では医師の診断書が提出される場面があり、中には重要な役割を果たすこともある。教育紛争で医師の診断書が重要になる場合としては、学校事故などで負傷した児童生徒が災害共済給付を申請する場合、不登校等の長期欠席の理由を確認する場合、発達障害の診断を受ける場合、教員の欠勤や休職の原因を確認する場合、等がある。

　医師の診断書の中には単に病名や傷害の程度を記載したものだけでなく、何らかの教育的な原因によって当該疾患が引き起こされた可能性を示す因果関係や事実関係を記載したものもある。このような診断書は医学的な見地から客観的、科学的な診断を示したものであり、相当程度の信用性があることから、教育現場では医師の診断書に対して過剰な反応を示し、診断書に記載された内容が法的にも証明されていると誤解することも多い。例えば、教員と児童生徒の感情的な対立が争点である紛争において、児童生徒から提出された医師の診断書に「被害者の精神疾患は教員の言動が一因である」とする記載があった場合、学校や教員はその診断書の記載どおりに法的責任を負うと誤解する可能性は十分にあり得る。しかし、医師の診断書はあくまでも医学的に成立し得る仮説としての因果関係や事実関係を記載したものにすぎず、医師によっても判断は異なるのはもちろんのこと、診断書の内容が科学的にも法的にも真実であると証明されたことを示す文書ではない。仮に、診断書に被害者の精神疾患が教員の言動に原因があるとの記載があったとしても、それだけで法的に損害賠償責任を負うと評価される事実が証明されるわけではなく、当該児童生徒以外の児童生徒であっても精神疾患を生じ得るレベルの不適切な指導であるかどうかを客観的に判断すべきで、その判断には診断書の医学的判断だけではなく、教育的な見地からの判断が不可欠である。

　このことは、学校の見解と医師の診断書の見解が対立する場面では重要な争点となる。例えば、いじめ紛争において、学校が教育機関として調査した結果いじめは存在しなかった、という結論に至った場合に、医師の診断書に

いじめを原因とする旨の因果関係の存在が記載されてあったとしても、それだけで学校の調査結果が覆るという関係にはない。学校としては医師の診断書が医学的に成立し得る仮説であることを考慮しつつも、教育機関としてあくまでも教育的な見地から因果関係や事実関係を判断する必要がある。

　なお、医師の診断書に関して注意すべきなのは、精神疾患を理由とする診断書の場合である。筆者の経験によれば、精神疾患を理由とする診断書は医師によって最も医学的診断の内容が分かれるものであり、また医師個人の能力差に最も影響されるものであるが、特に子どもの精神疾患に関しては、専門的知見や診療経験が豊富な医師数は全国的に非常に少なく、適切な診断書を作成できる医師は限られているため、専門外の医師によって必ずしも医学的に妥当とは言えない診断書が濫発される場合もある。また、精神疾患の診断においては医学的な判断が難しいがゆえに患者の訴えるとおりに診断書に記載する医師も存在するため[11]、学校が診断書の記載内容を全面的に信用して対応するとかえって法的リスクを抱え込んでしまう可能性もある。そのため、精神疾患を理由とする医師の診断書については、作成した医師の専門性を確認し、作成を依頼した者の背景事情も考慮しながら、記載内容が虚偽でないかどうか慎重に判断すべきであり、場合によっては担当医師の意見を再確認したり、別の医師の意見を伺ってみることが望ましい。

11　実際に、子ども本人の訴えだけでなく、保護者が医師を欺罔して虚偽の精神疾患を記載させることもあり、全国の学校で提出される精神疾患を理由とする診断書数は、子どもの精神疾患を専門とする医師数から察しても多すぎる（中には自分の希望どおりの診断書を書いてくれる医師を見つけるまで受診を続けるという実態すらある）。もちろん、医師の診断書の医学的判断は尊重すべきだが、筆者の経験では、単なる怠惰が理由の遅刻や欠席に関しても精神疾患を理由とする医師の診断書を提出する保護者がいることから、子どもの精神疾患に関する医師の診断書は記載内容が虚偽ではないかどうか、どうしても慎重にならざるを得ない。

第1章　教育法と教育紛争

教員の能力と経歴　　　　　　　Focus-4

　いじめや体罰等の対応で学校が批判される際には、「教員はそもそも世間知らずな人間が多い」「教員の文化や思考は他の仕事と異なっている」等の批判が昔からよくあります。こうした批判は全て印象論にすぎず、何ら実証されていないのですが、弁護士の視点から見ると、確かに教員特有の価値観が存在することは、教員の能力評価と経歴から推察されます。

　教員の仕事や能力は客観的に評価するのが難しく（このことが給特法や教職調整手当等の特殊な給与体系の根拠でもあります）、例えば、教員の能力は「担任力」「授業力」「事務処理力」「生徒指導力」「部活動指導力」等に分類されますが、「担任力」がある教員が「事務処理力」があるとは限らないし、「授業力」がある教員が「生徒指導力」があるとも限りません。そのため、「担任力」がある人が「事務処理力」もあると誤解される等のことはしばしばあります。このことは教育紛争の対応にも反映され、例えば、校務分掌上作成する文書を適切に作成できる「事務処理力」を持った教員がいじめ対応を任されても適切に対応できるとは限らないため、不適切な対応により学校が批判を受けることもあり得ます。学校の不適切な対応の背景には、教員の能力を評価することが難しいがゆえに適材適所の校務分掌が難しい実情が垣間見えるのです。

　また、教員の経歴が他の業界と比較してやや特徴的なのは、出身学部に偏りが見られる点です。例えば、金融、メーカー、IT、建設、製薬、マスコミ等、職業の特徴により多少の差はあれども、大抵の業界では法学部・経済学部・工学部出身者の割合が多いのが一般的ですが、教員は文学部、外国語学部、理学部出身者の割合が多い特徴があります。これは、法学部や工学部等の実学系の学部では教員免許が比較的取りづらいことが背景にあると思いますが、「教員の価値観が他の業界と異なる」という特徴の背景事情でもあると考えられます。

　筆者自身は、教員独特の文化や思考が悪い意味で「特殊化」しないためにも、より多様な学部出身者が教員になることが望ましいと考えており、このことは子どもの学びだけでなく、教育紛争の適切な解決にとっても重要です。

124

第 2 章　教育紛争の典型と問題

第 1 節　学校事故

災害共済給付の仕組み

Q48 学校事故が起きた場合の治療費等は、どのように補填されますか。

A48 学校事故の治療費等は、災害共済給付によって補填され、過失や因果関係が不明確でもできる限り損害が補填されます。スクールロイヤーや教員は保護者に災害共済給付の説明ができるよう、各自で内容を理解しておくことが望ましいです。

　学校事故が起きた場合の損害は、原則として日本スポーツ振興センターが実施する災害共済給付制度により補填される。災害共済給付は、学校の管理下における児童生徒の災害につき、学校設置者が児童生徒等の保護者の同意を得て、当該児童生徒についてセンターとの間に締結する災害共済給付契約により給付される、一種の保険制度である（日本スポーツ振興センター法16条）。災害共済給付の仕組みは**表1**のとおりであり、例えば、治療費については、原則として総額で5000円以上（自己負担分が1500円以上）の治療費がかかった場合に、総額の10分の4の金額が災害共済給付により支給される。

　災害共済給付の特徴は、過失や因果関係が不明確でもできる限り児童生徒

125

第2章　教育紛争の典型と問題

表1　災害共済給付

災害の種類	給付金額
傷害・疾病で治療費総額が5000円以上	医療費総額の10分の4
後遺障害	障害見舞金82万円〜3770万円 ※通学中の災害は半額
死亡	死亡見舞金2800万円 ※通学中・運動等以外の災害は半額

※　自殺は原則として災害共済給付の対象ではないが、いじめ・体罰による自殺は対象になる。

に生じた損害を補填しようとするスタンスである。このため、生徒間のけんかから生じた治療費等、いずれの当事者に過失があるか明確でない場合でも、学校教育の円滑な運営の観点から災害共済給付の給付が行われる。また、災害共済給付の要件である「学校の管理下」の災害についても緩やかな解釈で運用され、授業、学校行事、部活動、校外活動、休憩時間、放課後、通常の経路及び方法による登下校中等、あらゆる時間や場所が「学校の管理下」に該当するため、災害共済給付が支給される対象範囲は非常に広い（ただし、部活動で学校の休業期間に校外で自主練習中に死亡した事故は「学校の管理下」に該当せず、災害共済給付が支給されないとした裁判例[1]がある）。

　学校事故の初期対応では保護者に事実関係や対応方針を適切に説明することが望ましいが、保護者にとって治療費等の損害は重大な関心事なので、その際には災害共済給付の説明も重要になる。ところが、現実の教育現場では必ずしも各自の教員が災害共済給付の仕組みを理解しているわけではなく、研修で重視されているわけでもないので、学校事故において保護者に適切な初期対応を行う上でも、スクールロイヤーが行う研修等により教員各自が災害共済給付の仕組みを十分理解しておくことが望ましい（スクールロイヤー自身も、災害共済給付の仕組みなどを理解しておく必要がある）。

　なお、生活保護受給者が被害者の場合、医療扶助により医療費負担がないことから災害共済給付による治療費等の給付は行われない（共済掛金の金額も異なる）。災害共済給付契約は保護者の同意を得て、学校設置者が手続を行うが、外国人が当事者の場合、日本語の理解の問題から同意が確認されていない場合が稀にあるので注意を要する。

1　東京高判平成5年4月20日判時1465号87頁。

災害共済給付で補填されない損害と報告書の記載方法

Q49　災害共済給付により補填されない損害について教えてください。また、災害共済給付の請求に必要となる報告書について、学校はどのように記載すればよいでしょうか。

A49　特別損害、精神的損害の慰謝料、通院費、物的損害等は補填されず、これらに相当する金額は支給されないため、後日裁判等で争われる可能性があります。また、災害共済給付の請求の際には学校が作成する災害報告書が必要ですが、報告書には過失や因果関係を推認する事実を記載する必要はなく、時間、場所、傷害・疾病の内容等、請求に必要な事実を記載すれば足ります。

　災害共済給付では、自由診療による歯の治療などの特別損害、災害による精神的損害の慰謝料、治療のための通院費、児童生徒の持ち物の破壊や紛失といった物的損害等に相当する金額は支給されないため[2]、これらの損害は当事者間において後日裁判で争われる可能性が高くなることから、学校はこれらの損害の有無をできる限り正確に認識しておく必要がある。

　また、保護者が災害共済給付を請求する場合、学校が作成する災害報告書が必要になる[3]。災害報告書は学校事故が後日裁判で争われた際には重要な証拠として機能することも多いが、災害報告書は児童生徒の被害救済と、学校教育の円滑な運営の観点から作成するものであり、過失や因果関係など裁判上の損害賠償関係を証明するために作成するのではないため、報告書には過失や因果関係を推認する事実を記載する必要はなく、時間、場所、傷害・疾病の内容等、請求に必要な事実を記載すれば足りる。学校は、裁判上の証拠になり得ることを慮って報告書の作成を渋るあまり、災害共済給付手続を遅らせるような事態は避けるべきである（なお、災害報告書を保護者に開示する

教育現場もあり、一般的には学校が開示を拒否しても災害報告書は情報公開請求により開示対象となる可能性が高い）。

2　物的損害については、民間保険会社が実施する任意加入保険で補填される場合がある。私立学校ではこうした任意加入保険への加入を促している学校も多い。
3　現在、災害共済給付の請求手続はオンライン上でも可能であり、この場合学校はオンライン上で災害報告書のデータ入力を行う。

学校事故の初期対応

Q50 学校で負傷した児童生徒を病院に搬送する場合、教員が病院に同行すべきでしょうか。

A50 現在の教育現場では教員が同行する場合が多いですが、原則として保護者に連絡し、保護者が病院に同行すべきであり、例外的に緊急を要する場合、保護者がやむを得ず同行できない場合、学校や教員に明らかな過失がある場合には教員が同行するようにすべきです。

解説　学校は、児童生徒等の安全の確保を図るため、当該学校の実情に応じて、危険等発生時において当該学校の職員がとるべき措置の具体的内容及び手順を定めた対処要領（「危険等発生時対処要領」）を作成しなければならず（学校保健安全法29条）、学校事故の初期対応は、原則として各学校が作成した危険等発生時対応要領に基づいて対応する。また、学校事故が起きた際の初期対応は、文科省がガイドラインとして「学校事故対応に関する指針」を策定しているが[4]、同指針はこれまで発表された指針や研究報告をまとめた網羅的で総花的なものであり、教員が内容を正確に理解して適切に運用するのは困難であることから、教育現場での実用性は高くない[5]。また、同指針は初期対応における学校と家庭の役割分担に関する視点に乏しく、学校事故の際に保護者が学校や教員とともにすべきことがほとんど示されていない（例えば、同指針は、設問のように学校で児童生徒が負傷して病院へ搬送しなければならない場合に、教員と保護者のいずれが同行すべきかを何ら示して

第 1 節　学校事故

いない)。

　設問のような場合、日本の教育現場では教員が同行することが多く、前述の指針でも教員の同行を示唆している[6]。これは教員の職業倫理に基づく側面もあるが、事故発生直後の事後対応が学校や教員の法的責任の成否に影響する裁判例の存在も大きな理由であろう[7]。

　しかし、筆者が知る限り、海外で設問のような場合はまず学校が保護者に連絡し、保護者が学校に児童生徒を迎えに行って病院に連れて行く、という対応が圧倒的に多く、日本のように教員が病院に同行することは稀である。

　実は、教員が児童生徒に同行することには問題も多い。教員数に余裕があれば別だが、現実の教育現場は教員が教育活動を中断して勤務時間中に学校を離れることは容易ではなく、実際に病院に同行する教員は負傷した児童生徒の学級担任が多いが、他の児童生徒も任されている学級担任にとっては過大な負担である。また、実際の教育現場では同行した教員が治療費を一時的に負担することも多いが、こうした慣行は後日求償関係が複雑になる等法的には問題も多い。一方、児童生徒が病院に搬送された場合は保護者が直接治療費を負担したほうが治療費をめぐる法律関係が複雑にならず、また保護者が担当医師から負傷の詳細を直接聞いたほうが事実に関する誤解も少なく、保護者が同行するほうが合理的である（海外で児童生徒を病院に搬送する場合に教員ではなく保護者が同行することが多いのは、こうした合理的な理由に基づくものであろう）。したがって、学校で負傷した児童生徒を病院に搬送する場合は、原則として学校が保護者に連絡した上で、保護者が病院に同行すべきである。

　ただし、児童生徒の生命・身体が最優先であることから、緊急を要する場合は教員が同行すべきなのは当然である。また、保護者がやむを得ず同行できない場合は教員が同行せざるを得ないが、この場合は事後の法的リスクに備えて、保護者が同行できない理由を記録に残して証拠化しておくことが重要である。さらに、学校や教員に明らかな過失がある場合は、前述の裁判例のように学校の事後対応が法的責任の成否に関連するので教員が同行すべきだが、事故発生時に過失を明確に判断するのは困難な場合が多い。

第2章　教育紛争の典型と問題

補足

災害時児童生徒引取責任者

　学校事故とは異なるが、学校設置者の多くは、災害が発生した際に児童生徒の安全を確保するために、災害時等に児童生徒を引き取って帰宅させる責任者（災害時児童生徒引取責任者）をあらかじめ登録する制度を導入しており、責任者に登録される者は、通常は児童生徒の保護者及び親族である。

　この点に関し、東日本大震災時に、校長の判断で小学校の体育館に避難した児童を災害時児童引取責任者に登録されていなかった同級生の保護者に引き渡して帰宅させたが、当該児童が保護者不在の自宅に帰宅した後津波に巻き込まれて死亡した事案で、校長は当該児童を同級生の保護者に引き渡した時点で、帰宅途中ないし帰宅後に津波に巻き込まれて児童の生命又は身体に危険が及ぶという結果を具体的に予見することができたから、注意義務違反が認められるとして校長の法的責任を肯定した裁判例[8]がある。この裁判例は、校長は地震発生後に指定避難場所の小学校に避難した児童を帰宅させる際には、安全とされている避難場所から移動させても当該児童に危険がないかを確認し、危険を回避する適切な措置を採るべき注意義務を負っていたとされ、本件小学校の災害時児童引取責任者制度は、児童等を保護者に引き渡すことが適切であると判断される場合はあらかじめ定めた方法で速やかに保護者と連絡を取るとされていることや、事前登録した災害時児童引取責任者は災害時には学校からの連絡の有無にかかわらず小学校まで児童を引き取りに来るとされていることからすれば、災害時の児童の安全確保を第一の目的とし、児童の安全確保に責任を持てる者への確実な引渡しを実現するための制度であると解されるから、災害発生後に児童が「小学校に避難してきた場合には、たとえ一旦下校した児童であったとしても保護者の保護下にない状況であれば、児童の安全を確認できない限り、災害時児童引取責任者以外の者に引き渡してはならない義務を負っていた」と判示する。しかし、東日本大震災発生後の混乱の中で、校長が同級生の保護者に引き取られて帰宅した児童が帰宅後に津波に巻き込まれることを、冷静な判断の下で具体的に予見

第 1 節　学校事故

することは困難だったと思われ、東日本大震災では指定避難場所でも被害を
受けた場所もあったことから、児童を帰宅させずに指定避難場所だった小学
校の体育館で待機させたとしても必ずしも安全とは言えないような状況で
あった。筆者としては、このような未曾有の大災害の下で示される裁判例を
先例として重視するのは、学校法務の観点からは躊躇するものである。

4　文科省「学校事故対応に関する指針」参照。
5　この指針は、学校が行う事故調査の手法については非常に詳細な記載がある。しかし、
　学校事故の調査はそれ自体学校が主体的に行うことには負担が大きく、調査能力の限界も
　あることから、事故調査について詳細なガイドラインを設定することは、むしろ学校の負担
　を増やすものであって必ずしも望ましいとは言えない。
6　同行する教員としては、学級担任、部活動顧問、学年付の教員が多い（養護教員は学校
　を不在にすることが難しいため、ほとんどの場合同行しない）。
7　例えば、札幌地判平成 4 年 3 月30日判時1433号124頁は、アレルギー症状を訴えた児童
　に対し、保護者に連絡の上児童 1 人で帰宅させたところ、帰宅途上で児童が死亡したとい
　う事案であるが、教員に学校で応急措置をとるべき義務や教員が下校時に同行すべき義務
　があったとして、過失を認めている。
8　仙台地判平成28年 3 月24日判時2321号65頁。

学校事故と法的責任の範囲

Q51　学校事故では、「学校の教育活動と密接な関係を有する活動」
であれば学校は法的責任を負う可能性があると理解されていま
すが、具体的にはどのような場合に学校は法的責任を負う可能
性がありますか。

. . . .

A51　教育課程外の教育活動や時間帯であっても、学校が児童生徒に
強制する活動において生じた事故については、学校が法的責任
を負う可能性があります。判例は「部活動」「始業前」「休み時
間」「清掃時間」「放課後」「登下校中」「教室」「体育館」「廊下」「校庭」等、
あらゆる活動、時間、場所が学校の教育活動と密接に関連すると広く捉えて
いますが、学校事故が起きた教育活動、時間帯、場所の特徴を教育現場の実
情を踏まえて的確に理解した上で学校の法的責任の成否を検討すべきです。

131

学校事故で学校が法的責任を負う範囲として、判例や学説は「学校の教育活動の一環であり、教育活動と密接に関連する活動」に関しては学校の法的責任が及ぶと解するが、この判断基準はあいまいであり、学校が法的責任を負う具体的な活動内容、時間、場所は個別の事案に応じて検討される。

　判例は学校教育と密接に関連する活動を広く捉えており、活動内容、時間、場所を厳密に検討して学校の法的責任の成否を判断せずに、あらゆる活動内容、時間、場所が学校教育と密接に関連すると広く捉えた上で、教員個人の事故に対する具体的な予見可能性を中心に学校の法的責任の成否を判断する(この点は、災害共済給付の要件である「学校の管理下」が緩やかに解されていることと関連する)。例えば、休み時間中の学校トイレ内で発生した中学生同士の暴行事件で、「授業時間、休憩時間等学校内における時間割りは当該学校の教育的判断から決められ、生徒はそれに従って学校施設内で生活活動を行っているのであるから、教育活動やこれと密接不可分の関係から生じたものではないと解するのは相当ではない。むしろ、本件暴行が休憩時間中に発生したという点は、本件暴行の発生の予見可能性の有無の一事情として、考慮すべきものというべきである」と判示する裁判例[9]が参考になる。

　しかし、筆者は判例のように教員個人の事故に対する具体的な予見可能性を中心に検討するのではなく、まず学校事故が起きた教育活動、時間帯、場所の特徴を教育現場の実情を踏まえて的確に理解した上で学校の法的責任の成否を検討すべきであると考えている。表2は教育活動、時間帯、場所に応じて、学校事故における学校の法的責任を判断する際に検討すべき特徴をまとめたものである。

　表2-1のとおり、学習指導要領上の教育課程に含まれる授業中や特別活動中に生じた事故で学校が法的責任を負う可能性があることに異論はない。しかし、部活動は学習指導要領で「学校教育の一環として、教育課程との関連が図られるよう留意すること」とされているものの、あくまでも教育課程外の活動であり、かつ学習指導要領が「生徒の自主的、自発的な参加により行われる」活動と規定することや、当該教科の教員免許を有する教員が担当

表2-1　学校事故で検討すべき各教育活動の特徴

	授業	学校行事	部活動
教育課程の位置づけ	必修	必修（特別活動）	必修ではない
児童生徒の参加の任意性	**強制**	**強制**	**任意（生徒の自主性・自発性による参加）**
担当教員の免許の有無	あり	あり	なし（必ずしも担当する部活動の経験や専門知識があるわけではない）

表2-2　学校事故で検討すべき各時間帯の特徴

	始業前	授業中	休み時間	給食時間	清掃時間	放課後
児童生徒への強制力が及ぶ時間帯か	及ばない	及ぶ	及ぶ	及ぶ	及ぶ	及ばない
教員の勤務時間帯か	**勤務時間ではない**	**勤務時間**	**争いあり**	**休憩時間**	**争いあり**	**勤務時間ではない**

表2-3　学校事故で検討すべき各場所の特徴

	職員室	教室	体育館	廊下	校庭	通学路
教員の常駐	常駐する	常駐しない	常駐しない	常駐しない	常駐しない	常駐しない
教員の存在頻度	**高い**	**高い**	**低い**	**低い**	**低い**	**低い**
児童生徒の使用頻度	低い	高い	高い	高い	低い	高い

する授業と異なって、部活動顧問は当該部活動の経験や専門知識を有するとは限らないことから、このような部活動の特徴を考慮して部活動中の事故の法的責任の成否を検討すべきである（詳しくはQ138参照）。

　また、表2-2及び表2-3のとおり、学校事故が起きる時間帯や場所の特徴は児童生徒と教員の双方の立場から考える必要がある。特に「休み時間」「給食時間」「清掃時間」はそもそも教員の勤務時間の解釈として法的に争いがある時間帯であり、教員の労働環境の過酷さを無視すべきではない。また、「始業前」「休み時間」「清掃時間」「放課後」の時間帯、「教室」「体育館」「廊下」「校庭」という場所は、授業中や職員室と異なり、そもそも教員が常時存在することを想定していない時間帯・場所であり、教員が直接児童生徒を監督することが困難であるため、判例が「教育活動と密接に関連する」という一理をもって、抽象的かつ未必的な意味での予見可能性の有無により教員の法的責任を検討する姿勢は妥当でない。

　現状の学校事故をめぐる法律論は、教育現場の実情を踏まえて学校事故が

起きた教育活動、時間帯、場所の特徴を厳密に検討できていない。スクールロイヤーの導入で弁護士が教育現場に接する機会が増えるならば、学校事故が起きた教育活動、時間帯、場所が教員にとってどのような教育的特徴を持っているのかという意識の下に、教育現場の実情を理解しながら判例が示す教育活動との密接関連性を判断すべきである。

9 秋田地判平成7年9月22日判時1579号124頁。なお、この裁判例は「休憩時間中のトイレ内での暴行というように、教師の直接的な指導監督下にない時間、場所で発生する生徒間の暴行事件については、当該具体的な状況下で予見することが可能な範囲内で、暴行発生の危険性及び切迫性を判断し、その程度に応じた指導、保護的措置を講じれば足りるものと解するのが相当である」と判示し、結論として教員の法的責任を否定した。

学校事故の注意義務の程度

Q52 授業など教育課程の活動で教員に求められる注意義務の程度について教えてください。

A52 ①事故が起きた教育活動自体に当該事故を生じさせる危険性が内在しているかどうか、②児童生徒の年齢や障害など、当該教育活動に必要な能力を児童生徒が有しているか、③上記①②を踏まえて、教員があらかじめ注意喚起や事故防止のための指導を行っていたか、といった点を検討して教員の注意義務の程度を判断します。

判例や学説は「学校の教育活動の一環であり、教育活動と密接に関連する活動」に関しては学校の法的責任が及ぶと解するので、法定の教育課程に含まれる授業や特別活動で生じた事故において学校に法的責任が成立し得ることは当然だが、法的責任の成立要件である「過失」については、「学校における教育活動により生ずるおそれのある危険から生徒を保護すべき義務」としての注意義務の違反の有無が検討される。どのような場合に注意義務違反が認められるのか、どの程度の注意義務が求められるかは、事案によって異なる。例えば、授業中の事故について、小学

第 1 節　学校事故

6年生の授業中に児童が隣の席に座っていた他の児童の左眼を鉛筆で刺した事故につき、（ⅰ）教員が当事者と離れた席の児童を指導していたこと、（ⅱ）当事者は2人とも特段の注意監督が必要な児童ではなかったこと、（ⅲ）小学5年生時に鉛筆の危険性と危険防止策を指導していたことから、教員の注意義務違反を否定する裁判例[10]がある。（ⅰ）は教員の結果回避可能性に関する要件である。（ⅱ）（ⅲ）が注意義務の程度を判断する要件だが、①事故が起きた教育活動自体に当該事故を生じさせる危険性が内在しているかどうか、②児童生徒の年齢や障害等、当該教育活動に必要な能力を児童生徒が有しているか、③上記①②を踏まえて、教員があらかじめ注意喚起や事故防止のための指導を行っていたか、といった点を検討して教員の注意義務の程度を判断する裁判例が多い。例えば、児童生徒の年齢に関しては、小学6年生ともなれば休み時間の過ごし方は本来自主性を尊重すべきものであるから、教員は「何らかの事故が発生する危険性を具体的に予見することが可能であるような」事情がない限り、休み時間中の個々の児童生徒の行為について監視し指導すべき義務は負わないと判示する裁判例[11]があり、この裁判例は生徒の年齢に即して教員の注意義務の内容を限定していると考えられる。

　授業中に事故が生じやすい教科としては、「体育」「技術家庭」等の実技教科が挙げられる。特に体育の授業は学校事故が最も起こりやすく、教育活動自体に内在する危険性も大きいことから、裁判例でも「体育の授業は、積極的で活発な活動を通じて心身の調和的発達を図るという教育効果を実現するものであり、授業内容それ自体に必然的に危険性を内包する以上、それを実施・指導する教員には、起こりうる危険を予見し、児童の能力を勘案して、適切な指導、監督等を行うべき高度の注意義務がある」と判示するものがあり[12]、授業を担当する教員には学習指導要領等の規定に基づく綿密な授業準備と事故防止のための注意喚起や指導が要求される。

　体育の中でも柔道は特に事故の危険性が高く、最高裁は「技能を競い合う格闘技である柔道には、本来的に一定の危険が内在しているから、学校教育としての柔道の指導、特に、心身共に未発達な中学校の生徒に対する柔道の指導にあっては、その指導に当たる者は、柔道の試合又は練習によって生ず

135

第2章　教育紛争の典型と問題

るおそれのある危険から生徒を保護するために、常に安全面に十分な配慮を
し、事故の発生を未然に防止すべき一般的な注意義務を負う」と判示する[13]。
最近の裁判例でも上記最高裁判例を引用した上で、「柔道は互いに相手の身
体を制する技能の習得を中心として行われるものであり、投げ技等の技を掛
けられた者が負傷する事故が生じやすいことから、指導教諭としては、健康
状態や体力及び技量等の当該生徒の特性を十分に把握して、それに応じた指
導をすることにより、柔道の試合又は練習による事故の発生を未然に防止し
て事故の被害から当該生徒を保護すべき注意義務を負っている」と判示し、
高校の体育の授業で実施した柔道で聴覚障害の生徒が既習技以外の技をかけ
て他の生徒を負傷させた事故で、文科省が作成した「柔道指導の手引」に
沿った授業計画であり、授業で既習技に限定した指導が積極的になされてい
なくとも安全上は問題ないこと、生徒に聴覚障害があったとしても、教師ら
の指導が十分に行き届いておらず、理解不足の点があったために問題行動が
生じていたことをうかがわせる事情があるとは認められないことから、教員
に事故発生を予見することは困難であったとして、教員の注意義務違反を認
めず学校の法的責任を否定した裁判例[14]がある。

　水泳も事故の危険性が高い。高校生の体育の授業の水泳で生徒が飛び込み
行為によって負傷した事故で、水泳授業が死亡や重篤な障害が残る傷害事故
等を生じる危険性を有するとした上で、水泳授業を担当する教員は生徒に対
し飛び込みの危険性を説明し、むやみに飛び込むことを禁止指導すべき注意
義務があること、かねてから指導に従わない生徒が多い旨の忠告を受けてい
た上、事故直前の個別練習中に教員の目を盗んでプールに浮かべられたビー
ト版に向かって飛び込んだ生徒を教員も目撃していたことからすれば、教員
がプールの監視を解けば生徒が開放的になって事前の禁止事項を守らず、危
険な態様でプールに飛び込むなどして重大な事故を起こす危険性があること
を十分予見し得たとして、教員には事故を防止するためにプールサイドで継
続的に生徒らを監視するとともに、危険行為に及ぶ生徒を発見した場合には
これを制止すべき注意義務を負っていたと認められ、教員がプールサイドを
離れなければならない事情がある場合には、それが短時間であったとしても

監視を解く前に生徒らに対し改めて飛び込み等の危険行為を厳重に禁止したり、臨時の監視係を置くなどして事故を未然に防止するための措置を講じるべき注意義務があったとして、教員の注意義務違反を認めて学校の法的責任を肯定した裁判例[15]がある。この裁判例では被害者が成人に近い判断能力を有する高校3年生であり、危険な態様で飛び込めば傷害を負うことは容易に予見し得たこと、教員から許可のない飛び込みを禁止されていたにもかかわらず、監視がなくなったことを見計らって飛び込んだこと等の事情から、被害者にも重大な過失があったとして大幅な過失相殺が認められているが、この事案では水泳が危険性の高い活動であることに鑑みても高校生に対して教員は事前に禁止指導も行っていたことから、教員の注意義務違反を認めること自体が妥当でないと考えられる（後述のQ57を参照）。

跳び箱も事故の危険性が高いが、小学校の体育の授業中の跳び箱の負傷事故で、「体育における跳び箱の授業等は、授業内容それ自体に危険性を内包するものであって、児童の能力に応じた適切な個別的、段階的指導をしていれば、仮に事故等が起きたとしても」注意義務を尽くしたとみるべきであり、跳び箱の左右に他の生徒の補助者を置くことによって跳び箱から落下する危険を回避する又は軽減する措置等を採らなかったとしても、教員の指導が学習指導要領に沿ったものであり、「個別的、段階的指導を経た上であれば、授業の一部において、教師が自ら補助又は目視による指導をすることなく、児童を補助者にして跳び箱の練習を各グループの自主的な練習に委ねることも許される」といったことから、教員の安全配慮義務違反を認めなかった最近の裁判例[16]がある。

一方、事故の危険性が一般的に高くない教育活動に関しては、高校の体育の授業でバスケットボールの試合中に顔面を蹴り上げられて障害を負った事故で、教員資格のない体育助手が試合に立ち会っていた事情があったが、バスケットボールがそれ自体特に危険の大きいスポーツではないこと、体育の時間中の怪我に注意しなければならないことや荒っぽいプレーが危険であることは高校1年生にとっては容易に認識できること、授業前に怪我がないようにという程度の注意指導がされていたことから、1年間の体育教務サポー

第2章　教育紛争の典型と問題

ターの経験を積んだ体育助手が立ち会っていたとしても教員に安全配慮義務違反はないとして、学校の法的責任を否定した裁判例[17]が参考になろう。

　以上のような体育の授業では、児童生徒が直接身体を用いる点に危険性が認められるのに対し、技術家庭の授業では負傷しやすい道具を用いる点に危険性が認められるという特徴があり、中学校の技術家庭の授業で用いる集塵機に手を巻き込まれて負傷した事故で、集塵機の取扱説明書等に吸引口に手や体を近づけないようにとの注意が記載されていたことから、教員は生徒に対し、吸引口に手や体を近づけないようにとの具体的な指示をする必要があり、単に吸引力があり、大きな器具なので気を付けるようにと説明しただけでは注意義務を尽くしたとは言えないとして、教員の安全配慮義務違反を認めた最近の裁判例[18]がある。

10　千葉地判平成24年11月16日裁判所ウェブサイト。
11　東京高判昭和61年11月25日判例地方自治47号38頁。
12　名古屋地判平成21年12月25日判時2090号81頁。
13　最一小判平成 9 年 9 月 4 日集民185号63頁。
14　名古屋地判半田支部平成26年 5 月22日労働判例ジャーナル29号28頁。
15　大分地判平成23年 3 月30日裁判所ウェブサイト。
16　東京地判平成26年11月11日判例集未登載。もっとも、この裁判例では、教員が、児童が負傷したことについて保護者に報告しなかった点に注意義務違反があったとして過失が認められている（Q68参照）。
17　鹿児島地判平成23年11月22日判例集未登載。
18　東京地判平成27年 3 月25日判例集未登載。

修学旅行や校外学習における注意義務の程度

Q53　修学旅行や校外学習をはじめ、学校外の教育活動で教員に求められる注意義務の程度について教えてください。

A53　原則として授業等と同じ判断基準ですが、事前の下見における危険性の認識や、普段の学校生活とは異なる非日常的な学校外の教育活動の特徴を考慮して注意義務の程度が判断されます。

第 1 節　学校事故

　　学校外の教育活動の中でも修学旅行や校外学習は「学校行事」として法定の教育課程に含まれるので、学校の法的責任の成立要件として教員に求められる安全配慮義務の程度は、原則として授業等と同じである（Q52参照）。しかし、修学旅行や校外学習は、教員が事前に実施場所等を下見し、学校の教育活動として実施する際に児童生徒に事故が起きる危険性を確認することが必要不可欠なので、事前の下見における危険性の認識も考慮して注意義務の程度が判断される。また、修学旅行や校外学習は普段の学校生活とは異なる非日常的な学校外の教育活動であり、児童生徒の心理状態や教員の指導監督体制にも変化が生じることが予見可能なので、そのような特徴を踏まえて注意義務の程度が判断される。

　修学旅行に関しては、高校3年生の修学旅行中に発生した水死事故で、「修学旅行等の学校行事も、教育活動の一環として行われるものである以上、教員が、その行事により生ずるおそれのある危険から生徒を保護し、事故の発生を未然に防止すべき一般的な注意義務を負う」ため、「修学旅行の引率教員は、このような安全保持義務の一内容として、生徒の集合場所、見学場所、活動場所等について十分な事前調査を行い、危険箇所の有無等を確認するとともに、その調査、確認に基づいて、生徒の学年、年齢や状況に応じた適切な安全指導を行う義務を負う」と判示する裁判例[19]があり、教員に場所に関する事前調査確認義務を課している。この裁判例では、教員には修学旅行行程の浜辺及びその周辺に関し、町役場や海上保安部等の関係官公署に問い合わせる等して、危険個所の有無及び海に入る場合の注意点等の情報を収集した上、これを基に十分な実地踏査を行う義務があり、この調査を行えば地形的にリーフカレントが発生しやすい危険な場所である本件事故現場の存在を把握でき、生徒に対し危険な場所の存在を適切に注意喚起できたこと、高校3年生であっても修学旅行があくまで教育活動の一環として行われる以上、危険な場所の探索まで全て生徒の自主的な行動に任せるというのは妥当ではないことから、教員の注意義務違反を認めて学校の法的責任を肯定した。しかし、この事案は事前調査をしなかった事故発生場所はそもそも修学旅行行程で行くことが予定されていた浜辺自体ではなく、事故当時公刊されてい

139

た旅行雑誌にもリーフカレントの存在及び危険性を指摘するものはなく、旅行業者の担当者からもそのような情報が提供されておらず、地元の自治体も危険箇所に関する積極的な広報活動を行っていなかったことから、リーフカレントの存在及び危険性が周知されていたとは言い難い状況にあったものである。確かに、修学旅行行程上で行く予定の場所自体ではないが、事情変更等で行く可能性がある周辺場所であれば教員に事前調査義務を認める必要があると考えられるが、本件のように児童生徒の過失さえなければ行程上は全く行く可能性がなかった場所であり、しかも一般的にも当該場所の危険性が周知されていなかった状況において教員に事前調査義務を認めることは、教員に通常求められる能力をはるかに上回っており、教育現場の実情に照らした常識的な判決とは言い難く妥当でない。

　校外学習に関しては、小学5年生の林間学習中に宿舎の出窓から転落して負傷した事故で、児童の不適切な行動が関与しなければ出窓それ自体に生命身体に対する危険性はなく、児童らは10歳前後だが相応の理解力を有する年齢でもあり、教員らが常に客室に入って近くで監督しなければならないわけではないが、林間学習のように児童らが親権者の監護状況を離れて日常生活における状況と比較して相対的に少ない教員らにより日常生活と異なる生活空間で友人らと宿泊するような場合には、児童らの監護が日常生活の場合と比べて手薄になる反面、児童らが非日常的な体験をすることで通常であればしないような行動に出る蓋然性が高いことから、学校教育の一環として林間学習を実施した小学校の教員は、児童らの生命身体に対して危険があると具体的に予見可能な場合には、生命身体に対する危険性があることを告げる等した上で、そのような危険な行為をしないように適切な指導をし、児童らが遵守すべき内容を注意喚起すべき注意義務を負うと判示する裁判例[20]がある。この裁判例は、児童らが判断能力の未熟な10歳前後の年齢であること、林間学習という普段の学校生活とは異なる環境の中で、多少羽目を外して、部屋の中で移動を伴う遊びを始めることや出窓のカウンター部分に上がることも十分想定し得る事態であり、教員は出窓から転落する事故を予見し得たことから、注意喚起すべき義務を負っていたにもかかわらずそれを怠ったとして、

注意義務違反を認め学校の法的責任を肯定するが、林間学習のような非日常的な教育活動の特徴を踏まえて教員の注意義務の程度を示しており、参考になろう。

なお、小学校の校外学習中のプールで起きた水死事故で、教員の監視体制や児童の安全を図るべく十分に注視すべき義務に違反したことを認めた上で、本件校外学習行事について事前に教育委員会の事前承認を得る必要があったかどうかが争われた裁判例[21]がある。この裁判例は、教育委員会規則に「登山その他特に危険を伴うもの」につき事前承認を要する規定があったが、事前承認を要する活動とは「当該活動自体が一般的に生命・身体への危険を伴うと認識されるもの」であり、登山や海水浴等が該当するといえるが、本件事故が起きた流水プールを備える屋内施設は、監視員も配置されており、同所での遊泳が一般的に生命・身体への危険を伴う活動とまではいえないことから、事前承認が必要な校外学習行事に該当しないと判示する。

▍旅行会社との契約　　　　　　　　　　　　補足

修学旅行や校外学習は旅行会社が関与して実施されることが一般的だが、学校設置者と旅行会社との間に締結される契約書や保険条項に関しては不透明な内容も多い。特に海外への修学旅行等では旅行会社の免責条項や現地の法令違反が生じた場合に関する取決め等が、学校や児童生徒にとって不利に働く場合もあり得るため、スクールロイヤーの業務には、修学旅行等に関する旅行会社との契約書等の内容を確認することも含まれよう。

19　横浜地判平成23年5月13日判時2120号65頁。
20　大阪地判平成24年11月7日判時2174号86頁。
21　宮崎地判延岡支部平成29年3月29日裁判所ウェブサイト。

休み時間中の事故

Q54 休み時間中の事故で、学校が法的責任を負う場合を教えてください。

A54 判例は休み時間でも教員や学校に法的義務があることを認めつつ、その注意義務の程度を軽減するものと、休み時間を理由に注意義務の程度を軽減するのではなく、あくまでも具体的な予見可能性の有無を検討するものがあり、後者の場合は学校の法的責任が成立しやすい傾向にありますが、休み時間が設置されている趣旨と教育的意義を考慮せずに教員の法的責任を検討する裁判例は妥当ではありません。

休み時間は児童生徒が在校中の時間帯であり、学校の管理下にある時間帯であるが、教員が児童生徒を常に監督指導できる状況の時間帯ではなく、教育課程上の時間でもないことから、休み時間中の学校事故は学校の法的責任を判断するのが難しく、判例も結論が分かれることが多い。

休み時間中の事故に関する判例の傾向としては、休み時間でも教員や学校に法的義務があることを認めつつ、その注意義務の程度を通常時より軽減する傾向のものがある。例えば、教員は休み時間の生徒の行動について指導監督責任を負い、休み時間の指導監督義務の内容は、「特に危険な行為と見られるものが行われもしくは行われようとしている等の状況が客観的に予測される場合の外は、生徒の年令や社会的経験、判断能力に照らして相当なものであれば足りる」と判示して、教員の法的責任を否定した裁判例[22]や、小学校の駐車場で休み時間に児童2人の投石によって別の児童が負傷した事案で、「昼休みといえども、教育活動と密接な時間帯であり、学校の管理下にあるから、担当教諭ないし学校には事故の発生を防止するための一般的な注意義務があるが、昼休みは児童が自由に行動できる時間帯であり、教育活動そのものがなされる時間帯ではない」から、事故が発生する危険性を具体的に予見できるような特段の事情がない限り教員は法的責任を負わないと判示して、

第 1 節　学校事故

教員の法的義務を否定した裁判例[23]等がこの傾向である。

　これに対して、休み時間を理由に注意義務の程度を軽減するのではなく、あくまでも具体的な予見可能性の有無を検討する傾向の判例もある。例えば、教員は「その職務の性質及び内容からみて、学校における教育活動によって生ずるおそれのある事故から生徒を保護すべき注意義務を負うところ、これは休み時間においても同様である」と判示した上で、教員が「注意義務を尽くしたか否かについては、当該事故の発生した時間、場所、発生状況、生徒の年齢、能力、教諭の置かれた教育活動状況等の事情を考慮して、事故が発生する危険性を具体的に予見し、これを回避することができたかという観点から判断すべき」であるとし、休み時間を理由として教員の注意義務に限定を加えていない裁判例[24]では、小学 3 年生が休み時間の教室内で担任教員の介添えを受けて後ろ向きに体を回転させて着地させる遊びを行っていた際に負傷した事案で、当該事案の回転行為は「それ自体転落・転倒の危険性を有する行為」であり、「本件回転行為が行われたのは休み時間という解放感から生徒に気持ちのゆるみが生じやすい時間帯」であって、小学 3 年生は「筋力やバランス感覚などの運動能力や行為の危険性等を判断する技能は未熟」であるから、担任教員は「本件事故が発生する危険性を具体的に予見することができた」として、教員の法的責任を認めている（もっとも、本事案は生徒にせがまれて教員が生徒とともに休み時間の教室内で回転行為をしていたものであり、教育現場の目線からすれば生徒側の過失を斟酌すべきであった事案である）。また、雨天の休み時間中の小学校体育館で起きた事故で、前述の裁判例と同じく、休み時間を理由に教員の法的義務に限定を加えずに、校長が体育館の使用について、「雨の日、放課後及び朝は全校児童が児童のみで使用してよい旨の使用基準を設けていた」ことは生命・身体の安全に対する配慮を欠くものであり、日頃の指導にも不十分な点があったとして、校長の法的責任を認めた裁判例[25]があり、学校側は教員が授業の準備等で休み時間中も多忙であり、休み時間中の体育館内で児童の遊戯・運動に教員が立ち会うことは事実上不可能であると反論し、事故に関する結果回避可能性の有無を争ったが、裁判所は「教諭が多忙であることはそのとおりであるとしても、児童のみでの体育館の使

143

第 2 章　教育紛争の典型と問題

用を禁止することだけが事故防止のための唯一の方策」ではなく、「厳しい使用基準を定めた上で児童に対する指導を徹底するという方策も考えられる」として、学校の主張を排斥している。この点で、休み時間の体育館の出入りを禁止していた状況で生じた事故につき学校の法的責任を否定した裁判例[26]が参考になろう。

　一方、休み時間の教員の法的義務を限定するのではなく、むしろ休み時間を理由に学校や教員の指導監督義務を一層要求する判例もある。例えば、中学校の休み時間中に男子生徒がバット代りにして野球ゲームをしていた鉄パイプが手元からすっぽ抜けて、近くにいた女生徒に当たって負傷させた事故で、「このような遊びや行動は休み時間中や放課後等に行われ易いことが明らかであるから、そのような時間帯においては、間断なく巡視を行うなど一層監視を厳にし、もしそのようなことが行われているのを発見したときは、直ちにこれを中止させるなど事故の発生を未然に防止するような万全の措置をとるべき義務があった」として、学校の法的責任を認めた裁判例[27]がある。

　これらの裁判例を検討すると、休み時間を理由に教員の法的義務に限定を加える裁判例では教員の法的責任を否定する傾向にあり、そのような限定を加えない裁判例では教員の法的責任を肯定する傾向にあることが分かる。しかし、休み時間は教員にとって本来は「次の授業の準備」のためにある時間帯であり、休み時間に遊んでいる児童生徒の安全に万全を期すことを最優先する時間帯ではない。また、昼休みは本来遊ぶ時間ではなく、昼食をとる時間であって、これは教員も児童生徒も同じである。このような授業間に休み時間を設置する趣旨や教育的意義を考慮せずに教員の法的責任を検討する裁判例の傾向は妥当でなく、休み時間を理由に学校や教員の指導監督義務を一層要求するのも本末転倒であろう。また、仮に休み時間の教員の法的義務が他の時間帯と同様に認められるとしても、教室のように教員を常置しない場所での事故の予見可能性は抽象的かつ未必的なものでは足りないはずであって、「教員の出勤時間中である」「生徒が校内に登校している時間である」といった理由で予見可能性を肯定することは、教育現場の実態を考慮せず教員に過酷な法的義務を負わせるもので妥当でない。この点で、休み時間中に教

室で起きた中学生同士のけんかによる負傷事故で、予見可能性は「単に抽象的にそれも未必的な態様で予見できたはずであるというだけでは足りない」として、教員の予見可能性を否定した裁判例[28]が参考になる。

　なお、厳密には休み時間ではないが、休み時間直後の事故として、小学4年生が休み時間終了直後、授業のチャイムが鳴った後に担任教員が「数分間」遅れて教室に入室した間に発生した事故で負傷した事案で、小学4年生は十分な思慮分別を有するとは言い難く、授業開始のチャイムが鳴った後も担任教員が入室するまでの時間帯は休み時間の解放的気分が持続し、秩序を欠く状況に陥りやすいことから、担任教員には児童の安全を保護するために、授業開始のチャイムと同時に入室するか、他の教員に児童の監督を依頼する等の方法により、休み時間に比して一層高度な安全保護監督義務を負うと判示する裁判例[29]がある。この裁判例によれば、授業開始のチャイムが鳴った後は、たとえ「数分間」であっても休み時間とは異なって教員の注意義務はより一層高度なレベルが要求されるということになるが、たとえ小学生であってもチャイムが鳴った後は着席して教員が来るのを待機するのが児童の義務であることからすれば、児童が十分な思慮分別を有しない年齢であることを理由に児童の義務を教員の指導監督義務を検討する際に考慮しないことは、教育現場の実態に則して妥当でない。

22　浦和地判平成4年2月4日判例地方自治98号35頁。

23　津地判松阪支部平成20年12月12日判例地方自治320号37頁。

24　福岡地判平成28年10月26日判例集未登載。この裁判例と同様の見解である裁判例として、休み時間における校庭での一輪車の事故の事案である東京地判平成17年9月28日判タ1214号251頁がある。この裁判例では、休み時間でも学校におけるその後の教育活動等が予定されている時間帯であり、教育活動と質的、時間的に密接な関連性を有する以上、教員は教育活動と同様の義務を負うべきであり、「その安全義務を尽くしたかどうかについては、教師は生徒の生命・身体の安全について万全を期すべきことを前提に、当該事故の発生した時間、場所、発生状況、事故当事者の年齢・判断能力、学校側の指導・監督体制、教師らの教育活動状況等の事情を考慮して判断されるべき」であるとして、休み時間であることをほとんど考慮せず、学校の法的責任を認めている（「遊びのゾーンが不明確」「一輪車の乗車ルールがない」「休み時間中に校庭に配置される監督教員は基本的に1人であった」といった事情により、校長が事故発生防止義務を怠ったと判断された）。

25　甲府地判平成15年11月4日判タ1162号238頁。

第2章　教育紛争の典型と問題

26　岐阜地判平成13年12月20日裁判所ウェブサイト。この事案では、体育館の出入りは禁止されていたが、特に施錠されている状況ではなかった。

27　千葉地判昭和63年12月19日判タ693号175頁。裁判所は、本件事故以前から教室内には時々鉄パイプが放置されていたこと、休み時間中にバット代用の物を用いた野球類似のゲームがよく行われていたこと、などから、校長や教員は「破損した机や椅子、鉄パイプ等が教室内に放置されていることのないように校内の巡視や点検を厳にし、もしそのような物を発見したときは直ちにこれを撤去する等適正な措置をとるように努めるとともに、日頃から生徒らが、このような危険な物を使用して他の生徒らの身体等に危険を及ぼすおそれのある遊びや行動を行わないように指導、監督すべき注意義務があった」として、本文のように休み時間であることを理由に学校や教員の指導監督義務を一層要求した。

28　神戸地判昭和60年9月26日判時1182号123頁。

29　大阪地判昭和55年9月29日判時1004号91頁。

始業前や放課後の事故

Q55　始業前や放課後の事故で、学校が法的責任を負う場合を教えてください。

....

A55　始業前や放課後は休み時間と異なって必ずしも学校の管理下とは言えず、児童生徒の状況が学校の強制力を介したものである場合は学校が法的責任を負う可能性がありますが、それ以外は負わないと考えるべきです。

解説　始業前や放課後は、必ずしも学校の管理下とは言えない時間帯である点で休み時間と異なる。

　まず、始業前の事故に関して、始業前に中学校の教室内で生徒が箒を投げつけられて右眼を負傷した事案で、始業前であっても校門が開いて生徒が登校可能な時間帯であれば、その時間帯は出勤した教員や登校した生徒にとって開始される教育活動の準備期間に相当する時間帯であり、教室内で発生した事故であれば教員にとって目が届く場所で発生したと評価できるから、「学校教育活動と質的、時間的に密接な関係を有する学校生活関係の中で生じたものと認めるのが相当」と判示した上で、学校や教員は事故の発生を具体的に予見できたとして、法的責任を認めている裁判例[30]がある。

146

第 1 節　学校事故

しかし、校門が開いており、生徒が登校可能な時間帯であっても、始業時間ではない時間帯は法定の教育課程上の活動が実施される時間ではなく、生徒も登校を強制されていない上に、教室は教員を常置する場所ではなく、ましてや始業時間前の教室が「教員の目の届く場所」と評価することは常識的に考えてあり得ないことからすれば、始業前の教室内の事故を「学校の教育活動と密接に関連する」と評価することには無理があるため、この事案で教員の法的責任を認めることは妥当でない。

　一方、始業前に行われる自習時間中の事故に関して、小学校の事案で学校の法的責任を否定する判例[31]があるが、この判例は自習時間中でも教員に一定の注意義務があること自体は否定していないので、始業前に行われる自習時間に学校の法的責任が及ぶとの理解を前提にしている。始業前の自習は学校が主導して児童生徒に自主的な勉強を促す活動であり、法定の教育課程ではないものの、学校が一定の強制力を持って児童生徒に行う活動と評価できるため、始業前の自習時間中の事故を「学校の教育活動と密接に関連する」と評価して教員が法的責任を負う可能性があると考えることは妥当である。また、同様に小学校の始業開始直前に教室で予習を行うよう指示していた場合に、児童がパイプ椅子で他の児童を殴打して負傷させた事案で、上記時間帯は教員が「専ら校内を管理し、授業に備えて児童を校内に待機させていたものとみるべき」であり、小学生は「自己の身体に対する危害を自ら回避防禦する能力が不足し、他面思慮分別に乏しく、自己の行為の責任を弁識するに足りる知能を具えていなかった」といえるから、校長は当該時間帯に「校内において、児童間のけんかないしその類似行為により傷害事故が発生することのないよう、児童を保護し監督する義務があったと解するのが相当」として、学校の法的責任を認めた裁判例[32]もある。

　次に、放課後に関して、最高裁は、小学 5 年生の児童が放課後に担任教員の許可を得てポスターの作成作業をしていた際に、別の児童が飛ばした画鋲付き紙飛行機が左眼に当たって負傷した事案で、担任教員が教室に不在であっても、児童に速やかな帰宅を指示して職員会議に出席していた状況であり、画鋲付き紙飛行機を飛ばす遊びが過去に行われていなかったこと、画鋲

147

第2章　教育紛争の典型と問題

の保管管理について特に注意義務がないことから、教員の法的責任を否定する[33]。この事案の第一審[34]も「小学校高学年ともなれば一応学校生活にも適応し相当の自律能力、判断能力を有している」から、教員は「（放課後のように）正規の教育活動が終了した以上、危険の発生を予測できる特段の事情がない限り」付きっ切りで監督する義務も在室する学習外児童全員の退室下校を強制又は確認すべき注意義務も負担しない、と判示して教員の法的義務を否定しており、正規の教育活動が終了した放課後には教員の注意義務が軽減されることを明確に示した点で、放課後の教育現場の実態に即した妥当な判決である。また、中学2年生が教室の清掃を終え帰り支度をして私物を探していた際に、別の生徒に殴られて負傷した事案で、本件暴行は教室の清掃が終わり、下校時刻後に清掃と無関係に行われたものであり、直前に担任教員が居残っている生徒に下校を促すため教室に見回りに来たことからすれば、教育活動と密接に関連する生活関係から生じたものではないとして、教員の法的責任を否定する裁判例[35]も、放課後の教員の注意義務を軽減した事例である。

　始業前や放課後はその時間帯に大きな幅があることから、授業中や休み時間と同様の法理で学校の法的責任を判断するのは妥当でなく、始業前や放課後で学校が法的責任を負うのは、学校や教員が児童生徒に指示して始業前や放課後に何らかの活動を行わせていた等、児童生徒の状況が学校の強制力を介したものである場合に限られるべきである。

補足

登下校中の事故

　登下校中の事故に関しては、高校生が下校途中に他校の生徒の暴行を受けて死亡した事案で、放課後の下校中においては教員が「監督義務を負う範囲の外で生じたものといわざるを得ない」として、加害者が在籍する学校設置者の法的責任を否定した裁判例[36]や、小学5年生の児童が大雨の中下校途中に、増水した側溝で溺死した事故で、児童の下校直後に大雨警報が発令されたとしても、雨足がやや弱まっていた状況などからすると、教員の立場からは「下校時に大雨警報の発令される状況が切迫していると判断することは、

著しく困難であるか、又は不可能」であり、教員にとって「大雨時に児童が戯れに本件側溝に足を入れて遊んで水の流れに足をとられることまでは、通常予測することができない」として、教員の法的責任を否定した裁判例[37]等がある。

---

30 仙台地判平成20年7月31日判時2028号90頁。
31 最二小判平成20年4月18日集民227号669頁。この事案は、小学校3年の児童が、朝の自習時間中に離席してベストを振り回していたところ、別の児童の右眼を負傷させた事案で、教室内にいた担任教員の過失を否定したものである。
32 大阪地判昭和51年2月27日判時837号75頁。
33 最三小判昭和58年6月7日集民139号117頁。
34 福岡地判小倉支昭和56年8月28日判時1032号113頁。
35 東京地判昭和60年5月31日判時1202号64頁。
36 大阪地判平成14年3月19日判例集未登載。
37 名古屋地判昭和61年10月23日判時1238号110頁。ただし、現在においては、サッカー部落雷事故において、部活動顧問教員に平均的なスポーツ指導者程度の危険性の認識では足りず、科学的知見に反しない程度の危険性の認識が必要である、と判示する最高裁判決（最二小判平成18年3月13日集民219号703頁）が存在するため、大雨警報の発令の蓋然性の認識についても教員に科学的知見に反しない程度の蓋然性の認識が必要とされる可能性もある。

給食時間や清掃時間の事故

Q56 清掃時間や給食時間の事故で、学校が法的責任を負う場合を教えてください。

A56 清掃時間や給食時間も学校の管理下で児童生徒が行う活動の時間なので、教員が児童生徒に対する注意義務ないし安全配慮義務に違反すれば学校は法的責任を負います。しかし、給食や清掃が本来教員の指導すべき活動であるかは議論があり、特に給食時間中の教員の安全配慮義務は教員の労務問題と関連して検討すべき問題です。

　　　　　清掃時間や給食時間も学校の管理下で児童生徒が行う活動の時間なので、裁判例は教員に児童生徒に対する注意義務ないし安全配慮義務を認めており、教員が注意義務ないし安全配慮義務に違

反すれば、学校は法的責任を負う可能性がある。

　しかし、清掃や給食は本来教員が指導すべき活動であるかは議論の余地があり、特に清掃を学校で児童生徒に行わせる国は少ない。清掃は家庭でも行われる日常的な行為なので、清掃時間に真面目に清掃する能力は家庭教育で当然しつけておくべきであり、清掃時間に清掃しない児童生徒まで教員が指導する必要性は乏しい。また、給食指導は「食育」の必要性から重要であるが、教員しかできない指導ではなく、アレルギー食品等の安全性に関しても保護者の責任で学校に正確に伝えているならば、教員でなくとも給食時間中の安全性を確保することは可能である（Q165参照）。

　清掃時間に関しては、小学4年生の清掃時間中に起きた児童間の衝突事故で、小学校の担任教員は「その職務の性質及び内容から、担任として保護監督すべき各児童に対して注意力を適正に配分してその動静を注視し、危険な行為をする児童を制止したり厳重な注意を与えるなど適切な指導を行い、児童を保護監督して事故を未然に防止する注意義務がある」とした上で、「清掃行為自体は家庭においても行われる日常的な行為であって、児童が行う場合でも特段の危険を伴う性質のものとは認められないものではあるが、学校内で行われる作業として児童に危険を生ずることのないように必要な注意指導が行われるべき」だが、本件担任教員は「日常的に、本件クラスの児童に対し、学校内で危険な行動をとることがないように注意指導していた」ことから、「それ以上に、本件教室内における児童を指導監督するために本件教室に在室し、あるいは本件教室に立ち寄るなどして、本件事故の発生を防止するための措置を講じなければならないという具体的な注意義務を負っていたということはできない」として、教員の法的責任を否定した裁判例[38]があり、清掃が家庭でも行われる日常的行為と判断しながら家庭教育で保護者が当然行うべき注意指導に言及していない点は疑問だが、清掃時間中に教員が教室内に在室ないし立ち寄ることまでは要求していない点は評価できる。

　給食時間に関しては、小学1年生の給食で提供された白玉団子を吸い込み、喉に詰まらせて窒息した事故で、学校給食法の規定等に鑑みれば、学校給食は「当該学校に在学する全ての児童又は生徒に対し実施されるものであり、

学校給食の安全性につき、安全配慮義務を学校に課すものである」とした上で、「一般的に、一口大で球状の弾力性のある食品については、そのまま咀嚼せずに飲み込むないしは噛み切れずに飲み込んでしまう危険性があり、そうなった場合、窒息の危険があるものであって、本件白玉汁の白玉団子も、一口大で球状であり、弾力性があるといえる」が、白玉団子の危険性は「食品自体の危険性ではなく、専ら、これを食べる対象者を含めた食べ方に起因して発生する危険性」であり、事故の発生件数も少なく当該小学校でも過去に白玉団子の誤嚥事故は起きていないこと、小学生であれば咀嚼力や嚥下能力も発達しており、「食物をよく噛んで食べる」旨の基本的な指導についても理解し実行する能力があること、本件事故発生直後に教員が救急通報を速やかに行っており、被害者の救命措置を行っていたことから、教員の過失を否定した裁判例[39]がある。学校給食は「児童及び生徒の心身の健全な発達に資するものであり、かつ、児童及び生徒の食に関する正しい理解と適切な判断力を養う上で重要な役割を果たすものである」(学校給食法1条)ことから、学校の法的責任が認められる可能性もあるが、この裁判例は食品の食べ方の危険性と児童の咀嚼力や嚥下能力に着目している点が特徴と言えよう。

　なお、給食時間の教員の安全配慮義務は教員の労働問題と関連して検討すべきである。給食時間に該当する昼休みは本来労働基準法上の「休憩時間」であり、「労働時間の途中に置かれた、労働者が権利として労働から離れることを保障された時間」であるにもかかわらず、給食時間中に教員が児童生徒に対して安全配慮義務を負うと理解することは法的に不可能である。そのため、教育現場では教員の休憩時間が民間企業と同様の昼休みの時間帯ではなく、別の時間帯に設定されているが、このような休憩時間の取扱いは、給食指導を教員が担当する必要性と関連して問題になる。

38　東京地判平成23年9月5日判時2129号88頁。
39　宇都宮地判平成29年2月2日判時2337号69頁。

学校事故における児童生徒の過失と家庭の法的責任

Q57 学校事故での児童生徒の過失はどのように評価されますか。また、学校事故での学校と家庭の法的責任の分担はどう考えるべきでしょうか。

A57 多くの判例は教員の注意義務違反と学校の法的責任を認めた上で、児童生徒の過失を過失相殺で斟酌しますが、教員の注意義務の程度や因果関係の成否を判断する際に、児童生徒の年齢相応の能力の有無、保護者の家庭での注意指導の有無を考慮すべきです。また、体育など教育活動それ自体に危険性が内在する場合に教員の注意義務を判断する際は、家庭教育で児童生徒が危険性を認識し、危険を回避できる能力を育成していることが前提である点を考慮すべきです。

　学校事故には教員の過失だけでなく児童生徒の過失がなければ事故を避けられた場合も多い。児童生徒の過失は学校と家庭の法的責任の分担として議論されるべき重要な論点である。判例は、被害者救済の観点から教員の過失を認めて学校の法的責任を肯定した上で、児童生徒の過失は過失相殺で斟酌するのが一般的であり、交通事故での過失相殺と同様の思考過程といえる。

　しかし、児童生徒に年齢相応の能力があり、かつ保護者が家庭で必要な注意指導を行っていたならば事故が発生しなかった可能性が高い場合は、この点を踏まえて教員の注意義務の程度や因果関係の成否を判断すべきである。また、体育など教育活動それ自体に危険性が内在する場合に教員の注意義務を判断する際には、政策的・社会的にそのような危険性が内在する教育活動を学校教育で行うことが容認されている事実と、そのような危険な教育活動を児童生徒に実施するために必要な危険性の認識能力と危険回避能力が家庭教育で育成されていることが前提である点を考慮すべきである。

　以下に、①児童生徒間事故、②児童生徒の過失が重大である場合、③児童生徒の過失だけでなく第三者の過失が直接の原因である場合、の3つの裁判

第 1 節　学校事故

例について検討する。

①　児童生徒間事故

児童生徒間事故は本来当事者間の不法行為関係だが、被害者救済の観点から強引な論理で学校や教員の法的責任を認める裁判例がある。

例えば、中学 1 年生が始業前の教室内で同じクラスの生徒から箒を投げつけられて負傷した事故で、「教育活動上は在外的危険というべき生徒間事故において校長及び担任教諭の具体的な安全配慮義務が生ずるのは、当該事故の発生した時間、場所、加害者と被害者の年齢、性格、能力、関係、学校側の指導体制、教師の置かれた教育活動状況などの諸般の事情を考慮して、何らかの事故が発生する危険性を具体的に予見することが可能であるような場合に限られる」と判示する裁判例[40]は、生徒間事故での学級担任の安全配慮義務の内容を明示する点で貴重だが、本件事故が加害者の自己抑制力の乏しさに伴う危険性によって生じたことを認めながら、中学 1 年生であれば自己抑制力に乏しい生徒がいることも教員の通常想定すべき範囲内であり、教員には加害者の自己抑制力を高める指導をする義務があったとして、学校の教員全体で指導に当たる体制を構築し、随時保護者に連絡して家庭での指導等の協力を求める義務があったにもかかわらずそれを怠った点を過失と評価し、学校の法的責任を認めた。しかし、本件の加害者の言動は、「授業中に、教員に向かってヤジを飛ばしたり、茶々をいれたり、ＣＭソングを大きな声で歌ったり、居眠りしたりするなどして、授業を妨害し、教員から歌うのを止めるように注意されても歌い続けるなど、妨害行為を通して教員達のリアクションを楽しんでいた」「休憩中に他の生徒に対し悪口だけではなく叩いたり髪をひっぱったりするなど他害に発展しうる行為に及んだ」「授業中に教員による授業の進行を妨害して、時には女性教員を泣かして教室から追い出す行為に及ぶなどしていた」等、教員が連絡せずとも保護者が家庭で認識し得るような問題行動であり、加害者に年齢相応の能力があり、かつ保護者が家庭で必要な注意指導を行っていれば事故が発生しなかった可能性が高い。このような言動を行う中学 1 年生は中学校の通常学級での集団生活を送るだけの能力を家庭で習得できていないにもかかわらず、裁判所が自己抑制力不

153

第2章　教育紛争の典型と問題

足という概念を持ち出して教員の想定の範囲内であると判断した点は、学校と家庭の法的責任の分担が適切に判断できていないことを示している[41]。

　同様に、小学校の始業前に教室で起きた児童間事故で、小学6年生の加害者が本件暴行に及ぶ前に、「被害者がサッカーボールを壁に向かって投げたり蹴ったりしていたのを注意された際に付近にあった木を根本から蹴り折った上その木を持ち上げて投げつけようとしたこと」「図書委員としての仕事をしていた際にトラブルとなった2年生に対しヘッドロックをしたこと」「一斉下校の際に児童同士が投げ合っていた靴下がたまたま自身に当たったのをきっかけにトラブルとなった」「総合学習の際に女子児童と掴み合いのけんかになった」ことから、加害者は自己抑制力が乏しく悪ふざけをする際には度を越しやすくなるという行動特性があり、これによって他の児童に対して何らかの危害を加える危険性を有していたことが客観的にも明らかであったと認められる上、「朝の始業前に本件教室にたびたび立ち入って走り回るなどしていた」「本件が発生する前から継続的に、独りで、始業前に本件教室に再び立ち入り、男子児童の眼鏡を取上げ、机の上を上靴を履いたまま渡り歩くなどの行動に出ていた」ことからすれば、学級担任は加害者が被害者に暴行する加害行為が発生する危険性が具体的に予見可能であった、として教員の安全配慮義務違反と学校の法的責任を認めた裁判例[42]も、児童の「自己抑制力不足」が事故の原因であり、教員は当該児童の危険性を認識していたので事故は具体的に予見可能だったという論理で学校の法的責任を肯定するが、上記の本件加害者の言動は小学6年生の通常学級で集団生活を営む能力を備えていないレベルの「自己抑制力不足」であり、学校ではなく家庭で当然習得すべきレベルの能力が不足しているにもかかわらず教員の安全配慮義務違反を認めている点は、裁判所が学校と家庭の法的責任の分担だけでなく教育上の役割分担すら意識できていないことを示している。

　なお、児童生徒の自己抑制力不足が原因の児童生徒間事故では保護者の家庭教育にも問題があるため、上記の裁判例ではいずれも学校が保護者に対してこまめに連絡し、協力を求める義務を認めているが、こうした児童生徒の保護者は家庭内で問題を抱えていたり、学校からの連絡がなかなか取れない

第 1 節　学校事故

場合も多いことから、学校が義務違反にならないよう、家庭の事情や保護者に連絡した事実を記録して証拠化しておくべきである[43]。

② 児童生徒の過失が重大である場合

高校生の体育の授業の水泳で生徒が飛び込み行為によって負傷した事故の裁判例[44]は、被害者が教員から許可のない飛び込みを禁止されていたにもかかわらず、監視がなくなったことを見計らって飛び込んだ過失がなければ生じなかった事故でありながら、教員が「プールサイドを離れなければならない事情がある場合には、それが短時間であったとしても、監視を解く前に、生徒らに対しあらためて飛び込み等の危険行為を厳重に禁止したり」「臨時の監視係を置くなどして、事故を未然に防止するための措置を講じるべき注意義務があった」として、高校生のプール指導としては極めて高度な注意義務を教員に課し、義務違反を認めている。ただし、本件に限らず学校の水泳事故の大半は水泳や飛び込み自体の危険性に対する被害者の認識不足にあるが、危険性が高い水泳を学習指導要領に規定して学校教育で実施するならば、家庭教育で水泳の危険性の認識能力や危険回避能力を習得していることが前提なはずであり、高校生が「教員が常時プールサイドで監視」しなければ水泳や飛び込みの危険性が認識できない状況は、教員の注意義務の内容ではなく、家庭教育の責任として検討されるべきである。

同様に、修学旅行中の水死事故である裁判例[45]（高校生になっても教員の指示に従わずに指定の場所を離れて危険な場所で水死した事案）は、初めて訪れた海であれば当然慎重に行動すべきなのは一般常識として家庭で指導すべき内容であり、被害者の過失をもたらした家庭教育の責任も問われるべき事案であって、行程上は行く可能性がなく、危険性の周知もない場所の事前調査義務を教員に認めてまで注意義務の程度を厳しく解する裁判所の判断は妥当でない。

③ 児童生徒の過失だけでなく第三者の過失が直接の原因である場合

児童生徒の過失だけでなく第三者の過失が直接の事故の原因である場合として、小学 6 年生が校外写生授業中にトラックに轢かれて死亡した事故の裁判例[46]は、学校周辺での電柱を対象として行われた写生においては車道上での写生を誘発する可能性があったから、教員は「写生開始前に歩道上で写生

155

するよう指示するとともに、車道上では写生しないよう注意し、かつ、車道上で写生している児童がいるか否かについての監視をして、車道上で写生している児童を発見した場合には、直ちに歩道上に移動させるべき指導監督上の注意義務を負」うとした上で、「写生開始時にも、写生中にも、車道上で写生しないよう注意しなかった」だけでなく、被害者が「車道上にいたにもかかわらず、道路脇であれば安全であると安易に考え」て写生位置の安全性を確認することなく見過ごしたとして注意義務違反を認めた。本件は写生中の教員の注意指導に問題があった点は理解できるが、車道上で写生する危険性を認識することは家庭教育でも当然可能である点が裁判で考慮されなかったため、学校と家庭の役割分担が意識されておらず妥当でない。

　また、小学校の図工の授業中に小学校の正門前の公道上で絵を描いていた児童が自動車にはねられて死亡した事故で、本件公道の利用がその構造上本件小学校の関係者又は本件小学校に用がある者にほぼ限られ、それらの者は本件小学校付近で停車するので本件公道を高速で走行して来る車両はほとんどなく、本件小学校の児童を迎えに来た保護者の車両が本件小学校正門前に複数台駐車することが常態化していた等、児童が本件公道をさほど危険なものと認識しない状況で図工の授業中に校外で絵を描くことを認めれば、公道でしゃがんで絵を描く児童が出てくることやその結果交通事故による死亡事故が生ずることを教員は容易に予見できたとして、教員の注意義務違反を認める裁判例[47]は、被害者の過失を認めず過失相殺していない点が特徴だが、児童が本件公道の危険性を認識していなかった理由に鑑みれば、教員もまた本件公道の危険性を認識することは困難であったから、教員の予見可能性を否定すべきだったとも考えられる。

　以上の①〜③の場合の裁判例を考察すると、児童生徒の過失の原因としての家庭教育の過失を検討することで教員の過失自体を否定すべきものも多いが、日本では学校と家庭の法的責任の分担を議論する土壌が醸成されておらず、学校事故の判例理論も学校と家庭の法的責任の分担を意識しながら教員の注意義務や安全配慮義務の内容を検討できていない問題がある。

第 1 節　学校事故

補 足

児童生徒の過失によって教員が被害を受けた場合

　小学生が放課後に校庭でサッカーボールを蹴ったところ、そのボールが窓から職員室内に入り、教員が負傷した事故で、小学生にはサッカーの練習をするに当たって他人の身体を傷つけることのないように注意すべき義務があり、本件事故の直前に加害者が蹴ったボールが職員室の開いている窓から職員室内に飛び込み、教員が加害者を注意してボールを返したにもかかわらず、その後もゴールに向かってシュートの練習を続け、再びボールが職員室に飛び込んで本件事故を発生させた場合は、保護者の注意義務違反を認める裁判例[48]がある。もっとも、本件では小学校の校舎及び運動場の構造上、職員室にボールが飛び込む危険性があったことから、通常有すべき安全性を欠く状態にあったとして、校舎及び運動場の設置及び管理の瑕疵を認めて営造物設置管理責任を肯定している。

40　仙台地判平成20年 7 月31日判時2028号90頁。

41　仮に、本件と同様の事故が海外で発生すれば、加害者は公立学校であっても停学・退学など重大な処分を受ける事案であるが、日本では本件のような場合に学校が採り得る法的手段が少ないことも本件事故の背景事情にあると言えよう。

42　福岡高判平成27年 5 月29日判例集未登載。なお、本件第一審は教員の予見可能性を認めず学校の法的責任を否定している。

43　神内聡『学校内弁護士』108頁。

44　大分地判平成23年 3 月30日・前掲注15）詳細はQ52参照。

45　横浜地判平成23年 5 月13日・前掲注19）詳細はQ53参照。

46　京都地判平成 8 年 8 月22日判タ929号113頁。

47　横浜地判小田原支部平成29年 9 月15日判例集未登載。

48　大分地判平成25年 6 月20日自保ジャーナル1909号20頁。

学校事故と危険性の判断

Q58　学校事故の法的責任を追及する場合に、教育活動に事故を生じさせる危険性が内在していたかが問われますが、なぜ事故が起

第2章　教育紛争の典型と問題

きる危険性が内在する活動を学校で行うのでしょうか。

A58　危険性が内在する活動に教育的意義があるからですが、その意義の判断には政策担当者や保護者の意思が影響しています（例えば、組体操は高度な危険性が内在し、かつ学習指導要領で規定されていないものの、多くの教育現場で実施されている実情があります）。学校事故の法的責任で危険性を判断する際には、政策的責任や保護者の責任も検討すべきであり、危険性の高い教育活動で実際に事故が起きた場合は、そのような活動を学校で実施する以上、家庭教育で児童生徒が当該活動の危険性を認識し、危険を回避できる能力が育成されていることが前提である点に留意すべきです。

　　学校事故で学校の法的責任が成立する要件としての予見可能性は、事故が起きた教育活動自体に、当該事故を生じさせる危険性が内在していたかを基準に判断するのが一般的である。

　判例は柔道の事故で、「柔道には、本来的に一定の危険が内在している」ため、「指導に当たる者は、柔道の試合又は練習によって生ずるおそれのある危険から生徒を保護するために、常に安全面に十分な配慮をし、事故の発生を未然に防止すべき一般的な注意義務を負う」と判示する[49]。また、プールの飛び込み指導中の事故で、「学校の教師は、学校における教育活動により生ずるおそれのある危険から生徒を保護すべき義務を負っており、危険を伴う技術を指導する場合には、事故の発生を防止するために十分な措置を講じるべき注意義務がある」として、教育活動に内在する危険性を考慮した教員の注意義務を判示する[50]。そして、教員の注意義務の内容は具体的に予見される危険性によって規律され、判例はバレーボール部の活動中に起きたけんかで生じた事故で、部活動中のけんかは部活動それ自体に内在する危険性から生じた事故ではないことから、「何らかの事故の発生する危険性を具体的に予見することが可能であるような特段の事情」がない限り、部活動顧問は「個々の活動に常時立会い、監視指導すべき義務までを負うものではない」と判示し[51]、部活動に内在しない危険が現実化した場合の部活動顧問の

158

第 1 節　学校事故

立会い義務を否定する。

　しかし、筆者はそもそも事故が起きる危険性が内在する活動を学校で行う点に疑問を持っている。組体操や騎馬戦の危険性に関する最近の議論も、事故が生じる危険性が内在する法的リスクが大きい活動をわざわざ学校で行う意義への疑問であり、筆者の疑問と共通するものである。

　危険性が内在する活動を学校で行う単純な理由は、その活動に教育的意義が認められるからである。例えば、危険性が内在する部活動をあえて学校教育で行う理由は、部活動にはスポーツや文化及び科学等に親しませ、学習意欲の向上や責任感、連帯感の涵養等に資する教育的意義があるからである[52]。また、組体操や騎馬戦は危険性が内在し、かつ学習指導要領に規定がないものの、多くの教育現場で実施されているが、これは教員が児童生徒に対して団結力や達成感等を体感させる教育的意義を組体操や騎馬戦に見出しているからである[53]。一方、学校事故で被害者となった児童生徒を救済することも不可欠なので、学校事故の法的責任では、「たとえ危険性が内在する活動でもその教育的意義を認めて学校で行う以上、いざ事故が起きたら被害者救済のために教員に重大な法的責任を負わせる」という論理を成立させている。

　しかし、危険性が内在する活動の教育的意義を実際に判断するのは教員ではなく政策担当者であるにもかかわらず、裁判では政策担当者の責任は一切問われず、教育現場の教員が実質的に責任を「肩代わり」する状況にある（このため、政策担当者は何らの法的リスクも心理的圧力も感じることなく、危険性が内在する活動を学校に組み入れてしまう）。

　また、教育的意義の判断には、家庭の意思も大きく影響する。例えば、前述の組体操や騎馬戦は、子どものために学校行事に盛り上がりや達成感を要求する保護者が実施を要望する場合も多い。また、部活動は本質的に自主的・自発的な課外活動で、学校が強制するものではなく、むしろ保護者が危険を伴うスポーツであることを認識した上で児童生徒の自主的・自発的な参加を許可しているのが実態である。

　このように考えると、学校事故の法的責任を議論する際には、学校や教員の過失だけでなく、当該教育活動に内在する危険性の判断において、政策担

159

第2章 教育紛争の典型と問題

当者や保護者の責任も検討しなければならない[54]。具体的には、政策担当者の判断過程の合理性を検討することで政策担当者の責任を追及したり、保護者の危険性の認識についてはある種の「危険の引受け」を観念して家庭の責任を検討することが考えられる。

学校事故の多くは危険性が内在する活動を学校で行うことで生じたものだが、そのような危険性の高い活動を学校で行うことを政策的・社会的に容認するのであれば、家庭教育で児童生徒が危険性を認識し、危険を回避できる能力を育成していることが前提であり、そうでなければ児童生徒の生命や身体にとって危険な活動を教育政策として実施することは許されない。危険性の高い教育活動から生じた学校事故は本質的には教員の過失の問題ではなく、児童生徒の危険性認識能力と危険回避能力の有無を政策担当者が認識しているかどうかの問題である。この点で「学校における教育活動は、生徒らの精神的、肉体的発達を促すことを目的とするものであるから、生徒らの情操を養い、危険に対処する能力を培うといった教育効果を狙って、危険性を含む課題を生徒らに課すことが絶対的に禁じられるわけではなく、生徒らの能力等に応じて、ある程度の危険性を含む課題を生徒らに課すことも学校教育上容認される」と判示する裁判例[55]があるが、教員に高度な注意義務を要求して負担を増やしてまで危険性が内在する活動を学校で行うことは妥当でなく、最初から実施すべきでないか、又は教員の注意義務を軽減すべきである。

なお、組体操に関しては、小学校で4段ピラミッドの最上位から落下して負傷した事故で、4段ピラミッドは落下する危険性を有する技であるから、指導をする教員は児童に対し危険を回避・軽減するための指導を十分に行う注意義務があると共に、最上位の児童を不安定な状況で立たせることがないように、最上位の児童を立たせる合図をする前に3段目以下の児童が安定しているか否かを十分確認したり、不安定な場合には立つのを止めさせたり、児童が自ら危険を回避・軽減する措置がとれない場合に補助する教員を配置する等して児童を危険から回避させたり、危険を軽減したりする注意義務があり、これらの義務を怠った場合には過失があると判断した裁判例[56]がある。具体的な教員の指導として、「4段ピラミッドにおいては、教員が少なくと

160

第 1 節　学校事故

も 1 人は補助について、児童の様子を注視し、バランスが悪い場合には、その段階で組立てを止めるよう指示することが必要であり、教員の補助がないまま、単に無理をしてやらないよう指導するだけでは、危険を回避・軽減する指導として十分なものとはいえない」として、教員の補助を要求している。学校側は、①運動会競技は体育的行事の一環として児童による自主的な活動が助長されることも求められている、②段階的な練習後は教員の複数の補助に頼らず自分たちで挑戦することも大事なものである、③担任を持たず、学校組織運営上の役職にもつかない教員が極めて少ない中で、1 基のピラミッドに対して複数の教員を補助につけることは実際問題として著しい困難を伴う、との理由で反論したが、①については児童の自主性と児童の安全とは別次元の問題であり、あくまで生じうる危険から児童の生命、身体の安全の確保が図られていることが大前提であって、自主的な活動の助長のため安全の確保を図る必要がなくなるわけではないとして、②については児童に 4 段ピラミッドのような転落の危険を内在する技を行わせる場合、人員の不足のために安全の確保を図る必要がなくなるわけではないとして、それぞれ裁判所が反論を排斥した一方で、③については裁判所が何ら言及していない点は興味深い。この裁判例は、前述した組体操を実施する背景事情に何ら言及していないため、司法判断としての適切性は評価が分かれよう。

　また、騎馬戦に関しては、高校の体育祭の騎馬戦で落馬して負傷した事故で、騎馬戦は騎手の落馬や騎馬の崩落といった事態が発生する蓋然性が極めて高度であったにもかかわらず、騎馬戦は通常の授業種目ではなく生徒は騎馬戦の経験をさほど積んでいないという性質の競技であったことを踏まえて教員の注意義務内容及び程度を検討すべきであり、本件騎馬戦については、①生徒に対し、騎馬戦の危険性及び安全確保の手段を指導する義務、②生徒に十分な事前練習、とりわけ落下時の危険回避行動の練習をさせる義務、③本件騎馬戦の審判員を務める教員に対し、危険防止措置を取って生徒の負傷を防止できるよう指導、訓練する義務、④審判員を危険防止措置が取れるよう配置し、また生徒に受傷の危険が発生した場合には審判員をして危険防止措置を取らせる義務、があったとした上で、④に関しては騎手が落下する

161

第2章　教育紛争の典型と問題

方向が急激に変化したとしても審判員が危険防止措置を取ることができるように、対戦する騎馬1組に対し複数の審判員を配置する義務があったにもかかわらず、複数の審判員を配置しなかった校長及び教員に義務違反があるとして、学校の法的責任を認めた裁判例[57]がある。筆者も勤務校で騎馬戦の補助に立ち会い、生徒の騎馬に1人の補助教員で対応するのは非常に困難だった経験があることから、騎馬1組に対し複数の教員を配置することが望ましいものの、現在の教育現場の教員数の実情では困難であろう。

49　最一小判平成9年9月4日集民185号63頁。もっとも、この判例の事案は柔道部の部活動中の事故であったが、部活動のように教育課程外の活動であっても指導教員が負うべき注意義務は、「学校の教育活動の一環として行われる課外のクラブ活動（いわゆる部活動）についても、異なるところはないものというべき」と判示している。しかし、これは論理の飛躍であり、教育課程に位置づけられている通常の授業等と、そうでない部活動では、教員の法律上の職務内容も全く異なるはずであるから、この判例の論理は妥当でない。

50　最二小判昭和62年2月6日集民150号75頁。

51　最二小判昭和58年2月18日民集37巻1号101頁。

52　中学校学習指導要領総則参照。

53　坂田仰=河内祥子『イラストと設題で学ぶ学校のリスクマネジメントワークブック』（時事通信出版局、2017）9〜10頁参照。

54　神内・前掲注43) 105頁参照。「学校事故が争われる事例においては、当該教育活動に内在する「危険性」は法的観点だけでなく、教育的観点からも判断されるべきであり、危険性が内在する行為をわざわざ学校の教育活動として実施することを認めている教育政策や社会的風潮の責任が問われずして、学校や教員の責任ばかりが問われるのは妥当でない」と指摘する。

55　東京地判平成20年10月29日判タ1298号227頁。

56　名古屋地判平成21年12月25日判時2090号81頁。

57　福岡地判平成27年3月3日判時2271号100頁。

学校設置物の事故と「瑕疵」の判断

Q59　学校の施設や設備の欠陥が原因で損害が生じた場合に、学校や教員が負う法的責任について教えてください。

A59　公立学校・国立大学法人の学校の場合は、国家賠償法上の営造物設置管理責任を負い、私立学校の場合は、民法上の土地工作物責任を負います。設置物の瑕疵とは、「通常有すべき安全性

を欠いていること」ですが、この点は①当該設置物の本来の用法に従った使用であったか、②過去に類似の事故がなく、注意指導を促す必要があったか、といった点を判断します。

　学校の施設や設備の欠陥が原因で損害が発生した場合、公立学校・国立大学法人の学校であれば、国家賠償法上の営造物設置管理責任を負う（国家賠償法2条）。また、私立学校であれば、民法上の土地工作物責任（民法717条）を負う。ただし、実際の教育紛争では、学校の施設や設備の欠陥と、学校や教員の注意義務違反のいずれが原因かを区別するのは困難なので、国家賠償法1条と2条、あるいは使用者責任と土地工作物責任の両方を追及する場合も多い。

　本設問の論点は、営造物ないし土地工作物の「瑕疵」の解釈だが、この点は「営造物が本来有すべき安全性を欠いている状態」をいい、当該営造物の構造、用法、場所的環境及び利用状況等諸般の事情を総合考慮して具体的、個別的に判断され、当該営造物に係る事故の発生が当該営造物の設置・管理者において通常予測できない行動に起因する時は、当該営造物が本来有すべき安全性に欠けるところはないとされる[58]。最高裁は、幼児が中学校のテニスコートに設置していた審判台で遊んでいる最中に発生した事故で、学校の設置物の「通常有すべき安全性の有無」は、設置物の「本来の用法に従った使用を前提とした上で、何らかの危険発生の可能性があるか否かによって決せられるべき」と判示し、それまで類似の事故が全く発生していなかったこと等も考慮して、学校の法的責任を否定する[59]。このため、学校の設置物に関する事故では、①当該設置物の本来の用法に従った使用がなされていたかどうか、という点と、②過去に類似の事故がなく、注意指導を促す必要性があったかどうか、という点が重要なポイントになる。また、前述の最高裁は、「幼児が異常な行動に出ることのないようにしつけるのは、保護者の側の義務」であることや、「公立学校の校庭が開放されて一般の利用に供されている場合」に「幼児を含む一般市民の校庭内における安全につき、校庭内の設備等の設置管理者に全面的に責任がある」とするのは相当でなく、これを強

調すれば「かえって校庭は一般市民に対して全く閉ざされ、都会地において
は幼児は危険な路上で遊ぶことを余儀なくされる結果」となることにも言及
し、その判断過程には教育的観点が配慮されている点も注目される。

　最近の裁判例は下記のように、上記最高裁判決を引用しつつ、「通常有す
べき安全性の有無」を厳密に検討している。

（1）　福岡高判平成25年12月5日判時2217号45頁[60]

　校舎内の廊下で他の生徒に手を引っ張られて転倒して負傷した事故で、事
故の直接の原因は加害者が被害者の手を引っ張って転倒させたことにあるが、
本件の廊下の状況は通常の歩行においても転倒の危険があったと認められる
から、本来の用法に従えば安全であったともいい難く、結露により極めて滑
りやすくなることは職員朝会でも話題にされる等教職員らにおいても十分認
識されており、雨天時など校庭が使えない時には生徒らが休み時間本件現場
付近の廊下で走ったり、ふざけて遊んだりすることは十分予測できたことか
らすると、本件事故が設置管理者の通常予測し得ない異常な行動に起因する
ものであったということはできないとして、設置物の瑕疵を認めた。

（2）　大阪地判平成25年7月29日判例集未登載[61]

　高校の体育館の天井部分に乗ったボールを取るために、体育館に設置され
たはしごを使って天井部分に上ったところ、飾り板部分を踏み抜いて転落し
た事故で、過去にはしごを上って天井部分に上ったために起きた事故が発生
してから本件事故に至るまで、天井部分にボールが乗らないようにする措置
や部員が物理的に本件はしごを使用できないようにする措置を何ら執ってい
なかったことからすれば、生徒がボールを取るため天井部分に上る可能性が
あることを十分認識することができ、ひいては本件事故を予見できたという
べきであるとして、設置物の瑕疵を認めた。

（3）　福岡地判平成26年11月18日判例集未登載

　バレーボール用ネットを張るためにネットの支柱に取り付けられていた
ネット巻器のクランクを回していたところ、同ネット巻器が支柱の上部まで
上昇して顔面を直撃し負傷した事故で、本件ネット巻器は本件事故当時通常
の手順で使用した場合であっても強くネットを張ろうとすると突然支柱の上

第 1 節　学校事故

部まで上昇し、クランクを回している者だけでなく周囲の者の顔面や身体に当たる危険性があったと認められ、通常有すべき安全性を欠いているとして、設置物の瑕疵を認めた。

　また、高校のプールでの飛び込み練習中の事故で、当該プールが日本水泳連盟が策定したガイドラインの要求する水深を確保できておらず、学校がプールへの飛び込みを禁止する等の措置を講じていなかった場合には、飛び込みを行って使用するプールとして通常有すべき安全性を欠いており、設置又は管理の瑕疵があったとして学校の法的責任を認めた裁判例[62]は、学校の設置物に関して設置上のガイドライン等がある場合は、ガイドラインで要求する水準が確保されなければ設置物の瑕疵となることを示している。

58　最三小判昭和53年 7 月 4 日民集32巻 5 号809頁参照。
59　最三小判平成 5 年 3 月30日民集47巻 4 号3226頁。
60　本件の第一審（大分地判平成25年 4 月18日判例集未登載）は、設置物の瑕疵を否定していた。
61　本件では、①教員は過去の事故以降、生徒に対し天井部分に上ってはいけない旨厳重に注意、指導してきたこと、②被害者は成人に近い判断力、適応力を有する年齢であり、飾り板部分が自己の体重を支えられない構造であることや天井部分から転落すれば重大な事故になることを認識していたにもかかわらず、軽率にも飾り板部分を踏み抜くという通常の高校生が取らないような行動を取っていることから本件事故は当該営造物の設置・管理者において通常予測することのできない行動に起因するものであり、本件体育館の設置又は管理に瑕疵はないとする学校側の反論が排斥されている。
62　奈良地判平成28年 4 月28日判例地方自治423号72頁。

学校事故の報告書作成や詳細調査の義務と危機管理体制の構築

Q60　学校事故で報告書の作成や詳細調査を行うべき場合について教えてください。また、学校事故を防止するための危機管理体制を構築する際に注意すべき点について教えてください。

A60　文科省の「学校事故対応に関する指針」によれば、死亡事故又は30日以上の治療期間を要する負傷や疾病を伴う事故が起きた場合は、報告書を作成して学校設置者に報告します。また、

165

①教育活動自体に事故の要因があると考えられる場合、②被害児童生徒等の保護者の要望がある場合、③その他必要な場合、には、外部専門家が参画した調査委員会による「詳細調査」を行います。危機管理体制の構築は重要ですが、日本の教育現場の実情に鑑みて、教員の負担や萎縮効果が生じないレベルで構築すべきです。

　文科省のガイドライン（「学校事故対応に関する指針」）は、「死亡事故及び治療に要する期間が30日以上の負傷や疾病を伴う場合等重篤な事故が起こった場合には、学校の設置者等に速やかに報告を行う」と規定し、上記のような重篤事故が起きた場合は、学校設置者に報告書を作成して提出する（報告を文書の提出により行う旨は学校設置者が作成する内規要綱で規定されていることが多い）[63]。

　また、学校は事故が起きたら速やかに「基本調査」を行うが、さらに必要な場合には学校事故対応の専門家など外部専門家が参画した調査委員会による「詳細調査」を行う場合もある。ガイドラインは「原則全ての事案について詳細調査を行うことが望ましい」とするが、現実的には難しいことから、少なくとも①教育活動自体に事故の要因があると考えられる場合、②被害児童生徒等の保護者の要望がある場合、③その他必要な場合、について「詳細調査」を実施するとされる。詳細調査の実施主体は学校設置者であり、調査を行う調査委員会の構成員については「学識経験者や医師、弁護士、学校事故対応の専門家等の専門的知識及び経験を有する者であって、調査対象となる事案の関係者と直接の人間関係又は特別の利害関係を有しない者（第三者）について、職能団体や大学、学会からの推薦等により参加を図ることにより、当該調査の公平性・中立性を確保する」ことが求められ、この点はいじめに関する重大事態調査委員会と類似する。スクールロイヤーが導入されている学校では、同人が調査委員会の構成員になることが適当であろう。

　一方、ガイドラインは、学校事故に関する危機管理体制の構築に関しても、①教職員の資質の向上（研修の実施）、②安全教育の充実、③安全点検の実施（安全管理の徹底）、④各種マニュアルの策定・見直し、⑤事故事例の共有、⑥

緊急時対応に関する体制整備、⑦保護者や地域住民、関係機関等との連携・協働体制の整備、⑧事故発生の未然防止及び事故発生に備えた事前の取組の推進、といった点を規定する。確かに、①〜⑧の点に徹底的に取り組む意識は危機管理体制の構築で重要だが、現実の教育現場は教員数が不足し、業務も全く余裕がなく、ガイドラインが示す理想的な危機管理体制を構築する前提条件を欠いている（むしろ、文科省がすべきことは、ガイドラインで理想的な危機管理体制を示すことではなく、教員数の確保に向けた予算獲得であろう）。

　また、学校事故に関する学校の法的責任の成否は「予見可能性」が基準であることから、教員が認識可能な事故であるほど予見可能性が認められ、学校の法的責任が成立する可能性が高くなるため、危機管理体制の構築は必要不可欠だとしても、必要以上の事故防止策を講じるあまり、休み時間等の時間帯も含めてあらゆる教育活動に教員を常時立ち会わせるような体制を構築すれば、教員の負担が増えるだけでなく、かえって教員の認識可能な事故と判断される可能性も高くなる。その結果、「予見可能性」があったと判断される可能性も高くなり学校の法的責任が認められやすくなるが、こうした法理は教員にとって過重な心理的負担と萎縮効果を生じさせてしまう。学校事故で不幸にして被害を受けた児童生徒の救済の観点は当然重要だが、学校事故の多くは不可避的に発生するものであり、不運にも事故が発生した際に事故を防止しようと真面目に立ち会っていた教員が、立ち会っていなかった教員よりも法的責任を負う可能性が高くなってしまう論理は理不尽である。事故の危険性が内在する教育活動が多く、かつ児童生徒数に見合う教員数が少ない日本の教育環境に学校事故の原因があるとすれば、学校事故で被害を受けた児童生徒の悲劇を繰り返さないためにも、教員個人の法的責任を問う前に政府の政策的責任こそ問われるべきである。

　以上から、危機管理体制の構築は、学校事故が不可避的に生じる可能性を前提に、教員の負担と萎縮効果が生じないレベルで講じるべきだ[64]。

　なお、日弁連が発表した「『スクールロイヤー』の整備を求める意見書」は、危険管理の視点から学校事故の予防や事後対応・調査活動を主導することをスクールロイヤーに期待するが[65]、教育現場での日常的な勤務経験のないス

第2章　教育紛争の典型と問題

クールロイヤーが、教育現場の実情に応じた事故予防体制の構築を助言する
ことは難しいであろう（一般の会社でも、予防法務は通常社員として勤務するインハ
ウスロイヤーが担当することが多い）。

63　例えば、東京都では「事故発生報告等事務処理要綱」にて状況報告書の作成と提出が
　　義務付けられている。

64　なお、学校の危機管理体制に関して、堀切忠和氏は、①学校活動それ自体が内包する
　　危険については、危険が具体化した場合に大事に至らぬよう損害を軽減する体制を作る、
　　②学校活動それ自体に内包されないリスクについては、可能な限り、予め除去することが
　　求められるとするが、教育的観点も踏まえ、学校と企業における危機管理の相違にも着目
　　した大変参考になる見解である（堀切忠和『教職員のための学校の危機管理とクレーム対
　　応』（日本加除出版、改訂版、2014）66頁）。

65　日弁連「『スクールロイヤー』の整備を求める意見書」（2018）9頁。

第2節　保護者対応

保護者対応の心構え

Q61 スクールロイヤーが教員に対して、保護者対応に関する相談や助言を行う際に注意しなければならないことを教えてください。

A61 マニュアル的な対応ではなく、教員と保護者の個別の信頼関係事情に応じた相談や助言と、子どもと保護者の意思や利益は別であることを意識した相談や助言を行うべきです。また、「不合理な保護者のクレームには『毅然とした対応』をすべきです」と助言しても、教員にとって実際に保護者に対して毅然と対応することは非常に難しいことも理解しておく必要があります。

　文科省が導入するスクールロイヤー制度はいじめ対策が主眼であるが、「チーム学校」構想で当初想定されたスクールロイヤーは保護者のクレーム対応が主眼であったため[1]、賛否はともかくとして（筆者は「否」の立場であるが）スクールロイヤーが今後の教育現場で保護者対応に関与し、教員に代わって保護者と接する機会が増えることも予想される。ただし、保護者対応は「モンスター・ペアレント」という語が広がり始めた10年ほど前から教育現場においても様々な対策が行われており、各教育委員会で詳細な保護者対応のマニュアル資料を作成して対策を講じている場合が多く、中には心理学などの知見も活用した学術的にもレベルの高い資料もある[2]。最近では民事介入暴力を専門とする弁護士が編んだ、教育現場における保護者対応を民事介入暴力の一環として理解し、そのノウハウで対応することを促す著作もある[3]。

　このような対策にもかかわらず、教育現場では未だに保護者対応に悩む教員は非常に多い。その理由は、日常的かつ継続的に保護者との関係を築く必要がある教員にとって、教育現場の経験のない政策担当者や弁護士が作成したマニュアルでは現実的に実行可能な保護者対応とはなりづらく、肝心な場

169

面で役に立たないことが多いからである。教員として保護者対応を日常的に行っている筆者の立場からは、保護者対応をマニュアルに基づいて行うことはほとんど不可能であるというのが実感である。

したがって、スクールロイヤーが保護者対応に関して教員の相談や助言を行う場合は、「マニュアル本に書いてあったから」といった対応は絶対に避けるべきであり、まずは教員と保護者の個別の信頼関係事情を的確に理解することに努めるべきであるが、特定の保護者との信頼関係の構築状況を他の教員にオープンにするのは学級担任にとって非常に抵抗感があることから、教員と保護者の個別具体的な関係を的確に理解することは管理職であっても非常に難しく、学級担任に最も近い立場にいる学年主任であっても難しいことが多いため、スクールロイヤーにはなおさら難しい。スクールロイヤーは教員と保護者の個別の信頼関係事情に応じた相談や助言を試みる必要があるが、日常的に教育現場にいるわけではないスクールロイヤーにとって教員と保護者の関係を的確に理解することが困難であることも意識すべきである[4]。

また、弁護士は他分野のクレーム対応などを多く手掛けていることから、その経験を参考に保護者対応の相談や助言を行うことも多いが、教育現場での保護者対応は、たとえ「モンスターペアレント」や「教育対象暴力」といった語で比喩されるような保護者であったとしても、保護者のクレームの背後には「子ども」の存在がある点で他分野のクレーム対応とは決定的に異なる[5]。そして、多くの場合において、クレームを行う保護者の意思や利益と、その背後にある子どもの意思や利益は異なっている点も保護者対応の特徴である[6]。スクールロイヤーに保護者対応を委託する教育委員会や学校法人は、他分野のクレーム対応の経験が豊富な弁護士だからといって、必ずしも適切な保護者対応に関する相談や助言ができるわけではなく、むしろ適切な保護者対応ができずに子どもの利益を害したり、教員と保護者の関係をかえって悪化させる弊害に注意すべきである。スクールロイヤーが保護者対応に関する相談や助言を行う際には必ず子どもの意思や利益に考慮し、できる限り子ども本人に直接意思を確認してその利益を的確に理解する必要がある。

弁護士にとって不合理な保護者の要求に第三者の立場から合理的な法律論

により対応することは決して難しいことではないため、教員から相談を受けた弁護士は、「不合理な保護者の要求に対しては毅然として対応すべきである」と助言することが多いが、スクールロイヤーを担当する弁護士としては、このような回答にとどまることは助言として決して適切ではない。第三者の立場であるスクールロイヤーと異なって、日常的に保護者と接しなければならない教員が保護者に毅然とした対応をとることは、実際には非常に難しく、筆者自身、たとえ弁護士としての立場があっても、教員として保護者に毅然とした対応をすることが非常に難しいことを経験している。したがって、スクールロイヤーを担当する弁護士はそのような教員の立場を的確に理解した上で、「毅然とした対応」が難しい場合に備えての代替策も含めて助言する必要があり、この点こそ、スクールロイヤーの腕の見せ所と言えよう。

1 　中教審「チーム学校」答申では、チーム学校の取組みとしての弁護士の活用について、「関係機関・団体における取組として、日本弁護士連合会の民事介入暴力対策委員会では、平成22年から行政対象暴力の一形態として教育対象暴力の検討が行われている」としか示されておらず、民事介入暴力対策専門の弁護士が行う保護者のクレーム対応だけを紹介しており、いじめ対策におけるこれまでの弁護士の実績を一切紹介していないことからも、文科省が当初想定していたスクールロイヤーの担当業務が保護者のクレーム対応であったことは間違いない。

2 　例えば、広島県教育委員会が作成した「保護者、地域と学校の協力のために【保護者等対応事例集】」（平成25年12月）〈https://www.pref.hiroshima.lg.jp/uploaded/attachment/115228.pdf〉では、心理学の知見や弁護士の実務でも用いられる説得術や交渉術のノウハウなども紹介されており、完成度が非常に高い。

3 　例えば、近畿弁護士会連合会民事介入暴力及び弁護士業務妨害対策委員会編『事例解説　教育対象暴力』（ぎょうせい、2015）など。同書は教育現場において、保護者対応のマニュアル本として最近特に流通している著作である（神戸新聞2016年 5 月25日付参照）。

4 　教員と保護者の関係を的確に理解する一つの方法としては、スクールロイヤーを担当する学校にできるだけ来校し、学校の普段の様子、教員と子どもの様子等を見聞するとよい。来校した際に弁護士が学校や教員に持つ印象は、子どもや保護者がその学校や教員に持つ印象とそれほど違いはないので、保護者対応に関する相談や助言を行う際の参考になる。

5 　筆者はそもそも「モンスターペアレント」という語自体に否定的であるが、この語はアメリカでは児童虐待を受けた子どもから虐待する保護者を見た場合に用いられる語であり、「学校から見た保護者」の文脈で用いられていない（小野田正利『それでも親はモンスターじゃない』（学事出版、2015）121頁）。つまり、日本では「モンスターペアレント」という語を、本来は子どもの利益のために連携・協力すべき立場である「学校」と「保護者」を、むしろ対立的に捉えるためにわざわざアメリカでの使用例を意図的に変更して使用しているのであ

る。スクールロイヤーを担当する弁護士はこの点を理解しておかなければならない。
6 筆者が教育紛争を扱っていると、この点を理解しないで保護者対応に関与する弁護士が現実には多い。例えば、近畿弁護士会連合会民事介入暴力及び弁護士業務妨害対策委員会・前掲注3）では、保護者対応を教育対象暴力として論じる際に、「保護者と子どもの意思や利益が対立する場合などはどのように対応すべきか」といった問題意識はほとんど言及されておらず、教育紛争独自の特徴を理解した視点が全くと言っていいほど含まれていない。したがって、民事介入暴力等のクレーム対応の経験が豊富な弁護士にスクールロイヤーを担当させる際には特に注意すべきである。一方で、子どもの権利を専門とする弁護士の多くは、保護者と子どもの意思や利益が異なるものであるという理解の下に相談や助言を行うことに慣れており、こうした弁護士はより適切に保護者対応に関する相談や助言を行うことが期待できる。

文書による保護者対応

Q62 学校や教員に文書で回答するように要求する保護者には、どのように対応すればよいでしょうか。また、保護者とのやり取りに文書やメール等を用いるメリットは何でしょうか。

A62 保護者に文書で回答する法的義務がある場合はほとんどないため、原則として「文書で回答する必要はないと考えています」と回答すればよいです。学校や教員が文書やメール等で保護者とやり取りすることは、業務の効率化や保護者とのやり取りを証拠化するメリットがあり、学校が保護者に対して一定の要求をする場合には「誓約書」「念書」等を活用することも考えられます。

Q28の解説のとおり、保護者から文書での回答を要求された場合であっても法的義務は生じないことから拒否できる。学校や教員は執拗に文書での回答を要求する保護者に対しては毅然と対応すべきであり、例えば、教員は保護者に対して、「文書で回答する必要はないと考えています」と回答すればよいが、この際に文書で回答してはならない場合と文書で回答してもよい場合を区別することが重要である（Q28参照）。

ただし、筆者は日本の学校が保護者との日常的なやり取りに未だに電話や面談を用いていることが多い点に疑問を感じる。電話や面談は応対に時間が

第 2 節　保護者対応

かかることも多く、保護者が不在であれば電話がなかなか繋がらず連絡できないことも多いし、保護者の指定する時間に電話や面談を行うのであれば教員に負担がかかってしまう（後述Q64参照）。また、電話や面談では「言った」「言わない」の誤解が生じることも多く、学校側は電話や面談を録音して証拠化してないが、保護者側は一方的に録音している場合も多い。そのため、業務の効率化の観点や保護者とのやり取りを証拠化する観点からも、文書やメール、LINE等のソーシャルメディアを活用すべきであろう。

　また、学校側が保護者に対して文書で要求すべき場合もある。例えば、問題行動を起こす児童生徒の保護者に家庭での指導監督の強化を求めたり、不登校の理由が家庭問題にある保護者に児童生徒の登校に向けて改善努力するよう求める場合は、「誓約書」「念書」等の文書を作成して保護者に交付することで、心理的圧力を加えて義務の履行を順守させる効果が得られる。

　現在の教育現場では、保護者が学校に対して文書での回答を要求することは多いが、学校が保護者とのやり取りで積極的に文書を活用することは少ない。しかし、適切な保護者対応という観点からは本設問で説明したように文書の活用を検討すべきである。

家庭訪問のリスク

Q63 保護者対応において家庭訪問をしなければならない場合は、どのような場合でしょうか。いじめや学校事故の被害者の保護者が学校や教員に対して交渉を拒絶している場合に、教員は家庭訪問すべきでしょうか。

....

A63 家庭訪問は「相手方の領域で証拠を収集される可能性がある」というリスクを念頭に置いた上で行うべきであり、スクールロイヤーの視点からは積極的に勧めるべきではなく、例外的に行うとしても、学校や教員が法的責任を負うことが明らかな場合には複数の教員による家庭訪問が考えられます。また、いじめや学校事故の被害者が交渉

173

を拒絶している場合にも、家庭訪問ではなくできる限り学校又は家庭以外での場所での面談を検討し、教員だけでなくスクールソーシャルワーカーなどの専門スタッフが同席することが望ましいです。

　教員（特に学級担任）による家庭訪問は、教員と保護者の信頼関係を構築する手段であり、家庭の状況を教員が実際に見聞することで、個々の子どもの家庭環境に配慮した教育活動の参考になる上、公立学校においては保護者が地域社会の一員でもあることから、家庭訪問は学校と地域社会の信頼関係を構築する側面もある。このような家庭訪問の意義に鑑みれば、保護者対応の一環として家庭訪問が頻繁に行われることには一定の合理性がある。

　しかし、保護者のクレームに対する対応策としての家庭訪問や、いじめや学校事故等の教育紛争を解決する手段の1つとしての家庭訪問は、教育的意義はともかく、法的リスクは高い。こうした家庭訪問は、「相手方の支配領域で（裁判になった際の）証拠を収集される可能性」という意味で、法的には奨励できるものではない。実際の教育現場では、何かあった時には学級担任や管理職による家庭訪問はかなり安易に行われるが、学校や教員が家庭訪問の法的リスクを意識することは非常に少ないので、スクールロイヤーを担当する弁護士は、安易な家庭訪問を奨めるのではなく、家庭訪問以外の手段をまず講じるよう助言すべきである。

　ただし、学校や教員の過失が明確な場合には、学校と家庭の信頼関係を修復する直接的な手段として家庭訪問の意義は大きいので、複数の教員による家庭訪問を行うことが検討されてよい。もっとも、学校や教員の過失を明確に判断するのは困難なので、スクールロイヤーによる判断に基づいて家庭訪問を実施すべきかどうかを検討することが望ましい。

　実際に、保護者が学校や教員との交渉を拒絶する場合が多いのは、子どもがいじめや学校事故の被害者である場合だが、こうした場合は学校や教員と保護者との間で事実関係の認識が異なることがほとんどであって、過失や因果関係は明確ではないため、たとえ被害者の感情を和らげる意義があるとし

第 2 節　保護者対応

ても法的にはリスクが高いにもかかわらず、教育現場で最も多く選択される
手段は家庭訪問である。そこで、スクールロイヤーを担当する弁護士は、い
じめや学校事故の被害者が交渉を拒絶している場合には、家庭訪問ではなく
学校又は家庭以外での場所での面談を行うよう助言すべきである。筆者の経
験では、保護者が学校や教員との交渉を拒絶する場合には保護者の家庭事情
も影響していることが多いので、学校又は家庭以外で面談する際にはスクー
ルソーシャルワーカー等の福祉の専門スタッフが同席することが望ましい。

　なお、家庭訪問のリスクには、学校や教員にとって「相手方の領域で証拠
を収集されるリスク」の他に、「危険な保護者による犯罪被害に遭うリスク」
もあり得る。実際に、校長の指示により家庭訪問した教員が保護者に金属
バットで暴行を受けた事案で、教員が校長の指示に対して安全配慮義務違反
に基づく国家賠償を請求した裁判例もある[7]。この裁判例では、保護者が教
員の指導に対して「抗議の電話を入れ、その際立腹していた様子であったと
しても、実際に訪問した教員に暴行を加えるというのは、通常の予測の範囲
を超えた行動といわざるを得ない」ことから、校長の予見可能性が否定され
たが、事案によっては教員が家庭訪問の際に受けた損害に対して、学校設置
者の法的責任が認められる場合もあろう。

7　東京地判平成24年 4 月18日判例集未登載。

保護者対応の時間帯と勤務時間

Q64 学校や教員に、自分の仕事が終わる夜になってから電話での相
談や面談を要求する保護者に対しては、どのように対応すれば
よいでしょうか。

A64 学校や教員には、原則として勤務時間外に保護者対応する法的
義務はありません。児童生徒の入学時に校長が電話や面談で対
応可能な時間帯を提示し、原則としてその時間帯以外での対応

175

を受けつけないようにすべきです。

　保護者の相談や面談の要求に学校や教員ができる限り応じることは保護者との信頼関係を築く上で重要であり、学校教育法43条が規定する学校の積極的情報提供義務の趣旨にも適うことから法的にも望ましいが、今日では多くの保護者が働いており、設問のように保護者の仕事が終わる夜間になってから教員との相談や面談を要求することも多く、教員が勤務時間外に保護者対応せざるを得ない状況が常態化している。

　法的には学校や教員には原則として勤務時間外に保護者対応する義務はなく、公立学校で教員に時間外勤務を命じることができる「超勤4項目」にも保護者対応は含まれていない[8]。もっとも、時間外労働の規定が適用されない校長や教頭等の管理職が勤務時間外に保護者対応することは法的に問題ないと考える余地もあるが、管理職であっても保護者が要求する時間に保護者対応する法的義務があるわけではない（仮に保護者が要求する夜間に管理職が保護者対応しても、学級担任に対するクレームであれば学級担任の勤務時間外には機能的な対応はできない）。自分の仕事が終わる夜になって学校や教員に電話での相談や面談を要求する保護者に対しては、保護者の勤務時間中であっても学校や教員が対応しやすい時間に対応する旨保護者に協力を促すべきである。

　また、保護者対応の時間帯は、あらかじめ児童生徒の入学時に、校長が電話や面談で対応可能な時間帯を提示し、原則としてその時間帯以外での対応を受けつけないようにしておけば、学校や教員の負担は減少するし、保護者間の公平な取扱いも可能になる。実際に、海外の学校では保護者対応の時間帯をあらかじめ限定するだけでなく、保護者対応の窓口も一本化している。

　一方、私立学校の保護者対応は、公立学校とは異なって授業料の対価としてのサービス要素が強いため、ある程度保護者の要求する時間帯に対応する必要性もあるが、教員の勤務時間外に保護者対応するのであれば割増賃金の時間外手当を支給しなければならないし、管理職に四六時中保護者対応を担当させることは負担が大きいため、私立学校でもあらかじめ児童生徒の入学時に、校長が電話や面談で対応可能な時間帯を提示し、原則としてその時間

帯以外での対応を受けつけない旨を説明しておく意義はあろう。

---

8 公立の義務教育諸学校等の教育職員を正規の勤務時間を超えて勤務させる場合等の基準を定める政令参照。

別居中の保護者への対応

Q65 別居中の保護者に対しては、同居親と別居親のいずれを保護者として扱えばよいでしょうか。同居親から「別居親には子どもの成績や学校行事などの情報を絶対に知らせないでほしい」と要求されている状況で、別居親から「子どもの情報を教えてほしい」と要求された場合は、どのように対応すべきでしょうか。

A65 原則として同居親に対する連絡で足りますが、私立学校や高校で授業料を負担しているのが別居親である場合は、子どもの生活関係に危害が及ぶ可能性の有無を判断した上で、別居親に対しても連絡したほうがよい場合があります。スクールロイヤーとしては、学校や教員の負担を考慮して、別居中の保護者に対しては早急な離婚の成立と親権者の決定を促すか、同居親と別居親が対立する要求に対しては厳正に対応すべきです。

　別居中だが離婚が成立していない状況の保護者対応は非常に難しい。保護者側から見れば、親権の共同行使の原則（民法818条3項）により、同居親も別居親も子どもの教育に関する権限に優劣はなく[9]、学校側から見れば、保護者に対する積極的情報提供義務（学校教育法43条）は、条文上「保護者」としか規定していないことから、法的には学校は同居親・別居親の双方に対して義務があると解される。

　しかし、別居中の両親は子の養育について対立していることが通常なので、学校は同居親・別居親のいずれを「保護者」として扱うかは慎重に判断しなければならず、学校が夫婦間の紛争に巻き込まれる法的リスクも伴う。特に

177

子どもの成績や学校行事等の日常的な諸連絡を担当する学級担任は、対立する両親双方に直接連絡しなければならず、多大な負担とリスクが生じる。

　授業料が無償である義務教育段階の公立学校では、学校は同居親への対応や連絡をすればよく、別居親への対応や連絡はせずともよいとする取扱いも多い。前述の親権の共同行使の原則からすれば、学校は本来ならば同居親だけでなく別居親も「保護者」として扱うべきだが、子どもの福祉の観点や教育的な配慮も必要である。裁判実務でも子どもの福祉の観点からは同居親との生活関係の維持が重要であると判断される傾向にあるため、同居親と子どもの関係が別居親と子どもの関係よりも優先されると考えられるし、夫婦間の紛争によって何の関係もない学級担任の負担が増えることは不合理なので、同居親への対応や連絡で足りると解して、教員の負担を軽減することも必要である。したがって、別居中の保護者への対応については、法的にも原則として同居親への対応や連絡で足りると考えられる。

　しかし、授業料が原則として有償である私立学校の場合は、保護者が支払う授業料の対価としての教育サービスの要素が強く、授業料を負担する保護者が同居親ではなく別居親である場合に、公立学校と同様に同居親のみを保護者として扱うことが法的に当然許されるわけではない[10]。もちろん、授業料の負担ではなく子どもの福祉の観点を優先して保護者を判断するのであれば、私立学校でも同居親を保護者として扱う考え方もあり得る（実際にそのような取扱いをする私立学校も多い）。しかし、私立学校の授業料の負担は、法律上の契約当事者が誰であるかを基礎づける重要な事実でもあり、仮に別居親が「授業料を負担せずに子どもと同居している事実のみをもって『保護者』として振る舞う同居親は許されない」と主張すれば、その主張には法律上も一定の合理性を認めざるを得ないから、私立学校では原則として授業料を負担する別居親も同居親と同じく保護者として扱うべきであろう。

　ただし、授業料を負担する別居親の要求に全て応じることは、学校が夫婦間の紛争に巻き込まれるリスクも生じるため、別居親の要求内容を子どもの福祉の観点から判断し、応じるべき要求とそうでない要求に区別する必要がある。例えば、「子どもの成績を教えてほしい」「子どもの進路について学級

担任と面談したい」といった子どもの勉学に関する要求は、子どもの福祉の観点から考えても子どもの生活関係が不当に害される可能性は少なく、むしろ、子どもの勉学や進路にとって有用になり得ることから、学校は要求に応じてもよい。これに対し、「子どもが学校から帰宅する時間を教えてほしい」「子どもの学校行事の日時を教えてほしい」といった子どもの身辺に関する要求は、「子の奪取」「連れ去り」といった子どもの生活関係が害される可能性が非常に高いことから、子どもの福祉の観点からは別居親の要求に応じることは適切でなく、学校は要求に応じるべきではない。

なお、学校が別居親の要求に応じて子どもの帰宅時間を教えた結果「子の奪取」が発生した場合に、学校がどのような法的責任を負うかは別途問題になる。このような場合に学校の法的責任を認めた裁判例はないが[11]、形式的には同居親・別居親はお互い親権の共同行使を侵害している状態であり、学校がいずれかの権利侵害に加担するようなことは避けるべきである。

別居中の保護者からの要求は多分に法的な問題を孕んでおり、学校や教員が臨機応変に妥当な判断を行うことは非常に困難であるため、スクールロイヤーを担当する弁護士は、学校や教員の負担を考慮し、別居中の保護者からの要求に対しては教員に代わって積極的に対応すべきであり、別居中の保護者に対して早急の離婚成立と親権者の決定を促すことや、同居親と別居親が対立する要求をしないように促すなど、厳正な対応が求められよう。

9　山口卓男編『新しい学校法務の実践と理論』（日本加除出版、2014）43頁。なお、同書によれば、父母の親権の共同行使による学校に対する権利は不可分債権（民法428条）であるとされる。

10　私立学校では授業料を負担する保護者を「保証人」と称する場合も多い。筆者の勤務校もそうであるが、「保護者」ではなく「保証人」という語を用いる背景には、やはり私立学校は公立学校とは異なる、授業料との対価関係としての教育サービスの提供という関係を意識する側面があるからであろう。

11　学校以外の裁判例としては、名古屋地判平成14年11月29日判タ1134号243頁がある。この事案は、別居親から相談を受けていたカウンセラーが、別居親の子の奪取行為に加担したことが親権侵害に該当するとして、カウンセラーの不法行為責任を認めたものである。判決は「実力行使による子の奪取」は「緊急やむを得ない事情のある場合を除いて許されない」と判示している。

PTAと加入を拒否する保護者への対応

Q66 PTAの加入を拒否し、会費の納入も拒否している保護者に対しては、どのように対応すべきでしょうか。

A66 PTAは任意加入団体であり、加入したくない保護者から会費を強制的に徴収できませんが、PTAに加入せず会費も納入しない場合には、PTAが主催する福利厚生的な恩恵を受けられない可能性がある旨を伝えた上で、加入を促すことは可能です。

PTA（Parent-Teacher Association）は、学校に在籍する児童生徒等の保護者及び当該学校の教職員で構成される団体又はその連合体であり（PTA・青少年教育団体共済法2条）、その法的性格は「権利能力なき社団」である[12]。PTAは「当該学校における子どもの教育と福祉の増進」を目的とする団体であると理解されているが、あくまでも任意加入団体であり強制加入団体ではないため、加入したくない保護者からPTA会費を強制的に徴収することはできない。仮に保護者が明示的に入会を拒否した場合は、PTAはそれ以上強制的な措置を行うことはできず、当然PTA会費も請求できないが、ほとんどのPTAは規約において「任意」であることを明記しておらず、明示的な入会手続が行われないことも多い。

今日では公立学校を中心に、PTAへの加入を拒否する保護者やPTA活動自体に否定的な保護者も多いが、PTAの目的が「当該学校における子どもの教育と福祉の増進」である以上、学校としてはできるだけ多くの保護者に加入してもらい、PTAの団体としての目的が達成されるような効果的な運営がなされることが望ましい。また、PTAの役割は公立学校と私立学校では大きく異なり、私立学校のPTAは公立学校以上に学校と非常に密接な関係にあり、学校の教育活動に大きな影響を及ぼすこともある。

PTAはボランティアが原則だが、実際はほとんどのPTAが会費を徴収して有償対価的な活動を行っているため、PTAの「当該学校における子どもの教育と福祉の増進」を目的とする活動の結果生じた福利厚生的な恩恵は、

PTA会費と対価関係にある。そのため、PTAに加入せずPTA会費も納入していない保護者がPTA活動の結果生じた恩恵を受けることは、対価性や公平性という意味で法的な問題が全くないわけではなく「フリーライダー」の問題が生じる。PTA活動の恩恵は保護者ではなく子どもが受けるものだが、PTAがもたらす恩恵とPTA会費が対価関係にあるならば、PTA会費を任意に納入しない保護者の子どもはPTA活動の恩恵を受けることはできないと考えることもあながち間違いではなく[13]、会費を支払い、活動に積極的に参加している保護者が、会費も払わず活動にも参加しない保護者の子どもがPTA活動の恩恵を同じように受けることに不公平感を抱くことは当然あり得る。

　ただし、筆者が実際に教育現場でPTA活動を考察していると、「当該学校における子どもの教育と福祉の増進」というPTAの目的や存在意義に関する説明が不足しているがために、PTAに対する嫌悪感が生じたり、PTAへの積極的な加入が妨げられていると感じることも多い。PTAの目的や存在意義と関連性の薄い活動が行われている実態もあるため、学校はPTAの目的とその恩恵を子どもが受けることを丁寧に説明した上で、PTA活動が有償対価的であることから、PTAに加入せず会費も納入しない場合はPTAがもたらす福利厚生的な恩恵を受けられない可能性があることにも言及し、PTAが目的や存在意義から離れた活動をしないことを前提に、保護者に対してPTAへの加入と会費の納入を事実上促すことが望ましいと考えられる。

12　なお、一部のPTAには一般社団法人・一般財団法人として認可されているものもある。

13　これに対し、PTA活動はあくまでも子どものためであることから、PTA活動に参加しない保護者の子どもに対してPTA活動の恩恵を与えないとするのは行き過ぎであると考える立場もある（山口・前掲注9）70頁）。

第2章　教育紛争の典型と問題

第3節　学級担任

学級担任の職務内容

Q67 学級担任の職務内容について教えてください。

A67 学級担任は法令に規定された教員の職種ではなく、職務内容も明らかではありません。学級担任の職務内容は「学級経営を担当すること」であり、あらゆる事項について児童生徒や保護者との一次的な対応を担当することが含まれている、と考えられますが、学級担任の職務内容を無限定なものにしないためにも、法令で学級担任の職務内容を明記すべきです。

　　学級担任は児童生徒や保護者にとって最も身近で重要な存在の教員であり、日本の特殊な教育制度を代表する教員の職種である。学級担任は教員にとっても重要な業務であり、教員のキャリアとしても学級担任の経験は重要である。

　しかし、学級担任は法令上に明記された教員の職種ではなく[1]、「学級」自体の法令上の定義もないため、学級担任は日本の教育現場の慣行として存在する教員業務にすぎない。換言すれば、学級担任は法令上必置の職種ではないので、各学級に学級担任を配置しなくとも法令に違反せず、職務内容も法令上一義的に明らかではないため、法令上も職務内容が明確に規定されている校長、教頭、教務主任、学年主任、生徒指導主事、進路指導主事等と決定的に異なる職種である。

　法令で職務内容が明記されていないことと、学級担任が「何でも屋」である実態は表裏一体であり、実際に、学級担任が担当する業務は多様で幅広く、学級担任はあらゆることで児童生徒や保護者との一次的対応を担当するといっても過言ではなく、本来養護教諭の専門的職務内容である児童生徒の病気や負傷の対応ですら、学級担任は養護教諭とともに一次的対応を担当する

第 3 節　学級担任

ほどであり、こうした教員は日本以外ではほとんど存在しない[2]。

これまで法律家は学級担任の法的位置づけについてほとんど関心を持っていなかったが[3]、このことは法律家が教育現場の視点を持ち合わせていないことを如実に示すもので、スクールロイヤーを導入するに際しても重要な課題であり、教育紛争に関与する弁護士にとって不可欠の課題である（筆者自身、弁護士という立場でありながら学級担任を担当する特殊な経験をしなければ、日本の学級担任の法的位置づけに関心を抱くことはなかったかもしれない）。

筆者は、教育的にも法的にも「学級担任は学級経営を担当する教員」と理解すべきと考える。学級担任の業務は校長の校務掌理権に基づいて校務分掌の一環として担当するが、法的には学級担任が、本来校長がなすべき学級経営を「代理」しているとも理解できる。学級担任が担当する学級経営はそれ自体教育学では重要な研究対象になるほど専門的な教育活動であり、学級担任には法的にも一定の専門的裁量が認められると考えられる。

筆者も学級担任を担当する立場なのでその職務の実情をある程度理解しているが、学級担任が担当する学級経営の専門性は、教科指導の専門性と同じか、それ以上のものである。学級経営は「学級の機能を最大限に引き出し、生徒の学力向上を集団として引き上げる」という学習集団の経営と、「学級という集団での共同生活で人間関係の形成やコミュニケーション能力などを教育する」という生活集団の経営の、2つの側面がある[4]。いずれも非常に専門性の高い業務であり、かつ個性的な業務であって、学級担任の能力と個性によって、当該学級の雰囲気や児童生徒の教育効果が決定されると言っても過言ではない。しかも、学級担任の学級経営力は、教科指導力、生徒指導力、事務処理力といった教員の他の能力とは全く異なるものであり、例えば、授業の上手な教員に担任力があるとは限らないのは、このためである。

日本の学級担任に求められる学級経営力は、集団の指導監督に必要なマネジメント能力、生徒の悩みや相談に応じるカウンセリング能力、児童生徒や保護者に対して臨機応変に対応するコミュニケーション能力等、海外であれば専門知識を有する人材が分業で行う業務を一個人で包括的に担当する能力である。学級担任を担当する全ての教員がこのような能力を持ち合わせるこ

とは現実的に不可能であるにもかかわらず学級担任の職務内容が多様で幅広いため、結果的に法的リスクも大きい。また、教育実習では教科指導に関する実習が大半を占めており、学級担任に関する実習はほとんど行われないため、新人教員は学級担任に必要な能力が不足したまま担当しなければならない事態になる。

　筆者は、日本の学級担任の制度は海外の教育制度と比較して大きなメリットがあると考えている。児童生徒や保護者にとって、あらゆる事項の一次的な対応を担当する教員が確実に存在することは非常に有意義であり、子どもの権利を保障する観点からも重要である。だからといって学級担任の職務内容が法令上明記されない欠陥が正当化されるわけではない。職務内容が法令上も明確化されなければ、法的義務ないし責任があいまいになるだけでなく、学級担任の職務内容が無限定なものになりかねず、教員の長時間労働の主因でもある学級担任業務の改善ができないからである。スクールカウンセラーやスクールソーシャルワーカーといった外部専門家ですら法令上の職務内容が明記された現在、法令上の職務内容が不明確なまま慣習法的に位置づけられている職種は学級担任と部活動顧問だけと言ってよく、1日も早く法令改正により、学級担任の法的位置づけを明確化すべきである。

1　学校教育法施行規則28条1項3号には「担任学級」という文言があるため、学級担任制度が法律上の制度であると解釈できる余地はあるものの、この規定は教員が担任を担当する場合には表簿に記載しなければならないという程度の意味にすぎず、この規定をもって学級担任制度が法律上の制度として想定されていると解釈することには無理がある。

2　小学校ではアメリカをはじめ多くの国が日本と同様に学級担任制度を採用しているが、日本の学級担任のように教科指導から生活指導に至るまで広範で包括的な業務を担当するのではなく、海外の学級担任はあくまでも学習アドバイザー的な職種である。

3　筆者が確認する限り、弁護士の著作で学級担任の法的性質を検討したほとんど唯一の著作は、渡部直樹「Q14 学級担任制度」第一東京弁護士会少年法委員会編『子どものための法律相談』（青林書院、第2版、2014）80～84頁である。

4　国立教育研究所（現国立教育政策研究所）「学級経営をめぐる問題の現状とその対応」（2000）〈https://www.nier.go.jp/kankou_kouhou/124komatsu.htm〉参照。

第 3 節　学級担任

学校事故判例における学級担任の法的義務

Q68 学校事故において、学級担任が負う法的義務について教えてください。

A68 判例によれば、学級担任は学校教育法又は在学関係（契約）に基づき、学校事故を未然に防止し、児童生徒の安全に配慮するために、多様な法的義務を負います。しかし、学級担任の法的義務が無限定にならないよう、1学級当たりの児童生徒数が多い日本の状況や、学級担任は他の児童生徒にとって危険性を有する児童生徒のみに限られた時間を費やすわけにはいかず、当該学級に属する全ての児童生徒に対して平等な学級担任業務を担当すべき立場である点を考慮した検討が必要です。

前述Q67のとおり、学級担任の職務内容は法令上明らかでないことから、学級担任の法的義務もまた明らかではない。裁判例でも学級担任の法的義務を見出す法令上の根拠は明確に示されておらず、学校事故の裁判例では共通して、学級担任は「学校教育法又は在学関係（契約）」に基づき児童生徒に対する安全配慮義務を負うとして、その法的根拠についてはあいまいな論理を用いているため、学級担任の法的義務が無限定になりかねず、予測不可能な法的義務まで負いかねない。以下に、学校事故の裁判例で判示された学級担任の法的義務について検討する。

最高裁は、小学3年生の児童が朝の自習時間中、学級担任が教室に在中時に一時離席してベストのほこりを払おうとして頭上で振り回し、他の児童の目に当たり負傷させた事案で、「小学校の担任教諭は、教師としての性質や職務の内容からみて、教室内の各児童に対して注意力を適正に配分してその動静を注視し、危険な行為をする児童を制止したり厳重な注意を与えるなど適切な指導を行い、児童を保護監督して事故を未然に防止する義務がある」として、小学校の学級担任の法的義務を具体的に判示した[5]。この判例は学級担任の職務内容から見て具体的な法的義務を示している点で妥当な論理であるが、1人の教員が「教室内の各児童に対して注意力を適正に配分してそ

185

第2章　教育紛争の典型と問題

の動静を注視」できるのはせいぜい10〜20人であるのが現実であることに鑑みれば、海外よりも1学級当たりの生徒数が多く、日本の学級担任が1人で30〜40人もの児童生徒を指導監督しなければならない実情に必ずしも配慮した判例であるとは言えない。

　また、児童生徒に対する指導義務の履行と児童生徒の年齢に応じて当然備わっている能力を前提に、学級担任の法的義務を検討する裁判例もある。小学4年生が学級担任の在中する教室の窓から転落した事案で、裁判所は「児童に対し、『生活のきまり』として窓から身を乗り出したり、窓のそばでふざけ合ったりしないなど窓からの転落の危険性を認識、理解させるための指導がされていた」「被害者は本件事故当時小学4年生であったことに照らせば、教員の指導の趣旨を十分に理解できた」ことからすれば、学級担任が教室に在中していたとしても、本件事故当時は教室前方教卓付近で他の児童らに「お楽しみ会」の手順の説明などをしていたという状況であるから、本件事故は学級担任にとって突発的であり、かつ予想できないものであったため、被害者の行動を予想して転落を防止する措置をとるべきであったとは認められないと判断した[6]。この裁判例で重要な点は、学級担任が児童に対し、日常的に危険性を認識、理解させるための指導をしていたことが事故の予見可能性の成否に影響を与えている点であり、学級担任が日常的に事故の危険性を認識、理解させるための指導義務を負っていることを示唆している。

　一方、他の児童生徒に対して加害行為に及びやすい自己抑制力不足の児童生徒に対する学級担任の法的義務については、中学1年生が始業前の時間帯に教室で同じクラスの生徒に箒を投げつけて負傷させた事案で、学級担任は「学校教育法上、あるいは在学関係という生徒と学校との特殊な関係上生ずる一般的な安全配慮義務」として、児童生徒の生命、身体などの安全について万全を期すべき義務を負っているが、「教育活動上は在外的危険というべき生徒間事故において」は「当該事故の発生した時間、場所、加害者と被害者の年齢、性格、能力、関係、学校側の指導体制、教師の置かれた教育活動状況などの諸般の事情を考慮して、何らかの事故が発生する危険性を具体的に予見することが可能であるような場合」に限って学級担任に具体的な安全

第 3 節　学級担任

配慮義務が生ずるが、学級担任が加害者の「性格に内包されていた自己抑制力の乏しさに伴う危険性及びそれによって他の生徒の生命、身体に危害が及ぶ危険性を具体的に認識していた」場合は、他の生徒の生命、身体などに危害が生じないように常日頃から加害者の動静に注意を払い、授業妨害などの行為を見かけたらその都度注意を与えて、教室、学校あるいは社会内で生活するために守ることの必要なルールを教え、ルールを逸脱しないような生活を送ることの重要性を認識させて、加害者の自己抑制力を高めるべく指導する義務を負っていたというべきであり、学級担任や学年主任が指導を行っても加害者の生活態度などに改善が見られない場合は、学校の教員全体で指導に当たる体制を構築し、保護者に対しても指導などの協力を求め、加害者を指導する都度その内容を保護者に連絡して学校での生活状況を伝え指導を求めるべき義務を負っていたと判示する裁判例[7]がある。つまり、学級担任が児童生徒の自己抑制力不足を認識していた場合は、「当該児童生徒の自己抑制力を高める指導義務」「保護者に学校での生活状況を連絡し、指導などの協力を求める義務」を法的義務として負うということである。

　同様に、小学 6 年生が始業前の教室で他の学級の児童に暴行し負傷させた事故について、上記裁判例と同様の学級担任の具体的な安全配慮義務の発生根拠を示した上で、加害者に「自己抑制力が乏しく悪ふざけをする際には度を越しやすくなるという行動特性があり、これによって他の児童に対して何らかの危害を加える危険性を有していたことが客観的にも明らかであった」と認められ、被害者の学級担任もこれを認識していた場合は、加害者が他の児童に対して何らかの加害行為に及ぶ危険性を具体的に予見することが可能であったと認めるのが相当であり、学級担任には担当クラスの児童の生命・身体の安全を保護するため、加害者の学級担任であった教員らと連携するなどして加害者の本件教室への立入りを制限するなどの具体的な安全配慮義務を負っていた、と判示し、学級担任の安全配慮義務違反を認めた裁判例[8]がある。ここでは、学級担任が児童生徒の自己抑制力不足を認識していた場合は、「担当クラスの児童の生命・身体の安全を保護するため、加害者の学級担任であった教員らと連携するなどして加害者の教室への立入りを制限する

187

第2章　教育紛争の典型と問題

義務」を負うことが示されている。

　なお、小学校の体育の授業で跳び箱から転落した事案で、転落自体に関する学級担任の注意義務違反は否定したが、児童が首を痛めたことを認識していたにもかかわらず、保護者に連絡帳ないし電話で報告しなかったことに関しては、小学6年生の被害者が本件事故直後及び帰宅時に学級担任に大丈夫であると伝えていたとしても、被害者に何ら問題がないと判断することはできず、なお経過観察の必要があり、学級担任には本件事故について保護者に報告する注意義務があったというべきであると判示し、学級担任が保護者に報告しなかった注意義務違反を認めた裁判例[9]がある。これによれば、学級担任は児童生徒本人の事故直後及び帰宅時の応答にかかわらず、事故により児童生徒が何らかの負傷をしたことを認識していたならば、保護者に事故の件を報告する義務を負う、ということであり、児童生徒本人の意思よりも学級担任としての認識に基づいて報告義務を履行すべきことになる。

　以上の判例を整理すると、学級担任は、下の**表1**のような法的義務を負うことになる。

表1　学級担任の法的義務

①	教室内の各児童生徒に対して注意力を適正に配分してその動静を注視し、危険な行為をする児童を制止したり厳重な注意を与えるなど適切な指導を行い、児童を保護監督して事故を未然に防止する義務		
②	日常的に事故の危険性を認識、理解させるために指導する義務		
③	児童生徒の自己抑制力不足を認識していた場合	（ⅰ）	当該児童生徒の自己抑制力を高める指導義務
		（ⅱ）	保護者に学校での生活状況を連絡し、指導などの協力を求める義務
		（ⅲ）	担当クラスの児童の生命・身体の安全を保護するため、加害者の学級担任であった教員らと連携するなどして加害者の教室への立入りを制限する義務
④	事故により児童生徒が負傷したと認識した場合	児童生徒本人が大丈夫であると答えた場合であっても保護者に報告する義務	

　このように、学級担任の法的義務が多種多様であることは、学級担任の職務内容が多種多様で非常に特殊な業務であることを物語るものである。

　しかし、筆者はこのような判例法理には疑問を抱いている。確かに、学級担任が児童生徒にとって最も身近な教員であるならば、一人一人の児童生徒

188

の安全に配慮するために多種多様な法的義務を負うことは、被害者救済の観点や子どもの人権保障の観点からの必要性は理解できる。しかし、日本の学級制度のように、海外と比較して1人の学級担任が担当しなければならない児童生徒数が多い環境の下で、判例法理が要求する多種多様な法的義務を負わせることは、あまりに過酷であると言わざるを得ない。本当に被害者救済や子どもの人権保障を考えるならば、教員数を増やして学級担任が担当する児童生徒数を減らすことが最優先であり、学級担任の法的義務を過重にすることで対応してはならないことを法律家は理解すべきである。

　また、判例法理では自己抑制力不足の児童生徒に対する学級担任の法的義務が一般的な児童生徒と比較して加重されているが、学校と家庭の適切な役割分担に鑑みれば、本来はこのような自己抑制力不足の児童生徒の指導義務は家庭が全面的に負うべきものである（Q71参照）。仮に、一般的な児童生徒と比較して自己抑制力不足の児童生徒に対する法的義務が過重されるならば、学級担任は限られた時間の多くを自己抑制力不足の児童生徒に対応する時間に割かなければならず、その結果、他の児童生徒に対応する時間を減らさなければならない。学級担任が当該学級の全ての児童生徒にとっての「学級担任」であり、代替性の低い1人の教員である点を踏まえれば、自己抑制力不足の児童生徒に対する法的義務が加重されることは結果的に不平等な教育をもたらすことになりかねず、ひいては税金や授業料を平等に負担する保護者に対して正当化できる論理とはなり得ないであろう。

　以上より、学校事故に関する学級担任の法的義務は、日本の学級担任が置かれている状況や児童生徒の公平性の観点からも検討すべきである。

5　最二小判平成20年4月18日集民227号669頁。厳密には、最高裁で判示されている小学校の学級担任の法的義務は、控訴審（東京高判平成19年4月11日判例地方自治306号86頁）で判示されたものの引用である。しかし、本件では控訴審では学級担任の義務違反が肯定されたのに対し、上告審は否定した。控訴審と上告審で判断が異なった理由として、本件では30名以上の児童の全員の動静を注視する困難さや、被害者の被害の程度が軽微であることなどが影響していると分析する見解がある（坂東司朗＝羽成守編『学校事故判例ハンドブック』（青林書院、2015）91頁）。

6　東京地判平成23年12月7日判例集未登載。

7　仙台地判平成20年7月31日判時2028号90頁。
8　福岡高判平成27年5月29日判例集未登載。
9　東京地判平成26年11月11日判例集未登載。

いじめ判例における学級担任の法的義務

Q69 いじめ対応において、学級担任が負う法的義務について教えてください。

A69 学級担任はいじめにおいても一次的な対応を担当し、被害者が加害者にいじめられることにより生命・身体等の安全が害されることを防止する安全配慮義務を負っています。具体的には、いじめの事実を認識した場合は「いじめを根絶するための抜本的かつ徹底した対策を講ずる義務」を負い、いじめを予見できた場合は、学級担任が終日不在にする際に「できる限り教員の指導監督力の低下を防ぐための措置を講ずべき義務」を負います。しかし、学級担任はいじめの被害者以外の児童生徒にとっても「担任」であり、他の児童生徒に対しても平等に多様な法的義務を負っている立場であることから、限られた能力と時間の中で学級担任としてどこまでいじめに対応すべきか、という点を議論すべきであり、学級担任の業務の実情を理解せずに法的義務を検討することは妥当ではありません。

　いじめ対応に関する学級担任の法的義務も、学校事故と同様に児童生徒に対する安全配慮義務の一内容として検討される。海外ではいじめ対応はカウンセラーなどの専門職種が一次的な対応を担当するため、いじめ対応に関する学級担任の法的義務を観念することはないが、日本ではほとんどの場合のいじめの一次的対応は学級担任が担当することから、いじめ対応に関して学級担任の法的義務を検討すること自体が、比較法的には極めて特殊である。

　裁判例では、小学4年生が放課後にいじめにより負傷した事案で、「小学校の校長ないし教諭が、学校教育の場において児童の生命、身体等の安全に

第3節 学級担任

ついて万全を期すべき条理上の義務を負うことは、学校教育法その他の教育法令に照らして明らかである」と判示した上で、「右義務の具体的内容のうちには、集団生活を営んでいくうえに必要な人格教育や予想される児童間の事故を防止するために必要な事項についての教育を施すべき義務をも包含するものであり、この点において、とくに児童と日常接触する学級担任教諭の右指導義務は、教諭の職責の中においても重要な地位を占めている」として、学級担任の指導義務を特別視し、小学校の学級担任は「児童の生命、身体等の保護のために、単に一般的、抽象的な注意や指導をするだけでは足りないのであって、学校における教育活動及びこれと密接不離な生活関係に関する限りは、児童の一人一人の性格や素行、学級における集団生活の状況を日頃から綿密に観察し、特に他の児童に対し危害を加えるおそれのある児童、他の児童から危害を加えられるおそれのある児童については、その行動にきめ細かな注意を払って、児童間の事故によりその生命、身体等が害されるという事態の発生を未然に防止するため、万全の措置を講ずべき義務を負うものというべき」であるとして、いじめ対応に関する学級担任の法的義務違反を認めたものがある[10]。この裁判例は、教員の安全配慮義務が「条理上の義務」であると解しており、学級担任の児童生徒に対する指導義務を特別視している点も重要である。また、この裁判例では学級担任は「いじめ」の事実を認識した上で、時折加害者を教壇の前に呼び出して注意を与え、反省会を開いて暴行被害を受けた児童にその旨を報告させ、自ら加害者を軽く戒めたり、児童らに話合いをさせたりする等の措置を講じたが、裁判所はそれだけでは不十分であり、「いじめ」の事態が容易ならざる深刻なものであることを認識し、かかる事態を解消するため、抽象的一般的な注意指導にとどまらず、児童による集団討論、加害者と被害者の個別面接等の方法によって「いじめ」の真因を解明し、家庭とも協力してその原因の除去に努めるべきことはもとより、加害者に対し、軽度の暴行又は悪戯からも生命、身体等の損傷に連なる不測の事故が起りうることを繰り返し真剣に説いて被害者への暴行を止めるよう厳重に説諭すべきであったとして、「『いじめ』を根絶するための抜本的、かつ徹底した対策を講じなかった」点を法的義務違反と認定してい

191

ることから、いじめ対応に関する学級担任の法的義務は「いじめを根絶する
ための抜本的かつ徹底した対策を講ずる義務」であると考えられる。この事
案では「学級崩壊」の状況も推測されるため、いじめ対応というよりも学級
担任の学級経営の在り方として不適切であった点が法的義務違反と認定され
た可能性もある。もっとも、裁判所が判示した学級担任の「いじめを根絶す
るための抜本的かつ徹底した対策を講ずる義務」が、「児童の一人一人の性
格や素行、学級における集団生活の状況を日頃から綿密に観察」することを
前提にしているとすれば、日本の学級担任のように1人の教員が担任する児
童生徒数が多い状況に即した判断であるとは言えず、1人の教員が負うべき
法的義務としては到底不可能なレベルの義務を負わせており、妥当でない[11]。

　また、転校生がいじめられた（小学4年時に転校してきた児童が、転校前の学校
でもいじめられていたことから保護者が校長にその旨を告知していた事情の下で、転校後
すぐにいじめを受けるようになり、小学5年時に学級担任が出張で終日不在中に加害者か
ら暴行等を受けて負傷し、その後半年間不登校になった）事案で、加害者の行為態様
が児童同士のふざけ合いとみなし得る範囲を大きく逸脱し、執拗で悪質な行
為であると認定した上で、学級担任が事件直前に被害者に対する加害者のい
やがらせや暴行が発生する危険を十分予見できた場合は、加害行為を防止す
るために加害者に対する指導監督を更に強化し、学級担任が終日教室を不在
にする場合は、児童らに対する指導監督がおろそかになり、児童の気も緩ん
で加害行為に及ぶことが一層強く懸念されることから、そのようなことがな
いように他の教員による代替授業を行ったり、自習を行わせる時は教員が高
い頻度で教室の様子を見に出向くなど、できる限り教員の指導監督力の低下
を防ぐための措置を講ずべき義務があったにもかかわらず、それを怠ったと
して学級担任の法的義務違反を認めたものがある[12]。確かに、転校生は他の
児童生徒以上にいじめられやすい傾向があることからすれば、学級担任は転
校生がクラスに溶け込むまでの間は、その学校生活全般につき注意を払い、
特にいじめを受けていないかについては非転校生に対する以上の注意を払う
義務があり、いじめの被害者が転校生の場合は学級担任が負うべき注意義務
のレベルは高く設定すべきであると考える見解もある[13]。しかし、この事案

では当該児童にいじめられやすい言動があり、転校前の学校でもいじめられていた等の事情から、転校生であることが主因でいじめられていたとも一概に言えず、むしろそのような事情を転入時に保護者が校長に伝えていたことから、学級担任も児童の事情を認識していたことが注意義務の程度を高める理由になったのではないかと考えられる。この裁判例によれば、学級担任が被害者に対する加害者のいじめを十分予見できた場合は、学級担任が終日不在にする際に授業交代や自習監督などにより、「できる限り教員の指導監督力の低下を防ぐための措置を講ずべき義務」があると考えられる。

　しかし、学級担任はクラスの全ての児童生徒にとっての1人の「担任」であり、たとえ被害者がいじめられやすい傾向にある転校生であったとしても、安全配慮義務を履行するために限られた時間内でその児童生徒にのみ費やす時間をどれだけ確保すべきか、という学級担任の仕事の実情を裁判所が適切に理解しておかなければ、結局司法が学級担任に現実的に不可能な法的義務を負わせることになってしまう（Q68参照）。学級担任は、いじめ対応でたとえ被害者の特殊な事情を認識していたとしても、同時に他の裁判例で要求されている「注意力を適正に配分してその動静を注視」したり、「一人一人の性格や素行、学級における集団生活の状況を日頃から綿密に観察」すべき法的義務等、多様な法的義務を被害者以外の児童生徒に対しても負っているのであり、それ以外にも通常の教員と同様に教科指導や部活動顧問等の校務分掌も当然担当しなければならない立場にある日本の学級担任が、いじめられている被害者に対して限られた能力と時間の中で学級担任としてどこまで対応すべきか、という点こそ問題にすべき争点であり、特にいじめは「誰にでも起こり得る」問題であるならば[14]、結果的に学級担任は一人一人の児童生徒に対して無限定な法的義務を負うことになってしまう。

　筆者自身はいじめが子どもの人権にとって深刻な侵害であることに鑑みれば、いじめ対応に関して学級担任はできる限りの対応をすべきであり、被害者へのいじめが根絶され、再び学級経営上の安全が回復するまであらゆる措置を講ずる法的義務を認めてもよいと考えているが、それには学級担任の担任業務以外の負担が軽減されることと、学級担任の能力を高めるための研修

第2章　教育紛争の典型と問題

などの機会を増やすことが前提である。筆者自身、学級担任ほど難しい教員業務はないと考えており、ある学級で成功した学級経営の手法が違う学級で成功するとも限らず、学級担任を経験してこそ理解できるいじめ対応の難しさも認識しているため、教育現場の実情を解さぬまま安易にいじめ対応に関する学級担任の法的義務の程度を高める議論を展開することには強く反対するが、学級担任の負担が軽減されるように教員数を増やし、海外と比較して異常ともいえる学級担任1人当たりの児童生徒数が適正に改善されれば、いじめ対応に関する学級担任の法的義務の程度を高めてもよいと考えている。

10　浦和地判昭和60年4月22日判時1159号68頁。
11　この裁判例の批判としては、神内聡『学校内弁護士』2～3頁を参照。
12　金沢地判平成8年10月25日判時1629号113頁。なお、本件では事件直後における被害者の父の加害者らに対する言動も被害者の不登校の一因であるとされている。
13　園部敏洋「第8章　いじめ：第1　小学校／2　転校生」坂東＝羽成・前掲注5）416頁。
14　文科省「いじめの防止等に関する基本的な方針」2頁参照。

学級担任の法的責任

Q70　学級担任の法的責任について教えてください。

A70　日本の学級担任の職務内容が海外の教員と比較して特殊で専門性の高い業務であることや、学級担任の人事は児童生徒だけでなく教員も選択できない事情に鑑みれば、学級担任の学級経営における教育的裁量を観念した上でその法的責任を限定的に解釈すべきであり、学級経営として著しく不合理であることが明白である場合に限って法的責任を負うと考えるべきでしょう。

　日本の学級担任はあらゆる事項に関する一次的対応を担当する海外では例のない教員業務でることに加え、業務に必要な能力は多岐にわたり、他の教員業務と比較して代替性の低い（すなわち児童生徒や保護者にとって「誰でもよい」という教員の仕事ではない）、非常に専門性

第 3 節　学級担任

の高い業務であって、学級担任の学級経営業務には専門性に基づく一定の教育的裁量が観念できる。

　一方、学級担任の人事は校長の校務分掌の一環として行われ、多くの学校では校長の校務掌理権に基づき一方的に決定される。児童生徒に学級と学級担任を選択する権利がないことは日本の学級制度の問題点でもあるが、実は教員から見ても、自ら担任する学級や児童生徒を選択する権利がない（つまり、児童生徒も学級担任を選べないが、学級担任もまた児童生徒を選べない）。このことは、校長の決定次第で学級担任としての法的リスクが左右され、時に教員生命に大きな影響が及ぶことを意味する。実際に、筆者も学級担任を経験して認識したことは、学級担任の能力に関係なく担任をやりやすい（すなわち学級経営が容易な）クラスとそうでないクラスがあり、しかも担任をやりづらいクラスであれば当然法的リスクも大きくなる実情である。「選択」と「責任」の表裏一体の関係からすれば、職務の法的責任を導くにはその職務を自己の意思で選択できることが前提だが、学級担任は教員が自己の意思で選択できる職務ではないにもかかわらず、極めて多様で高度な法的義務を負っている点は学級担任の法的責任を考える上では非常に重要な点であろう。

　このように考えると、学級担任の法的責任は学級経営における教育的裁量を観念した上で限定的に解釈されるべきであり、具体的には「学級経営として著しく不合理であることが明白である場合に限って法的責任を負う」と考えるべきであろう。この考え方は、会社法における取締役の法的責任を限定的に解釈する法理である「経営判断の原則」を学級担任に取り入れたものだが、日本の教育制度のように学級担任１人当たりの生徒児童数が非常に多い上に学級担任の業務が多種多様で負担の大きいものであることに鑑みれば、学級担任の学級経営にある程度のリスクが伴うことはやむを得ず、そのようなリスクを考慮してもなお学級担任として著しく不合理な学級経営を行った場合にのみ法的責任を負うと考えるべきである。

　もっとも、学級担任の学級経営は一面的に適切かどうかを判断することは難しいため、著しく不合理な学級経営であるかどうかは、結局個別具体的な事案に応じて判断されることになる。**表 2** は筆者の視点から問題になりや

195

第2章　教育紛争の典型と問題

表2　問題になりやすい学級経営の類型

	特徴・問題点	有効な場合
ファシズム的学級経営	・懲戒を頻繁に行い、児童生徒に恐怖心を抱かせて統制する ・児童生徒の異論を認めず、教員の強力なリーダーシップで学級の雰囲気を統制する	・「学級崩壊」などを起こしている学級を立て直す場合 ・児童生徒の主体性や能力が低い場合
ポピュリズム的学級経営	・児童生徒の人気を得るために、積極的に児童生徒の要望に応じる ・児童生徒にとって共通の「敵」を作って学級の団結を図る（例：児童生徒に嫌われている教員の悪口をあえて児童生徒の前で話す）	・新人教員などが手っ取り早く担任学級の雰囲気をまとめる場合 ・学級担任の授業力などが低い場合（児童生徒に自分と他の教員とを比較させて自分の立場を持ち上げる）
リベラリズム的学級経営	・懲戒をほとんどしない（できない） ・自主性を名目に児童生徒の自由放任に委ねるが、児童生徒が自主性や自己責任をプレッシャーに感じる	・児童生徒の自主性や能力が高い場合（うまくいけば理想の学級経営となるが、児童生徒の能力を見誤ると「学級崩壊」を招く危険性が高い）

すい学級経営の手法を分類したものである。

　このように、学級担任の学級経営は一見すると不適切に思われる手法であったとしても、教員の能力や児童生徒の状況次第では有効な手法となり得る場合があるため、法的責任を判断することは容易でないことが分かる。例えば、ポピュリズム的学級経営は児童生徒にとっては満足感を得やすい手法であることから、結果的に学校事故やいじめが発生しない学級であるならば法的責任は問われないが、組織としての学校を考えた場合には他の教員との衝突を招くおそれもあり、学校の組織的な対応や「チーム学校」の理念の観点からは問題が大きい。つまり、学級担任の法的責任を法律論のみで検討することは不適切であり、法律家は学級経営という業務の特殊性を適切に理解した上で法的責任を議論すべきである。

　以上のように、筆者は学級担任が担当する児童生徒数の現実、業務の専門性と特殊性、教員が選択できない立場であること等に照らして学級担任の法的責任に関しては限定的に解釈すべきだと考えるが、子どもの人権保障の観点からは学級担任の法的責任を限定的に解釈することに抵抗感を持つ法律家は多いと思われる。しかし、本当に子どもの人権保障を考えるのであれば、教員数を増やして学級担任1人当たりの児童生徒数を減らし、学級担任の業

第3節　学級担任

務自体も削減すべきであって、学級担任に過重な法的責任を課すのは本末転
倒である。日本では学校事故やいじめが発生した場合に社会全体で学級担任
の個人責任を追及する傾向にあるが、スクールロイヤーは教育現場で学級担
任業務の実情を的確に理解した上でこのような傾向を是正するように努める
べきであろう。

　学級担任の仕事は教員の仕事の中でも最もやりがいのある仕事であり、教
員文化には「学級担任こそが本当の教師の仕事である」という価値観すら存
在している。筆者自身も弁護士という立場から学級担任を経験したことで、
教員の仕事の醍醐味を実感しただけでなく、教育法の中でも学級担任に関す
る法的問題がほとんど議論されていない実態を痛感した。また、日本の学級
担任は海外の教員と比較して業務の負担も法的リスクも格段に大きい仕事だ
が、同時に児童生徒や保護者にとってはあらゆる事項について一次的な対応
を担当する教員が存在するというメリットは非常に大きく、日本の教育制度
の最大の長所とも言える。実際に、学級担任制度が存在しない海外の教育を
経験した児童生徒が最も学級担任の重要性を認識することは、学級担任制度
が有する魅力を示す事実であろう[15]。だからこそ、法律家は子どもの権利の
観点のみに偏ることなく学級担任業務を適切に理解した上で、学級担任に
とって現実的な範囲での法的責任を検討すべきであり、そのような姿勢こそ
が子どもの権利保障に資するものであろう。

15　神内・前掲注11) 60頁参照。

学級担任と保護者の役割分担

Q71　日本における学級担任と保護者の法的責任の分担について教え
てください。

....

A71　日本では、学級担任の職務内容が保護者の担うべき家庭教育の
一部と重複しており、裁判例をみるに、学級担任は保護者と同
様に、児童生徒の自己抑制力を高める指導を行う義務や集団生

197

活を営んでいくうえに必要な人格教育を施す義務を負います。しかし、学級担任と保護者の法的義務が重複することは両者の法的責任の分担が適切に議論できていない状況を示すものであり、裁判例における被害者の損害は、保護者が加害者たる児童生徒に対して一般的な家庭教育を施していれば当然習得し得るレベルの年齢相応の能力や規範意識の欠如によってもたらされるものであり、本質的には学級担任が施す教育内容ではない点を踏まえて、学級担任と保護者の法的責任の分担を議論すべきです。

　学級担任の法的責任が問われた学校事故やいじめの裁判例のほとんどは、同時に加害者の保護者の法的責任も問われており、学級担任の職務内容が保護者の担うべき家庭教育の一部と重複することが示唆される。未成年者が責任能力を有する場合であっても監督義務者である保護者の義務違反と当該未成年者の不法行為によって生じた結果との間に相当因果関係を認めうるときは、監督義務者たる保護者に不法行為が成立すると解されているため[16]、学校事故やいじめの加害者の保護者の監督義務違反と加害者の加害行為によって生じた被害者の損害との間に相当因果関係があれば、保護者は法的責任を負う（Q32参照）。

　例えば、自己抑制力不足の児童生徒が加害者となった学校事故[17]では、保護者が加害者の自己抑制力不足が他の児童生徒に危害を及ぼす危険性を認識していた場合は、自己抑制力を高めるべき適切な指導を行うとともに、子どもと生活状況について話をしたり、教員と連絡を密にとって子どもの学校での生活状況について様子を把握すべき法的義務を負い、保護者の監督義務違反と被害者の損害との間に相当因果関係が認められれば不法行為が成立することを判示する（Q68参照）。同様に、いじめの裁判例[18]では、保護者は、社会生活を営んでいく上での基本的規範として他人の生命・身体に対し不法な侵害を加えることのないよう日常的に社会生活規範についての理解と認識を深め、これを身につけさせる教育を行って、人格の成熟を図るべき広汎かつ深遠な保護監督義務を負い、子どもが学校内で起こした事故であっても、それが他人の生命・身体に危害を加えるような社会生活の基本規範に牴触する

第3節　学級担任

性質の事故である場合には、保護者は上記の保護監督義務を怠らなかったと認められる場合でない限り法的責任を負うことを判示する（Q69参照）。

　上記の裁判例からは、学級担任と保護者の法的義務が重複する点が理解できる。例えば、学校事故の裁判例で示された自己抑制力を高める指導を行う義務は、学級担任と保護者の双方が負う法的義務であるし、いじめの裁判例では学級担任は集団生活を営んでいくうえで必要な人格教育を施す義務を負うとされたが、保護者もまた社会生活を営んでいく上での基本的規範を身に付けさせ、人格の成熟を図る義務を負うとされている。

　しかし、学校と家庭の役割分担の観点からは、学級担任と保護者の法的義務が重複すると理解するのは疑問の余地がある。確かに、集団生活を前提とする学校生活と、家族での限られた人間関係を前提とする家庭生活では、児童生徒が習得する能力や規範は異なるが、学校事故やいじめの裁判例で争点となる加害者の加害行為は、「他人の生命・身体に危害を加えてはならない」という、集団生活で学ばずとも家庭教育で十分理解できる当然の能力や規範であり、学級担任よりむしろ保護者が家庭で指導すべき内容である。換言すれば、学校事故やいじめで加害者となる児童生徒の家庭教育は当然の能力や規範すら習得できない内容であり、学校よりも家庭の責任がはるかに大きいと言わざるを得ない。

　また、学校事故やいじめの加害者と保護者は家庭でのコミュニケーションが不足しており、保護者が子どもの学校生活の状況をほとんど認識していないことが多い。この点について、裁判所は学級担任が児童生徒の学校生活の状況を積極的に保護者に連絡し、指導の協力を求める義務を負わせる傾向にあるが、妥当でないと考えられる。なぜなら、教育紛争のほとんどの被害は、保護者が加害者たる児童生徒に対して一般的な家庭教育を施していれば当然習得し得るレベルの年齢相応の能力や規範意識の欠如によってもたらされるものであり、学校の連絡等によって保護者が初めて認識するようなレベルの危険性ではなく、学校の連絡等がなくても保護者たる立場で自分の子どもの危険性を当然認識しなければならないものである。「仕事が忙しい」「育児に自信がない」といった理由で保護者と子どものコミュニケーション不足や学

199

校生活の状況を認識する機会の不足が正当化されるものでないことは明らか
であり、保護者の意識が「家庭では指導が難しいから学校に指導を委ねる」
といったものであれば、その意識こそ教育紛争をもたらす要因であり、法的
責任を負うべきものである。

　裁判例には、学級担任は「その教育活動の効果を十分に発揮する必要上、
法定監督義務者の監督義務を一時的に排除して、児童を指導監督する権利義
務が与えられて」おり、「学校内で起きた児童の違法行為に関しては、学校
側のみが責任を負担し、親権者はその責任を負わない場合があり得る」と判
示するものもある[19]。しかし、「学級担任の監督義務が保護者の監督義務を一
時的に排除する」という考え方は、学級担任が時として児童生徒の「親代わ
り」をしなければならない立場にあることを法的に認めるものであり、教員
が時として保護者の代わりをしなければならないことまで要求する司法判断
は、学級担任と保護者の法的責任の分担をあいまいにするもので妥当でない。

　また、いじめの議論においては、学級担任のみに早期発見義務があるかの
ような風潮もあるが、そもそもいじめを早期発見すべき義務は保護者も負っ
ているはずである。しかし、家庭内で日常的に自分の子どものみと接する保
護者ですらいじめの早期発見が難しいのに、日本の学級担任のように1人で
何十人もの児童生徒を指導監督しなければならない教員が、いじめを早期発
見することはなおさら難しいのであって、いじめの法的責任を議論する際に
は学級担任の能力不足だけでなく保護者の子どもとのコミュニケーション不
足なども検討しなければならない。いじめが家庭ではなく学校で起きる紛争
であることから学級担任に法的責任があるのは当然であるとしても、「他人
をいじめてはならない」という社会生活を営んでいく上での基本的規範を習
得させることは一般的な家庭教育でも十分なはずであり、一次的には学級担
任ではなく保護者の法的責任の範囲内である。

　学級担任は学級経営を担当する教員であるが、一般的な家庭教育で習得す
べき能力や規範意識を習得させることを担当する教員ではなく、一般的な水
準に達しない家庭教育を補完し、児童生徒の「親代わり」を担当する教員で
もないことから、学校事故やいじめの加害者の過失がそもそも一般的な家庭

第 3 節　学級担任

教育において当然習得しなければならない能力や規範意識の欠如によるものだとすれば、学級担任の法的責任の問題ではないはずだが、日本ではこれまで学級担任と保護者の法的責任の分担どころか、そもそも学級担任の法的責任自体が適切に議論されてこなかった。筆者自身は、時として児童生徒の「親代わり」になることも日本の学級担任の仕事の魅力だと感じているが、だからといってこの魅力を法的責任の議論に持ち込むわけにはいかない。スクールロイヤーは教育現場に接する機会を持つことで、学級担任と保護者の役割分担を適切に議論してほしいと考えている。

16　最二小判昭和49年 3 月22日民集28巻 2 号347頁。
17　仙台地判平成20年 7 月31日・前掲注 7)。
18　浦和地判昭和60年 4 月22日・前掲注10)。
19　浦和地判昭和60年 4 月22日・前掲注10)。

学級担任の変更要求

Q72 男性教員が担任のクラスになった女子生徒の保護者が、「うちの子どもは今まで男性の担任教師を経験したことがないため男性教員に嫌悪感を抱いており、学校に行きたくないと言っているので、女性教員が担任のクラスに変えてほしい」と要求した場合、学校はどのように対応すればよいでしょうか。また、担任教員と性格が合わない生徒の保護者が、「うちの子どもが担任教師の学級経営のやり方と合わなくて学校に行きたくないと言っているので、他のクラスに変えてほしい」と要求した場合、学校はどのように対応すればよいでしょうか。

A72 いずれの場合も学級担任の学級経営が著しく不合理であることが明白な場合でない限り、学級担任の変更に応じる法的義務はなく、著しく不合理である場合であっても他の児童生徒への影響を考慮して、学級担任の変更ではなく当該児童生徒を他のクラスに移籍することで対応すべきです。また、前者に関しては教員からのセクハラの事実を伴う場合が多いですが、そのような事実の有無については児童生徒の主観

201

ではなく、客観的に判断すべきです。

　　学級担任と児童生徒との間に紛争が生じた場合、児童生徒や保護者は学級担任の変更を要求することが多い。このような要求は、紛争がいじめ等の深刻な内容である場合だけでなく、学級担任の指導を含む学級経営自体への不満といった感情的なレベルの内容まで、様々な状況で起きる。しかし、学級担任の人事は校長の校務分掌の一環として校長の裁量で行われる上に、学級担任の学級経営にも裁量が認められることから（Q70参照）、原則として学級担任の学級経営が著しく不合理であることが明白でない限り、校長は学級担任の変更要求に応じる法的義務はない。また、学級担任の変更は、当該学級に所属する全ての児童生徒や保護者にとって大きな影響を与えることであるから、学級担任の学級経営が著しく不合理であることが明白である場合にも、他の児童生徒や保護者への影響を考慮した上で、学級担任の変更ではなく変更を要求する当該児童生徒を他の学級担任のクラスに移籍させる措置をとることが望ましい。

　設問の前者の要求の背景は、女子生徒の男性教員に対する嫌悪感であり、教育現場ではしばしば見られる紛争である。しかし、女子生徒のこのような感情は個人の尊厳と両性の本質的平等に基づく憲法の精神はもとより、国際的な性感情の観点からも許されない（性別が逆である場合、つまり男子生徒の女性教員に対する嫌悪感も同様である）。一方、教育現場ではこのような紛争が生じる際に、「男性教員が女子生徒に対してセクハラを行った」という事実が伴う場合も多い。学校としては当該事実を確認しなければならないが、当該女子生徒の主観のみで判断するのではなく、学級担任の行為が通常の児童生徒であれば性的な嫌悪感を抱くと考えられるものであるかどうかを客観的に判断する。確かに、教員の児童生徒に対する性犯罪や不適切な言動が絶えない社会事情の中では、児童生徒や保護者が異性の教員に対して嫌悪感を抱くことは無理からぬ話ではあるが、性犯罪や不適切な言動を行う教員が存在することは教員個人の人格の問題であり、ひいてはそのような教員を採用する任命権者の問題であって、異性の教員に対して嫌悪感を抱くことを正当化する

第 3 節　学級担任

理由にはなり得ない。ただし、学級担任の指導等に客観的にもセクハラと判断できる事実があるならば、保護者の要求に応じて当該児童生徒を同性の教員が学級担任であるクラスに移籍させることは解決策としてあり得よう。

　設問の後者の要求は前段以上に不合理であると判断できるが、教育現場では非常に多い紛争であり、児童生徒が学級担任を選択できない学級制度の問題点と、どれほど優れた学級担任でも全ての児童生徒が満足する学級経営は不可能に近いにもかかわらず、教育理念上はそのような学級経営が要求される学級担任の難しい立場を象徴する紛争でもある。現実の学級担任の学級経営では功利主義的学級経営（すなわち児童生徒にとって「最大多数の最大幸福」を実現する学級経営）を目指すほかなく、少数派の児童生徒を含む全ての児童生徒の利益に配慮することが一般社会での組織経営と同様に難しいことは、子どもの権利保障の観点から教育紛争に関与するスクールロイヤーが理解しておくべき現実でもある。

　児童生徒や保護者が学級担任を自由に選択できない日本の学級制度の下では、学級担任との相性等によって児童生徒や保護者に影響が生ずることの理不尽さは否めないが、児童生徒や保護者からの学級担任の変更要求を容易に認めるのであれば、日本の教育制度の根幹である学級制度自体が崩壊しかねない。その意味では、学級担任の変更は学校にとって「最終手段」であり、「学級担任の学級経営が著しく不合理であることが明白」であるような、法的にもやむを得ないような場合でない限りは行うべきではない。

学級制度のメリットとデメリット

Q73 日本の教育は学級制度に基づいていますが、学級制度のメリットとデメリットについて教えてください。

A73 学級制度は効率的な教育指導や集団生活での規範意識を習得しやすく、児童生徒にとって「居場所」を確保できる点でメリットがありますが、児童生徒が所属学級や学級担任になる教員を

203

選択できず、いじめの原因になりやすい面がある点でデメリットがあります。

　日本の教育制度がほとんど全て「学級」に基づいて運営され、教員も児童生徒も保護者も「学級」を前提に教育に関与することは本書で繰り返し説明しているが、学級担任もまた学級制度に基づく日本独特の業務であることから、その法的位置づけを理解する上では学級制度自体の理解も必要になる。

　しかし、実のところ日本の学級制度はどのような事情で導入されたのか、その歴史的経緯についてはほとんど明らかではない。確かに、明治時代に学級制度が導入された背景には当時の国家主義的教育の促進と無関係ではないが、そうであるならば戦後70年以上が経過し、教育の世界にもグローバリズムが広がった21世紀において学級制度を維持する理由が新たに見出されなければならないし、学級担任もまた、教育におけるグローバリズムの広がりの中で必要性を検討しなければならないであろう。

　表3は法的観点と教育的観点から考察した学級担任制度のメリットとデメリットをまとめたものである。法的観点からすれば、現状の学級担任の仕事は法的リスクが非常に大きいことは本節で説明したとおりであり、教員にとっては必要性以上に危険性が大きい業務だが、教育的観点からはそのようには考えられない。それは、学級制度自体にメリットがあるからである。

　表3で示した学級担任制度の4点のメリットは、教育のグローバリズムが進展した今日においてもある程度説得的なメリットであると思われ、特に③④のメリットは、実際に筆者が担任した留学経験のある生徒が日本の学級制度のメリットとして強く実感しているものである。

　これに対し、❷❸のデメリットについては学級制度がいじめや不登校の要因になっている側面でもあり、学級制度の廃止を主張する意見の論拠ともなっている[20]。確かに、児童生徒も教員も自由に学級を選択できない学級制度を前提とした学級担任制度は、教員・児童生徒の双方にとって法的リスクが大きい。この点は、上記❶～❹の学級制度のデメリットが少数派の権利侵害に関連することに加え、法が少数派の権利救済を実現する手段として機能

第3節　学級担任

表3　学級担任制度のメリットとデメリット

メリット	デメリット
①一度に多くの児童生徒を指導できることから効率的であり、教育サービスの公平性も確保しやすい	❶指導が画一的になり、児童生徒の個別のニーズや学力に応じた指導が難しい
②集団生活における規範意識や社会性を習得しやすい	❷集団内の多数決論理によって、児童生徒の個性や個人的な主張が抑圧されるおそれがある
③児童生徒にとって学級という「居場所」を提供することができる	❸クラス内の人間関係に悩む児童生徒にとっては「居場所」にならない
④学級担任が多くの児童生徒の様子を観察することができ、児童生徒や保護者の一次的対応を行いやすい	❹学級担任の学級経営力が未熟な場合には児童生徒や保護者に対する適切な一次的対応ができない

することから、学級制度のデメリットが法的リスクにつながると考えられる。

　しかし、筆者はそれでも学級制度のメリットは他の手段では代替することが難しいため、法的リスクを甘受しても学級制度は日本の教育制度の魅力として維持すべきであると考えている。①については、教育制度が効率的で公平に運営されることは極めて重要な公教育の要請であり、実際に学級制度が導入されていない海外の教育制度では日本以上に深刻な学力格差が問題になっている。学級制度以外の手段で効率性と公平性の双方を充足することは難しい。②については、確かに学級という集団内の「同調圧力」がいじめや不登校の原因になっている点は否定できないが、これは学級ではなく日本社会自体が「同調圧力」が強いという問題点が原因であり、むしろ学級制度の中で児童生徒が「同調圧力」を生じさせない集団生活を学ぶことができれば、日本社会の重大な欠陥を改善していくことが期待できる。③については、日本では学校よりも学級に帰属意識を置いている児童生徒も多い（実際に、学校行事でもクラス対抗で行われるものが多く、卒業後の同窓会も学校単位より学級単位で行われることが多い）ことから、多くの児童生徒にとって「居場所」となっている学級をなくしてしまうことは不利益も大きい。④については、日本の学級担任制度の魅力でもあり、ひいては日本の教育制度の最大の魅力でもあって、教員経験のある者のほとんどが感じているメリットであり、逆を言えば海外の教育制度のデメリットでもある。

　学級担任業務は「クラスの児童生徒全員の権利を保障しなければならな

205

い」理想と、「クラスの児童生徒全員が満足する学級経営ではなく『最大多数の最大幸福』を目指す学級経営しか実現できない」現実の葛藤が法的責任でも問われる業務だが、学級が日本独特の教育制度である点について、これまで日本の法律家はほとんど関心を示してこなかった。しかし、そのような学級の存在や学級担任の実情を理解せずに教育紛争に関与することは大きな誤りであり、スクールロイヤーが導入されれば、必然的に「学級」という制度の存在に接する機会が多くなるため、筆者としては、将来的にスクールロイヤー同士で日本の学級制度に関する議論が活発化することを期待したい。

---

20 内藤朝雄氏は「悪口」「しかと」などのコミュニケーション操作系のいじめに関しては、法的に取り締まるには適していないことから、学級制度の廃止によって対処すべきである、と主張する。内藤朝雄『いじめの構造』（講談社、2009）199〜204頁。

教員の業務の国際比較と
日本の学級担任の特殊性

Focus-5

　日本と海外の教員業務の比較検討は、筆者の前著[1]に続き、学校における働き方改革特別部会でも資料[2]が作成されています。

　表1は学校における働き方改革特別部会で作成された資料「業務の適正化・役割分担等に関する具体的な論点」をまとめたもの（ただし、資料では出典や調査手法に関しては明らかでありません）、表2は二宮皓編『世界の学校』[4]を参考に、筆者が各国の教員や出身者、留学・滞在経験のある児童生徒に調査・確認したものです[5]。

　同部会と筆者の調査の決定的な違いは学級担任業務の点です。同部会の資料では学級担任業務が教員業務の比較対象ではなく、中国・韓国の学級担任業務に関して

表1　学校における働き方改革特別部会で作成された資料に基づく教員の業務の国際比較

業　務	日	米	英	仏	独	中	韓	星
登下校の時間の対応	○	×	×	×	×	×	×	×
放課後以降の児童生徒の見回り	○	×	×	×	×	×	×	×
調査・統計への回答	○	×	×	×	○	△	×	×
学校徴収金の徴収・管理	○	×	×	×	○	○	×	×
地域のボランティアとの連絡調整	○	×	×	×	○	△	×	×
成績情報の管理	○	○	×	○	○	△	○	○
教材研究	○	○	○	○	○	○	○	○
教材準備（印刷・物品の準備）	○	○	×	○	○	○	○	○
試験問題作成・採点・成績評価	○	○	○	○	○	○	○	○
課題のある児童生徒への個別指導等	○	○	×	○	○	○	○	○
問題行動を起こした児童生徒への指導	○	△	○	○	×	○	○	○
カウンセリング・心理的ケア	△	×	×	×	○	○	×	○
欠席児童への連絡	○	×	×	×	×	○	×	×
家庭訪問	○	×	×	×	×	○	○	×
給食対応	○	×	×	×	×	×	×	×
児童生徒の休み時間の対応	○	○	×	×	○	○	○	×
校内清掃	○	×	×	×	×	○	○	○
部活動	○	△	×	×	△	○	△	△

（「○」は教員が担当する業務、「×」は教員が担当しない業務、「△」は教員と他の職員が担当する業務であることを示す）

第2章　教育紛争の典型と問題

表2　前期中等教育における諸外国の教員の業務の比較及び職員室の有無[3]

	日本	アメリカ	ドイツ	イギリス	フランス	中国
1学級当たりの生徒数	35〜45	20〜30	20〜30	20〜30	20〜30	40
諸連絡	学級担任	なし（掲示板などで連絡）	なし（掲示板などで連絡）	学級担任	なし（掲示板などで連絡）	世話人
教科指導	教科担任（兼学級担任）	教科担任	教科担任	教科担任	教科担任	教科担任
生徒指導	学級担任	指導教員	指導教員	メンター	指導教員	指導教員
所見・通知表作成	学級担任	アドバイザー	アドバイザー	アドバイザー	指導教員	世話人
生徒対応・相談	学級担任	カウンセラー	相談教員	カウンセラー	指導教員	事務員
保護者対応・相談	学級担任	事務員	事務員	事務員	指導教員	事務員
部活動顧問	教員（兼学級担任）	コーチ・保護者	コーチ・保護者	コーチ・保護者	コーチ・保護者	なし
職員室	あり	なし	休憩室	休憩室	なし	なし

（筆者の調査に基づく）

も調査が不正確です[6]。日本のように学級単位で行う教育活動（「学級活動」）が必修の教育活動ではない海外は、日本と同様の学級担任業務が存在しないか、あっても教員ではなく学校職員が行うことが一般的なのです[7]。

　同部会の資料のように、学級担任業務を度外視して教員業務を比較検討するのは不適切です。なぜなら、日本の教員が多忙なのは、広範で包括的な学級担任業務に加えて、他国の教員が一般的に担当する業務を兼務するのが通常だからです。しかも、日本の教員は部活動顧問業務も事実上強制的に担当しますが、同部会の資料では日本の教員が経験も専門知識もない部活動であっても顧問を担当しなければならない負担が考慮されておらず、各国の部活動調査の内容も不正確です[8]。

　教員の業務負担を「1学級当たりの生徒数」や「一次的対応を誰が担当するか」という点も踏まえて比較すれば、他国より1学級当たりの生徒数が多く、児童生徒や保護者に対する一次的対応をほとんど全て担当する日本の学級担任制度が世界的に見て極めて特殊な業務であり、重大な法的責任を負う教員業務であることが理解できますが、それは日本の学級担任ほどやりがいのある教員業務が海外には存在

しないことと表裏一体です。日本の学級担任のように、卒業式で担任クラスの児童生徒の名前を 1 人ずつ万感の思いを込めて読み上げるやりがいは、世界中の教員が経験できないものです。

　スクールロイヤーにはぜひ教員業務の国際比較の視点と、日本の学級担任制度の特殊性に興味関心を持ってほしいと思います。

1　神内聡『学校内弁護士』34頁。
2　学校における働き方改革特別部会「業務の適正化・役割分担等に関する具体的な論点」（2017）参照。
3　職員室の有無も比較対象とした狙いは、教員間の報告・連絡・相談（「ホウ・レン・ソウ」）が、日本の教育で極めて重視され、裁判例でも学校の法的責任が追及される際に争点となりやすく、職員室の存在が重要な背景事情となり得ることを意識してほしいと感じたからである。職員室の存在は日本独特のシステムであり、日本の教育法の特殊性や学校の法的責任を論じる際に重要な要素でもある。
4　二宮皓編『世界の学校』の初版（学事出版、2006）及び新版（学事出版、2014）を参考。
5　神内・前掲注１）40～41頁参照。
6　同部会の資料は中国・韓国に学級担任業務が存在することを前提にしているが（例えば、中国の家庭訪問業務と韓国の給食対応業務はそれぞれ学級担任が担当する業務とされている）、中国や韓国には日本のような学級担任制度はなく、一般的には教員ではない職員が担任業務を担当する。また、中国は小学校から教科担任制を採用しており、日本の小学校のように学級担任が全科目を教えない。
7　アメリカをはじめ、小学校では学級担任制度を採用する国もあるが、海外の学級担任は学習アドバイザーや世話人的な職種であって、日本の小学校の学級担任のように必修化された学級活動を担当する教員ではなく、教科指導から生活指導にまで至る広範で包括的な業務を担当する教員でもない。
8　アメリカ・ドイツでは経験や専門知識のある教員が自主的にコーチとしてクラブ活動を指導する。また、同部会の資料は中国・韓国に部活動があるかのように示されているが、中国・韓国には原則として部活動は存在しない。

第4節　いじめ

いじめの予防と法的対応

Q74 スクールロイヤーがいじめ紛争に関与するに際して意識しておくべき点を教えてください。

A74 スクールロイヤーはいじめの予防等を目的に導入される制度ですが、いじめの予防は現実には極めて困難であり、予防よりもいじめの適切な解決を目指すべきです。また、いじめは「暴行」等の犯罪行為から「無視」等の必ずしも犯罪行為とは言えないものまでを含み、密行性が高いため早期発見や証拠収集が難しく、日本の教育法制ではいじめの加害者に対する実効的な法的手段に乏しいことから、いじめ防止法が制定された今日でも法的対応が難しいことを意識すべきです。

　文科省はいじめの予防等のためにスクールロイヤーを導入するが、現実にスクールロイヤーがいじめの予防等に貢献することは大変難しい。筆者は、遺憾ではあるが、いじめを予防することは現実的には不可能に近いと考えている。なぜなら、日本のいじめは学校の問題ではなく日本社会に蔓延る「同調圧力」に原因があり、「他人と異なる意見を主張するのは面倒なので同調したほうがよい」と考える価値観の中では、大人であってもいじめを予防するのは不可能に近いからである。

　しかし、いじめの予防が不可能でも、一度発生したいじめを適切に解決することは可能である。実際に、いじめが深刻化するのは予防策が不適切だったのではなく、解決策が不適切だからであって、スクールロイヤーを導入する意義はいじめの予防ではなく、いじめを適切に解決することにある（強いて言えば、いじめを予防するには教員数を増やし、保護者に学校と家庭の役割分担を意識させることが不可欠であって、スクールロイヤーを導入することは不可欠ではない）。

　いじめは教育紛争の中でも特に深刻かつ社会的関心の高いものだが、教育行政や司法がいじめの解決に役立ってきたわけではなく、そのことはこれま

第 4 節　いじめ

でも多くのいじめが適切に解決されず、「被害者が泣き寝入りする場合が多い」「加害者よりも被害者が転校するケースが多い」といった実例が物語っている。統計上もいじめは正確に把握されてきたわけではなく、教育現場と教育行政機関の上意下達的な関係を反映した「忖度」を施した統計が作出されることで、いじめの実態を客観的に考察する前提を欠いた状況にある。

　いじめは教育紛争の中でも最も法的対応が困難な紛争である。第一に、社会学ではいじめを「犯罪」と理解し、法律家や警察等の外部機関に対応を委ねるべきであると考える立場もあるが[1]、実際には容易ではない。なぜなら、いじめは「暴行」「傷害」「脅迫」「強要」「恐喝」「名誉棄損」「侮辱」等の犯罪に該当する行為から、「嫌がらせ」「仲間外れ」「無視」等の必ずしも犯罪に該当するわけではない行為までを含むからである[2]。しかも、「暴行」よりも「無視」のほうが被害者にとって深刻な人権侵害であることも多いが、後者は犯罪に該当しないことが多いので法的対応が困難である点もいじめの厄介な特徴である。第二に、ほとんどのいじめには密行性という特徴があり、教員や保護者が早期に発見することが困難だけでなく、実際に裁判で争う際にいじめの事実を立証するための証拠収集も他の教育紛争以上に困難である。第三に、日本の教育法制は海外と異なり、いじめの加害者のような問題行動を起こした児童生徒に対して学校が採り得る法的手段が非常に少ない。公立小中学校である限り、どんなに深刻ないじめを行った加害者でも退学も停学もすることができず、その結果、加害者の自主的な転校を待つより先に被害者が転校するケースは珍しくない。

　2013年に制定されたいじめ防止法は、前述したいじめに対する法的対応が困難な事情を的確に議論しないまま拙速に制定されたため、今日でもいじめに対する法的対応は難しい。スクールロイヤーがいじめ対応に関与する際には、いじめの予防が非常に難しいことや、いじめに対する適切な法的対応も難しいことを意識しておくべきである。

1　加納寛子編『ネットいじめの構造と対処・予防』（金子書房、2016）90～91頁、230～232頁では、ネットいじめの対処として、警察への相談や法的措置の検討を推奨している。

2　もっとも、傷害罪の「傷害」は「人の生理機能や健康状態を害すること」と解されるので、「嫌がらせ」「仲間外れ」「無視」といった行為により被害者が精神疾患になった場合等は、これらのいじめ行為も傷害罪に該当し得る。

いじめの定義

Q75 いじめ防止法上の「いじめ」の定義について教えてください。また、裁判上のいじめの定義とどのように異なるでしょうか。

A75 いじめ防止法上の「いじめ」は、被害者の主観（「心身の苦痛を感じている」かどうか）によりいじめの該当性を判断するため、いじめに該当する行為が広すぎるのではないかという問題がありますが、簡潔で平易な定義なので教員が一次的にいじめの該当性を判断する際に有用な面もあります。また、民事裁判上で損害賠償が認められるためには、被害者の主観ではなく、社会通念上許される限度を超えた客観的に違法ないじめであることが必要です。

「いじめ」には法的に様々な定義があるが（表1参照）、いじめ防止法は、「いじめ」を「児童等に対して、当該児童等が在籍する学校に在籍している等当該児童等と一定の人的関係にある他の児童等が行う心理的又は物理的な影響を与える行為（インターネットを通じて行われるものを含む。）であって、当該行為の対象となった児童等が心身の苦痛を感じているもの」と定義する（同法2条1項）。この定義は被害者が「心身の苦痛を感じている」という主観的要件でいじめの該当性を判断するが、被害者の主観のみでいじめが認定され、加害者の主観は考慮されないので、いじめに該当する行為が広すぎて子どもの成長発達や適切なコミュニケーションの弊害になりかねない。また、同法のいじめの定義は被害者と加害者の二項対立的な視点にとどまり、いじめの四層構造など複雑な背景が捨象されてしまっているとの批判や、保護者が同法の定義を使って学校側に「いじめ」の対応を求める方法の1つにしていることが学校現場に混乱を生じさせてし

第4節 いじめ

表1 「いじめ」の定義

犯罪行為としての「いじめ」 （刑罰が科される）	暴行　傷害　脅迫　強要　恐喝　名誉棄損　侮辱
民事上の損害賠償責任を負う「いじめ」 （不法行為が成立する）	行為の具体的な性質、それがされた前後の具体的な状況、行為の継続性等を総合的に勘案した上で、それが社会通念上許される限度を超え、客観的に違法な不法行為として損害賠償請求権を生ぜしめるもの
いじめ防止法上の「いじめ」 （学校にいじめに対する措置を講ずる義務・重大事態への対処義務が生ずる）	児童等に対して、当該児童等が在籍する学校に在籍している等当該児童等と一定の人的関係にある他の児童等が行う心理的又は物理的な影響を与える行為（インターネットを通じて行われるものを含む。）であって、当該行為の対象となった児童等が心身の苦痛を感じているもの

まっているとの批判がある[3]。

　しかし、筆者は同法の「いじめ」の定義は簡潔で平易な文言であり、教員にとっても分かりやすい定義なので、教育現場においてある行為がいじめに該当するかを一次的に判断するのは法律家ではなく教員である点を踏まえると、教員が判断しづらい難解な定義よりも簡潔で平易な定義のほうが実務的には有用と考える。

　ただし、いじめ防止法の「いじめ」の定義では、次のような行為を判断する際に問題が生じる。

① 　加害者は友達として軽くからかったつもりだが、被害者が苦痛を感じた場合
② 　学級委員として指示をしたり、部活動の先輩として後輩を指導したつもりだが、被害者が苦痛を感じた場合
③ 　教員が被害者に対する嫌がらせを発見したが、被害者が気づいていない場合
④ 　教員の不適切な指導により、被害者が苦痛を感じた場合

　①については、いじめ防止法の「いじめ」の定義は被害者の主観でいじめの該当性を判断し、加害者の主観に左右されないため、加害者が友達として軽くからかったつもりでも、被害者が苦痛を感じれば同法の「いじめ」に該

213

当する。こうした児童生徒間の日常的なやり取りでも被害者の主観如何で同法の「いじめ」に該当する点は、子どもの健全なコミュニケーション形成の弊害になり、保護者が自分の子どもに対して①のような被害者と関わらないように指示する等、かえって子どもの人権侵害が拡大するおそれもある。

②については、児童生徒間の対等ではない関係（「優位性」）に基づく指示や指導で被害者が主観的に苦痛を感じた場合、たとえ指示や指導の必要性や合理性が客観的に認められる場合でもいじめ防止法の「いじめ」に該当する。こうした児童生徒間の主体的なやり取りでも「いじめ」に該当する点は、子どもの自主性の育成や集団生活の営みを阻害するおそれがある。

③については、いじめ防止法の「いじめ」に該当するには「被害者が心身の苦痛を感じている」ことが要件なので、被害者が自己に対する嫌がらせや悪口に気づいていない場合は、同法の「いじめ」に該当しないことになってしまう。しかし、たとえ同法の「いじめ」に該当しなくとも、客観的にいじめに該当する行為を教員が認識したならば、安全配慮義務に照らして加害者を注意指導すべきである。

④については、いじめ防止法は児童生徒間のいじめのみが対象であり、教員によるいじめは対象でないため、教員による「不適切な指導」の問題として扱われることになる。

なお、いじめ防止法の「いじめ」の定義は、学校にいじめに対する措置を講ずる義務（同法23条各項）に関する「いじめ」だけでなく、重大事態への対処（同法28条以下）に関する「いじめ」とも共通する定義であるが、民事裁判上の損害賠償義務の発生要件としての「いじめ」の定義とは異なる点に注意すべきである。例えば、近時の裁判例は、不法行為に基づく損害賠償請求権を発生させる「いじめ」かどうかは、加害者らの「行為の具体的な性質、それがされた前後の具体的な状況、行為の継続性等を総合的に勘案した上で、それが社会通念上許される限度を超え、客観的に違法な不法行為として損害賠償請求権を生ぜしめるものなのか否かを慎重に検討する必要」があると判示し[4]、いじめ防止法の定義と異なって裁判上の「いじめ」の定義は客観的要件を含むと理解される。

したがって、いじめ防止法の「いじめ」に該当しても、裁判上で不法行為に基づく損害賠償が認められるには社会通念上許される限度を超えた客観的に違法ないじめでなければならない。もっとも、いじめ防止法上の被害者の主観に基づく「いじめ」が存在するにもかかわらず、学校が同法上の義務を履行しなかったために被害者に損害が発生した場合は、同法違反を理由とする法的責任を負う可能性がある（この場合の法的責任についてはQ88参照）。

3　大阪弁護士会子どもの権利委員会いじめ問題研究会編『事例と対話で学ぶ「いじめ」の法的対応』（エイデル研究所、2017）162頁。筆者も同書の指摘には賛同する。もっとも、「被害者」「加害者」「観衆」「傍観者」に類型化するいじめの四層構造の理論はあくまでも社会学的な視点の1つであって、法的には「観衆」「傍観者」といった類型化は不適切であり、むしろ「加害者」を一括りにせず共犯関係・主従関係・寄与度等を的確に理解することが重要であると考える。
4　横浜地判横須賀支平成28年11月7日判例集未登載。

いじめ防止法ガイドラインの改定のポイントと問題点

Q76 2017年に改定した、いじめ防止法ガイドラインの重要な改定点について教えてください。

A76 被害者の被害性に着目したいじめの定義の再確認、いじめ対策組織での情報共有の徹底、「いじめの解消」の概念の導入、ネットいじめが犯罪や民事上の損害賠償の対象になることの周知、保護者の申立てにより重大事態の疑いが生ずることの再確認等が重要です。

　　2017年3月にいじめ防止法ガイドライン（以下「ガイドライン」）が大幅に改定された（表2参照）。本書では、特に重要な改定点について説明する。

　第一に、いじめの定義の問題点だが、児童生徒の感じる被害性に着目していじめの該当性を判断すると改定しており、ガイドラインはあくまでも被害者の主観に基づくいじめの定義の運用を示す。例えば、「加害者は友達として軽くからかったつもりだが、被害者が苦痛を感じた場合」や「学級委員と

第2章　教育紛争の典型と問題

表2　「いじめの防止等のための基本的な方針」の主な改定点

いじめの定義	・けんかやふざけ合いであっても背景にある事情の調査を行い、児童生徒の感じる被害性に着目し、いじめに該当するか否かを判断する。
いじめの指導	・軽い言葉で相手を傷つけたが、すぐに謝罪し良好な関係を再築できた場合などは、「いじめ」という言葉を使わず柔軟に指導することも可能。ただし法が定義するいじめに該当するので、いじめ対策組織での情報共有は必要。
学校評価との関係	・いじめの認知件数とともに、学校基本方針に基づく取組実施状況を学校評価の項目に位置づける。 ・アンケート、個人面談の実施回数、校内研修などの達成目標を設定する。
学校いじめ基本方針の周知	・ホームページで公開するとともに、内容を必ず入学時・年度始めに児童生徒、保護者、関係機関等に説明する。
学校いじめ対策組織	・児童生徒及び保護者に対して、存在や活動が容易に認識される取組が必要（例：全校集会で説明）。 ・可能な限り、スクールカウンセラー、スクールソーシャルワーカー、弁護士、医師、警察官経験者等の外部人材を参画させることが望ましい。 ・学校のいじめ対策立案を全教員が経験できるようにする。
いじめの情報共有	・情報共有の手順や内容をいじめ基本方針やマニュアル等に明確に定めておく。
いじめに対する措置	・教員がいじめに係る情報を抱え込み、いじめ対策組織に報告しないことは、いじめ防止法23条1項に違反し得る。 ・各教員はいじめに係る情報を適切に記録しておく。いじめ対策組織で情報共有した後は、事実関係の確認の上、組織的に対応方針を決定し、被害児童生徒を守り通す。
生徒指導専任教員	・生徒指導専任教員の配置を含む、いじめに適切に対応できる指導体制を整備。
設置者から学校への支援	・指導主事等の職員、スクールカウンセラー、スクールソーシャルワーカー、弁護士等の外部専門家の派遣、警察等関係機関との連携など。
いじめ防止教育	・児童生徒がいじめ問題を自分のこととして捉え、考え、議論することにより、いじめに正面から向き合うことができるようにする。 ・道徳、学級活動、特別活動で児童生徒が自らいじめについて考え、議論する活動に取り組む。
スクールカウンセラー・スクールソーシャルワーカー	・児童生徒から活用されるよう、自らの取組を積極的に周知する。 ・相談日の案内、いじめ対策組織の構成員になっている場合はその一員であることを伝える。
いじめの調査	・いじめ基本方針でアンケート調査、個人面談の実施や結果検証及び組織的対処方法を定めておく。 ・児童生徒が自らSOSを発信すること及びいじめの情報を教員に報告することは、当該児童生徒にとって多大な勇気を要するものであることを教員は理解しなければならない。 ・学校は児童生徒からの相談に対しては、必ず教員が迅速に対応することを徹底する。

216

いじめの解消	・単に謝罪をもって安易に解消とすることはできない。 ・「解消している」状態とは、①いじめに係る行為が止んでいる状態が相当期間（目安：3か月）継続していること、②被害者が心身の苦痛を受けていないこと（面談等により確認する）の2つの条件が満たされている必要がある。
ネットいじめ	・ネットいじめは、外部から見えにくい、匿名性が高いなどの性質から児童生徒が行動に移しやすい一方で、一度インターネット上で拡散した情報を消去することは困難であること、被害者にとどまらず学校、家庭、地域社会に多大な被害を与える可能性がある。 ・ネットいじめは刑事上の名誉棄損罪、侮辱罪、民事上の損害賠償請求の対象となり得る。 ・学校は児童生徒に対して、ネットいじめが重大な人権侵害に当たり、被害者等に深刻な傷を与えかねない行為であることを理解させる取組を行う。
重大事態の申立て	・児童生徒又は保護者からの申立ては、学校が把握していない極めて重要な情報である可能性が高く、調査をしないまま重大事態の疑いがないと断定することはできないことに留意する。
校内研修の回数	・「年1回以上」から「年複数回」に変更。

して指示をしたり、部活動の先輩として後輩を指導したつもりだが、被害者が苦痛を感じた場合」のように、いじめとして扱うことに議論の余地がある場合は、「いじめ」という言葉を使わずに指導することも可能だが、同法が定義する「いじめ」には該当するので、学校に設置するいじめ対策組織に報告し、情報を共有しなければならない旨を規定する。この点で、今後も子どもたちの健全な学校生活上の支障が生ずるおそれが継続することになる。

　第二に、いじめに対する措置に関して、教員がいじめに係る情報を抱え込み、いじめ対策組織に報告しないことは、いじめ防止法23条1項に違反し得ることを新たに規定するが、この点は「いじめはどんな場合でも教員が個別的に対応するより学校が組織的に対応したほうがよい」とする誤解に立脚した、教育現場の実情を理解していない改定である。例えば、学級担任がいじめ対策組織に直接報告せずに学年主任と協議し、両者の間で対応したほうが迅速で適切な解決が期待できるならば、いじめ対策組織に報告しないほうがよい場合もある。いじめ対策組織に報告することで、かえって被害者の支援が放置されたり、加害者に必要以上に厳しい処分が行われる弊害もあり得るからである。いじめ対策組織が適切に機能するためには、管理職、同組織の

構成員、それ以外の教員との信頼関係が適切に構築されていることが前提だが、実際の教育現場でそうした関係が常に存在することはむしろ稀であり、学級担任や学年主任は管理職との信頼関係も考慮していじめ対応をする必要があるにもかかわらず、さらにガイドラインがいじめ対策組織に報告しないことを法令違反とまで断じることは行き過ぎである。また、学校評価との関係ではいじめの認知件数が評価対象となるが、けんかやふざけ合いも含めた全てのいじめをいじめ対策組織に報告しなければならないとなると、同組織への報告件数が膨大になり、多大な負担になってしまう。

　第三に、今回の改定では「いじめの解消」という概念を新たに導入したが、これは全く不要である。なぜなら、いじめの被害者が将来にわたって心身の苦痛を忘れることができるというのは非常に困難であり、また、ガイドラインのように厳しい要件の下で「いじめの解消」という状態を法的に認めるならば、実際に「いじめの解消」に該当するような状態はほとんど生じず、こうした概念を導入する意義に乏しいからである。

　第四に、ネットいじめが刑事上の犯罪や民事上の損害賠償請求の対象となり得ると規定した点は、児童生徒にネットいじめの防止を啓発する上では一定の効果があると評価できるが、ネットいじめは本来学校の管理下でのいじめではなく、保護者及びネット媒体企業の管理下で行われるいじめであるから（Q89参照）、保護者及びネット媒体企業が法的責任を問われる点を明記しておかなければ、結局学校がネットいじめで想定外の法的責任を問われる現況を改善できない。

　第五に、改定前のガイドラインと同様、保護者の申立てによりいじめ防止法28条の「重大事態」の疑いが生じ、学校設置者又は学校が同条で規定する調査をしなければならない法的義務が生ずることが再確認され、かつ改定により、保護者からの申立ては、学校が把握していない極めて重要な情報である可能性が高く、調査をしないまま重大事態の疑いがないと断定することはできないという留意点が追加された。28条は「いじめにより当該学校に在籍する児童等の生命、心身又は財産に重大な被害が生じた疑いがあると認めるとき」「いじめにより当該学校に在籍する児童等が相当の期間学校を欠席す

第 4 節　いじめ

ることを余儀なくされている疑いがあると認めるとき」という文言上、調査
義務が発生するためにはいじめと当該被害又は欠席との間に因果関係が存在
する疑いが必要であり、児童生徒本人の申立てはともかくとして、児童生徒
と利害が一致するとは限らない保護者からの一方的な申立てのみで、因果関
係が存在する疑いを認めて「重大事態」が生じたと判断することは、明らか
に不当な拡大解釈であることが指摘されていた[5]（実際に、保護者による虐待を
理由とする長期欠席にもかかわらず、保護者の一方的な申立てで学校が28条の調査を余儀
なくされた事案もある）。また、28条1項1号の「生命、心身又は財産に重大な
被害が生じた疑いがあると認めるとき」は客観的かつ一義的に判断しやすい
が、2号の「相当の期間学校を欠席することを余儀なくされている疑いがあ
ると認めるとき」については、不登校の理由が非常に複雑で多様であり、し
かも統計上は「いじめ」を理由とする不登校よりも「家庭に係る状況」を理
由とする不登校が圧倒的に多い実情に鑑みると、保護者の申立てだけで「重
大事態」と判断することは明らかに不当である。したがって、1号について
は保護者の申立てで「重大事態」の発生を認めてもよいが、2号については
保護者の申立てのみで「重大事態」の発生を認めるべきではない[6]。

　今回のいじめ防止法のガイドラインの改定は明らかに「改悪」であり、教
育現場の負担が増大するおそれがある。筆者は、今回の改定を主導したいじ
め防止対策協議会の構成員に現職の校長が15人中4人しかおらず[7]、学級担
任等の現職の現場教員に至っては1人も構成員に含まれていないという、極
端な「現場軽視」の議論により改定された点を指摘しておく。

5　神内聡『学校内弁護士』161〜162頁。

6　これまで実施されてきた重大事態の調査を実施する方式としては、重大な被害が生じた
　ケースでは「いじめの重大事態の調査に関するガイドライン」が想定する方式が妥当するが、
　不登校対応の点で同一の方式を採用することはやや硬直的すぎるので、不登校を伴う重大
　事態の位置づけを再検討すべきである、という指摘もある。大阪弁護士会子どもの権利委
　員会いじめ問題研究会・前掲注3）136頁。

7　ガイドライン改定の実質的な議論を行った構成員である「いじめ防止対策協議会（平成
　28年度）委員名簿」〈http://www.mext.go.jp/b_menu/shingi/chousa/shotou/124/
　maibo/1374612.htm〉より。同協議会の議事録を調べてみると、構成員の何人かが随所で

「このことはよくわからないが」等と発言している記録が残されており、現場感覚を無視した素人同然の議論がなされていたことがうかがえる。

いじめ対策組織の役割と独自性

Q77 学校に設置しなければならない「いじめ対策組織」の構成員、役割、独自性について教えてください。

A77 いじめ対策組織の構成員が教員のみでも適法と解されていますが、同組織の校務分掌上の意義に鑑みれば、必ず教員以外の第三者が構成員に含まれるべきであり、できれば教員を兼務する学校内弁護士か、「配置型」スクールロイヤーが含まれるべきです。また、いじめ対策組織は生徒指導部署とは異なる役割の独自性が期待されているため、校務分掌上も生徒指導部署とは異なる組織として位置づけるべきであり、構成員も両者を同一にすべきではありません。

いじめ防止法22条は、学校に対して「当該学校の複数の教職員、心理、福祉等に関する専門的な知識を有する者その他の関係者により構成されるいじめの防止等の対策のための組織」（以下「いじめ対策組織」）の設置を義務付ける。同組織の構成員に関しては、必ずしも「心理、福祉等に関する専門的な知識を有する者」が含まれる必要はないとする見解もあり、実際に、いじめ防止法のガイドラインでも「可能な限り」外部専門家[8]を参画させると規定し、教員だけのいじめ対策組織も否定されていない。

しかし、同組織には必ず教員以外の専門家を構成員に含めるべきである。同組織はいじめ防止法で必置とされる校務分掌の一環たる「常設」組織である。教員以外の外部専門家の参画を促す校務分掌上の常設組織はこれまで法令上もほとんどなかったが、いじめ対策組織は教員以外の第三者が参画する校務分掌組織としての特異性から、学校経営にもたらす機能が注目される。また、スクールロイヤーを導入する学校設置者は、いじめ対策組織の構成員

にスクールロイヤーを積極的に登用すべきであり、校務分掌上の組織に弁護士が参画することで、弁護士が校務分掌の実態を理解できる機会が増える。

ただ、いじめ対策組織が常設組織である以上、本来は紛争の発生時にのみ派遣される「派遣型」スクールロイヤーが同組織の構成員になるのは実態にそぐわないため、スクールロイヤーがいじめ対策組織で機能するためには、教員を兼任する学校内弁護士の形態か、少なくとも非常勤かつ定期的に学校に派遣される「配置型」スクールロイヤーの普及を促すべきであろう。

また、いじめ対策組織が教員のみで構成される場合は、これまでいじめ問題等を扱ってきた生徒指導部署との校務分掌上の区別が問題になるが、教員のみによるいじめ対策組織では生徒指導部署との関係で役割に独自性が見出せず、校務分掌上の役割分担が不明確になってしまう弊害が生じる。いじめ防止法のガイドラインは、いじめ対策組織を「学校におけるいじめの防止、いじめの早期発見及びいじめへの対処等に関する措置を実効的に行うため、組織的な対応を行うため中核となる常設の組織」と位置づけ、いじめの「未然防止」「早期発見・事案対処」「学校いじめ防止基本方針に基づく各種取組」等の役割を規定することから、生徒指導部署とは異なる独自性を与えていると推察されるので、生徒指導部署とは別にいじめ対策組織を編成する必要がないと考えることは同法違反になり得るし、生徒指導部署といじめ対策組織の構成員を同一の教員にすることも、ガイドラインが想定していない人選であって同組織に期待する役割に反する可能性がある点に注意すべきである[9]。

---

8 ガイドラインでは、心理や福祉の専門家であるスクールカウンセラー・スクールソーシャルワーカー、弁護士、医師、警察官経験者等を「外部専門家」として列挙する。

9 ガイドラインではいじめ対策組織の人選につき、「いじめの未然防止・早期発見の実効化とともに、教職員の経験年数やクラス担任制の垣根を越えた、教職員同士の日常的なつながり・同僚性を向上させるためには、児童生徒に最も接する機会の多い学級担任や教科担任等が参画し、学校いじめ対策組織にこれらの機能や目的を十分に果たせるような人員配置とする必要がある。このため、学校のいじめ対策の企画立案、事案対処等を、学級担任を含めた全ての教職員が経験することができるようにする」として、人選を工夫する必要性が示されている。

第2章　教育紛争の典型と問題

いじめの初期対応

Q78
いじめの初期対応で最も重要な点を教えてください。また、被害者本人が不登校になり、教員と会いたくないと言っている場合や、保護者が会わせようとしない場合にはどうすればよいでしょうか。

A78
いじめの初期対応で最も重要な点は、保護者の申立てや要求のみに基づいて対応するのではなく、必ず被害者本人の意思を確認した上で対応することです。被害者本人が不登校になり教員との面談を拒否する場合は、外部専門家が面談を担当するか、被害者本人の意思を確認できなかった旨の記録を残しておくことが重要です。また、保護者が被害者本人に会わせようとしない場合は、学校のいじめの有無を確認する措置に協力するよう努力する義務があることを保護者に伝えた上で、なお保護者が拒否する場合は児童相談所等と連携するか、保護者が被害者本人との面談を拒否した旨の記録を残しておくことが重要です。

解説
　いじめの初期対応で最も重要な点は、被害者本人の意思を確認することである。いじめ防止法の「いじめ」の定義は、「心身の苦痛を感じている」被害者の主観でいじめの該当性を判断するため、被害者の意思と受けた被害の程度を正確に理解しなければその後の学校や教員の適切な対応が難しい。また、実際のいじめ紛争では、被害者本人の意思確認よりも保護者の申立てや要求が先行する場合も多いが、被害者と保護者は全くの別人格であり、両者の意思は異なることが多い。例えば、「保護者は加害者の厳しい処分や学校への裁判提起を要求するが、被害者本人は学校での友人関係や学習環境等を考慮してそこまで要求していない」という場合はよくある。いじめの適切な解決のためにも、学校が保護者の申立てや要求のみに基づいて対応することは絶対に避けるべきであり、必ず被害者本人の意思を確認した上で対応すべきである。

　しかし、実際のいじめ紛争では、被害者や保護者と学校や教員との間の信

222

第4節　いじめ

頼関係が破たんしており、設問のように被害者本人が教員との面談を拒否する場合も多いため、学校や教員が被害者本人の意思を確認するのは必ずしも容易ではない。特に、被害者が不登校になり、学校で教員と会えなくなった場合には被害者本人の意思確認は極めて困難になるが、いじめの初期対応では被害者本人の意思確認は不可欠であり、学校はどうにかして被害者本人の意思を確認すべきことになる。

　設問の場合には、教員による家庭訪問が行われることが多いが、教員による家庭訪問は法的視点からは相手方の支配領域で証拠収集が行われるリスクを伴うため、望ましいとは言えない（Q63参照）。そこで、スクールカウンセラーやスクールソーシャルワーカー等の外部専門家、学校設置者の職員等の同伴の下に教員が家庭訪問を行う措置が考えられる。その際には面談の主担当者は外部専門家や学校設置者関係者であり、教員は付添いの立場がよい。また、外部専門家は自らの立場を正確に被害者本人及び保護者に伝えた上で面談すべきである。もちろん、外部専門家等による面談も被害者本人が拒否することもあるが、学校は被害者本人が面談を拒否したことで正確な意思を確認できなかった旨を報告書に記載する等、必ず記録化しておく。

　一方、保護者が被害者本人に会わせようとしない場合は対応が異なる。保護者は学校が講ずるいじめの防止等のための措置に協力するよう努める義務があり（いじめ防止法9条3項）、保護者と被害者本人の意思が一致するとは限らない上に、親子のコミュニケーション不足や虐待等の複雑な家庭環境が存在する可能性もあるため、保護者が面談を拒否する場合は被害者本人が面談を拒否する場合とは法的には全く異なる対応が必要になる。学校は、いじめの有無を確認する措置に協力するよう努力する義務があることを保護者に伝えた上で、スクールソーシャルワーカー等の協力も得て、保護者に被害者本人と教員の面談が行われるよう促すべきである。また、保護者が被害者本人との面談を徹底的に拒否する場合は虐待の可能性も想定した上で、児童相談所に相談して連携を図るか、保護者が被害者本人との面談を拒否したことで被害者本人の正確な意思が確認できなかった旨を必ず記録化しておく。

　なお、設問のような場合に、スクールロイヤーが被害者本人や保護者と直

223

接面談することもあり得る（この際の注意点についてはQ86参照）。

いじめの調査に応じる義務

Q79 いじめの調査の際に、児童生徒が調査を拒否する場合や、保護者が子どもに対する調査を拒否する場合、また、教員がクラス運営に支障が生じることを理由に調査に対して消極的な場合はどうすべきでしょうか。

A79 被害者から加害者であると名指しされている児童生徒に対しては、教員は懲戒権を適切に行使して調査できると考えるべきであり、調査を拒否する保護者に対しては、学校が講ずるいじめの防止等のための措置に協力するよう努める義務がある旨を告げて、調査に協力するよう促すべきです。また、教員が調査に消極的な場合は、当該教員の利益にも配慮しつつ、子どもの利益の観点から調査を実施すべきです。

学校は在籍する児童生徒がいじめを受けていると思われる場合は、速やかにいじめの事実確認の調査を行わなければならない（いじめ防止法23条2項）が、この調査は警察の捜査と異なって強制力はなく、児童生徒が調査に応じるかどうかは全くの任意であり、児童生徒が調査を拒否する場合に学校は児童生徒の意思に反して強制的に調査できないとも考えられる。

しかし、児童生徒が全くの第三者ならともかく、被害者から名指しされて加害者と疑われている児童生徒でも、調査を拒否すれば学校はそれ以上何の措置もできないならば、被害者の意思を尊重し、被害者の主観によりいじめの該当性を判断するいじめ防止法の姿勢に沿わない。また、学校は被害者との間で安全配慮義務を負うので被害者の意思に反する措置は取りづらい。教員は職務上児童生徒に対して懲戒権を有することから、被害者から加害者として名指しされているが調査を拒否する児童生徒に対しては、懲戒権を適切に行使して調査できると考えるべきである（調査の結果、事実無根であるならば

第4節 いじめ

被害者を注意指導すればよく、加害者と名指しされた児童生徒から学校が法的責任を追及されたとしても、前述のいじめ防止法の趣旨と被害者との関係で安全配慮義務を負う学校の立場から反論できる）。 教員が児童生徒に対して行う調査は刑事訴訟法等の適用はなく、教育活動としての調査なのでこのように柔軟に考えるべきだが、被害者から名指しされていても、教員が当該児童生徒を加害者と決めつけて調査することは妥当ではなく、現時点で加害者と名指しされている状態にすぎないことを告知した上で調査を実施すべきである。

　これに対し、保護者がいじめの事実を確認するための調査を拒否する場合は、学校はいじめ防止法により保護者は学校が講ずるいじめの防止等のための措置に協力するよう努める義務がある（同法9条3項）ことを告知し、学校の調査に協力するよう促すことができる[10]。保護者は調査を拒否する合理的な理由がない限り、子どもに対して調査に応じるよう促すべきである。

　一方、いじめの調査では、学級担任等の教員が調査に反対ないし消極的な場合もある。学級担任の立場としては、いじめの調査をすればクラス内の児童生徒の人間関係に多大な影響が及び、学級経営に支障が生じると考えがちだが、筆者も学級担任を担当する立場なのでこうした学級担任の気持ちはよく理解できるものである。しかし、初期対応でのいじめの事実確認に関する調査は、学校の適切ないじめ対応の方向性を決める上で必要不可欠であり、学級担任の利益のみで判断すべきではなく、いじめの調査では子どもの利益の観点に立って調査することが最重要である。そこで、学級担任の懸念を十分に理解した上で調査を実施し、スクールロイヤーが調査に関与する場合には学級担任の利益にも一定の理解を示す必要があろう。また、学級担任が学級経営上の影響を慮って自己の責任でクラス内のいじめの調査を行い、適切に対応することも選択肢としてあり得るが、いじめ防止法のガイドライン上は全ていじめ対策組織に報告しなければ法令違反になる旨を規定するので、同組織が調査の中核となる想定である（しかし、このような学級担任の対応が違法となる解釈は、学級担任の職務内容の特殊性を考慮しておらず妥当でない）。

　いじめ紛争は、紛争関係者の様々な利害対立が生じる教育紛争の典型なので、様々な利害に配慮した適切な調査が実施される必要がある。

225

10　学校のいじめの防止等のための措置に対する保護者の協力義務については、菱村幸彦『Q&Aスクール・コンプライアンス111選』（ぎょうせい、2017）135頁参照。

いじめの調査手法

Q80 いじめの調査でアンケート調査は必ず実施すべきでしょうか。

A80 教育現場ではアンケート調査を重視していますが、必ず実施すべきものではありません。適切な時期に適切な方法で行うアンケート調査は効果的ですが、形骸的になりやすく、訴訟資料上や情報公開上の問題点もあるので、原則として個人面談による調査を主体にすべきでしょう。

　学校がいじめの調査でアンケート調査を実施する場合は2種類ある。1つは、いじめ防止法16条で学校に義務付けられている「いじめ」を早期に発見するために学校が行う定期的な調査としてアンケート調査を実施する場合、もう1つは実際にいじめが発生した可能性がある際に事実確認の調査としてアンケート調査を実施する場合であり、いじめ防止法28条の「重大事態」の調査で質問紙の使用による調査を行う場合等が該当する。両者は同じアンケート調査でも目的が異なり、実施時期や実施方法も適切に区別すべきである。

　いずれの場合であってもアンケート調査は法的義務ではないので、アンケート調査をしなくとも法令違反ではない（もっとも、いじめ防止法28条は、「重大事態」の調査では「『質問票』の使用その他の適切な方法により」調査を行うと規定するので、重大事態の調査では特にアンケート調査が重視されているとは言えよう）。例えば、いじめ防止法16条は「調査」と規定するのみなので、個人面談による調査でもよい。アンケート調査を実施していればいじめの事実の全容が解明し、その結果適切ないじめの対応が可能だったにもかかわらず、アンケート調査を実施しなかったために被害者の損害が生じた場合には法的責任が問われる

が、アンケート調査がいじめの事実の全容解明を左右する調査であったかを証明するのは非常に困難であり、アンケート調査を実施する必要性は乏しい。

筆者は、アンケート調査の弊害も議論されるべきと考える。アンケート調査は適切な時期に記名式で実施するならば[11]、児童生徒もかなり詳細で正確な事実を回答する可能性は高く、いじめの早期発見やいじめが発生した場合の事実関係の正確な把握に役立つものであり、効果は非常に高い。しかし、例えば、クラス内の人間関係が固まっていない新学期に入って間もない頃に無記名式で調査しても、定期的な調査として法令の要件は満たすものの、その効果は疑問であり、むしろ調査の形骸化が問題となり得る。アンケート調査は適切な時期に適切な方法で実施しなければ効果が上がらず、特にいじめの事実関係の調査では被害者のプライバシーにも配慮する必要もあり、アンケート調査を適切に実施するのは容易ではない。また、紛争解決の視点からは、アンケート調査は将来訴訟資料として裁判で利用されたり、情報公開対象文書として扱われるため、管理経費等も相当かかる。

筆者は、いじめの調査では個人面談を原則とすべきと考える。いじめを早期発見するには、教員が時間をかけてでも個人面談を定期的に実施するほうが信頼関係の構築にも役立つし、いじめが発生した後の事実関係の調査も、個人面談による直接的な調査のほうが児童生徒の真意や心理状態を理解しやすい。そもそも、いじめを早期発見するためには「調査」という非日常的な行為よりも、日常的に生徒と接する機会をできるだけ多く持つことが何よりも重要である。

個人面談は教員にとって多大な時間と労力を要するが、いじめの早期発見だけでなく学級経営上も重要な教育活動なので、個人面談以外の業務を軽減することで教員が個人面談をより多く実施できる余裕を作出すべきである。

---

11 記名式のアンケートを実施する際には、児童生徒に「秘密を厳守する」旨を約束することが不可欠である。記名式のアンケート調査の目的は、いじめの事実についての情報収集と、いじめをどのように捉えていたかの実態把握であり、その後の指導方針に活用するために実施する。西田智行「2 アンケートの診断を指導に活かす」辻川和彦編『現場発！失敗しないいじめ対応の基礎・基本』（日本標準、2017）124〜125頁参照。

第2章　教育紛争の典型と問題

いじめの被害者と加害者の言い分が異なる場合

Q81
いじめの被害者と加害者の言い分が異なる場合はどのように事実を認定すべきでしょうか。また、次のような場合はどのように対応すべきでしょうか。

①加害者が「被害者の態度にも原因がある」と主張している場合

②加害者が「被害者のほうが先に嫌がらせをしてきた」と主張している場合

③加害者がいじめの事実を否認している場合

④加害者同士で事実認識が異なる場合

⑤加害者の1人が「別の加害者から脅されていじめに加担した」と主張している場合

....

A81
事実認定は証言の信用性や整合性を確認しながら行いますが、スクールロイヤーが関与することが望ましいです。また、被害者と加害者の言い分が異なる場合は、両者の間に「一対多」「個人対集団」の関係があるかを特に重視すべきです。

①被害者の性格や態度に問題があるからといっていじめてよい理由にはならず、いじめはどのような場合であっても許されないと指導すべきです。

②加害者の主張する事実の確認を行った上で、被害者が先に嫌がらせをしたとしても集団で個人をいじめることは許されないと指導すべきです。

③加害者には被害者をいじめた認識がなかったとしても、被害者が心身の苦痛を感じているのであればいじめ防止法の「いじめ」に当たり、加害者に対する適切な指導が必要になります。

④被害者と個々の加害者との間にいじめがあったかどうかを他の事実とも整合させながら判断します。

⑤加害者間の人間関係がどうであれ被害者との関係では「加害者」であることには変わりはなく、自分が別の加害者に脅されたからといって被害者をいじめる理由にはならないと指導すべきです。

第 4 節　いじめ

　いじめの調査では、被害者と加害者の言い分が食い違っていたり、事実認識が異なることはよくある（むしろ、両者の事実認識が一致する場合のほうが圧倒的に少ない）ので、両者の言い分や事実認識が異なる場合に、学校は事実関係をどのように確認すべきか問題になる。

　本来、事実認定は法律家の専門領域なので、教員がいじめの調査で事実認定を行うのは多大な負担であり、スクールロイヤーを導入するならば、いじめの調査での事実認定に関与することは不可欠である。

　いじめ紛争では様々な児童生徒の証言が存在するが、それらの証言の信用性と整合性を一つ一つ確認しながら事実を認定していくことになる。また、いじめの被害者と加害者で言い分が異なる場合は、「一対多」「個人対集団」の関係の存在に着目するとよい。加害者の言い分にも一定の正当性や合理性が認められるとしても、「一対多」「個人対集団」の関係で被害者が心身の苦痛を感じているならば、いじめとして加害者を指導すべきである。

　①のように加害者が「被害者の態度にも原因がある」と主張している場合は、被害者の性格や態度の特徴を確認した上で、被害者と加害者との間に「一対多」「個人対集団」の関係が存在するならば、加害者に対して、被害者の性格や態度に問題があるからといって集団で個人をいじめてよい理由にはならず、いじめはどのような場合でも正当化されない許されない行為であると指導すべきである。

　②のように加害者が被害者の先行行為を主張している場合は、先行行為の時点によっては法的に正当防衛等も問題になり得るが、この場合も被害者の先行行為の存在の事実と、被害者と加害者との間の「一対多」「個人対集団」の関係を確認した上で、両者とも存在するならば、①の場合と同様に、加害者に対して、被害者が先に嫌がらせをしたとしても集団で個人をいじめることは許されないと指導すべきである。

　③のように加害者がいじめの事実を否認している場合としては、（ⅰ）被害者が申し立てたいじめの事実が存在しない場合、（ⅱ）加害者が虚偽の主張をしている場合、（ⅲ）加害者には被害者をいじめた認識がないが、被害者は心身の苦痛を感じている場合、の3パターンが考えられる。このうち、（ⅰ）（ⅱ）

第2章　教育紛争の典型と問題

の場合は被害者と加害者で事実関係に争いがある場合なので、被害者と加害者の言い分だけでなく、他の事実との整合性等から総合的に考察しなければ結論を出すことは難しい。これに対し(ⅲ)の場合は、被害者と加害者で事実関係に争いはないが、被害者が心身の苦痛を感じていることから、いじめ防止法の「いじめ」の定義に該当する行為が存在するにもかかわらず、加害者にいじめの認識がない場合であり、この場合は加害者への指導が必要になる。

　加害者がいじめの認識がない場合としては、(a) 加害者が他者から同じ行為をされても心身の苦痛を感じない行為と認識している場合と、(b) 加害者が共犯ゆえに個人でいじめを行っている認識が弱い場合、の2パターンが考えられる。(a) の場合は、加害者にいじめ防止法が被害者の被害性に着目していじめの該当性を判断する趣旨であることを理解させる指導が必要である。(b) の場合は、「一対一」「個人対個人」の関係ならば被害者が心身の苦痛を感じない行為でも、「一対多」「個人対集団」の関係で行えば被害者が心身の苦痛を感じることになる点を理解させる指導が必要である。

　④にように加害者同士で事実認識が異なることは、いじめの加害者が原則として共犯関係にある点に鑑みると珍しいことではない（大人の共犯者同士も事実認識が異なることや、自己の責任を軽減し相手に責任を転嫁しようとする意思が働きがちになる）。しかし、たとえ共犯者の間の事実認識が異なっていても、被害者との関係では個別の加害者として理解し、被害者と個々の加害者との間にいじめがあったかどうかを他の事実とも整合させながら判断すべきである。例えば、いじめの加害者の1人が事実を否認していても、他の事実から整合してその児童生徒が被害者にとって心身の苦痛を感じる行為を行っていた可能性が高いならば、加害者として評価すべきである。

　⑤のようにいじめの加害者間には主従関係や上下関係が存在するほうが圧倒的に多いため、そのことを理由にいじめの加害者であることを否認する場合も多い。しかし、たといじめの加害者間にどのような人間関係があろうとも、被害者との関係では加害者であることに変わりはなく、自分が他の加害者に脅されたからといって被害者をいじめる理由にはならず、いじめはどのような場合であっても正当化されるものではないと指導する必要がある。

230

第 4 節　いじめ

いじめの加害者への指導と保護者の法的責任

Q82 いじめの加害者への指導と保護者対応について注意すべき点を教えてください。

A82 いじめの加害者への指導は、いじめへの同調行為等を行った間接的加害者への指導と、間接的加害者になりやすいタイプの児童生徒への注意喚起が重要であり、男子と女子で指導を区別する必要もあります。また、たとえ被害者に落ち度があっても、被害者から「加害者をかばっている」「被害者にも非がある」と思われるような対応は避けるべきです。加害者の保護者に対しては、学校が加害者に対して行う指導の必要性と、いじめ紛争の一次的な当事者は学校ではなく加害者であり、保護者も法的責任を負う立場を理解させ、子どもに法的責任を認識させるよう指導することが不可欠です。なお、いじめの加害者に対しては指導に加えて支援が必要になる場合もあります。

　いじめの研究では、いじめの構造を「被害者」「加害者」「観衆」「傍観者」の四層に分類し、いじめを「被害者」と「加害者」の二項対立的に理解するのではなく、いじめを積極的に是認する「観衆」といじめを暗黙的に支持する「傍観者」がいじめの持続や拡大に大きな影響を与えている点に着目する研究が著名であり、弁護士や教員からも支持されている。しかし、この研究はあくまでも社会学的な視点による考察であって、法的にはいじめの当事者は「被害者」と「加害者」のみであり、「観衆」「傍観者」は存在しない。また、今日のいじめは「LINEいじめ」のように、特定のコミュニティ内のみで生じるケースも多く、「観衆」「傍観者」が存在しない等、前述のいじめの四層構造が成立しないケースも多い。
　実際のいじめ対応では、「加害者」の正確な理解こそが法的に最も重要であり、例えば、次のような単純化された事例を想定する。

・BはAに対し、「○○」というあだ名をつけた。

231

第2章　教育紛争の典型と問題

> ・CがBに同調してAに対し、「○○」と呼ぶようになった。

　この事例で、いじめという現象に着目するならば、いじめの発生に決定的な影響を与えているのはBではなくCの同調行為である。このCの行為は法的には「観衆」でも「傍観者」でもなく、まぎれもなく「加害者」であり、Cが同調行為を始めなければ、BのAに対する嫌がらせは「いじめ」と評価される状態にならなかった可能性が高い。Cの行為は学校だけでなく、日本社会で一般的に見られる「同調圧力」の一例である。

　また、次のような事例ではどうか。

> ・BがAに対する根拠のない噂話をCに話し始めた。
> ・CがDに対し、Bから聞いた噂話の内容を更に誇張して伝えた。

　この事例でも、いじめの発生に決定的な影響を与えているのは、誇張した噂話をDに伝えたCの行為である。BとCの間には「Aの噂話を広げよう」という強い共同意思があるわけではないが、Aに対する関係ではBもCも「加害者」である。

　筆者は、上記の事例でのCをいじめの「間接的加害者」と評価するが、いじめの指導では「観衆」でも「傍観者」でもない間接的加害者への指導と、間接的加害者になりやすいタイプの児童生徒への注意喚起が重要である。

　間接的加害者は直接的加害者と比べていじめを行っている認識が弱く、いじめの調査ではいじめた事実を認めようとしない場合もよくあるが、直接的加害者以上に重要な役割を担っている純然たる「加害者」であり、被害者に対して法的責任を負う立場であることを理解させるべきである。

　また、教員は、いじめを予防し、早期発見するためにも、間接的加害者になりやすいタイプの児童生徒を把握し、日常的に注意喚起しておく必要がある。間接的加害者になりやすいタイプとしては、「主体性に乏しく『同調圧力』に与しやすい児童生徒」「噂話が好きな児童生徒」等があり、こうした児童生徒がクラス内に多数存在する場合は、いじめが発生しやすい環境にあることを学級担任が認識した上で、あらかじめ児童生徒を厳しく統制する等、

第 4 節　いじめ

注意喚起が必要となろう（なお、いじめの加害者の指導では、男子と女子で指導方法を区別する必要もある）[12]。

　加害者対応では、学校は被害者から「加害者をかばっている」と思われるような対応は絶対に避けることが重要だが、教員にとっては被害者も加害者も同じ児童生徒なので、被害者の権利救済以上に加害者への配慮を優先する傾向も否めず、この点を批判されることも多い。また、実際のいじめでは被害者にも落ち度があったり、被害者の性格や言動に一因がある場合もあり、加害者の言い分にも一定の正当性や合理性が認められる場合もあるため、教員が「喧嘩両成敗」的な対応により被害者から「被害者にもいじめられる理由がある」と思われてしまうことも多いが、いじめ対応で最も重要な点は被害者の意思を尊重することであり、たとえ被害者の性格や言動にいじめられる要因があっても、いじめを正当化する理由にはならない。被害者の性格や言動に対する指導は、いじめ対応とは区別して行うべきである（Q81参照）。

　加害者対応で学校が絶対にしなければならないことは、いじめ紛争の一次的な当事者は学校ではなく加害者であることを認識させることである。加害者本人にこの点を意識させるためには、学校が加害者に指導を行う必要性と、加害者の保護者もまた一次的な当事者として法的責任を負う立場にあることを保護者に理解させることが不可欠である。いじめ防止法は、保護者の第一義的責任と子どもに対するいじめの指導を行うことを義務付けており（同法9条）、この規定は努力義務だが、いじめの第一義的責任が保護者にあることを明記する点で、学校ばかりに責任追及しがちな社会的風潮を強くけん制する意義もある。法的には加害者の保護者は監督責任ないし不法行為責任を負う立場であり、学校は加害者の保護者に対して、いじめ防止法の規定を踏まえて子どもに法的責任を認識させるよう指導すべきである。

　また、学校は必ず全ての加害者の保護者に対してできる限り早期にいじめの事実を伝え、保護者としてなすべき指導・監督を行うよう指示する必要がある。裁判例にも、教員から「いじめ」の事実を伝えられていたが、親権者としてなすべき指導・監督を怠った加害者の保護者には不法行為責任を肯定し、教員からいじめの事実を伝えられていなかった保護者に対しては予見可

233

| 第 2 章　教育紛争の典型と問題

能性を否定して不法行為責任を否定するものがある[13]。

　なお、いじめの加害者に対しては、指導に加えて支援も必要になる場合がある。加害者の家庭環境に問題がある場合や、加害者の精神状態に過度の負担が生じている場合等は、指導以外に適切な支援がなされるべきである。

12　宇野弘恵「6　高学年女子：陰湿化につながる行為には先手が有効」辻川・前掲注11）70頁では、男子に比べて女子のいじめは表面化されず、陰湿化しやすいことから、「天使」ではないという前提に立つ指導が必要であることが主張されている。
13　広島地判平成19年 5 月24日判時1984号49頁。

いじめの加害者に対する法的手段

Q83　いじめの加害者に対して学校が採り得る法的手段は、通常の教育活動としての指導の他にどのようなものがあるでしょうか。

A83　「懲戒」「出席停止（公立学校のみ）」「停学（高校のみ）」「退学（国私立学校・高校・公立併設型中学校・義務教育学校のみ）」の措置がありますが、公立小中学校ではいじめの加害者を強制的に転校させることはできません。

　　　　いじめの加害者に対して学校が採り得る法的措置は、通常の教育活動としての指導の他に、「懲戒」「出席停止」「停学」「退学」があるが、校種や学校設置者別に可能な法的措置が異なる点に注意すべきである。

　まず、学校教育法11条により教員は児童生徒に「懲戒」を加えることができるので、いじめの加害者に対して適切な懲戒を加えることができる（この点はいじめ防止法25条も明記する）。

　次に、いじめ防止法26条によると、市町村教育委員会は、いじめの被害者が安心して教育を受けられるようにするために必要な措置として、いじめの加害者の保護者に対する学校教育法35条 1 項に基づく「出席停止」を速やかに命ずることができる。しかし、出席停止は法的主体を公立小中学校の設置

第 4 節　いじめ

者（教育委員会）に限定するので、国私立学校の設置者は出席停止を命ずることができず、これらの小中学校でいじめの被害者が加害者の出席停止を要求した場合に不都合が生じる（後述Q90参照）。

　次に、「停学」は高校では可能だが、小中学校は国公私立を問わず児童生徒に対する停学処分はできない（学校教育法施行規則26条４項）。したがって、公立小中学校では停学の代わりに出席停止措置を採ることになるが、国私立学校では停学も出席停止もできないという不都合が生じる（後述Q90参照）。また、実際の教育現場ではいじめの加害者に対する「自宅謹慎」「在宅指導」等の措置が採られる場合もあるが、これが実質的に小中学校で禁止される停学に該当しないかが問題となる（Q115参照）。

　最後に、「退学」は国私立学校と高校では可能だが、原則として公立小中学校では退学処分はできない（学校教育法施行規則26条３項）ため、公立小中学校ではいじめの加害者を強制的に転校させることはできない。しかし、公立であっても併設型中学校（中高一貫校）や義務教育学校（小中一貫校）であれば、退学処分が可能な点に注意すべきである。

　本書では児童生徒の問題行動に対して学校が採り得る法的手段が少ない日本の教育法制の問題点を度々指摘するが、いじめの加害者に対する法的措置も同様である。いじめの加害者に対して「出席停止」「停学」「退学」が禁止される校種が存在する点は比較法的にも非常に珍しい。日本の教育法制はいじめが重大な人権侵害であり、子どもの健全な育成に深刻な影響を及ぼす法的問題である点を軽視し過ぎであり、学校がいじめの加害者に対して採り得る法的手段が少ないことは、被害者の人権を尊重するいじめ防止法の理念とも整合しないため、こうした立法上の不備は早急に改正されるべきである。

いじめと個人情報

Q84
いじめの被害者の保護者が、加害者らの住所や電話番号を教えてほしい、と学校に要求した場合は、どのように対応すればよいでしょうか。

235

第2章　教育紛争の典型と問題

A84

住所や電話番号は個人情報に該当するため、原則として加害者の同意を得て被害者に情報を提供しなければなりませんが、いじめの被害者の生命、身体又は財産の保護のために緊急かつやむを得ない場合等は、被害者の意思を尊重して同意がなくとも加害者の住所や電話番号を提供できると考えます。

解説

　いじめ紛争では、被害者の保護者が学校に対して、加害者の住所や電話番号等の情報提供を要求することが多い。これは、被害者の保護者が加害者の保護者と直接交渉し、謝罪や損害賠償を求めるためだが、いじめ紛争の当事者は被害者と加害者である点に鑑みると、当事者間での紛争解決を図る上で、学校が被害者の保護者に加害者の情報を提供することに積極的でもよいはずである。

　もっとも、加害者の住所や電話番号は個人情報に該当するため、個人情報保護法制の下では、原則として学校は加害者の同意がない限り被害者に情報提供することはできない。また、いじめ防止法23条5項が、被害者の保護者と加害者の保護者が争うことを防止するために、学校にいじめの事案に係る情報を共有するための措置を講ずる義務を課していることを根拠に、被害者の保護者に対して加害者の情報を提供しない対応もあり得る。

　しかし、被害者への情報提供ができなければ当事者間での紛争解決が遅れる可能性があるだけでなく、被害者の意思を尊重しない点で被害者救済の観点からも妥当ではないため、いじめ紛争に関しては、個人情報保護法制の例外規定を適用すべきであると考える。具体的には、公立学校に関しては個人情報保護条例に基づき、いじめの被害者の「生命、身体又は財産の安全を守るため、緊急かつやむを得ないと認められる」場合に[14]、私立学校に関しては個人情報保護法に基づき、いじめの被害者の「生命、身体又は財産の保護のために必要がある」場合に、それぞれ加害者の同意がなくとも住所や電話番号を被害者に伝えることができると考える。

　また、学校がいじめに関する調査を行った結果加害者の氏名が判明した場合は、被害者に加害者の氏名を伝えるべきである。学校が被害者との関係で

第 4 節　いじめ

加害者の氏名を伝えることを拒む理由はないからである。

14　例えば、東京都個人情報の保護に関する条例10条１項など。

いじめの解決手法

Q85　いじめ紛争の解決で注意すべき点を教えてください。

A85　紛争の早期解決を図るあまり、被害者が受けた被害を軽視しがちである点と、紛争解決の中で学校全体の利益を優先するあまり、学級担任等の現場教員の利益を軽視しがちである点です。一方、被害者の保護者に対しては、学校と家庭が一体となって被害者を支援する意識を持たせることが重要であり、学校は現場教員に対する精神的な支援を行うことも重要です。

解説　いじめ紛争の解決において、学校が行いがちな不適切な手法が２つある。

　１つは、被害者が受けた被害を直視せずに、紛争解決の早期の幕引きを図ろうとする手法である。例えば、「被害者が不登校状態になった場合に、早期の登校を促す」「謝罪のみを条件に被害者と加害者の示談を促す」等の手法である。また、被害者の受けた被害が明らかでない状態で、早々に「再発防止策」を示すのも被害者の意思を尊重しておらず妥当でない。

　今回のいじめ防止法のガイドラインの改定は、「いじめの解消」という概念を導入したが、被害者がいじめの被害の記憶を完全に忘却することは困難であり（Q76参照）、身体的な傷害だけでなく、自己肯定感や自尊心へのダメージ等の精神的な影響を軽視すべきではない。いじめの被害者が受けた被害のほとんどは、加害者の謝罪で回復するようなものではないため、学校は被害者が受けた被害を真摯に受け止める姿勢が必要であり、紛争を早期に解決するよりも被害者の支援を必ず優先すべきである。

　もっとも、被害者の保護者は学校と異なる立場から子どもの支援を行う立

237

場であり、できる限り早期に被害者の被害が回復し、立ち直れるよう努力すべきである。実際には、被害者の保護者が適切な支援を行わず、かえって被害者の登校再開や人間関係の改善を遅らせてしまうケースも多いため、被害者の保護者は、学校、スクールソーシャルワーカー、スクールカウンセラー等と協議しながら、学校と家庭が一体で被害者の支援を行う意識が必要である。学校は「被害者本人」と「保護者」の利益を区別し、保護者の意思ではなく、必ず被害者本人の意思を確認しながら支援を行うことが重要である。

　もう1つの不適切な紛争解決手法は、学級担任・部活動顧問・学年主任等の現場教員の利益を考慮せずに紛争解決を図る手法である。例えば、「被害者の保護者からの要求により、学級担任を謹慎処分にしたり、担任の変更を行う」「校長がリーダーシップを強く意識するあまり、独断でいじめ紛争の解決を強行する」等の手法である。

　しかし、学級担任や部活動顧問はいじめ紛争の事実関係に最も近い立場の教員なので、事実関係の確認や今後のいじめ対応の方向性を検討する上では必要不可欠な存在であり、学級担任や部活動顧問が紛争解決の場面から早々に姿を消せば、クラスや部内の雰囲気等も含めた正確な事実関係の確認や、今後のいじめ対応で必要な被害者の支援や加害者への指導内容の検討に支障が生じてしまう。また、学年主任には様々な情報がもたらされ、それを集約する立場なので、学年主任の意思を確認しないまま校長が独断でいじめの解決を強行すれば、学年運営に支障が生じてしまう。

　一方、学級担任や部活動顧問の教員に対する精神的な支援も重要である。日本のいじめ問題は、社会的にも加害者ではなく学級担任等の教員個人に責任追及の矛先が向けられる傾向にあり、いじめを適切に認識できなかった教員には被害者からだけでなく社会的にも批判の声が上がるが、ほとんどの教員はいじめに対して真摯に向き合おうと努力しているだけでなく、いじめを防げなかったことへの罪悪感にも苛まれる。こうした中で学校設置者や管理職が紛争解決を急ぐあまり現場教員への適切な精神的支援を怠れば、現場教員の孤立感と不信感を強めるだけであり、学校の組織的ないじめ紛争の解決は不可能になるため、現場教員への精神的支援は非常に重要である。

いじめ紛争の解決では組織的な対応が重要であることはいじめ防止法のガイドラインも記載するが、実際には現場教員の利益よりも学校全体の利益を優先するあまり、結果的に学校設置者や管理職の利益を優先することで現場教員の利益が無視されることが多い。学校が組織的にいじめを解決しようとする場合には、現場教員の利益に配慮することが重要である。

スクールロイヤーによる被害者・加害者及びその保護者との直接面談

Q86 スクールロイヤーが、いじめの被害者・加害者本人及びその保護者と直接面談する際の注意点を教えてください。

A86 スクールロイヤーがいじめの被害者・加害者本人及びその保護者と直接面談することは、いじめの予防等を目的とするスクールロイヤー制度の趣旨に鑑みれば必ずしも禁止されませんが、被害者と学校の関係に影響を与える可能性や利益相反の点で問題があること、弁護士が直接面談することでかえって当事者を刺激したりすることから、直接面談する際には必ず学校設置者及び学校との協議を経て許可を得た上で、学校設置者からの委託を受けた弁護士であることを明示し、知り得た情報は学校や教員と共有することを告知した上で面談すべきです。

スクールロイヤーがいじめの予防等を主眼として導入される趣旨に鑑みれば、設問のようにスクールロイヤーがいじめの被害者・加害者本人及びその保護者と直接面談することは必ずしも禁止されず、むしろ効果的な場合もある。

スクールロイヤーが直接面談するケースとしては、次のようなケースが考えられる。

① 被害者本人の意思を確認する際に、スクールロイヤーが教員とともに立ち会って被害者の意思から法的要求を汲み取る
② 加害者本人に対して事実関係の調査を行う際に、スクールロイヤー

が教員とともに立ち会って加害者から事実関係を聴取する
③　被害者の保護者が来校して学校に何らかの対応を要求する際に、ス
　　クールロイヤーが教員とともに立ち会って保護者の要求を聞く

　①～③のいずれの場合においても、スクールロイヤーが被害者・加害者・保護者と直接面談する際には、利益相反を防止する観点からは、学校設置者からの委託を受けているスクールロイヤーの立場を相手に明確に示し、面談で入手した情報等は学校の利益のために学校と共有することを被害者・加害者・保護者に告げて相談に入らなければならない。特に、子どもの権利を専門とする弁護士がスクールロイヤーを担当する場合は、被害者・加害者・保護者に対して「子どもの利益のために活動する弁護士」であることを強調しすぎないように注意すべきである。スクールロイヤーがいじめに関わった全ての子どもの利益のために活動すべきことは理念として理解できるが、被害者・加害者・保護者はいずれも潜在的には学校と敵対する紛争当事者になる可能性があり、学校設置者から委託を受けた立場である点を正確に告げ、その立場を十分に自覚した上で活動しなければ利益相反の問題が生じやすくなる。また、多くの被害者・加害者・保護者にとって弁護士は身近な存在とは言えず、スクールロイヤーといえどもいきなり弁護士が直接面談すれば相手方を刺激することになりかねないため、スクールロイヤーが被害者・加害者・保護者と直接面談する場合には必ず学校設置者及び学校と十分に協議した上で許可を得てから行わなければならない。
　①については、被害者本人の意思を尊重することはいじめの初期対応で最重要事項なので、被害者の意思に法的要求が含まれるならば、スクールロイヤーがそれを汲み取って学校に助言することは初期対応として効果的である。ただし、被害者本人は潜在的には最も学校と敵対する可能性がある紛争当事者である上に、スクールロイヤーが「子どもの権利の専門家として、被害者の支援のために活動する」等の発言をすれば、被害者本人がスクールロイヤーの立場を誤解する可能性が大きく、特に子どもの権利を専門とする弁護士がスクールロイヤーを担当する場合は、被害者本人との直接面談は十分注

意すべきである。

　②については、加害者に対していじめの事実関係の調査をする場合に、教員が法的に重要な事実とそうでない事実を区別することは難しいため、スクールロイヤーが加害者から必要十分な事実を直接聴取することは効果的である。また、教員が児童生徒に対して「自白を強要する」等の威圧的な調査を行うこともあるので、調査が適切な方法で行われるようにスクールロイヤーが直接調査に関与することは子どもの人権保障の観点からも望ましい。しかし、加害者もまた潜在的には学校と敵対する紛争当事者になる可能性があるし、弁護士が調査に関与すればかえって加害者が態度を硬化させ、調査が滞るリスクもある。

　③については、いじめの被害者の保護者だけでなく、加害者の保護者対応でもスクールロイヤーが直接関与すれば学校は大いに安心感を得られるが[15]、学校設置者や学校はスクールロイヤーが学校の「用心棒」の立場であると絶対に誤解してはならない。学校設置者や学校はスクールロイヤーから助言を受けつつも、教育機関として責任をもって保護者対応すべきであり、スクールロイヤーも自己の立場を認識すべきである。また、いじめにかかわらず教育紛争で学校の対応に弁護士が関与していることを保護者が認識すれば、保護者はかえって訴訟も辞さない強硬な態度になりかねず、紛争を長期化させてしまうこともあり得る。特に、いじめの被害者の保護者は学校に強い不信感を持っていることが一般的であり、被害者の保護者対応にスクールロイヤーが直接関与することは保護者を刺激しかねないことから、学校設置者や学校と十分に協議した上で、慎重に関与すべきである。

　ただし、いじめの被害者や保護者が弁護士に相談・依頼し、弁護士を同伴して学校に要求することも多く、この場合はスクールロイヤーが保護者対応に同席し、弁護士間で事実関係や法的要求の内容を確認することが望ましい場合もある（Q25参照）。

15　辻川・前掲注11）によれば、被害者の保護者への対応には「①学校による謝罪 ②学校で把握した事実を伝える ③いじめが行われていた間の家庭での様子を聞く ④保護者の思

第2章　教育紛争の典型と問題

いを聞く ⑤今後の方針を伝える」の5段階があり、加害者の保護者への対応には「①いじめの加害行為があったことを伝える ②学校としていじめを発生させたことを謝罪する ③（必要に応じて）家庭での様子を聞く ④被害者側に謝罪してもらうよう促す ⑤今後の方針を伝える」の5段階がある、とされている。しかし、被害者に対する学校の謝罪はあくまでも学校のいじめ対応自体に過失のあった場合であり、いじめ行為自体は学校ではなく加害者の過失であることから、学校のいじめ対応に過失があったことが明確ではない段階で被害者に謝罪を第一に行うことは法的にはリスクがあるし、加害者の保護者に学校が謝罪することは初期対応としては法的に全く不要であり、絶対にしてはならない。いじめの初期対応における保護者対応でスクールロイヤーが関与する意義は、このような謝罪のタイミングなどを適切に判断できる点にもあろう。

スクールロイヤーが被害者の支援や加害者の指導に直接関与する際の問題点

Q87 スクールロイヤーが被害者の支援、又は加害者の指導に直接関わるべきでしょうか。

A87 人権の専門家として被害者の支援に直接関わることは望ましい場合もありますが、被害者は潜在的には学校と対立する紛争当事者となり得るため、利益相反の観点から十分注意すべきであり、スクールロイヤーは日常的に教育現場に関わる立場でもないため、責任をもって被害者の支援を行える立場でないことも自覚すべきです。また、スクールロイヤーは原則として教育の専門家ではないので、教育活動の一環である加害者の指導には直接関わるべきではありません。

スクールロイヤーは弁護士としていじめ紛争の解決に関わるが、いじめ紛争の解決は被害者の支援や加害者の指導と密接に関連するため、スクールロイヤーが人権の専門家として被害者支援に、少年事件での更生活動経験を活かして加害者指導に、それぞれ積極的に関わるべきと考える立場もあり得るが、筆者は反対である。

被害者支援や加害者指導は教育活動の一環であって本質的には法律家の業務ではなく、教員免許と教育現場の経験を有する教員が責任をもって担当すべき活動である。確かに、弁護士は教員よりも人権に関する専門知識を持つ

第4節　いじめ

ので、重大な人権侵害を受けたいじめの被害者の支援を弁護士が担当することは一理あるが、被害者は潜在的には学校と対立する紛争当事者となり得るため、利益相反の観点から被害者支援については十分注意すべきであり、日常的に教育現場に関わっていない弁護士は、被害者支援を最初から最後まで責任もって行うことができる立場ではないことも十分自覚すべきである。また、刑事政策的な司法活動である少年事件の少年の更生活動と、純然たる教育活動であるいじめの加害者指導は全く異質なものであり、少年事件の経験が豊富な弁護士がいじめの加害者指導に適しているという認識は誤りである。

　いじめの当事者と教員は、いじめが起きる前の状態に戻すことを志向するが、一度いじめが生じたことで破壊された児童生徒間の人間関係や教員と児童生徒の信頼関係を回復することは容易ではない。弁護士は、法的対応がある程度功を奏せば人間関係や信頼関係が回復したとの錯覚に陥りやすいが、日常的かつ継続的にみれば、いじめで影響を受けた人間関係や信頼関係は法的対応ではほとんど改善しない。児童生徒や教員の目線から見れば、日常的な教育現場をふまえない弁護士による被害者支援や加害者指導は「付け焼き刃」的であり、効果は小さいのである。

　もちろん、スクールロイヤーと現場教員との間に確固たる信頼関係を形成した上で、スクールロイヤーと教員が一体となった被害者支援や加害者指導は効果的だが、教育現場の感覚に乏しい弁護士が学級担任等の現場教員と信頼関係を構築することは容易ではないため、スクールロイヤーは原則として被害者支援や加害者指導に直接関わるべきではなく、教員の裁量と責任に委ねるべきであろう。

いじめの法的責任

Q88 いじめ紛争で加害者、加害者の保護者、教員、学校、学校設置者等が負う法的責任について、また、いじめの法的責任を考える上で注意すべき点について教えてください。

243

| 第 2 章　教育紛争の典型と問題

A88 いじめ紛争で負う法的責任と成立要件はそれぞれの立場により異なります。また、いじめの法的責任を考える上では、いじめの被害者に対して一次的な当事者として法的責任を負うのはあくまでも加害者とその保護者であること、教員個人ではなく学校及び学校設置者の組織としての法的責任を追及する必要があることに注意すべきです。なお、被害者側の落ち度が過失相殺となる場合もあります。

　いじめ紛争の当事者が負う法的責任は、それぞれの立場により異なる。また、いじめに関する裁判例のほとんどはいじめ防止法施行前の事案であり、同法が今後の判例法理に与える影響が注目されるが、同法施行後の数少ない裁判例として、横浜地判横須賀支平成28年11月7日判例集未登載（Q75参照）が、不法行為に基づく損害賠償請求権を発生させるいじめであるかどうかの判断は、加害者らの「行為の具体的な性質、それがされた前後の具体的な状況、行為の継続性等を総合的に勘案した上で、それが社会通念上許される限度を超え、客観的に違法な不法行為として損害賠償請求権を生ぜしめるものなのか否かを慎重に検討する必要」があると判示する点が参考になる。

（1）　加害者

　加害者はいじめ紛争の一次的な当事者として、被害者に対して不法行為に基づく損害賠償責任（民法709条）を負う。前述の裁判例によれば、加害者のいじめ行為が「社会通念上許される限度を超え、客観的に違法な行為」であることが必要である。また、加害者は未成年者なので、「自己の行為の責任を弁識するに足りる知能」（事理弁識能力）を備えていなければならない（民法712条）。一般的には小学校高学年であれば事理弁識能力があるとされ、それ以下の小学生には損害賠償責任が成立しない代わりに保護者が監督義務者として損害賠償責任を負う（民法714条1項）。

（2）　加害者の保護者

　加害者の保護者は法定代理人であり、いじめ紛争の一次的な当事者と理解されるべきである。学校は保護者も被害者に対して法的責任を負う立場であ

ることを理解させなければならない。事理弁識能力を有する加害者の保護者
が負う法的責任は、加害者に対する監督義務を怠ったことにより、被害者に
いじめの損害を生じさせた不法行為に基づく損害賠償責任（民法709条）であ
り、この責任が認められるためには、監督義務者の監督義務違反と未成年者
の不法行為によって生じた結果との間に相当因果関係が認められる必要があ
る[16]。なお、この場合の立証責任は被害者側にあるが、いじめ紛争での被害
者の救済と加害者の保護者の責任を重視する上ではある程度立証責任を緩和
した訴訟運営を志向すべきであろう。

（3） 教 員

　判例によれば、教員は「学校における教育活動により生ずるおそれのある
危険から生徒を保護すべき義務」[17]、すなわち安全配慮義務を負っているこ
とから、いじめの被害者に対しては、不法行為に基づく損害賠償責任の他に、
在学契約の一内容としての安全配慮義務違反に基づく債務不履行責任（民法
415条）を負う可能性がある。いじめの被害者に対する教員の法的責任が成立
するには教員の「過失」が認められる必要があり、具体的には、教員がいじ
めの事実を認識し得たかどうか及びいじめの事実により被害者に損害が生ず
ることを予見し得たかどうか、という「いじめの予見可能性」と、いじめの
事実を認識した上で、教員として一般的に講ずべき対応等により被害者に生
ずる損害を回避できたかどうか、という「いじめの結果回避可能性」の2点
が必要になる。また、「予見可能性」が認められるためには教員が認識し得
たいじめの事実と被害者の損害との間の相当因果関係に関する予見可能性も
必要であり、それ以外にも「過失」とは別の要件としての「因果関係」（安全
配慮義務違反と被害者の損害との間の相当因果関係）がなければ教員の不法行為責
任ないし債務不履行責任は成立しない。

　実際のいじめ訴訟では、教員がいじめの事実を認識し又は認識し得たこと
が認められても、教員が被害者の損害との因果関係までは予見し得なかった
として法的責任が否定されることも多く、特にいじめの事実と自殺との因果
関係に関する予見可能性が否定されることが多い。この点で、（i）学校や家
庭で自殺をほのめかす言動が一切なく、突然の態度の変化、別れの準備をす

る行動、危険な行為の繰り返し、自傷行為に及ぶ等の自殺の前兆行動は見受けられなかったこと、(ⅱ) 突発的に自死を図ったこと、(ⅲ) いじめを受ければ自殺することが一般的であると評価することが困難であること、を理由に、校長がいじめの事実を認識し得たことや、そのことに対する安全配慮義務違反が認められるとしても、自死の具体的予見可能性の存在を前提とする自死回避義務違反があるとは言えず、安全配慮義務違反と自死との間の相当因果関係を否定した裁判例[18]が参考になる。

また、教員の「いじめの予見可能性」を杓子定規に判断すれば、いじめの事実を積極的に認識しようと日常的に努力する教員のほうが、かえって予見可能性が成立しやすくなってしまうため、教員が積極的にいじめの事実を認識しようと日常的に努力していた場合には、その点を考慮していじめの法的責任を否定すべきである。

なお、公立学校の教員は国家賠償法により原則として個人的な法的責任を負わず、私立学校の教員は個人的な法的責任も負う可能性がある点はいじめ紛争でも同様である (Q10参照)。

(4) 学校

不法行為に基づく損害賠償論では、教員個人に不法行為が成立することが前提であり、学校という組織の行為に不法行為が成立すると解することはできないが、いじめ防止法23条2項が学校に対して「いじめの事実の有無の確認を行うための措置を講ずる」法的義務を課しているように、同法では教員個人だけでなく学校という組織に対しても法的義務を課すので、学校が同法の義務に違反したことによりいじめの被害者に損害が生ずれば、教員個人ではなく学校という組織に対する法的責任が問われる可能性がある。また、在学契約の一内容としての安全配慮義務違反に基づき、いじめの被害者が教員個人ではなく学校の組織的責任を追及する可能性もあろう。

現場教員の個人的責任ではなく、校長の職権に関する裁量権の逸脱・濫用が問われることもあり得る。例えば、校長が校務分掌上の担任人事で指導力が未熟な教員であることを認識し得たにもかかわらず、学級担任を担当させたことによりいじめの被害者の損害が生じた場合は、校長の判断過程に看過

第4節　いじめ

し難い過誤があり、著しく不合理な判断がなされたことを理由に、校長の校務掌理権上の裁量権の逸脱・濫用が問われ得る。

（5）　学校設置者等

教員個人の不法行為が成立する場合に、公立学校では国又は地方公共団体が国家賠償責任（国家賠償法1条1項）を、私立学校では学校法人が使用者責任（民法715条1項）を、原則としてそれぞれ負う。

一方、教育委員会は学校に対する管理執行権限（地方教育行政法21条）があり、いじめ対応としての出席停止制度の適切な運用等の義務（いじめ防止法26条）等を負うことから、いじめ問題に関して教育委員会が独立して法的責任を負う余地がある。例えば、いじめの被害者が教育委員会に対して学校に適切ないじめ対応を指導するよう申し立てたにもかかわらず、教育委員会の裁量権の逸脱・濫用により適切ないじめ対応が行われず、これによって被害者の損害が拡大したのであれば、教育委員会が独自に法的責任を問われ得る。また、いじめの被害者が文科省の子ども安全対策支援室に直接対応を求めたにもかかわらず、同室が適切な対応をしなかったことにより被害者の損害が拡大した場合も同様である。

日本ではマスメディアや一部の法律家・教育評論家の影響により、いじめが発生した場合に教員個人や学校の責任ばかりが追及される傾向にあるが、いじめの被害者に対して一次的な当事者として法的責任を負うのはあくまでも加害者とその保護者である。また、国や教育行政機関もいじめの被害者に対して法的責任を負うべき立場にあり、組織として独立した法的責任を負わせるための法律論を議論する必要がある。

補足

▌ 被害者側の過失相殺について

いじめ訴訟では、被害者やその保護者の落ち度が過失相殺として考慮されることもある。被害者側の落ち度としては、「被害者の言動」「保護者の家庭での言動」等が考えられる。この点で、私立中学校在学中に同級生から受けたいじめにより解離性同一性障害に罹患してその後自死した被害者の保護者

247

が、学校法人や教員に損害賠償請求した事案で、学校の法的責任を認めつつも、本件自死が中学転出から3年以上経過し、専ら保護者が監護養育する中で生じたものであることからすれば、保護者にも被害者の自死を防止すべき義務を怠った過失があるとして、過失相殺を認めた裁判例[19]が参考になる。

16　最二小判昭和49年3月22日民集28巻2号347頁参照。
17　最二小判昭和62年2月6日集民150号75頁など。
18　前橋地判平成26年3月14日判時2226号49頁。ただし、本判決は、いじめに関する不法行為の成立要件について、「過失」と「因果関係」を一体的に理解していると考えられる。
19　名古屋地判平成23年5月20日判時2132号62頁。ただし、本判例は控訴審において学校の法的責任が否定された。

ネットいじめ

Q89 ネットいじめに関する学校の法的責任について、法的対応も含めて教えてください。また、ネットいじめを早期発見するために、「匿名通報アプリ」等の手法を導入すべきでしょうか。

A89 児童生徒のインターネット上の行為を管理する権限を有するのは保護者であり学校や教員ではないため、ネットいじめの法的責任は保護者が一次的に負うのであって、学校や教員は法的責任を負いませんが、ネットいじめを発見した後はいじめ防止法上の措置を講ずる必要があります。ネットいじめは刑事上の犯罪に該当する可能性があり、調査や証拠収集において他のいじめと異なる面もあるため、警察を介した対応が考えられます。また、「匿名通報アプリ」は運営実態が不透明であり、学校はネットいじめを早期発見する法的義務までは負わないため、児童生徒の健全なコミュニケーションへの影響や学校の法的リスクの拡大の観点から、「匿名通報アプリ」の導入には慎重に対応すべきです。

「ネットいじめ」は現代的ないじめの態様として、最近の教育現場では深刻な問題である。ネットいじめの問題点は、①匿名性が高いため安易な誹謗・中傷を行う子どもが多く、容易に被害者

にも加害者にもなり得る、②いじめの中でもとりわけ密行性が高く、早期発見が難しい、③インターネットでの情報は短期間で拡散する可能性が高く、一度インターネット上に掲載された誹謗・中傷を削除することはほぼ不可能である、④加害者らによる証拠隠滅が容易であり、立証活動が困難である、等の特徴にある。特に③は深刻な問題で、インターネット上で不特定多数が閲覧した誹謗・中傷の情報を削除することが困難だけでなく、誰が閲覧したかも分からず、その記憶を消去することはほとんど不可能なので、ネットいじめを受けた被害者を救済するのは容易ではない。

　一方、統計上は、ネットいじめは決して多いわけではない。例えば、国立教育政策研究所生徒指導・進路指導センターの調査では、パソコン・携帯によるいじめに関する小中学生の被害経験率は10％を超えておらず、90％以上の児童生徒は被害経験がない[20]。これは、仲間外れ・無視・陰口等の「暴力を伴わないいじめ」や、軽くぶつかる・叩く・蹴る等の「暴力を伴ういじめ」と比較しても少ない。このため、ネットいじめに対するイメージはマスメディアの煽りによる可能性も否定できない[21]。

　いじめ防止法19条は、「学校の設置者及びその設置する学校は、当該学校に在籍する児童等及びその保護者が、発信された情報の高度の流通性、発信者の匿名性その他のインターネットを通じて送信される情報の特性を踏まえて、インターネットを通じて行われるいじめを防止し、及び効果的に対処することができるよう、これらの者に対し、必要な啓発活動を行う」と規定し、ガイドラインでは「インターネット上のいじめは、刑法上の名誉毀損罪や侮辱罪、民事上の損害賠償請求の対象となり得る」とし、「インターネット上の不適切なサイトや書き込み等を発見するためのネットパトロール」等の整備を示している。学術上も教育社会学の論者はネットいじめに対する警察や弁護士を介した法的措置の有効性と必要性を主張する[22]。

　ネットいじめで法的に議論すべき点は、ネットいじめに対する学校の法的責任である。管理権限と法的責任を一体的に理解するならば、児童生徒のインターネット上の行為は全て保護者及びインターネット媒体を運営する組織が管理することから、ネットいじめに関して一次的に法的責任を負うのは保

護者及び運営組織であり、学校は一切の法的責任を負わないと解すべきである。前述のように、いじめ防止法は学校にネットいじめの防止と効果的な対処のための必要な啓発活動を行う義務を課すが、この規定から児童生徒のインターネット上の行為につき管理権限を一切持たない学校が、ネットいじめを積極的に早期発見すべき法的義務を負うと解することはできない。ネットいじめを防止するために、学校は児童生徒よりも保護者に対して啓発活動を積極的に行うべきである。

　もっとも、一旦インターネット上のいじめ行為を学校が認識したならば、学校はその時点からいじめ防止法上の措置を講ずる法的義務を負うことは当然である。また、ネットいじめはそのほとんどの場合が名誉毀損罪等の犯罪に該当する可能性があり、警察に被害届や告訴状を提出することも効果的な法的措置である。しかし、いわゆる「ライン外し」等が犯罪に該当するかは判断が難しい面もある[23]。

　ネットいじめは事実関係の調査や証拠収集の観点から他のいじめとは異なる困難さがあり、ネットいじめの調査ではほとんどの場合、インターネット媒体の運営組織にプロバイダ責任制限法に基づく「発信者情報開示請求」を行う必要があるが、学校が直接行うより警察を介したほうが学校の負担は軽減されるし、スクールロイヤーが導入されている場合は開示請求を担当することもあり得よう。ただし、発信者情報開示請求は時間がかかるため、迅速ないじめ対応が必要な場合には被害者の救済効果は低い。

　前述のとおり、ネットいじめを早期発見する法的義務は学校ではなく保護者及び運営組織にあるが、最近は学校ができる限りネットいじめを早期発見する手段として、「匿名通報アプリ」の導入を検討する教育現場もある。確かに、「匿名通報アプリ」で不特定多数の人間による監視状態が作出されることで、いじめを抑止する効果は十分期待できるが、「匿名通報アプリ」の問題点は、そのアプリの運営も監視も書き込みの選別も民間業者が行っており、実態が不透明な民間業者の監視下で子どもたちの健全なコミュニケーション能力の育成が期待できるかどうかは議論の余地があろう。また、交友関係の狭いSNSのコミュニティ上のやり取りで「匿名通報アプリ」による通

報があれば、コミュニティ上で「犯人探し」が行われる可能性が高く、プライバシー侵害の問題も生じ得る。さらに、「匿名通報アプリ」を導入すれば、学校に通報されるネットいじめが増加し、学校が対応すべきネットいじめも増加するに伴って、教員の負担や法的リスクも増加するため、導入に際しては、導入後の学校の法的責任の拡大や教員の負担の増加も的確に想定する必要がある。前述のとおり、統計上はネットいじめの数は決して多いわけではなく、印象論に基づくネットいじめの議論と「匿名通報アプリ」の問題点も踏まえた上で、導入は慎重に検討すべきであると思われる。

なお、ネットいじめに関しては、学術上は教員自身もソーシャルメディア（LINE等）に親しんでいることがネットいじめの予防上重要であるとする主張があるが[24]、教育現場では（ベテラン教員を中心に）新しいソーシャルメディアの利用に消極的な教員が多く、実際に児童生徒と教員のLINEによるやり取りを服務規程や職務命令として禁止する教育現場もある。この点は、学術的知見と教員の現場感覚が異なる点であり、非常に興味深い。

---

20 生徒指導・進路指導研究センター「いじめ追跡調査2013－2015」（2016）〈http://www.nier.go.jp/shido/centerhp/2806sien/tsuiseki2013-2015_3.pdf〉25頁、29頁。
21 内藤朝雄「インターネットを用いたいじめや迫害をめぐる諸問題」加納・前掲注1）174～178頁参照。マスメディアがイメージ商品としてネットいじめを扱う問題点を指摘している。
22 加納・前掲注1）90～95頁、230～232頁参照。
23 「ライン外し」によって被害者が精神的な損害を受けたのであれば傷害罪に該当する可能性がある。前掲注2）参照。
24 加納・前掲注1）112～113頁。

私立学校におけるいじめの加害者の出席停止

Q90 私立小中学校で、いじめの被害者が「加害者と学校で会いたくないので登校させないでほしい」と要求した場合、学校はどのような対応ができるでしょうか。

A90 現行法制では私立小中学校は加害者に対する停学処分も保護者に対する出席停止措置もできないため、加害者を退学処分にす

ることになりますが、私立小中学校での加害者の学習権も考慮すべき点からは立法上の不備を改正すべきであり、私立小中学校でも被害者との関係で安全配慮義務に基づき、加害者に対する「自宅指導」等の措置が法的にも認められると解すべきです。

日本の教育法制が児童生徒の問題行動に対する法的措置を限定しすぎている問題点は本書で繰り返し指摘するが、設問はその弊害の典型例であり、たとえいじめの被害者の要求でも、現行法制では小中学校であれば国公私立を問わず加害者を停学処分にできず、また、私立学校には出席停止措置もないため保護者に出席停止措置も命じられない。

一方、私立小中学校は公立と異なって加害者を退学処分にできるため、設問のような場合には、加害者を退学処分（実務上は自主退学を勧告することが多い）にすることで被害者の要求に応じることになるが、加害者の学習権の観点からは停学処分や出席停止措置以上に重大な退学処分しか法的に選択できないのは、教育法制として致命的な欠陥である。また、被害者の真意が「加害者とはしばらく学校で会いたくないが、退学してほしいわけではない」といった内容の場合は、被害者の意思にも反する法的措置しか採れないため、被害者から設問のような要求があった場合、私立小中学校は厳しい法的ジレンマに陥る。

そこで、解釈上の解決策として、私立小中学校が被害者との関係で負う安全配慮義務に基づき、加害者に対する「自宅指導」等の暫定的な措置を法的にも認めるべきである。もし、学校が被害者の意思に反して加害者を退学処分にしないならば安全配慮義務違反を問われかねないし、被害者の真意が加害者の退学処分までは望んでいない場合に加害者を退学処分したことでかえって被害者に心理的負担がかかったならば、やはり安全配慮義務違反に問われかねないからである。

ただし、この解釈は「超法規的措置」である感は否めず、児童生徒の問題行動に対する法的手段が少ない現行の教育法制を抜本的に改正しなければ、設問のような場合に、かえって被害者・加害者双方の人権が侵害されてしま

第4節　いじめ

う。子どもの人権侵害をもたらし、教員に必要以上の負担を強いる法制度は存在してはならず、早急に見直すべきである。

いじめと不登校

Q91 長期欠席が続いている保護者から「いじめが原因である」との申立てがあった場合、この保護者の申立てのみでいじめ防止法上の「重大事態」の疑いが生じたと解すべきでしょうか。

A91 ガイドライン上は保護者の申立てのみにより「重大事態」の疑いが生じたと解し、学校は重大事態を調査する組織を設置して調査しなければなりません。もっとも、不登校に関する重大事態はこのように解すべきではないと考える余地があります。

いじめ防止法28条により、①「いじめにより当該学校に在籍する児童等の生命、心身又は財産に重大な被害が生じた疑いがあると認めるとき」、②「いじめにより当該学校に在籍する児童等が相当の期間学校を欠席することを余儀なくされている疑いがあると認めるとき」の2つの場合は「重大事態」として、学校設置者又は学校の下に組織（以下「重大事態調査委員会」）を設け、質問票の使用その他の適切な方法により当該重大事態に係る事実関係を明確にするための調査を行わなければならない。また、「いじめの重大事態の調査に関するガイドライン」により、28条の「重大事態」を調査する組織は「公平性・中立性が確保された組織が客観的な事実認定を行うことができるよう構成する」必要があり、「弁護士、精神科医、学識経験者、心理・福祉の専門家等の専門的知識及び経験を有するものであって、当該いじめの事案の関係者と直接の人間関係又は特別の利害関係を有しない者（第三者）について、職能団体や大学、学会からの推薦等により参加を図るよう努め」なければならない。

28条の「重大事態」が生じた場合の学校の法的義務は非常に重いため、いじめ防止法28条は「重大事態」に該当する場合を前述の2つの場合に限定し、

第2章　教育紛争の典型と問題

かついずれの場合も「いじめにより」「疑いがあると認めるとき」という文言により、いじめと「重大な被害」又は「欠席」との間に因果関係が存在する疑いがあることを要件とするから、この規定は学校が同法23条2項の「いじめの事実の有無の確認を行うための措置」としての調査を行った結果、いじめと「重大な被害」又は「欠席」との間に因果関係が存在する疑いがあると認める場合を想定していると制定当初は考えられていた[25]。

　ところが、いじめ防止法のガイドラインは、「児童生徒や保護者から、『いじめにより重大な被害が生じた』という申立てがあったときは、その時点で学校が『いじめの結果ではない』あるいは『重大事態とはいえない』と考えたとしても、重大事態が発生したものとして報告・調査等に当たる」と規定し[26]、学校の調査に基づくいじめと「重大な被害」又は「欠席」との間の因果関係の存在を前提としておらず、ガイドラインは28条の文言からは文理上かなりの無理のある拡大解釈をしている点に注意すべきである。この点は、当初から批判はあったが[27]、近時改定されたガイドラインでは「児童生徒又は保護者からの申立ては、学校が把握していない極めて重要な情報である可能性があることから、調査をしないまま、いじめの重大事態ではないと断言できないことに留意する」との記載が追加され、改めて児童生徒や保護者からの申立てにより「重大事態」が生じることが再確認された（Q76参照）ため、設問のように長期欠席が続いている保護者から「いじめが原因である」との申立てがあった場合には、学校設置者又は学校は「重大事態」が発生したものとして、28条以下及びガイドラインに基づき、重大事態調査委員会を設置して調査を行い、報告等を実施しなければならない。

　しかし、28条が「重大事態」に該当する場合を1項1号・2号に限定する趣旨は、28条は重大ないじめの疑いがある場合には事実の全容解明が必要である一方で、学校設置者や学校に重大事態調査委員会の設置と調査を義務付ける負担の大きさを考慮した点にあるから、ガイドラインで「重大事態」の範囲を拡大解釈することは28条の趣旨に反する。また、教育紛争では「子ども」と「保護者」の利害が対立することは一般的であり、両者は絶対に区別して理解すべきであるから、児童生徒本人の申立てならともかく、保護者の

254

第 4 節　いじめ

みの申立てにより一方的に「重大事態」が発生すると解するガイドラインの姿勢は、教育紛争の本質を全く理解していない。

　思うに、28条1項1号のように「生命、心身又は財産に重大な被害」が生じている場合は、その理由が一般的に「いじめ」「学校事故（けんかも含む）」「保護者からの虐待」等に限定されるため、たとえ保護者のみが一方的に申し立てたとしてもいじめとの因果関係が存在すると疑う必要があり、この場合を「重大事態」と理解することにさほど問題は生じないと考えるが、2号のように「相当の期間学校を欠席」する不登校はその理由が極めて複雑で多様であることを踏まえると（不登校の理由についてはQ97参照）、1号と同列に理解することは不適切である。しかも、統計上は「いじめ」よりも「家庭に係る状況」を理由とする不登校がはるかに多いにもかかわらず、不登校の場合に保護者の一方的な申立てにより「重大事態」が生じると解すれば、不登校の主な理由が「家庭に係る状況」にある保護者が、児童虐待や家庭問題を隠ぺいする手段としていじめ防止法28条を悪用することを防止できない（実際に、教育現場ではそのような実例も生じている）。したがって、28条1項2号の不登校に関する重大事態については、保護者の申立てのみで重大事態が生ずると解すべきではなく、学校が重大事態の調査を行わなくとも28条違反とならないと解すべきである。

25　例えば、坂田仰編『いじめ防止対策推進法　全条文と解説』（学事出版、2013）95〜96頁など。

26　ガイドラインのこの部分はいじめ防止法案審議における衆議院文部科学委員会の附帯決議で盛り込まれたものであり（坂田・前掲注25）175頁）、おそらく教育現場で起こり得る事態をほとんど考慮せず、「後付け」的に盛り込まれたものであろう。

27　神内・前掲注5）161〜162頁。

重大事態調査委員会の主体と構成員

Q92
重大事態調査委員会の設置主体や構成員には、必ず第三者を含むべきでしょうか。また、構成員の問題点についても教えてください。

255

第2章　教育紛争の典型と問題

A92
重大事態調査委員会の設置主体は当該学校又は学校設置者であり、いじめ防止法上は構成員に必ず第三者が含まれると規定されておらず、ガイドライン上第三者を含む努力義務が課されているにすぎないことから、「第三者」のイメージとは異なる調査組織である点に注意すべきです。また、構成員は弁護士、医師、研究者、臨床心理士、NPO関係者が含まれることが多いですが、教員経験者又は現職教員が含まれることはほとんどなく、教育現場の実情に鑑みた適切な調査を行う能力が不足しているので、教員経験者又は現職教員を含めるべきでしょう。

解説

　　いじめ防止法28条により学校設置者又は学校が設置する重大事態調査委員会の構成員には「当該いじめの事案の関係者と直接の人間関係又は特別の利害関係を有しない者（第三者）」が含まれるよう努めなければならないため、ほとんどの重大事態調査委員会では、その構成員に第三者が含まれている。

　この第三者は、「弁護士、精神科医、学識経験者、心理・福祉の専門家等の専門的知識及び経験」を有する者から「職能団体や大学、学会からの推薦等」により選出すること、さらに公平性・中立性が担保されていることを説明し、必要に応じて職能団体からも専門性と公平・中立性が担保された人物であることの推薦理由を提出することが求められ、被害児童生徒や保護者から構成員の職種や職能団体について要望がある場合は、構成員の中立性・公平性・専門性の確保の観点から学校設置者及び学校は構成員の調整を行うことも求められている。

　しかし、28条の重大事態調査委員会に第三者を含むことは努力義務にすぎず、設置主体も第三者機関ではなく、紛争当事者である学校設置者又は学校なので、巷での「第三者委員会」というイメージとは程遠い実態である点に注意すべきである。また、被害者の保護者から構成員について要望があれば学校設置者及び学校は人選の調整を行うため、公平性や中立性の要請も事実上後退している。

　重大事態調査委員会の構成員は、弁護士、医師、研究者、臨床心理士、

NPO関係者等を任命することが多いが、実際に弁護士はほとんどの重大事態調査委員会で構成員に含まれる。この点で、スクールロイヤーを導入する学校では、スクールロイヤーがそのまま重大事態調査委員会の構成員となることも想定され、いじめが起きた学校現場に最も近い立場の弁護士として、重大事態調査委員会の構成員として適任とも言えよう。

　一方、筆者が重大事態調査委員会の構成員に関して最も問題視する現状は、ほとんどの重大事態調査委員会で現職教員や教員経験者が含まれていない点である。もちろん、構成員に含まれる第三者は利害関係を有しないことが前提なので（前述のように、被害者の保護者の要望による人選もあり得ることから、この点は事実上形骸化しているが）、いじめが発生した学校の現職教員や同一の学校設置者が雇用していた教員経験者を重大事態調査委員会の構成員に選出することは、公平性や中立性の観点からは問題がある。しかし、専門性の観点からは、いじめという教育現場で生じる問題を調査するに際して、教育現場での経験がない弁護士や医師等の専門家のみで構成され、現職教員や教員経験者が全く含まれない調査組織というのは妥当でない。例えば、医療事故を調査する際に、事故が起きた診療領域と同一領域を専門とする現職医師が構成員に含まれない医療事故調査組織がおよそ存在しないことを考えれば、いじめの重大事態調査委員会の構成員の専門性の欠如が極めて異例であることが理解できよう。子どもたちと日常的に接し、今日のいじめの実態を子どもたちに最も近い立場から熟知する現職教員が調査組織に含まれない点は、現職教員が有する専門性の軽視と言ってもよく、いじめ紛争の解決過程で「教育現場の感覚」が全く無視されていることを物語っている。

　教員経験者又は現職教員が構成員に含まれない重大事態調査委員会に、教育現場の実情に鑑みた適切な調査を行う能力があるかは甚だ疑問であり、構成員には必ず他の学校の現職教員や他の学校設置者に雇用されていた教員経験者を含むべきである[28]。

28　もっとも、現職教員は多忙であるため、重大事態調査委員会の業務と教職を両立することは困難であるかもしれないが、この点は勤務条件の緩和などで対応すべきである。

重大事態に関する調査

Q93 重大事態調査委員会の調査上の問題点を教えてください。

A93 現状の重大事態調査委員会は強制的な調査権限がないにもかかわらず、いじめの事実関係の調査だけでなく、いじめと損害の因果関係も事実上調査しなければならない状況であり、多大な負担が生じています。また、必ずしも公平な調査が行われる環境が存在するわけではなく、調査の結果いじめが「なかった」と報告することは事実上不可能な状況でもあります。

　いじめの重大事態の調査に関するガイドラインは、重大事態調査委員会の調査事項を「いじめの事実関係、学校の設置者及び学校の対応等」と規定するので、いじめの事実関係は必ず調査事項に含まれるが、いじめと被害者の損害との因果関係の存否まで調査事項に含まれるかは明らかでない。この点は調査委員側と被害者側で認識に相違があり、前者は因果関係の存否は調査事項に含まないと理解し、後者は因果関係の存否も調査事項に含むと理解するのが一般的である。

　しかし、重大事態調査委員会は警察などの捜査機関とは異なり、強制的な調査権限は全くない。児童生徒に対する調査は全て任意であり、調査委員も調査経験に豊富な人材ばかりとは限らないため、実際の調査では、いじめの事実関係すら全容を解明するのは容易でなく、因果関係の存否まで調査するのは非常に負担が大きい。

　また、重大事態調査委員会が調査した結果、いじめが「なかった」と報告することも当然あり得るし、28条が規定する「いじめ」も「被害者が心身の苦痛を感じている」ことが要件なので、被害者本人から直接心身の苦痛を感じていたかを聞き取ることが不可能な場合は、いじめについて「存否不明」という結論にならざるを得ないこともある。しかし、法律論としては事実が「存否不明」の場合は「存在しなかった」ことと同義でも、実際は被害者側の感情やマスメディア等の社会的関心を考慮すれば、重大事態調査委員会を

第 4 節　いじめ

設置した上で結論としていじめが「なかった」と報告することは事実上大変難しい。また、重大事態調査委員会の調査事項が因果関係の存否も含むならば、例えば、調査の結果、いじめではなく保護者の虐待や問題行動が被害者の損害の原因であった場合にはその旨を報告することになるが、これも被害者側の感情を考慮すれば非常に困難である。

　上記のとおり、現状における重大事態調査委員会は制度破たんが明らかであり、早急に抜本的な改正が必要であるとの意見も主張されている。筆者もその意見に賛同するが、望ましい調査委員会を実現する代替策も議論しなければならない。筆者としては、他領域の調査制度を参考にして、文科省にいじめ紛争を専門的に調査する常設組織を設置すべきであると考えている。例えば、医療事故では、院内調査を行うとともに、厚生労働大臣が指定する医療事故調査・支援センターが二次的な調査を行い、その結果を遺族等に報告する制度を採用する[29]。また、重大な航空・鉄道・船舶の事故に関しては、国土交通省の外局として常設設置する運輸安全委員会が専門的に調査を行う[30]。いじめが今日の教育現場で重大な問題であり、その調査の負担も非常に大きい現状に鑑みると、もはや学校設置者や学校だけに負担を強いることは不適切であり、文科省自体が直接調査に関与する制度を導入すべきである。

　したがって、筆者は文科省の下に「いじめ調査委員会（仮）」を設置し、全国の学校で発生する28条の「重大事態」に関する調査を専門的かつ中立・公平に実施する常設組織として運用すべきであると考える。

自殺事案に関する 重大事態ではない調査委員会について　　補　足

　児童生徒の自殺事案（自殺未遂の場合も含む）に関しては、必ずしもいじめ防止法28条に基づく重大事態調査委員会が設置されるとは限らない。例えば、学校がいじめと自殺との間に因果関係があるとの疑いすら抱いていない場合には、重大事態調査委員会とは異なる名称の調査委員会が設置される場合がある。これは、児童生徒の自殺事案に関しては、文科省が別途「子供の自殺が起きたときの背景調査の指針[31]」を策定しているためであり（2014

259

第2章　教育紛争の典型と問題

年に改訂)、自殺事案ではこの指針に基づく調査が一次的に行われるのが通例である。実際に、28条以外の調査委員会が設置された裁判例として、横浜地判横須賀支平成28年11月7日判例集未登載がある。この事案では、保護者からは自殺未遂の原因はいじめである旨の申立てがあったが、学校はいじめと自殺未遂との因果関係はないとの認識の下に、生徒の自殺の原因を調査する目的で、第三者を含む「教育改善調査委員会」と呼ばれる調査組織を設置した。

29　厚生労働省「医療事故調査制度について」〈http://www.mhlw.go.jp/stf/seisakunitsuite/bunya/0000061201.html〉参照。この制度の下で医療事故調査・支援センターとして指定を受けた団体として、日本医療安全調査機構がある。
30　運輸安全委員会ウェブサイト〈http://www.mlit.go.jp/jtsb/〉参照。
31　文科省「子供の自殺が起きたときの背景調査の指針(改訂版)」参照。

文部科学省子ども安全対策支援室への連絡

Q94　いじめの被害者が救済を受けるために効果的な手段としては、警察や弁護士の支援を受ける他にはどのような手段がありますか。

A94　文科省の子ども安全対策支援室に連絡し、学校設置者や学校に対して対応を講ずるよう依頼すべきです。

　いじめの被害者が法的救済を受けるための手段としては、教育委員会への連絡、弁護士への相談、警察への被害届の提出等が考えられるが、より効果的な手段は文科省の子ども安全対策支援室(以下「支援室」)に直接連絡することである。同室は2012年に文科省大臣官房に設置され、設置目的に「いじめの問題が背景にある児童・生徒の自殺、部活動等教育指導中の事故、凶悪事件、自然災害など、学校において子どもの生命・安全が損なわれる重大事件・事故又はそのような事件・事故に至る危

第 4 節　いじめ

険性が高い重大な事態が発生した場合、学校や教育委員会が、その原因・背景等について把握し、迅速に効果的な対応が行えるよう支援するため」と規定する[32]ことから、いじめの被害者は同室に直接連絡して学校設置者や学校に対して対応を講ずるよう要求することができる。いじめの被害者が文科省に直接連絡したにもかかわらず、同省が何らの対応もしないならば重大な政治問題になりかねないため、いじめの被害者が救済を求めて同省の支援室に連絡することは他の手段と比較して効果が大きいであろう。

　筆者は、現状のいじめ対策は文科省から白紙委任的に教育委員会や教育現場に丸投げされ、教員の負担が大きすぎることから、文科省がもっと直接に貢献すべきであると考える。そのためには、教員を増やしていじめの早期発見と適切な対応を行うための予算を確保し、支援室がいじめ問題の解決で直接的に機能するよう、同省が責任を持って対処すべきである。この点で、同室がいじめ防止法のガイドラインに明記されていない点は妥当でなく、いじめの被害者にとって同室への直接連絡が効果的な手段となり得ることを明記すべきである。

32　文科省「子ども安全対策支援室の設置等」参照。

いじめ予防教育

Q95 スクールロイヤーの業務にはいじめ予防教育が含まれますが、現状のいじめ予防教育の問題点を教えてください。

. . . .

A95 現状のいじめ予防教育は学校設置者が財政的負担をしておらず、取組自体も形骸化している面があり、弁護士目線ではなく児童生徒や教員の目線からいじめ予防教育を考える必要があります。また、児童生徒に対するいじめ予防教育だけでなく、保護者に対するいじめ予防教育を義務付けるべきです。

261

本書の冒頭で紹介したとおり、文科省が想定するスクールロイヤー業務の主眼にはいじめ予防教育が含まれ[33]、いじめ防止対策協議会では弁護士が行ういじめ予防教育に対して、「いじめは重大な人権侵害に当たり、被害者、加害者及び周囲の児童生徒に大きな傷を残すものであり、決して許されないこと、いじめが刑事罰の対象となり得ること、不法行為に該当し損害賠償責任が発生し得ること等について、実例（裁判例等）を示しながら、人権を守ることの重要性やいじめの法律上の扱いを児童生徒に対して教える取組を推進する」ことを求める。また、いじめ防止法15条２項は、学校設置者、学校が、児童生徒、保護者、教職員に対し、いじめ防止を理解させるための啓発その他必要な措置を講ずることを義務付けており、実際に各地で弁護士によるいじめ予防教育の出張授業が盛んに行われている。

　しかし、現状の弁護士によるいじめ予防教育には課題も多い。例えば、東京都の学校では弁護士がいじめ予防教育で学校に出張した際の謝礼はほとんど支払われておらず、授業後に弁護士と教員が意見交換等をする機会もまれである。本来、いじめ防止に関する啓発活動は法律で義務付けられずとも学校が実施すべき教育活動である点に鑑みれば、学校設置者が弁護士を利用して法で義務付けられた啓発活動を何らの財政的負担もなく形骸的に実施している実情は許されるべきではない。

　また、いじめ防止法のガイドラインは、いじめ予防教育の目的として「児童生徒がいじめの問題を自分のこととして捉え、考え、議論することにより、いじめに正面から向き合うことができる」ようにするために、道徳教育の推進を提唱するが、政府が奨励する道徳教育の内容は非科学的なイデオロギーに影響されやすく[34]、いじめ予防教育を介して不適切な道徳教育が推進されるリスクもある。

　筆者は、いじめ予防教育では児童生徒や教員の目線からいじめ予防教育を議論することが重要であると考える。この点で、ガイドラインは「児童生徒自らがいじめの問題について学び、そうした問題を児童生徒自身が主体的に考え、児童生徒自身がいじめの防止を訴えるような取組を推進」することを

第 4 節　いじめ

示すが、弁護士がいじめ予防教育を行う際には、ガイドラインの記載を踏まえて児童生徒が主体的に考えるいじめ予防教育の構築を教員とともに議論する機会を増やすべきである。また、ガイドラインは「いじめが刑事罰の対象となり得ること、不法行為に該当し損害賠償責任が発生し得ること等についても、実例（裁判例等）を示しながら、人権を守ることの重要性やいじめの法律上の扱いを学ぶといった取組を行う」と記載するが、いじめが犯罪や損害賠償の対象となり得ることを説明するのは必要だとしても、法的制裁の話題に終始するのではいじめ予防教育としては不適切であろう。

　筆者は教員としての経験から、学校教育だけでいじめを予防することは非常に困難であると考えているため、児童生徒に対するいじめ予防教育の教育的効果には疑問を持っているが[35]、保護者に対するいじめ予防教育は非常に効果が高いと考えている。実際に、いじめが深刻化する場合は被害者・加害者双方とも保護者の家庭教育や家庭環境に問題がある場合が多く、実情として家庭教育や家庭環境次第で予防できたいじめは非常に多いことから、児童生徒よりも保護者に対するいじめ予防教育を法律で義務付けるべきである。

33　なお、2017年度に文科省が実施した「いじめ防止等対策のためのスクールロイヤー活用に関する調査研究」では三重県と大阪府箕面市が対象となったが、いずれもスクールロイヤーの業務内容としては、弁護士によるいじめ予防教育のみが実施された〈https://st.benesse.ne.jp/ikuji/content/?id=15028（2017年1月22日現在）〉。

34　例えば、外国人の子どもが多数存在する現在の教育現場で、「伝統と文化の尊重」「日本と郷土を愛する」等の価値観を道徳教育の目的に据える点は、非科学的な道徳教育の典型例と言える。

35　滝充「Evidenceに基づくいじめ対策」国立教育政策研究所136集133頁は、「最も有効な対策は全員をいじめ加害に向かわせないようにするという予防教育的な対応を講じていくこと」と主張するが、仮にそうであるとすれば、学校だけでなく家庭や社会が率先していじめの要因となる同調圧力を批判する土壌を醸成しなければならないであろう。

海外と比較した日本のいじめ対応

Q96　日本のいじめの現状や特徴について、また、日本のいじめ対策で必要なことについて教えてください。

第2章 教育紛争の典型と問題

A96 日本のいじめの現状は統計や研究上の知見と教員の現場感覚に乖離があり、また、海外と比較して「暴力を伴わないいじめ」が多く早期発見が難しい、いじめの加害者に対して採り得る法的措置が非常に少ない、社会的にも加害者よりも学校の責任が批判される等の特徴があります。日本のいじめ対策では、「教員数を増やす」「学校が加害者に対して採ることが可能な法的措置の選択肢を増やす」「いじめ対応における学校と家庭の役割分担と責任を議論する」の3点を実現すべきです。

　　いじめは社会的に最も関心の高い教育問題として様々な議論がなされているが、筆者が弁護士と教員の双方の視点から関心があり、スクールロイヤーにとっても重要と思われるものとして、いじめの追跡調査といじめの海外比較研究がある。

　文科省所管の国立教育政策研究所生徒指導・進路指導研究センターは、1998年より「いじめ追跡調査」を行っているが、この統計はいじめに関する統計調査の中では比較的信頼度が高いものとされ[36]、特に2017年現在で最新のデータである「いじめ追跡調査2013－2015」は、いじめ防止法施行後初めての調査として重要である[37]。同調査の特徴は、いじめの中でも「仲間外れ・無視・陰口」等の「暴力を伴わないいじめ」については特定の児童生徒に常習的に見られるものではなく、多くの児童生徒が入れ替わっていじめに巻き込まれていることから、「いじめはどの子にも起こり得る」という結論を示す点である。この点は、ほとんどの教員が現場感覚として「いじめの起こりやすさはクラスや学年によって異なる」という共通認識を持っていることと異なる点で興味深い。

　筆者は、統計結果と教員の現場感覚のいずれもいじめの考察として正しい一面を示していると考えている[38]。実際に、いじめ追跡調査は学校や教育委員会が実施した調査ではなく研究機関が実施した調査であり、学校と教育行政機関の上意下達的な関係に影響されない調査である点で信頼度は高く、同調査が経年変化でいじめを考察している点も重要である。しかし、同調査によれば、2013～2015年度の「仲間はずれ・無視・陰口」「からかう・悪口」

等の「暴力を伴わないいじめ」の小学校の被害経験率は約50％前後であり、中学校でも約30〜40％であることから[39]、単年度に限れば半数の生徒は「暴力を伴わないいじめ」を受けておらず、教員がクラスや学年に関わるのは単年度単位なので、教員の視点からは「いじめはどの子にも起こり得る」という示唆を実感しづらい。また、継続調査によれば、小学校では約９割の児童が「仲間はずれ・無視・陰口」の被害経験がある[40]ことから、小学校では「いじめはどの子にも起こり得る」と結論づけることは可能だが、中学校では約７割の生徒が同種の被害経験がある[41]にとどまり、中学１年生の同一クラスにおいても半年間で被害経験者が入れ替わる割合は約３分の１である[42]ことから、「いじめはどの子にも起こり得る」という表現で結論づけることはやや強引な感じがある。筆者の教員経験からも、「いじめの起こりやすさはクラスや学年によって異なる」という現場感覚は共感できるものである。実際に小学校で約９割の児童が暴力を伴わないいじめの被害経験があるのは、クラス替えによっていじめの加害者になりやすい傾向を持った児童が新しいクラスで新たないじめ被害を広げている可能性も十分に考えられる。

　では、統計結果から「いじめはどの子にも起こり得る」という結論が導けるならば、教育政策として必要なことは何か。それは、教員が「どの子にも起こり得る」いじめを早期発見し、効果的な指導ができる余裕を持てるように、「教員数を増やすこと」である。いじめの統計結果の示唆と教員の現場感覚に乖離がある最大の理由は、「暴力を伴わないいじめ」に対応できるだけの教員数が足りないからであり、教育行政担当者も教育政策の研究者もこの点に目を背けるべきではない。

　一方、日本と海外のいじめの比較研究も興味深い。例えば、日本のいじめは仲間外れ・無視・陰口・からかい・悪口等の「暴力を伴わないいじめ」が多く、海外のいじめは殴る・蹴る・金銭強要・物品破壊等の「暴力を伴ういじめ」が日本よりも多いことを示す研究がある[43]。また、日本と海外のいずれにおいても、男子のいじめは「暴力を伴ういじめ」が多く、女子のいじめは「暴力を伴わないいじめ」が多いことを示す研究もある[44]。

　しかし、こうした比較研究の知見は実際のいじめの法的対応にほとんど活

かされていない。日本のいじめでは仲間外れ・無視・陰口・からかい・悪口等の「暴力を伴わないいじめ」が多いという知見は、日本のいじめは早期発見が困難である上に、法的な立証活動も困難であることを意味するが、日本は教員１人当たりの児童生徒数が他の先進国よりも多い上に、保護者に対するいじめの早期発見の啓発活動も義務付けておらず、いじめの被害者が加害者に対して法的責任を追及する際に被害者が高度な立証活動の負担を余儀なくされている実情を救済する法律論も進展していない。

　それ以上に問題なのは、日本のいじめの法的対応は海外と比較すると実効性が弱い点である。例えば、日本の公立小中学校ではいじめの加害者を強制的に転校させる制度がないため、いじめの被害者が先に転校するという本末転倒なケースも多い。また、日本の小中学校は国公私立を問わず、学校の判断でいじめの加害者を停学処分にできず（私立小中学校では停学処分より重い退学処分しか採ることができない）、被害者・加害者双方の人権に配慮した柔軟な法的対応が困難であるがゆえに、「別室指導」「自宅謹慎」等の超法規的な措置が採られやすく、児童生徒の学習権に配慮すべき教育法制が、かえっていじめの被害者・加害者の双方に対する人権侵害を助長していると言える。

　統計研究や比較研究が示すように、「暴力を伴わないいじめ」が日本のいじめの特徴ならば、日本の教員は海外よりも教員１人当たりの児童生徒数が多い中で早期発見が困難な「暴力を伴わないいじめ」を早期発見する努力をしなければならず、いじめを発見したとしても海外と比較して限られた法的措置しか採ることができないという、過酷な環境でいじめ対応を行っている現実を教育政策担当者が適切に認識し、いじめ対策に反映しなければならない。すなわち、「教員数を増やす」「学校が加害者に対して採ることが可能な法的措置の選択肢を増やす」の２点は、いじめ対策で不可欠である。

　もう１つ、日本のいじめ対策で不可欠なことは、「いじめ対応における学校と家庭の役割分担と責任を議論する」ことである。日本ではいじめの加害者やその保護者以上に学校の法的責任が社会的に批判される傾向が強いが、そもそもいじめの加害者が被害者をいじめなければ「いじめ」は発生しなかったのであり、いじめの一次的な法的責任を担うのはいじめの加害者と、

他人をいじめる人格を形成する家庭教育を行った保護者にあるのであって、学校や教員ではない。にもかかわらず、いじめが発生した際に学校が一次的な法的責任を負うかのような風潮が形成されるのは、いじめの加害行為に対する学校と家庭の役割分担と責任が社会的に議論されていないからである。

　また、いじめの被害の早期発見に関しても、日本では学校や教員の法的責任ばかりが追及される傾向にある。確かに、いじめは通常学校で起きる問題であり、日本では日常的に児童生徒と接する学級担任や部活動顧問の業務がある以上、毎日接している児童生徒の些細な変化に気づかないのは教員として必要な観察力が不足していることは事実である[45]。しかし、日本の教員は海外と比較して非常に多忙で業務も多様なので、現実的にいじめの早期発見に努める余裕がない点も考慮すべきであるし、日本の教員は1人当たりの児童生徒数が海外よりも多いため、1人で何十人もの児童生徒を観察しなければならず、いじめを早期に発見する重大な契機があったしても見逃してしまう可能性は高い。

　これに対し、保護者は我が子のみを観察すればよく、それは保護者として当然の義務でもある。子どもは学校で過ごす時間と同じか、それ以上の時間を家庭で過ごすのだから、毎日接している我が子の変化に気づかない保護者は、子どもとのコミュニケーションを増やすために仕事や夫婦関係等の家庭環境を見直すべきである[46]。また、いじめの被害者は心配させたくない気持ちから保護者にいじめに遭っている事実を伝えない傾向にあるため、保護者がいじめを早期発見することは我が子が被害者であっても困難であると言われるが、この論理は教員にとっても同様であり、結局はいじめの被害者が保護者や教員にいじめの事実を伝えるためには、両者の間に信頼関係が構築できていることが前提になる。いじめ防止法ガイドラインもいじめの早期発見に関して、教員は「ささいな兆候であっても、いじめではないかとの疑いを持って、早い段階から的確に関わり」、「いじめを積極的に認知することが必要」であり、「日頃から児童生徒の見守りや信頼関係の構築等に努め、児童生徒が示す変化や危険信号を見逃さないようアンテナを高く保つ」と記載するが、これは教員だけでなく保護者に対しても義務付けるべき内容である。

第2章　教育紛争の典型と問題

　現状の日本のいじめ対策では、本設問で提示した「教員数を増やす」「学校が加害者に対して採ることが可能な法的措置の選択肢を増やす」「いじめ対応における学校と家庭の役割分担と責任を議論する」の3点は全く考慮されておらず、いじめ対策としての方向性が適切であるとは到底考えられない。スクールロイヤーはいじめ防止等を主眼として導入される制度であるが、それがいじめ対策として本当に適切な方向性の上に実施される政策であるか、スクールロイヤー自身が考察すべき必要がある。

36　内藤朝雄氏によれば、いじめ調査はサンプルがでたらめなものが多く、文科省のいじめ調査も各学校からの報告をまとめたものにすぎないが、「いじめ追跡調査」は相対的に信頼度が高いとされる。内藤・前掲注21) 178〜179頁。

37　生徒指導・進路指導研究センター・前掲注20) 9頁によれば、小学校のいじめの加害経験が2010年より2013年のほうが減少していることから、小学校のいじめ指導において、いじめ防止法の制定や「学校いじめ防止基本方針」の策定の影響があるのではないかと推測されている。

38　滝・前掲注35)の研究をはじめ、本書で紹介するいじめの統計研究は、いずれも信頼度が高く優れた内容である。それだけに、これらの研究が示唆として「教員数を増やせば、いじめの件数や行為態様は変化する」という仮説を提示していない点は非常に疑問である。

39　生徒指導・進路指導研究センター・前掲注20) 16頁、20頁。

40　生徒指導・進路指導研究センター・前掲注20) 8頁。

41　生徒指導・進路指導研究センター・前掲注20) 10頁。

42　生徒指導・進路指導研究センター・前掲注20) 7頁。

43　滝・前掲注35) 129〜131頁。もっとも、同文献の統計資料を読む限り、日本以外の国も仲間外れ・無視・陰口・からかい・悪口といった「暴力を伴わないいじめ」は多いので、「暴力を伴わないいじめ」が日本だけ多いわけではない点に注意を要する。

44　清永賢二編『世界のイジメ』(信山社、2000)参照。

45　実際に教員をしていると、生徒の変化を見抜くためには教員の努力が必要であると感じる。できる限り職員室に籠らず、生徒と接する時間を増やすことが重要であり、そうすることで「『ちょっとした行為』を見逃さない」(辻村・前掲注11) 46〜47頁)ことにつながる。

46　裁判例では、被害者の家庭内のコミュニケーション不足が「いじめ」の発見を遅らせた場合には被害者側の過失として評価し、過失相殺したものがある(東京高判平成14年1月31日東高民53巻1〜12号3頁)。

いじめと法的措置

Focus-6

　「いじめは犯罪である」という主張には正しい面と誤っている面があります。確かに、犯罪に該当するいじめが存在する点では正しいですが、いじめ防止法の「いじめ」には該当するものの、犯罪とまでは言えないいじめも存在する点では誤りです（Q76参照）。実は、教員が「いじめは犯罪である」と考えて対応すれば、もはや教員の教育的指導の出番ではなく、警察と裁判所の刑事手続の出番になります。

　いじめ対策に関しては、社会学者の立場から積極的に法的措置を行うべきであるとの意見もあります[1]。また、長年生徒指導を担当した教員の立場からいじめは「教育問題」ではなく「犯罪行為」であるという認識を持ち、警察との連携をためらわない姿勢が大切であるとの意見もあります[2]。これに対して、人権を重視する弁護士の立場から、保護者ではなく被害者本人の意思を尊重したり、加害者への制裁は慎重に行うべきであるとの意見もあります。

　社会学者の中には学級制度がいじめの原因であるとの意見もあり、日本の学級制度は子どもが学級集団を選択できず、集団心理の下での行動を強制される面があり、いじめと関係していることは否定できません。しかし、日本の学級制度には海外の教育制度にはないメリットがあるのも事実であり、筆者自身も学級担任を担当してそのメリットを認識しており、学級制度を廃止することには反対です（Q73参照）。

　教員と弁護士の双方の視点からいじめ対応を経験している筆者の立場からは、法的措置に積極的な意見は、法的措置を担う弁護士や警察らが教育現場の実情に詳しい場合は効果がありますが、そうでない場合は弊害になってしまうことを軽視しているし、信頼関係の構築と教育的指導でいじめに対応すべきとの意見は、教員の指導力と子どもの理解力が前提である点を軽視しているので、どちらの意見であっても「いじめに適切に対応できる人材を育成する」ことが課題だと思います。

　筆者は、いじめ対策で本当に必要なことは保護者も含めた大人に対するいじめ対策であり、日本社会の異常とも言える「同調圧力」を大人全体が改めなければ、子どものいじめがなくなることはあり得ないと思います。民主政治で「忖度」が流行するほどの日本社会の「同調圧力」は、一種の病理現象です。我々一人一人が子どもたちのために、「同調圧力」を排除する意識を持たなければ、いじめで苦しむ子

第2章　教育紛争の典型と問題

どもが減ることはないと、強く感じています。

1　加納寛子編『ネットいじめの構造と対処・予防』（金子書房、2016）230～232頁。

2　瀬田川聡『いじめをやめさせる　指導の心得と鉄則』（明治図書出版、2017）32～44頁。同書では、教員が日常生活の中での犯罪行為についての意識と知識を持ち合わせることが必要であり、教育現場ではしばしば犯罪行為を「喧嘩」と呼んで教育問題にすり替えてしまうことを問題視している。しかし、警察との連携はあくまでも学校と警察の信頼関係が成立していることが前提であり、警察は必ずしも自らの責任所在を明示して行動するわけではなく、学校が連携を求めても硬直的・形式的な対応で「たらい回し」にされることも多い。筆者自身は、教員が犯罪行為の意識と知識を持つことや積極的に警察と連携すること以上に、教育現場の実情に詳しい弁護士ができる限り早い段階で教員のサポートに入ることのほうがいじめ対応としては重要ではないかと考えている。

第5節　不登校

不登校の理由と学校の役割

Q97 不登校の理由にはどのようなものが多いでしょうか。また、どのような理由でも学校が対応すべきでしょうか。

A97 統計上は、「いじめ」よりも「病気」「家庭に係る状況」を理由とする不登校が多いです。「いじめ」「学校での人間関係」「教員とのトラブル」等の教育的理由は学校が対応すべきですが、「病気」「家庭に係る状況」は教育的理由とは言い難く、このような不登校への対応を学校に担わせることがないように注意すべきです。

　　近時の不登校の議論は、いじめ、クラスや部活動での人間関係、学級担任とのトラブル等と関連して行われることが多いため、不登校の理由もそのような事項である印象が強いが、実際の不登校等に関する統計はそのような印象と異なる。例えば、文科省の「児童生徒の問題行動等生徒指導上の諸問題に関する調査」（平成27年度）によれば、小中学校において年度間に連続又は断続して30日以上欠席（「長期欠席（不登校等）」）した児童生徒の最も多い欠席理由は小中学校とも「病気」であり[1]、「病気」以外の長期欠席の理由としては、小中学校とも「家庭に係る状況」が最も多かった[2]。一方、長期欠席者全体に占める「いじめ」を理由とする不登校の割合は、小学校では0.3％、中学校では0.4％であり、統計上は非常に少ない（ただし、「いじめを除く友人関係をめぐる問題」を理由とする不登校の割合は、小学校で9.0％、中学校で20.9％であり、小中学校ともに「家庭に係る状況」に次いで多い）。

　同省の統計は、「病気」「経済的理由」「その他」を理由とする長期欠席を「不登校」として扱っていないが、このような形式的な理解では不登校の実態を統計上正確に反映することができず、妥当でない。例えば、「病気」を理由とする長期欠席には、起立性調節障害や適応障害の児童生徒の一部に見られるように、病気の程度によっては十分登校可能であるにもかかわらず、

第2章 教育紛争の典型と問題

不適切な診断や治療方針等により長期欠席に及んでいる場合もあり、こうした児童生徒が統計上の「不登校」から外れてしまうことは問題がある。ともあれ、同省の統計によれば、不登校の理由で挙げられやすい「いじめ」等が統計上必ずしも多いわけではなく、むしろ「病気」「家庭に係る状況」といった理由が目立つ点は注目すべきであろう。

　文科省の統計項目や筆者の経験から、不登校の理由は大きく分けて、「病気等の医学的理由」「家庭環境等の福祉的理由」「無気力や不安等の心理的理由」「いじめや人間関係等の教育的理由」「貧困等の経済的理由」の5つに区別されると考えられる。このうち、法的にも学校が対応すべきものは「教育的理由」であり、特にいじめを理由とする不登校は、いじめ防止法で対応すべき法的義務が課せられている。また、「学校での人間関係」「教員とのトラブル」等の理由も、学校や教員だけの問題とは言い難いが、対応に過失があれば学校が法的責任を問われ得る[3]。

　現状では、不登校の理由として多いのは「医学的理由」「福祉的理由」「心理的理由」であり、不登校対策としては学校での取組み以上に、医学、福祉、心理の専門家による支援の強化と人材確保が必要であり、特に家庭への支援が最重要である。そして、不登校の理由に応じて学校が担うべき役割とそうでない役割を区別し、不登校対策を全て教育現場に押し付けないようにすべきであるが[4]、この点はスクールロイヤーが不登校対策に関与する際に意識すべき点でもあろう。

1　「病気」を理由とする長期欠席の割合は、小学校で31.6％、中学校で16.0％である。

2　「家庭に係る状況」を理由とする不登校の割合は、小学校で長期欠席者全体の25.2％であり、中学校で長期欠席者全体の23.9％である。

3　文科省の統計項目のうち、「いじめ」「いじめを除く友人関係をめぐる問題」「教職員との関係をめぐる問題」「学業の不振」「進路に係る不安」「クラブ活動・部活動等への不適応」「学校のきまり等をめぐる問題」「入学・転籍・進級時の不適応」は学校が対応しなければならない問題であるが、例えば、「学業の不振」「進路に係る不安」は学校だけでなく家庭の事情も大きな要因であることから、学校のみが不登校の対応をすべきであると考えることは不適切である。

4　なお、教育政策と中学校の不登校との関連を考察した統計研究によれば、中学校の特別支援学級の設置や教員の加配等の学校教育政策及び教職員政策は、中学生の長期欠

272

席の出現量と有意な相関を持つこと、相対小学校数が多い市区町村ほど、子どもが小学校から中学校へ進学する際に環境の変化を経験しやすいこともあり、中学生の長期欠席率が高いこと、市区町村固有の要因群が中学生の長期欠席に影響すること、といった点が示唆されている。日下田岳史=末冨芳「中学生の長期欠席に対する学校教育政策および教職員政策の影響—地方自治体質問紙を用いた分析—」国立教育政策研究所紀要142集127頁。

教育機会確保法

Q98 不登校と教育機会確保法の関係について教えてください。

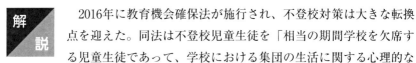

A98 同法は不登校の定義を定め、不登校児童生徒の学校以外の学習活動の重要性や休養の必要性を示し、国及び地方公共団体に不登校対策の内容に応じて法的義務と努力義務を課しています。また、同法のガイドラインでは、不登校支援は不登校児童生徒の意思を十分に尊重し、当該児童生徒や保護者を追い詰めることがないよう配慮しなければならない旨規定します。しかし、同法は統計に基づく不登校の理由への法的対応が必ずしも十分ではなく、教育的対応以外の対応が必要な不登校についても学校に過重な負担を課すことにならないかが懸念されます。

解説　2016年に教育機会確保法が施行され、不登校対策は大きな転換点を迎えた。同法は不登校児童生徒を「相当の期間学校を欠席する児童生徒であって、学校における集団の生活に関する心理的な負担その他の事由のために就学が困難である状況として文部科学大臣が定める状況にあると認められるもの」（同法2条3号）として、初めて法的に定義した。同法は国及び地方公共団体に対して不登校対策を講ずる義務を規定するだけでなく、13条で「不登校児童生徒が学校以外の場において行う多様で適切な学習活動の重要性」と「不登校児童生徒の休養の必要性」を法的に示した点で、これまでの不登校対策を前進させている（同法で国及び地方公共団体に課せられている義務は表のとおり）。

第2章　教育紛争の典型と問題

表　教育機会確保法で国及び地方公共団体に課せられた義務

法的義務	・　支援の状況等に係る情報の共有の促進等 （不登校児童生徒に対する適切な支援が組織的かつ継続的に行われることとなるよう、不登校児童生徒の状況及び不登校児童生徒に対する支援の状況に係る情報を学校の教職員、心理、福祉等に関する専門的な知識を有する者その他の関係者間で共有することを促進するために必要な措置その他の措置を講ずる） ・　学校以外の場における学習活動の状況等の継続的な把握 （不登校児童生徒が学校以外の場において行う学習活動の状況、不登校児童生徒の心身の状況その他の不登校児童生徒の状況を継続的に把握するために必要な措置を講ずる） ・　学校以外の場における学習活動等を行う不登校児童生徒に対する支援 （不登校児童生徒が学校以外の場において行う多様で適切な学習活動の重要性に鑑み、個々の不登校児童生徒の休養の必要性を踏まえ、当該不登校児童生徒の状況に応じた学習活動が行われることとなるよう、当該不登校児童生徒及びその保護者に対する必要な情報の提供、助言その他の支援を行うために必要な措置を講ずる）
努力義務	・　財政上の措置等 （教育機会の確保等に関する施策を実施するため必要な財政上の措置その他の措置を講ずる） ・　学校における取組への支援 （全ての児童生徒が豊かな学校生活を送り、安心して教育を受けられるよう、児童生徒と学校の教職員との信頼関係及び児童生徒相互の良好な関係の構築を図るための取組、児童生徒の置かれている環境その他の事情及びその意思を把握するための取組、学校生活上の困難を有する個々の児童生徒の状況に応じた支援その他の学校における取組を支援するために必要な措置を講ずる） ・　特別の教育課程に基づく教育を行う学校の整備等 （不登校児童生徒に対しその実態に配慮して特別に編成された教育課程に基づく教育を行う学校の整備及び当該教育を行う学校における教育の充実のために必要な措置を講ずる） ・　学習支援を行う教育施設の整備等 （不登校児童生徒の学習活動に対する支援を行う公立の教育施設の整備及び当該支援を行う公立の教育施設における教育の充実のために必要な措置を講ずる） ・　国民の理解の増進 （広報活動等を通じて、教育機会の確保等に関する国民の理解を深めるよう必要な措置を講ずるよう努める） ・　人材の確保等 （国及び地方公共団体は、教育機会の確保等が専門的知識に基づき適切に行われるよう、学校の教職員その他の教育機会の確保等に携わる者の養成及び研修の充実を通じたこれらの者の資質の向上、教育機会の確保等に係る体制等の充実のための学校の教職員の配置、心理、福祉等に関する専門的知識を有する者であって教育相談に応じるものの確保その他の必要な措置を講ずる） ・　教材の提供その他の学習の支援 （義務教育の段階における普通教育に相当する教育を十分に受けていない者のうち中学校を卒業した者と同等以上の学力を修得することを希望する者に対して、教材の提供（通信の方法によるものを含む。）その他の学習の支援のために必要な措置を講ずる） ・　相談体制の整備 （義務教育の段階における普通教育に相当する教育を十分に受けていない者及びこれらの者以外の者であって学校生活上の困難を有する児童生徒であるもの並びにこれらの者の家族からの教育及び福祉に関する相談をはじめとする各種の相談に総合的に応ずることができるようにするため、関係省庁相互間その他関係機関、学校及び民間の団体の間の連携の強化その他必要な体制の整備に努める）

第5節　不登校

　また、同法のガイドラインとして策定された「義務教育の段階における普通教育に相当する教育の機会の確保等に関する基本指針」では、「不登校は、取り巻く環境によっては、どの児童生徒にも起こり得るものとして捉え、不登校というだけで問題行動であると受け取られないよう配慮し、児童生徒の最善の利益を最優先に支援を行うことが重要」であるとして、不登校がいじめ同様にどの児童生徒にも起こり得ることを示し、不登校児童生徒への支援は「登校という結果のみを目標にするのではなく、児童生徒が自らの進路を主体的に捉えて、社会的に自立することを目指す必要がある」とし、支援に際しては、「不登校児童生徒の意思を十分に尊重しつつ行うこととし、当該児童生徒や保護者を追い詰めることのないよう配慮しなければならない」として、不登校児童生徒の意思の尊重と本人や保護者を追い詰めない配慮を義務付けている。

　しかし、教育機会確保法の問題点は、統計に基づく不登校の理由への法的対応が必ずしも十分ではない点であり、Q97のとおり、統計上は「病気」「家庭に係る状況」を理由とする不登校が多いにもかかわらず、同法は教育的理由への対応に特化した内容であり、医学的対応や福祉的対応に関連した部分はほとんどなく、本来は医学的対応や福祉的対応によって対応すべき不登校に関しても、学校が教育的対応を迫られる負担が懸念される。教育機会確保法を適切に運用するためには、不登校の理由を的確に認識した上で学校に過度の負担を求めることなく教育的対応を促すことが重要である。

不登校対策の法制度上の問題点

Q99　教育機会確保法と就学義務の関係、及び教育課程の修了認定との関係について教えてください。

A99　日本の義務教育制度は「就学義務制」と「年齢主義」によって運用されているため、教育機会確保法がこれらの義務教育の運用と整合性を維持できるかが問題になります。例えば、教育機

275

会確保法に関する文部科学省令が定義する「不登校児童生徒」の内容が非常に広いため、学校教育法施行令に基づき保護者に児童生徒を出席させない「正当な事由」の有無を判断する際に、法令上の整合性が問題になります。また、不登校児童生徒に関する成績評価と教育課程の修了を認定する際には、教育機会確保法の基本理念や不登校児童生徒の意思を十分に尊重しつつも、公平な観点から成績評価と教育課程の修了認定を判断すべきであり、場合によっては原級留置も選択肢として検討すべきです。

日本の義務教育は「就学義務制」を採用している（学校教育法16条、17条、144条参照）ため、保護者は「正当な事由」がない限り子どもを学校に出席させなければならない（学校教育法施行令20条）。しかし、教育機会確保法が制定されたことにより、就学義務制と不登校問題の関連では新たな争点が生じている。

Q98で説明したとおり、教育機会確保法は不登校児童生徒の定義を「相当の期間学校を欠席する児童生徒であって、学校における集団の生活に関する心理的な負担その他の事由のために就学が困難である状況として文部科学大臣が定める状況にあると認められるもの」とするが、同時に、「学校における集団の生活に関する心理的な負担その他の事由のために就学が困難である状況」とは、文部科学省令によって「何らかの心理的、情緒的、身体的若しくは社会的要因又は背景によって、児童生徒が出席しない又はすることができない状況（病気又は経済的理由による場合を除く。）」とされている[5]。

しかし、この省令は不登校児童生徒を非常に広く捉えすぎており、学校教育法の就学義務を事実上死文化しかねないと筆者は考えている。まず、同省令が不登校の理由として列挙する「何らかの心理的、情緒的、身体的若しくは社会的要因又は背景」という文言は、あまりに抽象的で広範に過ぎるだけでなく、「心理的」「情緒的」「身体的」といった教育機関である学校では判断できない理由を規定しているため、児童精神医学を専門とする医師、カウンセラー等の外部専門家の判断が不可欠になるが、外部専門家は数が限られており、結果として同省令で規定する状況に該当するかどうかを判断するた

めに学校、児童生徒、保護者、外部専門家の全てが多大な負担を強いられる可能性が強い。また、「社会的要因又は背景」は従来の文科省の不登校の統計項目には存在していない理由であり、極端に言えば、「経済的格差が広がる社会に不安を抱き、学校に行けなくなった」という不登校も含まれてしまうような、非常に広い意味や概念を含む曖昧で抽象的な理由であり、これを不登校に該当する理由の1つとして列挙することは不適切であろう。

　就学義務制との関連で同省令が問題なのは、「出席しない」児童生徒と「出席することができない」児童生徒の両者を区別せずに「不登校児童生徒」に含んでいる点である。不登校には「学校に行きたくても行けない」という「消極的不登校」と、「学校には行く必要がない」という「積極的不登校」の2つがあり[6]、前者は保護者が児童生徒を学校に出席させないことにつき「正当な事由」（学校教育法施行令20条）があると認められるため、就学義務違反にはならないが、後者については「正当な事由」が認められるとは限らず[7]、就学義務違反として保護者には罰則の適用もある（学校教育法144条）ことから、この2つは法的に区別すべきであるが、同省令は学校教育法が規定する就学義務と整合しない定義を示しており、省令によって法律が定める就学義務が「死文化」されてしまうおそれがあると考えられる。以上の点に鑑みて、筆者は教育機会確保法の基本理念や不登校対策の方向性には賛成であるが、同法に関する文部科学省令が示す不登校児童生徒の定義は法的整合性の観点から不適切であり、おそらく、同省令によって教育現場はこれまで以上に不登校対策の過度の負担を迫られるであろう。

　また、日本の義務教育は「年齢主義」によって運用されていることから、実際は不登校であっても義務教育課程段階であれば出席しなくとも教育課程の修了が認定される運用であり、政策担当者や研究者は問題視していないが、教育現場では不登校児童生徒の成績評価と教育課程の修了認定は日常的に悩まされている問題である。筆者は、「全ての児童生徒が豊かな学校生活を送り、安心して教育を受けられるよう、学校における環境の確保が図られるようにする」「不登校児童生徒が行う多様な学習活動の実情を踏まえ、個々の不登校児童生徒の状況に応じた必要な支援が行われるようにする」「不登校

第2章　教育紛争の典型と問題

児童生徒が安心して教育を十分に受けられるよう、学校における環境の整備が図られるようにする」といった教育機会確保法の基本理念（3条）は不登校対策で関係者全てが共有すべき重要理念であり、同時に不登校児童生徒が自らの進路を主体的に捉えて、社会的に自立することを支援し、不登校児童生徒の意思を十分に尊重しながら、当該児童生徒を追い詰めないように配慮するとする同法のガイドラインの姿勢も重要と捉えているが、教育現場での成績評価や教育課程の修了認定は教育的だけでなく法的にも厳格かつ公平に行うことが不可欠であり、特に教育課程の修了認定は学校教育法で校長に与えられた重要な法的権限であるため、校長の裁量権に基づく修了認定には法的にも合理性が求められる。例えば、不登校とはいえ1年間全く登校しなかった児童生徒と毎日皆勤した児童生徒が同じ成績で評価されることは、それが教育機会確保法の基本理念やガイドラインの姿勢に適うとしても、教育的に不公平だけでなく法的にも合理性が認められるとは言い難い。そもそも、学校教育法21条は義務教育において達成すべき目標を規定しており[8]、校長が行う課程修了及び卒業認定は、児童の平素の成績を評価して義務教育の目標を達成したかどうかを判断する行為（同法施行規則57条）であることに鑑みると、学校教育法が規定する教育目標を不登校児童生徒が達成することは極めて困難である点にも留意すべきである[9]。

　加えて、前述の文部科学省令は、不登校の理由に「社会的要因又は背景」も含めた広範に過ぎるものであり、「学校に行く必要がない」と考えている積極的不登校も含まれるのであれば、極端な想定事例ではあるが、「義務教育課程を修了し、学校を卒業しても良い就職口があるとは限らない社会であるから、学校に行く必要がない」と判断して学校を欠席する児童生徒であっても、教育機会確保法の基本理念及び本人の意思を尊重する必要から、毎日皆勤する児童生徒と同様に成績を評価し、義務教育課程の修了を認定して卒業を認定するとすれば、もはや「法律に基づく教育」は全く機能せず、教育現場に法的にも教育的にも大きな混乱を招くことになってしまう。

　筆者は年齢主義による義務教育制度の運用が、不登校児童生徒に配慮することを正当化する一方で、かえって不登校児童生徒の学力を放置したり、当

278

該児童生徒の将来を真摯に考えない実情を生んでいると考えている。海外では、アメリカ・イギリス・フランス等が学校以外での義務教育を認める「教育義務制」を採用し、ドイツ・日本などが学校以外での義務教育を認めない「就学義務制」を採用している[10]。教育義務制を採用する国は同時に義務教育課程について修了認定を厳格に行う「課程主義」を採用することで、不登校児童生徒が学力的に不利益を受けないよう配慮したり、公平な成績評価を担保することが一般的であり、学校以外のフリースクールやホームスクーリングでの教育内容も厳格に審査する制度を導入している[11]。日本のように、就学義務制を採用しつつも不登校対策においてそれを事実上死文化することや、義務教育課程で年齢主義を硬直的に運用することで不登校児童生徒の学力を放置したり、他の児童生徒との公平性を欠く成績評価や教育課程の修了認定を行うことは、比較法的にも不適切である。もっとも、日本の現行法制でも義務教育課程での原級留置（いわゆる留年）は法的に可能であり、年齢主義を硬直的に運用せず、場合によっては原級留置を不登校対策の一環として効果的に運用すべきであるが、教育機会確保法その他の不登校政策においては、このような運用は想定されていない。

　以上のとおり、教育機会確保法に関する文部科学省令と、義務教育課程での年齢主義の硬直的な運用が、就学義務と教育課程の修了認定との関係上、教育現場の不登校対応における今後の大きな負担となることが懸念される。

5　平成29年2月16日28文科初第1502号通知（別添）「義務教育の段階における普通教育に相当する教育の機会の確保等に関する法律第二条第三号の就学が困難である状況を定める省令」参照。

6　坂田仰『スクール・リーガルマインド』（学事出版、2006）96頁。

7　仮に、「不登校の権利＝学校教育以外の教育で義務教育を受ける権利」が認められるのであれば、「正当な事由」が認められる可能性もあるが、日本の教育法は保護者に対して「義務教育の義務」と「就学義務」の両方を課しているため、「不登校の権利」を認める解釈は困難であろう（坂田・前掲注6）99〜103頁参照）。

8　学校教育法21条が規定する義務教育の目標は、①学校内外における社会的活動を促進し、自主、自律及び協同の精神、規範意識、公正な判断力並びに公共の精神に基づき主体的に社会の形成に参画し、その発展に寄与する態度を養うこと、②学校内外における自然体験活動を促進し、生命及び自然を尊重する精神並びに環境の保全に寄与する態度を養うこと、③我が国と郷土の現状と歴史について、正しい理解に導き、伝統と文化を尊重

279

し、それらをはぐくんできた我が国と郷土を愛する態度を養うとともに、進んで外国の文化の理解を通じて、他国を尊重し、国際社会の平和と発展に寄与する態度を養うこと、④家族と家庭の役割、生活に必要な衣、食、住、情報、産業その他の事項について基礎的な理解と技能を養うこと、⑤読書に親しませ、生活に必要な国語を正しく理解し、使用する基礎的な能力を養うこと、⑥生活に必要な数量的な関係を正しく理解し、処理する基礎的な能力を養うこと、⑦生活にかかわる自然現象について、観察及び実験を通じて、科学的に理解し、処理する基礎的な能力を養うこと、⑧健康、安全で幸福な生活のために必要な習慣を養うとともに、運動を通じて体力を養い、心身の調和的発達を図ること、⑨生活を明るく豊かにする音楽、美術、文芸その他の芸術について基礎的な理解と技能を養うこと、⑩職業についての基礎的な知識と技能、勤労を重んずる態度及び個性に応じて将来の進路を選択する能力を養うこと、といったように詳細かつ広範囲なものであり、そもそも長期欠席している状態で達成できるような目標でもなく、学校以外の施設において代替的に教育することで達成できるような目標でもない。

9 　もっとも、学校教育法21条が規定する教育目標は訓示規定で法的な意味はなく、児童生徒に強制されるものではないとするのが公定解釈とされるが、告示にすぎない学習指導要領の教育内容が法的拘束力を有すると解する一方で、告示よりも上位規範の学校教育法の教育目標の規定が何らの拘束力も有しない訓示規定と解するのは、整合性に欠ける。同条の法的性格に関しては、廣澤明「学校教育法：第2章 義務教育」第21条〔義務教育の目標〕荒牧重人＝小川正人＝窪田眞二＝西原博史『新基本法コンメンタール教育関係法』（日本評論社、2015）96頁参照。

10 　「義務教育の本旨からいえば教育義務型が本来のあり方であろう」（市川昭午『市川昭午著作集第5巻 教育の私事化と公教育の解体－義務教育と私学教育』（学術出版会、2013）119頁）とする見解がある。なお、ドイツの就学義務はナチス・ドイツ時代に制定された義務教育法に基づいており、日本以上に厳格である。

11 　本書「第1章第1節 教育法総論」前掲注47）を参照。

スクールロイヤーと不登校対応

Q100 スクールロイヤーが不登校対応に関して相談や助言する際の注意点について教えてください。

A100 日本の義務教育制度の運用実態を理解した上で、現状の不登校対応は法的根拠に乏しいことや、医療や福祉の専門家が少ないからといって学校や教員の負担とならないよう注意すべきです。

不登校はいじめよりもはるかに発生件数が多く、日常的に学校や教員が悩んでいる問題であり、スクールロイヤーが導入された場合には不登校対応の相談や助言を行うことが想定される。

　日本の義務教育制度は年齢主義と就学義務制によって運用されているため、現状の不登校対応は、一度も出席しなくとも原則として次学年に進級できることから、不登校児童生徒の学力や自立支援に関して実質的には何らの教育的支援が行われておらず、かといって保護者には就学義務が課せられているため、学校以外の教育施設での教育は原則として単位認定されず、不登校児童生徒の教育活動の選択肢も少ない。

　しかし、こうした対応はいずれも法的根拠に乏しく、本来は一度も登校しない児童生徒をそのまま進級させることは、「各学年の課程の修了又は卒業を認めるに当たつては、児童の平素の成績を評価」すると規定する学校教育法施行規則57条に違反する可能性が高く、不登校対応として法的に妥当とは断言し難い。むしろ、日本の義務教育段階でも原級留置は必ずしも法令で禁止されていないことから、スクールロイヤーが不登校対応の相談や助言をする際には、不登校児童生徒の学力向上や自立支援の観点に照らして原級留置も含めた法的に妥当な対応を提示すべきである。

　また、スクールロイヤーが不登校対応の相談や助言をする場合は、教育的対応以外の対応を学校に押し付けることがないように配慮すべきだが、現状の不登校対応では医療や福祉の専門家もほとんど人的に余裕がなく、医学的対応や福祉的対応も容易には選択できない現状も理解しておくべきである。例えば、精神疾患を理由とする不登校対応は、児童精神医学を専門とする医師が非常に少ないため適切な診断を受けるには相当期間待たなければならず、迅速な不登校対応はほとんど不可能だが、かといって成人の臨床経験が中心の精神科医や心療内科医等では必ずしも医学的に適切な診断や対応方針を示せるとは限らないので、安易に代替的な対応として選択するのは妥当でない。

　もっとも、こうした人的・制度的問題のしわよせを学校や教員が受けることは本末転倒であり、教育的理由以外の不登校に学校や教員が対応する法的義務も実際上の余裕もないことから、スクールロイヤーは子どもの利益に資

第 2 章　教育紛争の典型と問題

するからと言って、学校や教員に事実上不登校対応の負担を強いるような助言は絶対にすべきでない。また、日本社会の「同調圧力」という特徴自体に原因があり、予防することが極めて困難ないじめと異なって、不登校は理由次第では必ず予防し、減少させることができる教育問題である（後述Focus-7 参照）。Q97で示した不登校の5つの理由（「病気などの医学的理由」「家庭環境などの福祉的理由」「無気力や不安などの心理的理由」「いじめや人間関係などの教育的理由」「貧困などの経済的理由」）のうち、実際に予防することや減少させることが難しいのは「いじめや人間関係などの教育的理由」のみであり、それ以外の理由は政策、医学の発展、家庭への支援等で予防や減少が可能である。スクールロイヤーはいじめ予防以上に不登校の予防と減少の可能性を理解すべきであると同時に、現状の不登校対応の人的・制度的問題について法律家の立場から政策担当者に改善を促すべきであろう。

起立性調節障害と不登校

Q101　起立性調節障害を理由に不登校になっている生徒の対応について教えてください。

A101　起立性調節障害は医学的理由に基づく不登校の一種ですが、怠惰や無気力等との判断が難しく、家庭環境が影響する場合もあることから、思春期外来等を専門とする医師の意見を聞いた上で保護者が出席させないことにつき「正当な事由」があるかを判断し、不登校支援等の対応を検討すべきです。

起立性調節障害は自律神経失調症の一種とされ、朝起きられない、めまい・立ち眩みが多い、などの症状が見られるが、適応障害と並んで不登校の理由としては非常に多く、筆者の勤務校では最も多い長期欠席の理由である。

起立性調節障害を理由とする不登校の問題点は、その症状の特徴から怠惰

第5節　不登校

や無気力などを理由とする不登校との判断が難しく、また、乱れた食生活や夜更かしといった家庭での生活指導の不徹底も影響することから、学校の適切な対応が困難な点である。もっとも、起立性調節障害自体はれっきとした医学的な疾患なので、教育機会確保法に基づき、学校は「休養の必要性」や当該生徒の意思を十分に尊重しながら対応しなければならない。

　学校は不登校の増加を予防し、不登校児童生徒の現状改善を図る必要から、外部専門家の支援を受けながら一定の措置を講じることも重要である。まず、学校が起立性調節障害を判断することは不可能だが、全ての医師が適切に判断できるわけでもないため、保護者が提出した医師の診断書のみに基づいて起立性調節障害を理由とする不登校として取り扱うのではなく、怠惰や無気力等を理由とする不登校と区別するために、診断書を作成した医師の専門性に疑問がある場合は保護者に思春期外来や児童精神医学等を専門とする医師による診断を要求すべきである。また、起立性調節障害は症状的に全く学校に登校できない状況であることは少ないので、可能な範囲での登校を促すためにも医師の意見を聞いた上で本人や保護者と協議すべきである。

　注意すべき点は、起立性調節障害だから法的に不登校が認められる（保護者が生徒を出席させないことにつき「正当な事由」が認められる）ということではなく、起立性調節障害による不登校生徒に対して、学校、保護者その他の関係者が協力して支援しなければならないということである。そのため、生徒本人が起立性調節障害の治療を積極的に受けようとしない場合には、保護者は当然治療を受けさせなければならず、学校も本人や保護者に治療を要求できる。特に、起立性調節障害の治療は薬物療法、心理療法以外にも、生活環境の改善や生活指導が重要な治療法であり、本人や保護者が生活環境の改善や生活指導に積極的でない場合は、学校は医師の意見を聞いた上で本人や保護者に生活環境の改善や生活指導を要求できると考えるべきである。学校がこのような要求を行うことは、不登校生徒本人の意思に反することや保護者を追い詰める可能性が否定できないことから反対する考え方も当然あり得るが、教育機会確保法が規定する不登校児童生徒への支援は、本人や保護者の対応が不適切な場合にはこれを是正すべき支援も当然含まれるため、学校が医師の

283

意見も聞いた上で適切な治療を要求することは教育機会確保法が示す不登校児童生徒への重要な支援であると理解されるべきであろう[12]。

12 筆者がこのように考える背景には、起立性調節障害や適応障害を理由とする不登校の中には、本人や保護者が積極的に適切な治療を行わなかったり、生活環境の改善や生活指導の強化を怠るケースを教員として多く見受けるからである。

フリースクールへの転学要求

Q102 不登校になっている児童生徒の保護者がフリースクールへの転学と単位の認定を要求しています。どのように対応すればよいですか。

A102 いじめを理由とする不登校の場合は原則としてフリースクールへの転学と単位の認定を認めるべきですが、それ以外の理由による不登校の場合は、教育的見地だけでなく、医学、福祉、心理等の見地から総合的に判断して、校長の裁量によりフリースクールへの転学と単位の認定を決定すべきです。

教育機会確保法の基本理念は「不登校児童生徒が行う多様な学習活動の実情を踏まえ、個々の不登校児童生徒の状況に応じた必要な支援が行われるようにすること」と規定され（同法3条2号）、国及び地方公共団体に対し、「不登校児童生徒が学校以外の場において行う多様で適切な学習活動の重要性に鑑み、個々の不登校児童生徒の休養の必要性を踏まえ、当該不登校児童生徒の状況に応じた学習活動が行われることとなるよう、当該不登校児童生徒及びその保護者に対する必要な情報の提供、助言その他の支援を行うために必要な措置」を講ずる義務を課している（同法13条）。同法の特徴は、法律で「不登校児童生徒が学校以外の場において行う多様で適切な学習活動の重要性」を明記し、教育支援センター（適応指導教室）、フリースクール、サポート校等[13]の学校以外の教育施設での学習活動

第5節 不登校

に意義を認めた点にある。

　また、同法のガイドラインは「不登校児童生徒に対する支援を行う際は、当該児童生徒の意思を十分に尊重し、その状況によっては休養が必要な場合があることも留意しつつ、学校以外の多様で適切な学習活動の重要性も踏まえ、個々の状況に応じた学習活動等が行われるよう支援を充実する」と規定し、不登校児童生徒の学習活動の支援に関しては「児童生徒の意思の尊重」「休養の必要性」「学校以外の多様で適切な学習活動の重要性」の3点を考慮すべきとする[14]。

　教育支援センターやフリースクールでの学習活動は、一定要件を満たす場合には校長の裁量によりこれを指導要録上の「出席扱い」にできるが[15]、これは学校教育法、教育機会確保法及び同法のガイドライン等の教育法令の規定に基づく裁量であると考えられる。

　設問のように、不登校児童生徒の保護者がフリースクールへの転学と単位の認定を学校に要求した場合、校長は、上記のように一定要件を満たす場合には指導要録上の「出席扱い」として単位を認定することができるが、あくまでも校長の裁量であり、学校は必ずしも保護者の要求どおりにフリースクールへの転学と単位の認定を行う法的義務はない。また、校長の裁量は学校教育法や教育機会確保法等の規定に基づき合理的でなければならないことから、事案によって保護者の要求への対応は異なる。

　この点で、いじめを理由とする不登校の場合は、原則としてフリースクールへの転学と単位の認定を認めるべきである。この場合、学校はいじめ防止法に基づき被害者の児童生徒を保護する義務があり、被害者の学習権を保障するための安全配慮義務もあることから、被害者本人が望むのであれば、できる限りフリースクールへの転学と単位の認定を認めるべきであり、教育機会確保法のガイドラインも「例えば、いじめられている児童生徒の緊急避難としての欠席が弾力的に認められてもよく、そのような場合には、その後の学習に支障がないように配慮することが必要」と規定する。ただし、保護者のみが転学を要求する場合は学校は応じるべきではなく、また転学先のフリースクールの状況が不適切であると校長が判断する場合は、別のフリース

285

クールへの転学を促すことができると考えられる。

　一方、いじめ以外の理由による不登校の場合は、学校が教育的見地から行う判断だけでなく、医学、福祉、心理等の見地から総合的に判断して、校長の裁量によりフリースクールへの転学と単位認定を慎重に決定すべきである。いじめ以外の理由による不登校の大半は複雑で複合的な理由に基づくことから、「フリースクールに転学すれば不登校が解決に向かう」といった単純な構造ではなく、いじめと異なり緊急避難的な必要性も乏しい。学校は教育的見地から、本人にとって有益な教育環境であるか、学力を維持できるか、等の事項を検討し、専門家の意見も聞いた上で、保護者が要求するフリースクールが不登校児童生徒本人の教育環境にとって適切でないと考えられる場合は、転学を拒否するか、適切なフリースクールへの転学を促すべきである。

　フリースクールはオルタナティブ教育の一環として重要な役割を持つことは疑いようがないが、その一方で、フリースクールの教育力は質的な格差が大きく、業界として改善すべき点も多い（教育機会確保法のガイドラインでは、「過度に営利を目的とし明らかに教育水準の低下を招く恐れがある」特例校を認めない旨記載する）[16]。教育機会確保法が求めていることは、学校以外の学習活動の重要性だけでなく、不登校児童生徒の事情に応じた様々な教育を通じて、「社会において自立的に生きる基礎を培い、豊かな人生を送ることができるよう、その教育水準の維持向上が図られるようにすること」（同法3条4号）も含まれるため、学校は安易に保護者からのフリースクールへの転学の要求に応じるのではなく、教育的見地をはじめ様々な見地から慎重に判断すべきである。

13　フリースクールは義務教育課程から高校課程までの児童生徒を広く対象とする学校外教育施設であり、サポート校は高校課程の生徒を対象とする学校外教育施設である。

14　この他、ガイドラインでは、教育支援センターや不登校児童生徒に配慮した教育課程を編成できる特例校の設置の促進のため、2017年度よりこれらの教育施設に係る教職員給与費の3分の1を国庫負担としたことが記載されているほか、学校以外の教育施設にも通学できず、家庭で多くの時間を過ごしている不登校児童生徒に対しても、「その状況を見極め、当該児童生徒及び保護者との信頼関係を構築しつつ、必要な情報提供や助言、ICT等を通じた支援、家庭等への訪問による支援」の充実を規定する。

15　文科省「不登校への対応の在り方について」（2003）など。

16　この記載は、2015年に問題化した、構造改革特区法に基づく株式会社による特例校で

あったウィッツ青山学園高校における不正な補助金受給と不適切な学習指導が影響していると考えられる。

家庭問題と不登校

Q103 両親の不仲を理由とする不登校や、保護者が子どもの怠惰や無気力を叱らないことを理由とする不登校の場合、学校はどのように対応すべきでしょうか。

A103 原則として「家庭に係る状況」を理由とする不登校は、児童生徒を出席させない「正当な事由」には該当しないと考えるべきであり、児童相談所やスクールソーシャルワーカーの支援、弁護士の助言等で対応すべきであって、学校や教員に対応させることは不適切です。

「家庭に係る状況」を理由とする不登校は非常に多く、筆者の経験上も、例えば、両親の不仲が原因で子どもが心理的に不安になって不登校になったり、保護者が子どもの怠惰や無気力を叱ることができずに放置することで不登校になる場合等が、不登校の代表例として認識される。

しかし、こうした「家庭に係る状況」を理由とする不登校は、原則として学校や教員が対応すべき不登校ではない。まず、両親の不仲をはじめ、離婚に関わる事項は学校が関与すること自体法的リスクがあり、保護者の家庭内の事情はスクールソーシャルワーカーが対応すべきであり、離婚等の法律問題と関連する場合はスクールロイヤーが対応すべきであって、学校が対応すべきではないと考えられる。ただし、学級担任としては、不登校児童生徒の相談や助言に応じたいという気持ちもあるだろうし、筆者自身も教員として両親の不仲によるストレスを抱えた生徒の対応をしたことがあり、教員による対応が生徒にとって非常に重要な影響力を持つことも認識しているため、教員がスクールソーシャルワーカーやスクールロイヤーと連携して、生徒の

第2章　教育紛争の典型と問題

ために過度の負担にならない程度に対応することは有意義であろう。

　なお、「家庭に係る状況」を理由とする不登校には、保護者による虐待が存在する場合も多い。学校は虐待の早期発見に努める義務があり（児童虐待防止法5条1項）、虐待を発見した場合は速やかに福祉事務所又は児童相談所に通告する義務がある（同法6条1項）。したがって、「家庭に係る状況」を理由とする不登校の場合は、虐待の早期発見の端緒として考慮する必要もあり、虐待が疑われる不登校の場合は積極的に児童相談所に通告すべきである（Q144参照）[17]。

　また、不登校と密接に関連する特殊な虐待として、保護者が子どもの教育に過度に干渉する、いわゆる「教育虐待」のケースがある。Q97で説明した文科省の統計項目のうち、「学業の不振」「進路に係る不安」等の項目は、保護者の教育虐待にも影響される項目であり、教育的観点だけでなく福祉的観点からも対応が必要な不登校理由であるため、学校の教育的対応に終始することなく、児童相談所やスクールソーシャルワーカー等の福祉の専門家に保護者への支援と家庭環境の改善を促すべきである。

17　教育機会確保法のガイドラインにおいても、「児童虐待など家庭に課題がある場合には、福祉機関と緊密に連携すべき」と規定する。

不登校に対する教員と弁護士の見方の違い Focus-7

　不登校はいじめと並んで、国を挙げて法律の整備等の対策を講じている重大な問題です。しかし、筆者はいじめと不登校が同列的に扱われることには違和感があります。なぜなら、いじめを予防し、減らすためには子どもだけでなく大人も日本社会の根底にある「同調圧力」をなくす必要があり、その実現は非常に困難ですが、不登校はいじめと異なって日本社会に原因があるのではなく、子ども、保護者、教員が力を合わせて努力すれば予防も減らすこともできると思われるからです。統計上は、不登校の原因は「病気」「家庭問題」「友人関係」が多く、こうした原因を予防し、減少することはいじめほど困難ではありません。

　本書は教員と弁護士の双方の視点から不登校を検討していますが、実は両者の視点には大きな隔たりがあります。弁護士はいじめも不登校も「子どもの人権侵害」として同列的に理解しがちですが、両者は背景事情もなすべき対応も全く異なります。一方、教員は不登校について、「教室にいつも使っていない机とイスがある」光景から考えますが、これは日常的に学校にいない弁護士が見ない光景です。教員は「できることなら毎日楽しく学校に登校して、笑顔で卒業式を迎えてほしい」と願いながら、いつも使っていない机とイスを前に、無力感に苛まれるのです。

　筆者は、教育機会確保法が「休養の必要性」を明記し、「苦しいのに無理に学校に行く必要はない」ことを示す点を画期的であると評価すると同時に、このことが教員の願いを軽視するものであってはならないと考えています。筆者自身、教員として何度も経験していますが、不登校になりそうな生徒に対して、毎日のように家に電話したり、面談を施したりする教員の日々の苦労を評価せずに、不登校を議論すべきではありません。弁護士が人権論として不登校問題を扱う際には、必ず教員の見えない努力を理解すべきなのです。

　本来、不登校は子ども・保護者・教員の三者で議論すべきですが、現状の不登校の議論は、一部の保護者やNPO団体が中心になって議論をリードしており、現職教員が議論に参画できていない「現場不在」の状況は極めて不適切です。スクールロイヤーは教員の視点も踏まえて不登校問題に取り組むことが望まれます。

第6節　生徒指導

生徒指導の特徴と法的問題

Q104 生徒指導において法的に注意すべきことを教えてください。

A104 生徒指導は重要な教育活動ですが、児童生徒の人権に対する制約を伴うことを意識しつつ、児童生徒や保護者に指導目的を理解させ、できるだけ明確な判断基準を用いて透明性のある指導を心掛けることが大切です。また、指導する側と指導を受ける側の印象や記憶の違いにも注意すべきです。

　生徒指導は、一人一人の児童生徒の人格を尊重し、個性の伸長を図りながら、社会的資質や行動力を高めることを目指して行われる教育活動である[1]。生徒指導の目的は、「児童生徒が自発的かつ主体的に自己を成長させていく過程を、支援する」「集団や社会の一員として自己実現を図っていく大人へと育つよう、促す」と理解される[2]。また、日本の生徒指導は、指導・助言等の教育活動以外にも、相談等のカウンセリング、福祉的な支援、懲戒目的の処分等、幅広い活動を含む[3]。中学校以上では生徒指導主事が必置職種であり（学校教育法施行規則70条等）、生徒指導の重要性が理解できる。一方、生徒指導は児童生徒の意思に反する行為を伴う場合があり、弁護士目線からは児童生徒の人権に対する制約に映りやすい。

　生徒指導は一定の教育目的を持つ教育活動であり、目的のない生徒指導は存在しないため、「なぜ指導をする（される）のか」という指導目的を児童生徒に理解させることが最重要である。ただし、筆者自身も生徒指導経験があるが、生徒指導の目的を理解させることは弁護士が考える以上に難しい（Focus-8参照）。そのため、生徒指導経験がない弁護士が人権論的視点のみで教員の生徒指導の適法性を評価するリスクにも留意すべきである。

第6節　生徒指導

表1　生徒指導上の注意点

教育的な注意点	法的な注意点
指導目的を理解させる	・できる限り明確な判断基準を用いる ・複数の教員による指導 ・保護者を同席させる
指導事実は指導する教員と指導される児童生徒で印象や記憶が異なる	

　また、生徒指導の目的は保護者にも理解してもらう必要がある。保護者にとって自分の子どもが教師から指導を受けることは理不尽に感じやすく、目的のない生徒指導は存在しないことを保護者にも理解してもらう教員の努力が必要になる。

　以上は生徒指導の教育上の注意点だが、法的な注意点としては、指導する際にできるだけ明確な判断基準を用いて指導を選択することが重要である。生徒指導は教員が児童生徒一人一人の個性に応じて裁量的に行う個別具体的な教育活動なので、指導の際に何らの判断基準もなく全て教員の裁量に委ねると公平性や合理性を欠き、法的問題が生じやすい。公定の判断基準としては文科省が示す『生徒指導提要』が存在するが、各学校で生徒指導担当教員を中心にある程度明確な指導基準を作成しておくことが望ましい（文科省も同旨の通知[4]を出している）。高校の生徒指導に関しても「指導の透明性・公平性を確保し、学校全体としての一貫した指導を進める観点から、生徒への懲戒に関する内容及び運用に関する基準について、あらかじめ明確化し、これを生徒や保護者等に周知すること」が通知されている[5]。また、懲戒や処分を行う場合には事案の事実関係や選択した懲戒や処分の記録を取って保存する慣習を学校で確立すべきである（後述）。

　今日の教育現場は、生徒指導の際に密室での指導や「一対一」の指導をできるだけ避け、複数の教員による指導を推奨するが、これは証拠収集の観点だけでなく、指導の透明性を確保する観点からも重要である。保護者は「学校や教員は都合の悪いことは隠ぺいする」という先入観を持ちやすく、密室での指導内容の正当性を否定することもあるので、保護者との関係で透明性を確保するために保護者を同席させて指導する方法も推奨すべきである。

　また、生徒指導は指導する教員にとっては「日常的」でありふれた印象や

291

第2章　教育紛争の典型と問題

記憶になりやすいが、指導を受ける児童生徒にとっては非日常的で自己に対して行われる特定の行為としての印象や記憶となるため、同じ指導事実であっても指導した教員と指導を受けた児童生徒では印象や記憶が大きく異なり、法的な争点にもなりやすい。この点は教員も弁護士も生徒指導の重要な特徴として理解すべきであろう。

1　文科省『生徒指導提要』（文科省、2010）1頁。
2　国立教育政策研究所「生徒指導リーフ Leaf.1」。
3　文科省・前掲注1）においても、「児童生徒の心理と児童生徒理解」「教育相談」など、カウンセリング領域の事項が独立した章立てになっている他、生活習慣、発達障害、自殺防止、児童虐待等、幅広い事項に言及されており、日本の学校において考えられている生徒指導の概念が非常に広いものであることが分かる。
4　平成18年6月5日18初児生第12号通知「児童生徒の規範意識の醸成に向けた生徒指導の充実について」で、「生徒指導上の対応に係る学校内のきまり及びこれに対する指導の基準をあらかじめ明確化しておくこと。その際、各学校の実態に応じ、米国で実践されている『ゼロ・トレランス方式』にも取り入れられている『段階的指導』等の方法を参考とするなどして、体系的で一貫した指導方法の確立に努めること」「生徒指導に係る指導基準については、あらかじめ児童生徒又は保護者等に対して明示的に周知徹底することとし、もって、児童生徒の自己指導能力の育成を期する」ことや、教育委員会に対して「出席停止や懲戒についての規定の周知・ガイドラインの策定を行う」ことを規定する。
5　平成22年2月1日21初児生第30号通知「高等学校における生徒への懲戒の適切な運用の徹底について」参照。

日本の生徒指導の特徴と問題点

Q105　日本の生徒指導の特徴と問題点について教えてください。

A105　日本の生徒指導は家庭で担うべき生活習慣の習得等も担っており、学校と家庭の役割分担ができていません。また、問題行動を起こす児童生徒に対する停学や退学等の法的手段が採りづらいため、生徒指導を担う教員の負担が大きく、「法律に基づく教育」の形骸化や体罰等の温床になっています。

日本の生徒指導には懲戒や制裁だけでなく日常的な学校生活全般の相談やカウンセリングも含まれ、本来は家庭が担うべき躾やマナー等の生活習慣や基本的な社会規範の習得も担っており、家庭環境に問題がある児童生徒に対しては、生徒指導を介して福祉的なサポートも行う。このような日本の生徒指導の特徴は、学校と家庭の役割分担ができていない日本の教育制度の問題を象徴するものである。

　また、日本の教育制度は問題行動を起こす児童生徒に対する法的手段が少ないため、教育的な生徒指導が重要になる。日本の公立小中学校は問題行動を起こす児童生徒に対して停学も退学も選択できないため、法令上明確な規定のない生徒指導で対応するしかなく、「法律に基づく教育」が機能しないリスクがある。また、法的手段として停学や退学が選択できないことは、その分教員の生徒指導の負担が大きいことを意味し、不適切な指導や体罰等が行われやすい要因でもある。

　弁護士はこれまで日本の生徒指導の特徴と問題点を実証的に検討せず、人権保障の観点から体罰・停学・退学の違法性を規範的に検討することに終始していた結果、教員の生徒指導の負担に目を背けてきた。筆者は、スクールロイヤーが生徒指導の実情に接することで、世界でも類を見ない日本の生徒指導の特徴と問題点を真剣に議論する土壌が醸成されることを期待している。

校則の法的根拠

Q106　校則を制定する法的根拠を教えてください。

A106　校則を制定する法的根拠は公立義務教育諸学校と私立学校その他の学校で区別したほうが妥当です。前者は教員の懲戒権に基づき、後者は在学契約に基づき、それぞれ校則を制定できると考えられます。

学校が校則を制定する法的根拠に関して、教育法学では校則は生徒への強制力を持つものではなく、教員が教育指導する際の基準にすぎないと考える「生活指導基準説」が有力で[6]、この説は子どもの人権保障に最大限配慮し、子どもを権利主体として明確に位置づける子どもの権利条約の理念にも合致する他、判例にもこの説に近い考え方を採用するものがある[7]。しかし、この説は校則の強制力が生徒に及ばないとする根拠が不明確であり、また教員と生徒は決して対等関係ではない点を考慮しておらず、教育現場の実態にそぐわない。

　一方、教育現場の実務では、学校という一般市民社会と異なる部分社会での教育目的を達成するために自律的な規則として、生徒に法的な規制を及ぼす校則を制定できるとする部分社会論[8]や、入学時に学校と生徒の間で観念的に締結される在学契約に基づき、校則を制定できるとする在学契約説[9]が有力である。しかし、部分社会論は沿革的には司法審査の範囲を画する理論であり、校則制定権の根拠にはならないという批判があり、学校を一般市民社会と異なる特殊な社会とみなす見識が後退している今日の教育観では部分社会論を正当化する社会的事実に乏しい。また、在学契約説は生徒や保護者が学校を選択できる高校、私立学校、公立中高一貫校等では契約概念がなじみやすいが、入学する学校が強制的に指定される公立の義務教育諸学校で契約概念を観念するのは難しい[10]。

　そこで、校則制定権の法的根拠は、公立義務教育諸学校とそれ以外で区別して考えるべきである。前者に関しては、教育委員会が生徒指導に関する事務を管理・執行する権限を規定した地方教育行政法21条を根拠とする説や、教育委員会の管理運営事項に関する規則制定権を校長に委任し、校長が校務掌理権の一内容として校則を制定できるとする説などが説得的だが[11]、教員は法律で児童生徒に懲戒権が認められる職業（学校教育法11条）であり[12]、その趣旨に鑑みて、教員には懲戒権を行使する基準としての校則を制定する権限が与えられていると理解し、校則制定権の根拠を校長及び教員の懲戒権に求めることも可能である。後者に関しては、最高裁は昭和女子大学事件[13]で「大学は、国公立であると私立であるとを問わず、学生の教育と学術の研究

を目的とする公共的な施設であり、法律に格別の規定がない場合でも、その設置目的を達成するために必要な事項を学則等により一方的に制定し、これによつて在学する学生を規律する包括的権能を有する」とし、その上で「学校当局の有する右の包括的権能は無制限なものではありえず、在学関係設定の目的と関連し、かつ、その内容が社会通念に照らして合理的と認められる範囲においてのみ是認される」と判示し[14]、富山大学単位不認定事件[15]で「大学は、国公立であると私立であるとを問わず、学生の教育と学術の研究とを目的とする教育研究施設であつて、その設置目的を達成するために必要な諸事項については、法令に格別の規定がない場合でも、学則等によりこれを規定し、実施することのできる自律的、包括的な権能を有し、一般市民社会とは異なる特殊な部分社会を形成している」と判示し、部分社会論を根拠に大学の学則制定権を認めた。ところが、最高裁は学納金返還訴訟[16]で、大学と当該大学の学生との間で締結される在学契約は、大学が学生に対して，講義，実習及び実験等の教育活動を実施するという方法で，大学の目的にかなった教育役務を提供するとともに，これに必要な教育施設等を利用させる義務を負い，他方，学生が大学に対して，これらに対する対価を支払う義務を負うことを中核的な要素とするものであり，学生が部分社会を形成する組織体である大学の構成員としての学生の身分，地位を取得，保持し，大学の包括的な指導，規律に服するという要素も有し，教育法規や教育の理念によって規律されることが予定されている有償双務契約としての性質を有する私法上の無名契約であると判示し、在学契約の中に部分社会論を組み入れる考え方で大学の包括的な規律制定権を認めた。さらに、最高裁は教育内容の変更が争われた事案で、「私立中学校又は私立高等学校の各学校設置者とその生徒との間の在学関係は，在学契約に基づく」と判示し[17]、私立学校に関しては在学契約を校則制定権の根拠と理解しているようである。

　以上から、公立義務教育諸学校は教員の懲戒権に基づき、私立学校その他の学校は在学契約に基づき、それぞれ校則を制定できると考える。

6　市川須美子「校則裁判の論点」日本教育法学会編『教育法の現代的争点』（法律文化社、

第2章　教育紛争の典型と問題

2014）329頁。

7　例えば、男性生徒の丸刈りを規定した「中学校生徒心得」は、「生徒の守るべき一般的な心得を示すにとどまり、それ以上に、個々の生徒に対する具体的な権利義務を形成するなどの法的効果を生ずるものではない」と判断した下級審判決を維持した最一小判平成 8 年 2 月22日集民178号437頁等。この判例によれば、校則違反による指導は処分性を有しないため、抗告訴訟の対象となる処分に当たらない。

8　例えば、菱村幸彦『スクール・コンプライアンス111選』（ぎょうせい、2017）159頁。

9　例えば、坂東司朗=羽成守編『学校生活の法律相談』（学陽書房、新版、2008）126頁。

10　裁判例でも、公立学校の在学関係は「学校教育法及び同法施行令により、保護者の子女を就学させる義務並びにこれに対応する教育委員会の当該生徒に対する就学校及び入学期日の指定により当然に発生するものであって、これを公法上の法律関係であると解するのが相当」であり、在学契約は観念できないとするものがある（東京地判八王子支平成 3 年 9 月26日判時1400号39頁）。

11　黒川雅子「校則　価値観多様化のなかで」坂田仰編『生徒指導とスクール・コンプライアンス』（学事出版、2015）127頁。

12　親権者を除けば、法律で懲戒権が認められている「職業」は教員くらいである。

13　最三小判昭和49年 7 月19日民集28巻 5 号790頁。

14　昭和女子大学事件最高裁判決を根拠に校則制定権を認める見解もある（例えば、近畿弁護士連合会編『事例解説　教育対象暴力』（ぎょうせい、2015）141頁）。ただし、この判例は、校則制定権の法的根拠については明示していない。むしろ、この判決の意義は校則の内容の限界を明示した（「社会通念に照らして合理的と認められる範囲においてのみ是認される」）点にあるといえよう。

15　最三小判昭和52年 3 月15日民集31巻 2 号234頁。

16　最二小判平成18年11月27日民集60巻 9 号3437頁。

17　最一小判平成21年12月10日民集63巻10号2463頁。

生徒指導と学校の役割

Q107　生徒指導での学校や教師の役割と責任範囲を教えてください。

A107　学校はあくまでも教育機関なので、学校や教師の役割は教育的な生徒指導を行うことであり、責任もその範囲に限定されるべきです。日常生活で必要不可欠な躾やマナー等の生活習慣の習得は家庭が、犯罪に係る児童生徒の問題行動は警察が、それぞれ担うべきであり、学校は必要以上に関与すべきではありません。

日本では海外と異なって学校と家庭の役割分担が社会的にも明確に意識されておらず、生徒指導も躾やマナー等の日常的な生活習慣に関わるため、学校と家庭の役割分担が争点となるが、教育基本法が「父母その他の保護者は、子の教育について第一義的責任を有するものであって、生活のために必要な習慣を身に付けさせる」（10条）と規定するとおり、日常的な生活習慣は保護者が責任を負うべきことは当然である。現在の日本では、家庭で習得すべき日常的な生活習慣や基本的な社会規範の欠如が原因で生じた教育紛争の法的責任を学校や教員に追及する傾向も強いが、この点は教育基本法の理念や海外の教育観とかけ離れていることに留意すべきである[18]。

　また、生徒指導では児童生徒の犯罪行為に係る事案も多い（「少年事件」の節も参照）。生徒指導には生徒の反省を促し更正を支援する目的もあるため、児童生徒の犯罪行為への対応として教育的意義が認められるものの、警察の捜査等のように厳格に法定化されておらず、生徒指導により児童生徒の犯罪行為に対応することは教員にとって負担と法的リスクが大きいため、犯罪に係る児童生徒の問題行動は警察が主に担当すべきであり、学校は警察と連携するとしても必要以上に関与すべきではない（表2参照）。例えば、校内の窃盗はたとえ被害が軽微でも犯罪行為であり、家庭裁判所での調査に付す必要性があり得るので警察と連携すべき事案である。また、いじめ防止法23条6項は「学校は、いじめが犯罪行為として取り扱われるべきものであると認めるときは所轄警察署と連携してこれに対処するものとし、当該学校に在籍する児童等の生命、身体又は財産に重大な被害が生じるおそれがあるときは直ちに所轄警察署に通報し、適切に、援助を求めなければならない」と規定し

表2　生徒指導と警察との連携

生徒指導で対応すべき	警察と連携して対応すべき
・校則違反 ・軽微なけんか ・不純交際 ・家出 ・飲酒・喫煙	・いじめ（被害の程度や悪質性の強いもの） ・器物損壊（例：故意に窓ガラスを割った場合） ・窃盗（例：更衣室で財布を盗んだ場合） ・ネット犯罪（例：他人の写真を無断でネット上に掲載した場合） ・痴漢（例：登下校中に痴漢行為を行った場合）

第2章　教育紛争の典型と問題

ており、被害者の被害の程度が大きく悪質性が強いいじめは犯罪行為として警察と連携して対応すべきである。これに対し、飲酒や喫煙は未成年者に飲酒や喫煙をさせた成年者の行為が犯罪であって、未成年者が飲酒や喫煙をすること自体は犯罪ではないため、生徒指導で対応すべき事案である。また、生徒間のけんかは、暴力や傷害に該当しても正当防衛等で違法性が阻却される事案もあり、警察と連携すべきか区別が難しいが、一般的には傷害の程度や行為の悪質性で判断すべきである。

18　学校と家庭の役割分担と法的責任の分担に関する議論については、神内聡『学校内弁護士』72〜77頁を参照。もっとも、現在制定が進められている家庭教育支援法案は、家庭における日常的な生活習慣の確立を超えた価値判断や思想信条にも関わる内容を含んでおり、教育法制として極めて不適切である。

生徒指導の手法の変更

Q108 生徒指導の手法を変えること、例えば、児童生徒の同じ行為に対して以前と異なる指導はできますか。また、入学時より厳しく変更した校則に基づいて指導できるでしょうか。

A108 生徒指導の手法を変更することは当然可能です。生徒指導の手法を変更する根拠としては、「科学的根拠」と「合理的根拠」が考えられますが、「校風の変化」も合理的根拠の一つであり、入学時よりも厳しく変更した校則に基づく指導も合理的根拠があれば可能です。

解説　生徒指導は権威的な印象のためその手法は不変的と誤解しやすいが、生徒指導の手法はそもそも変化するものである。

　　　例えば、「運動する際には水を飲んではいけない」という指導手法は、以前は当然のように行われていたが、現在は運動する際に適宜水を飲ませなければ熱中症等を招くため、不適切な指導である。これは生徒指導の手法が運動中に水を飲むことで熱中症等を防止できるという「科学的（医

298

第6節　生徒指導

学的）根拠」に基づき変化した例である。また、「授業中に私語が多い生徒を
退出させる」という指導手法は、かつては生徒の学習権を侵害するおそれか
ら「体罰」に該当すると考える説もあったが、現在は文科省の通知により
「学習を怠り、喧騒その他の行為により他の児童生徒の学習を妨げるような
場合には、他の児童生徒の学習上の妨害を排除し教室内の秩序を維持するた
め、必要な間、やむを得ず教室外に退去させることは懲戒に当たらず、教育
上必要な措置として差し支えない」[19]として、適切な生徒指導に変更されて
いる。これは、他の児童生徒の学習権を侵害する行為を防止するための「合
理的根拠」を有する指導手法として解釈変更を認めたものである。

　以上のとおり、生徒指導の手法の変更は「科学的根拠」又は「合理的根拠」
があれば、法的にも許容される。つまり、同種の問題行動を起こした児童生
徒に対して、以前は緩やかな指導や処分で対応したが、「生徒の反省の度合
い」「生徒の更正可能性が見込まれる環境」「保護者の態度」等の合理的根拠
があれば、厳しい指導や処分で対応する変更は差し支えない。また、「校風
の変化」も学校経営上必要だから、合理的根拠の１つとして考えるべきであ
る。例えば、入学時よりも厳しく変更された校則に基づき生徒指導すること
も、児童生徒への教育方針の変更が合理的根拠に基づくならば適法だが、校
則が厳しく変更されたことを在校生に周知する必要はあろう。

19　平成19年２月５日18文科初第1019号通知「問題行動を起こす児童生徒に対する指導につ
　　いて」参照。

児童生徒の懲戒処分の方法と注意点

Q109
児童生徒に対して懲戒や処分を行う場合の注意点を教えて
ください。

A109
懲戒や処分によって達成すべき目的と懲戒や処分の程度と
の間に均衡を保つ比例原則や、懲戒や処分で得られる利益
と失われる利益の考量に注意して処分を行うべきです。ま

299

た、懲戒や処分をした場合は、事案と懲戒・処分の記録を保存し、今後の生徒指導の際の目安として活用し、不公平や不均衡が生じないように配慮すべきです。なお、多くの公立学校は生徒指導や懲戒処分に関して学校間の公平性を保つためにガイドラインを策定しています。

　　生徒指導では児童生徒に対して懲戒や処分を行う場合が多いが、懲戒や処分は児童生徒の人権を直接的に制約する行為であり、教員は法的な注意点を理解しておく必要がある。

　まず、懲戒や処分によって達成すべき目的と懲戒や処分の程度との間に均衡を保つ「比例原則」を意識する必要がある（実際の生徒指導では教員は感情的になりやすいため、冷静に比例原則を意識することは想像以上に難しい）。また、懲戒や処分で得られる利益と失われる利益を考量し、失われる利益よりも得られる利益のほうが大きい場合は懲戒や処分を行う「利益考量」も意識する必要がある。利益考量はあくまでも教員の経験則に基づく予測的なものなので、結果的に得られる利益よりも失われる利益のほうが大きい場合もある。比例原則や利益考量は法的な方法論だが、生徒指導でも十分活用できるので教員が理解しておくメリットは大きい。

　一方、懲戒や処分をした場合は、事案の事実関係と行った懲戒や処分の記録を取り、これを保存して今後の生徒指導の際の目安として活用する必要がある[20]。生徒指導は学校や教員にとって日常的な教育活動なので、記録を取る慣習が必ずしも確立していない学校も多いが、懲戒や処分は児童生徒の人権を制約するため、記録を活用して以後の懲戒や処分で不公平や不均衡が生じないよう配慮すべきである。懲戒や処分の記録がある程度集積できれば、各学校の校風に応じた生徒指導の指針としても活用でき、明確な判断基準に基づく生徒指導が可能になる。

　なお、多くの公立学校は文科省の通知[21]を踏まえて、生徒指導や懲戒処分に関して学校間の公平性を保つために、統一的な基準を示したガイドラインを策定している[22]。

20　平成22年2月1日21初児生第30号通知・前掲注5)でも、「懲戒に関する基準等の適用及び具体的指導について、その運用の状況や効果等について、絶えず点検・評価を行い、より効果的な運用の観点から、必要な場合には、その見直しについても適宜検討すること」と規定する。
21　平成18年6月5日18初児生第12号通知・前掲注4)は、「生徒指導上の対応に係る学校内のきまり及びこれに対する指導の基準をあらかじめ明確化しておくこと」や、教育委員会に対して「出席停止や懲戒についての規定の周知・ガイドラインの策定を行う」ことを求めている。
22　例えば、東京都では「生活指導統一基準」〈http://www.metro.tokyo.jp/tosei/hodohappyo/press/2013/06/documents/20n6d400.pdf〉が策定されている。

懲戒処分と適正手続の保障

Q110 懲戒処分を行うに当たっては、児童生徒に告知聴聞の機会を与えるべきでしょうか。また、職員会議を経る必要があるでしょうか。

A110 学校が児童生徒に対して行う懲戒処分には行政手続法が適用されないため、告知聴聞の機会を与える必要はありません。また、職員会議は校長の補助機関であり、校長が懲戒処分をする際に必ずしも職員会議を経る必要はありません。もっとも、重大な生徒指導や懲戒処分に関して独自のガイドラインが定められ、その中で弁明の機会を規定する場合は、当該ガイドラインに反して弁明の機会を付与せずに重大な生徒指導や懲戒処分を行えば違法になる可能性があります。

懲戒処分は児童生徒に不利益を与える処分なので、適正手続の保障の観点から児童生徒及び保護者に対して告知聴聞の機会を与えるべきであると考える立場があるが、学校が児童生徒に対して行う処分は行政手続法の適用除外であり(行政手続法3条1項7号)、学校は懲戒処分に際して告知聴聞の機会を与える法的義務はない。実際の教育現場では児童生徒に対して何らの予告もなく懲戒処分を行うことは少なく、処分に先行する教員の生徒指導の場面で児童生徒の言い分を聞く機会があることか

ら、実質的にも最低限の適正手続は保障されていると言える。

　もっとも、退学処分は「学生の身分を剥奪する重大な措置」[23]であり、適正手続の保障が徹底されるべきとも考えられ、実際にアメリカの判例は退学処分の際には生徒に弁明の機会を付与することが必要であると判示するものがある[24]。また、退学処分は行政手続法により聴聞が必要とされる「名あて人の資格又は地位を直接にはく奪する不利益処分」（行政手続法13条1項1号ロ）に準じて、聴聞が必要であるとする考え方もある。しかし、退学処分等の重大な懲戒処分を行う際には教員の生徒指導が先行して行われ、その際に児童生徒の言い分を主張する機会が与えられていることから、退学処分にする際に改めて聴聞や弁明の機会を与える必要性に乏しい。裁判例には、退学処分を選択する際には慎重な配慮を要するが、「退学処分の選択も諸般の要素を考慮して決定される教育的判断に他ならないから、あらかじめ本人に反省を促すために、より軽い処分あるいは補導を先行させるべきか否か、その処分や補導をどの程度行うべきか、処分に際して本人や保護者に告知聴聞の機会を与えるべきか否かは、当該学校の方針に基づく自律的な判断にゆだねざるを得ないのであって、学則等に特別の定めがない限り、より軽い処分あるいは補導を先行させなければ当該退学処分が常に違法となるものではなく、その経緯は、校長の裁量判断が社会通念上合理性を有するか否かを判断するための一考慮要素となるにすぎないものと解するのが相当である」として、退学処分に際して児童生徒及び保護者に告知聴聞の機会を与えなかったからといって処分が違法となるわけではないと判示するものがある[25]。

　一方、重大な生徒指導や懲戒処分に関して独自のガイドラインや学則を制定し、その中で弁明の機会を与える旨を規定する場合は、弁明の機会を与えずに生徒指導や懲戒処分を行えば違法になる可能性がある。実際に、「2週間を超える停学」「退学勧告」「退学」を命ずる際には生徒及び保護者に対して指導等の案を予告し、原則として弁明の機会を付与する旨を規定するガイドラインを策定していた場合には、慎重な審査を実現するとともに指導又は処分の対象となる生徒・保護者の納得性を高めるガイドラインの趣旨・目的に照らして、当該指導・処分を行う場合にはガイドラインの規定を逸脱する

ことがないように適正な手続により指導・処分を行う法的義務を負うとした上で、運営委員会及び職員会で当該生徒に方向転換を勧めることが決定されたことに基づいて、校長が生徒に対して「学校生活を続けることにはならない」と告げて方向転換を迫ったことは実質的に退学勧告であり、その際にガイドラインに従って弁明の機会を与えなかった校長の行為を違法と判断した高裁判例[26]がある。

　また、退学処分に適正手続の保障を徹底する観点から、児童生徒を退学処分にする場合には、告知及び聴聞の機会を与えた上で、職員会議を経るべきであるとする考え方もある。裁判例でも、高校の原級留置処分で職員会議を経て単位不認定にするならば、「恣意的、独断的な不公正を客観的に疑う余地は極めて少ない」として、その手続的正当性を評価するものがある[27]。しかし、職員会議は校長の職務の円滑な執行に資するために置くことができる校長の補助機関であって（学校教育法施行規則48条1項）、学校全体の最高意思決定機関ではなく、校長が退学処分を行う際に職員会議を経なければならない法的義務はない。裁判例にも、退学処分の際には校長の裁量権の逸脱・濫用が生じないように「できる限り職員会議を経ることが望ましいものとはいえても、校長が退学処分を行うに当たり、職員会議の諮問を経なければ、退学処分が当然に違法となるものとはいえない」と判示するものがある[28]。

　以上のとおり、懲戒処分の際には児童生徒に告知聴聞の機会も職員会議を経る必要もないが、適正手続の概念は教員にとってなじみが薄いことから、生徒指導や懲戒処分を行う際には特に注意すべき概念であり、スクールロイヤーによる啓発や助言が効果的と言える。

23　最三小判昭和49年7月19日・前掲注13）昭和女子大学事件。

24　Dixon v. Alabama, 294 F.2d 150 (5th Cir. 1961).

25　大阪地判平成17年3月29日判時1923号69頁。なお、無期停学処分についても同様に告知聴聞の機会を必ずしも必要としない旨判示するものとして、東京地判平成27年6月29日判例集未登載がある。

26　高松高判平成29年7月18日判例集未登載。なお、本件の第一審（高知地判平成28年6月7日判例集未登載）は、本件ガイドラインでは弁明の機会の付与にかかわらず教員は生徒又は保護者に対し退学等方向転換の意向を聴取できることから、校長は運営委員会及

303

び職員会では方向転換を勧めるとの指導内容を決定したのであって、退学勧告を決定したわけでないため、「弁明の機会を付与しなかったことが直ちに本件ガイドラインに反するものであるとはいえ」ず、また本件ガイドラインは教育長の通知であって、それ自体県立高校校長に対し、「個別の国民に対する職務上の法的義務を直ちに発生させる性質のものではない」ことから、校長の行為は国家賠償法上違法ではないと判断している。

27　東京高判昭和62年12月16日行集38巻12号1731頁。
28　東京地判平成17年9月27日判例地方自治275号10頁。

退学処分の注意点

Q111 学校で児童生徒を退学処分にできる場合について教えてください。

A111 懲戒処分の選択は校長の合理的裁量に委ねられますが、退学処分は他の懲戒処分よりも重大な措置なので、❶児童生徒の行為の態様、❷結果の軽重、❸本人の性格及び平素の行状、❹当該行為に対する学校側の教育的配慮の有無、❺家族の協力、❻懲戒処分の本人及び他の生徒に及ぼす訓戒的効果、❼当該行為を不問に付した場合の一般的影響等諸般の要素に照らし、当該児童生徒に改善の見込がなく、これを学外に排除することが社会通念からいって教育上やむを得ないと認められる場合に限り、児童生徒を退学処分にできます。また、私立学校の場合は独自の校風や教育方針も合理的裁量内で考慮できるため、公立学校と比較して退学処分にできる場合が多いです。

校長は学校教育法施行規則26条の規定に基づき児童生徒に対して懲戒処分を行うことができるが、判例によれば、校長がいずれの懲戒処分を選択するかは、児童生徒の問題行為について、「当該行為の軽重のほか、本人の性格及び平素の行状、右行為の他の学生に与える影響、懲戒処分の本人及び他の学生に及ぼす訓戒的効果、右行為を不問に付した場合の一般的影響等諸般の要素」に照らして、校長の合理的裁量により判断される[29]。

一方、学校教育法施行規則26条3項は、(i)性行不良で改善の見込がないと認められる者、(ii)学力劣等で成業の見込がないと認められる者、(iii)正当の理由がなくて出席常でない者、(iv)学校の秩序を乱し、その他学生又は生徒としての本分に反した者、について、退学処分にできる旨を規定する。前述の判例は、この規定は「退学処分が、他の懲戒処分と異なり、学生の身分を剥奪する重大な措置であることにかんがみ、当該学生に改善の見込がなく、これを学外に排除することが教育上やむをえないと認められる場合にかぎつて退学処分を選択すべきであるとの趣旨において、その処分事由を限定的に列挙したもの」と解している。

以上から、学校で児童生徒を退学処分にできる場合は、❶児童生徒の行為の態様、❷結果の軽重、❸本人の性格及び平素の行状、❹当該行為に対する学校側の教育的配慮の有無、❺家族の協力、❻懲戒処分の本人及び他の生徒に及ぼす訓戒的効果、❼当該行為を不問に付した場合の一般的影響等諸般の要素に照らし、当該児童生徒に改善の見込がなく、これを学外に排除することが社会通念からいって教育上やむを得ないと認められる場合であり、この基準で校則違反に基づく退学処分を違法であると判断した裁判例[30]がある。

ただし、退学処分の判断は学校の教育機関としての専門性や自律性が考慮され、校長の合理的裁量に基づくことから、退学処分が違法となる場合は「全く事実の基礎を欠くか又は社会観念上著しく妥当を欠き、裁量権の範囲を超え又は裁量権を濫用してされたと認められる場合」である[31]。具体的には、上記の判断基準に照らして違法となる他に、①事実誤認、②比例原則・利益考量・平等原則・信義則に反する場合、③考慮すべきことを考慮しなかった場合や考慮すべきでないことを考慮した場合、④教育機関としての責任を果たす必要がある場合、⑤手続が不合理である場合、等がある。

例えば、③については、信仰上の理由による剣道実技の履修拒否に対して学校が原級留置処分とし、さらに退学処分とした事案で、「正当な理由のない履修拒否と区別することなく、代替措置が不可能というわけでもないのに、代替措置について何ら検討することもなく」原級留置処分・退学処分をしたことは、「考慮すべき事項を考慮しておらず、又は考慮された事実に対する

評価が明白に合理性を欠き、その結果、社会観念上著しく妥当を欠く処分をしたもの」として、裁量権の範囲を超える違法な退学処分と認定する判例[32]がある。また、⑤については、いじめの加害者として自主退学を強要された事案で、県が通知した問題行動への対応に関するガイドラインに規定された弁明の機会を付与せずに退学を勧告した校長の行為は、「適正な手続により退学勧告を行う職務上の法的義務」に違反するので当該自主退学勧告を違法とした下級審判例[33]がある。

なお、私立学校では、「建学の精神に基づく独自の伝統ないし校風と教育方針」も合理的裁量の判断要素にできる。判例も、「私立学校は、建学の精神に基づく独自の伝統ないし校風と教育方針によって教育活動を行うことを目的とし、生徒もそのような教育を受けることを希望して入学するものである」として、校則の合理性の判断に際して、私立学校の独自の校風を考慮することを認めている[34]。また、私立学校に適用される在学契約は「教育法規や教育の理念によって規律されることが予定されて」いることから[35]、私立学校に適用される在学契約は学校教育法施行規則26条3項により規律されるため、在学契約の当事者は、たとえ在学契約に明記されていなくとも（そもそも在学契約で契約書を交わす慣習はない）、学校教育法施行規則26条3項という懲戒としての退学処分の規定の存在を認識しておくべきである。以上から、私立学校の退学処分では、公立学校と比較して合理的裁量が広く認められる。

---

29 最三小判昭和49年7月19日・前掲注13）昭和女子大学事件。

30 例えば、大阪地判平成7年1月27日判時1561号36頁、大阪地判平成20年9月25日判時2057号120頁等。

31 最二小判平成8年3月8日民集50巻3号469頁（エホバの証人退学処分等取消訴訟上告審判決）。

32 最二小判平成8年3月8日・前掲注31）。

33 高松高判平成29年7月18日・前掲注26）。なお、第一審では自主退学勧告は適法と判断されている。

34 最一小判平成8年7月18日集民179号629頁（修徳高校パーマ退学訴訟）。

35 最二小判平成18年11月27日・前掲注16）。

自主退学勧告

Q112 学校が自主退学勧告をする際の注意点について教えてください。

A112 執拗かつ継続的に行われた自主退学勧告は実質的な退学処分と評価され、❶児童生徒の行為の態様、❷結果の軽重、❸本人の性格及び平素の行状、❹当該行為に対する学校側の教育的配慮の有無、❺家族の協力、❻懲戒処分の本人及び他の生徒に及ぼす訓戒的効果、❼当該行為を不問に付した場合の一般的影響等諸般の要素に照らし、当該児童生徒に改善の見込がなく、これを学外に排除することが社会通念から教育上やむを得ない場合に限って認められます。

児童生徒が学校の勧告に応じて自主退学した場合は、懲戒処分と異なり指導要録に懲戒履歴が記録されないため、実際の教育現場では、退学処分に該当する場合でも児童生徒の将来等を考慮して自主退学を勧告する等、懲戒としての退学処分よりも「自主退学勧告」を行うことが多い。

自主退学勧告は児童生徒と保護者の同意が要件なので原則として強制的な懲戒処分でなく、校長が退学処分と自主退学勧告のいずれを選択するかは、教育的見地からの合理的裁量に委ねられるが、執拗かつ継続的な態様で行われた自主退学勧告や、勧告に同意するかは任意である旨を告げていない場合は、実質的な退学処分と評価される場合もある。「自主退学勧告処分は拒んでもよい」という注意を与えた形跡がない自主退学勧告は懲戒処分であり、「生徒を校外に追いやる」点では退学処分と同じなので「その処分が校長の裁量の範囲内であるかの検討にあたっては、退学処分に準じて考察することが必要である」と解する裁判例[36]もあり、自主退学勧告が実質的な退学処分と評価される場合は、校則や学校教育法施行規則26条3項に該当する事由の存否が問題となり、Q111で示した基準に基づいて教育上やむを得ないと認められる場合に限って認められる。また、「自主退学勧告についての学校当

局の判断が社会通念上不合理であり、裁量権の範囲を超えていると認められる場合にはその勧告は違法となり、その勧告に従った生徒の自主退学の意思表示も無効となる」と判示する裁判例[37]もあり、自主退学勧告が違法ならば、たとえ児童生徒が自主退学に応じたとしてもその意思表示は無効となる。

36　千葉地判昭和62年10月30日判時1266号81頁。
37　東京高判平成4年10月30日判時1443号30頁。

校則に明示されていない理由による退学処分

Q113 校則に明示されていない理由で退学処分にすることはできるでしょうか。できるとしたら、それはどのような場合か教えてください。

A113 校則に明示されていなくても、学校教育法の規定に基づき、退学処分にすることが教育上やむを得ず、合理的であると認められる場合は、退学処分にすることができます。児童生徒の問題行動が法令に違反する場合はこれに該当しますが、法令に違反しない場合であっても「学校の秩序を乱した」「生徒としての本分に反した」として退学処分が合理的であると認められる場合があり、特に私立学校では認められる場合が多いと考えられます。

　学校に校則制定権が認められるとしても、校則は児童生徒の人権を制限するから、その内容は必要かつ合理的なものでなければならない。子どもの権利を重視する立場からは校則で児童生徒の人権を制限すること自体に消極的な考え方もあるが、裁判で争われた校則はほとんど必要性と合理性が認められており、校則違反に基づく退学処分も学校の教育目的を達成するために必要かつ合理的な場合は適法である。

　もっとも、退学処分は生徒の学習権を著しく侵害する不利益処分なので、適正手続の保障の観点からは、できる限り校則に退学となる事由を明示すべ

きである（「明確性の原則」）。しかし、あらゆる生徒の問題行動を列挙した校則を制定することは不可能なので、校則に明示されていない理由により生徒を退学処分にできるか問題になる。

　子どもの権利を重視する立場からは、退学処分の「明確性の原則」を徹底し、校則に明示されていない理由による退学処分は違法と考えられるが、前述のように、昭和女子大学事件最高裁判決は、学校の合理的裁量に基づき教育上やむを得ないと判断される場合には退学処分を認めている[38]ことから、たとえ校則に明示がなくとも教育上やむを得ず合理的であると認められる場合は、退学処分にすることができると考えられる。

　校則に明示がない理由による退学処分が問題になる事案のほとんどは、学校教育法26条3項4号の「学校の秩序を乱し、その他学生又は生徒としての本分に反した者」に該当するかどうかの判断が問題になる事案である。犯罪など法令に違反した者が同条項に該当すると解することは異論が少なく、校則に明示されずとも退学処分にする合理性があるが、法令違反ではなく、校則にも明示がない場合に「学校の秩序を乱した」「生徒としての本分に反した」と判断することは難しい。例えば、全寮制の学校で、男子生徒が女子生徒の部屋に継続的に入室していた場合に、寮の秩序を乱したとして退学処分にする不純交際の事案は、男女交際それ自体は法令に違反しないので、「学校の秩序を乱した」「生徒としての本分に反した」と判断して退学させることは難しい。しかし、宿泊行事等で男女同部屋が認められる教育活動は常識的にはほとんどあり得ず、男女同部屋の寮は日本以外の国でも認められていない場合がほとんどなので、教育機関としての学校の専門的・合理的裁量に基づき、寮内の男女交際を「学校の秩序を乱した」「生徒としての本分に反した」と判断し、退学処分にするのは合理的とも言える。

　以上のように、学校の教育的見地からの合理的裁量に鑑みた場合、法令違反でなく、校則に明示がない生徒の行為でも、「学校の秩序を乱した」「生徒としての本分に反した」と判断することが可能な場合もある。なお、私立学校の場合は、前述のように合理的裁量において「建学の精神に基づく独自の伝統ないし校風と教育方針」を考慮できることや、教育法規によって規律さ

れることが予定されている在学契約が適用されるため、校則に明示がなくとも学校教育法施行規則26条3項が在学契約の内容を構成することから、私立学校は退学処分をすることが公立学校よりも広く認められる。

---

38 最三小判昭和49年7月19日・前掲注13）。

小中学校での退学処分

Q114 小中学校で児童生徒を退学処分にできる場合について教えてください。

A114 公立小中学校、義務教育学校、特別支援学校では児童生徒を退学処分にできませんが、私立学校、国立学校、公立併設型中学校、公立中等教育学校前期課程では児童生徒を退学処分にすることができます。

　公立小中学校、義務教育学校、特別支援学校では、懲戒としての退学処分はできない（学校教育法施行規則26条3項）。公立小中学校で退学処分を一切認めない教育制度は世界的にも珍しい。

　一方、私立学校、国立学校、公立併設型中学校、公立中等教育学校前期課程では児童生徒を退学処分にすることができる。注意すべき点は、公立学校でも併設型中学校や中等教育学校前期課程では児童生徒を退学処分にできる点だが、これらの学校も公立学校である以上、私立学校と同様に退学処分の際に校風や教育方針の独自性を合理的裁量内で考慮するのは問題があるため、これらの学校での退学処分は私立学校以上に慎重に運用されるべきである。

小中学校での停学処分

Q115 小中学校で児童生徒を停学処分にできますか。また、小中学校で児童生徒に「自宅謹慎」を命ずることはできますか。

A115 小中学校では国公私立を問わず、児童生徒の停学処分はできませんが、公立小中学校では懲戒としての停学処分の代わりに学校の秩序を維持するための出席停止制度があります。また、小中学校で児童生徒に懲戒として「自宅謹慎」を命ずることは実質的な停学処分として違法ですが、児童生徒の学習環境等に応じた教育的な指導を目的とした「特別指導」「在宅学習」等の措置による一時的な自宅待機措置は違法ではないと考えます。

懲戒としての停学処分は、公立私立を問わず、全ての小中学校ですることができない（学校教育法施行規則26条4項参照）。私立小中学校では退学処分ができることから停学処分もできると誤解されがちだが、要注意である。

公立小中学校で停学処分と類似する措置としては出席停止制度（学校教育法35条）があり、他の児童に傷害、心身の苦痛又は財産上の損失を与える行為、②職員に傷害又は心身の苦痛を与える行為、③施設又は設備を損壊する行為、④授業その他の教育活動の実施を妨げる行為を繰り返し行う等、性行不良であって他の児童の教育に妨げがあると認める児童に対しては、市町村教育委員会がその保護者に対して児童の出席停止を命じることができる。出席停止は懲戒ではなく、学校の秩序を維持し他の児童生徒の教育を受ける権利を保障するために採られる措置で、文科省も問題行動を起こす児童生徒への対応として出席停止制度の積極的な活用を通知で認めている[39]。なお、私立学校では出席停止措置は採れない（後述Q117を参照）。

しかし、実際の小中学校では児童生徒の問題行動に対する生徒指導の一環として、「自宅謹慎」という一時的な自宅待機を命ずる措置が行われている。「自宅謹慎」は一時的に児童生徒の登校を禁止する点で停学処分と同視でき、

小中学校で懲戒として行うならば実質的な停学処分であって違法である[40]。

　もっとも、法令が禁止するのは懲戒としての停学処分なので、実質的に違法になるのは懲戒としての停学処分と評価される「自宅謹慎」であり、教育的な指導を目的とした一時的な自宅待機措置としての「自宅謹慎」は違法ではないと考えられる。例えば、校内で犯罪行為を行った者や校則に違反した者に対して、反省を促すと同時に児童生徒の実情に応じた学習を促す目的での「特別指導」「在宅学習」等の措置により一時的に登校を見合わせるのであれば、児童生徒の学習権を侵害せず、教育指導上の目的に適うことから、合理的裁量の範囲内で認められる指導手法として適法と考える。

　筆者がこのように考える理由は、小中学校での停学処分を例外なく認めない法制度は日本以外にはほとんどなく、児童生徒の問題行動に対応する際に極めて不合理な制約となっているからである。小中学校での停学処分を認めない日本の法制度を、海外と比較して児童生徒の学習権に配慮したものと肯定的に捉えるのは完全に誤りであり、むしろ、小中学校での停学処分が認められない硬直な法制度の下で、児童生徒の問題行動に対して柔軟で適切な教育的対応を採ることができず、かえって児童生徒の学習権が侵害されているのである。例えば、小中学校であっても他の児童生徒に加害行為を繰り返す児童生徒に対しては、児童生徒と接せず、教育現場から離れた教育委員会の判断による出席停止措置ではなく、本来は児童生徒と接する教育現場での校長の判断で停学処分を行って他の児童生徒の学習権を保障すべきである。

　海外では教育現場の校長の判断で迅速かつ柔軟に停学処分ができるメリットを日本の法律家が理解していない現状は妥当でなく、現行の出席停止制度は私立学校では講ずることができないという制度的欠陥すら存在することから、一定の場合には小中学校での停学処分ができるよう法改正すべきである。

39　平成19年2月5日18文科初第1019号通知・前掲注19)は、「いじめや暴力行為など問題行動を繰り返す児童生徒に対し、正常な教育環境を回復するため必要と認める場合には、市町村教育委員会は、出席停止制度の措置を採ることをためらわずに検討する」と規定する。

40　裁判例にも、私立中学校で教員が生徒に対し自宅謹慎を命じた措置について、「何ら適

法な根拠を認めることはできないものである」と判示するものがある。大阪地判平成13年5月25日判時1775号89頁。

高校での停学処分と自宅謹慎

Q116 高校で生徒を無期停学処分にすることはできるでしょうか。

A116 できます。無期停学処分は有期停学処分よりも生徒が受ける不利益の程度は大きいですが、校長が停学処分を選択する時点では懲戒目的を達成する時期を正確に予測することは難しいため、無期停学処分には教育上の必要性も合理性も認められます。

解説　小中学校と異なり、高校では生徒に対して懲戒としての停学処分をすることができる（学校教育法施行規則26条4項）。停学処分は、問題行為の軽重、本人の性格及び平素の行状、当該行為の他の生徒に与える影響、懲戒処分の本人及び他の学生に及ぼす訓戒的効果、当該行為を不問に付した場合の一般的影響等諸般の要素に照らし、校長の合理的裁量に基づき行われるが、有期停学処分と異なって無期停学処分は生徒にとって法的地位が不安定な状態に置かれる期間を予測できず、不安感も大きいことから人権保障や適正手続きの観点からは違法とする考え方もある。

　もっとも、無期停学処分は処分の終期が明確に定められていない停学処分であり、被処分者が被る不利益の程度は有期停学処分と比して大きいが、処分によって確定的に学生たる身分を剥奪し、学生を学外へと排除する効果を有する退学処分とは異なって復学の余地が残されているから退学処分とは同視できないと判示する裁判例[41]がある。また、インターネット上に不適切な書き込みをした生徒を無期停学にした事案で、無期停学処分であっても「停学の期間は生徒の反省状況によって変わるものであるとして、最初から期間を定めるべきものではないとの見解もあり得るところであって、本件学校の停学処分に有期停学処分のないことから直ちに、本件停学処分に至る手続が違法であるということはできない」と判示する裁判例[42]がある。確かに、無

第2章　教育紛争の典型と問題

期停学処分は人権保障や適正手続の観点から問題はあるが、校長が停学処分を選択する時点では正確な事実関係は明らかでない場合が多いこと、生徒の反省状況等をはじめとする様々な事情が変化し得ることを考慮すれば、懲戒目的を達成する時期を正確に予測することは難しいため、無期停学処分には教育上の必要性も合理性も認められ、無期停学処分も可能である。

　また、停学処分が可能である以上、高校では生徒に停学処分とは異なる「自宅謹慎」を命ずることもできる。もっとも、懲戒としての「自宅謹慎」（実質的な停学処分）と教育的な指導としての「自宅謹慎」を区別すべきであることは、Q115で説明したとおりである。この点で、高校でのいじめの加害者に対して、いじめ対策委員会で示された方針に基づいて学校を欠席するように促した措置について、「本件措置は法令上の根拠を有する行政処分ではなく、自主的に欠席を促すものとしてされた指導であることは明らかである」とし、被害者への配慮に欠ける言動に照らせば、加害者に対して「自宅において転学や自主退学を含む進路変更を検討してもらいたいという本件措置の目的が正当であることは明らか」であり、「将来の転学等の可能性を考えれば、直ちに懲戒処分によることなく、原告及び原告母の了承の下、指導として自主的な欠席を促すことも目的達成のため相当な手段というべき」であるから、本件措置は違法ではないと判断した裁判例[43]が参考になろう。

41　東京地判平成27年6月29日・前掲注25）。
42　札幌地判平成25年2月15日判時2179号87頁。
43　大阪地判平成28年9月15日判例地方自治422号63頁。

私立小中学校における出席停止

Q117
私立小中学校で、問題行動を理由に児童生徒を出席停止させること、例えば、いじめの被害者がいじめの加害者に学校で会いたくないと訴えている場合、加害者を出席停止にすることはできるでしょうか。

A117
私立小中学校の出席停止は法令上の規定がないですが、安全配慮義務に基づき、私立学校でも出席停止できると考えるべきです。いじめの加害者を出席停止にすることは安全配慮義務の内容といえるため、校長の校務掌理権に基づき出席停止にすることができます。

　学校教育法35条は、児童生徒の問題行動を理由に市町村教育委員会がその保護者に対して出席停止を命じることができる旨規定し、いじめ防止法26条も、いじめを受けた児童等が安心して教育を受けられるようにするために、市町村教育委員会がいじめを行った児童等の保護者に対して、学校教育法の規定に基づき出席停止を速やかに講じる旨規定する。

　しかし、出席停止は市町村教育委員会の権限であり、私立小中学校を設置する学校法人には保護者に対して児童生徒の出席停止を命ずる権限はない。私立学校にも適用される出席停止の規定は学校安全保健法以外にない[44]ことから、私立小中学校では出席停止はできないと考える立場もある。しかし、公立学校であれば出席停止にできる場合でも、法令上の規定がないから私立学校では出席停止にできないのは不合理であり、特に設問のように、私立学校でいじめの被害者が学校で加害者に会いたくないと訴えている場合にも、加害者の保護者に対して出席停止を命じることができないのは、被害者の人権保障を全うできず、いじめ防止法の趣旨にも反する。

　この問題は法制度上の不備なので早急な法改正が必要だが、私立学校は在学契約に基づき児童生徒に対して安全配慮義務を負うため[45]、いじめの加害者に対して出席停止措置が講じられなかったことによりいじめの被害者の損害が発生した場合には、安全配慮義務違反に基づく法的責任を負うことになる。また、出席停止は懲戒としての停学処分と異なり、学校の秩序を維持し、他の児童生徒の教育を受ける権利を保障する観点から行われる措置であり[46]、この趣旨は公立学校以外の学校でも除外されるべき理由はないから、児童生徒に対して負う安全配慮義務に基づいて出席停止ができると考えるべきであ

第2章 教育紛争の典型と問題

る[47]。また、安全配慮義務は校長の校務の一内容と理解できるので、私立学校の校長の校務掌理権に基づき、校長の判断で出席停止を命じることができるとも考えられよう。

---

44 学校安全保健法19条は、校長は感染症予防のために児童生徒を出席停止させることができる旨規定するが、この規定の主体は「校長」であるため、公立・私立を問わず全ての学校に適用される。
45 在学契約に基づく安全配慮義務は、多数の裁判例で示されている。例えば、私立学校を運営する法人は、在学契約に基づき、「その付随義務として、学校における教育活動並びにこれに密接に関連する生活関係における生徒の生命及び身体の安全を保護する義務」を負うと判示する裁判例（名古屋高判平成24年12月25日判時2185号70頁）など。
46 平成13年11月6日13文科初第725号通知「出席停止制度の運用の在り方について」。
47 この他、解釈論としては、学校教育法35条・いじめ防止法26条を私立学校などにも準用するといった解釈も考えられる。

原級留置処分と生徒指導

Q118 生徒指導の一環として、原級留置処分をすることができる場合について教えてください。また、小中学校でも生徒指導上の原級留置処分をすることはできるでしょうか。

A118 原級留置処分は退学処分と停学処分の中間的処分として理解できるため、諸般の要素に照らして、停学処分のように一時的な処分は適当ではないものの、退学処分にすることが教育上やむを得ないとまでは言えない場合に、校長の合理的裁量の範囲内で原級留置処分ができると考えられます。また、法令上の規定はないですが小中学校でも生徒指導上の原級留置処分は可能であり、問題行動を改善するために一定の治療や家庭環境の変化等が必要な児童生徒に対して行うことは効果的であると考えられます。

退学処分は公立小中学校で禁止され、停学処分は小中学校では国公私立を問わず禁止される。しかし、原級留置（いわゆる留年）処分については法令上明確な規定がなく、生徒指導上禁止されて

いないと解される。実際に、義務教育ではない高校では問題行動を起こした生徒に対して生徒指導上の原級留置処分が行われている。一方、義務教育である小中学校も原級留置処分を禁止する法令上の規定がないことから、小中学校でも生徒指導上の原級留置処分は校長の教育的裁量の範囲内で可能であると解されるが、実際にはほとんど行われていない。

　生徒指導上の原級留置処分ができるとしても、子どもの学習権保障に配慮すべきことは退学処分や停学処分と同様であり、校長の合理的裁量の範囲内でなければならない。判例も、校長が原級留置処分を行うかどうかの判断は、校長の合理的な教育的裁量に委ねられているが、「原級留置処分も、学生にその意に反して１年間にわたり既に履修した科目、種目を再履修することを余儀なくさせ、上級学年における授業を受ける時期を延期させ、卒業を遅らせる」ことから、児童生徒に与える不利益の大きさに照らして退学処分同様に慎重な配慮が要求されると判示する[48]。

　そして、子どもの学習権侵害の程度を考察すると、原級留置処分は退学処分と停学処分の中間的処分として理解できるため、児童生徒の行為の態様、結果の軽重、本人の性格及び平素の行状、当該行為に対する学校側の教育的配慮の有無、家族の協力、懲戒処分の本人及び他の生徒に及ぼす訓戒的効果、当該行為を不問に付した場合の一般的影響等諸般の要素に照らして、停学処分のように一時的な懲戒処分では対応として不十分だが、退学処分が必要なほど当該児童生徒に改善の見込がなく、学外に排除することが社会通念からいって教育上やむを得ないとまでは言えない場合には、校長の合理的裁量の範囲内で原級留置処分ができると考えられる。

　年齢主義を採用する日本の義務教育段階では原級留置は生徒指導以外であっても行われていないが、義務教育段階の児童生徒の問題行動に対する法的手段が少ない日本の法制度の下では、生徒指導上の原級留置処分が柔軟で臨機応変な手段として理解されてもよい。なぜなら、原級留置処分は児童生徒の学校に在籍する権利が保障される点で退学処分と決定的に異なり、学習権の侵害の程度が少ないからである。特に、問題行動を改善するために一定の治療や家庭環境の変化等が必要な児童生徒に対しての原級留置処分は、期

間が短く一時的な停学処分等よりも、余裕を持って問題行動の改善に取り組むことができる。そのため、法令上の規定はないが、小中学校でも生徒指導上の原級留置処分を効果的に運用すべきであろう。

48 最二小判平成8年3月8日・前掲注31)。なお、この事案では当該高等専門学校の学則上、原級留置処分が2回連続すれば退学処分になることも、原級留置処分を退学処分と同様に考える根拠となっている。

児童生徒の政治的活動の制限

Q119 児童生徒の政治的活動を制限することはできますか。

A119 学校内での政治的活動は全面的に禁止できますが、学校外での政治的活動は「必要かつ合理的な範囲内」で禁止することができ、具体的には、親権者の同意がない場合、有権者でない児童生徒に不当な影響を与える場合、学業に支障が生じる場合には、禁止できます。

選挙運動とは「特定の選挙について、特定の候補者の当選を目的として、投票を得又は得させるために直接又は間接に必要かつ有利な行為」であり、公職選挙法は有権者以外の者が選挙運動をすることを禁止する。一方、選挙運動以外の政治的活動は有権者以外の者もできるため、児童生徒が政治的活動をすることは原則として自由である。また、2015年の公職選挙法改正で18歳以上に選挙権が与えられ、高校生の中に有権者が誕生したことを受けて、文科省は、高校生の政治的活動を原則として禁止する1969年の通知を見直し、新たに高校生の政治的活動を部分的に認める通知を出した[49]。

新通知が高校生の政治的活動を制限する場合は表3のとおりだが、新通知では、学校は学校内での政治的活動を一切禁止することが可能であり、学校外の政治的活動は「必要かつ合理的な範囲内」で禁止することが可能である。

第6節　生徒指導

表3　高校生の政治的活動を禁止又は制限できる場合

学校内	授業中や部活動中など	禁止できる
	放課後や休日など	**禁止又は制限できる**
学校外	違法なものや暴力的なものなど	禁止又は制限できる
	本人や他の生徒の学業に支障がある場合	**必要かつ合理的な範囲内で禁止又は制**
	生徒間の政治的対立が生じる場合	**限できる**

　政治的活動の自由は憲法で保障される重要な権利であり、本来は児童生徒にも保障される権利であることや、18歳以上に選挙権が拡大された背景事情に鑑みれば、高校生の政治的活動の自由は最大限に尊重されるべきであり、生徒指導の一環として児童生徒の政治的活動を禁止又は制限することは許されないと考える立場も有力である。

　しかし、児童生徒は未成年者として親権者の親権に服する。また、高校は有権者の生徒とそうでない生徒が混在し、かつ日常的な学校生活を共にする環境であり、この点はほとんど成年者で構成される一般的な職場とは決定的に異なるため、学校は有権者ではない生徒が選挙犯罪等に巻き込まれないよう、有権者の生徒も含めて管理・監督する必要性が大きい。児童生徒の本分が学業にある以上、学校が児童生徒の学業に支障が生じる政治的活動は禁止できることも当然である。

　以上から、学校が「必要かつ合理的な範囲内」で児童生徒の政治的活動を禁止できる場合は、①親権者の同意がない場合、②有権者でない児童生徒に不当な影響を与える場合、③学業に支障が生じる場合、であると考える。例えば、有権者である高校3年生の生徒が、自身の親権者が支持する政党の集会に有権者でない高校1年生の生徒を誘うことは、たとえ誘われた生徒の親権者の同意があっても、有権者でない生徒に不当な影響を与える場合があるとして、学校は禁止することも可能であろう。

49　平成27年10月29日27文科初第933号「高等学校等における政治的教養の教育と高等学校等の生徒による政治的活動等について」参照。

弁護士が生徒指導に関わることの難しさ Focus-8

　日弁連の「『スクールロイヤー』の整備を求める意見書」（2018）ではスクールロイヤーが活躍できる様々な場面を紹介していますが、筆者はその筆頭に、「触法、非行、暴力、性加害等の問題行動」が発生した場合の指導の方針についての助言を掲げる点に違和感があります。

　生徒指導は少年事件の延長上にあるものではなく、前者は教育活動、後者は刑事政策の一環であって、両者は本質も目的も全く異なるため、弁護士は少年事件の経験を踏まえて生徒指導に関する助言をすべきではありません。しかし、意見書のスタンスを察するに、日弁連が提示するスクールロイヤー像は、どうも「少年事件の経験が豊富であれば、生徒指導に関する助言も適切にできる」という誤解が根底にあるように思われます。実は、生徒指導は弁護士が最も苦手とする活動でもあるのです。

　生徒指導での教員と生徒の関係は、少年事件での弁護士と少年の関係とは全く異なります。前者は日常的で人間的な関係ですが、後者は非日常的で法的な関係です。この違いは、生徒指導で教員が生徒を感情的に叱責することは頻繁にありますが、少年事件で弁護士が少年を感情的に叱責することがほとんどないことからも理解できます。

　弁護士は教員と違って人権の専門家であり、他人の子どもを叱責し、注意指導した経験はほとんどありません。実は、筆者が教員と弁護士を兼業する中で、一番弁護士が苦手なことだと感じたのが生徒指導なのです。人権の専門家としての弁護士が思い描く理想の教育と、教員として対応する現実の教育には、明らかにギャップがあるのです。

　筆者も教員として生徒指導をすると、時に生徒から嫌われたり、抵抗されることもあります。校則違反の生徒を注意したら、クラスのLINEに自分の悪口を書かれたこともあれば、「他の人も違反しているのに自分だけ注意されたのは納得がいかない」と反論されたこともあります。弁護士の立場からすれば、随分理不尽な話ですが、多感な思春期の生徒の感情に対峙する生徒指導は、法律のように論理的に理解できないのが本質であり、それが生徒指導の魅力でもあります。

Focus-8　　弁護士が生徒指導に関わることの難しさ

実は、教員の能力を測る際に最も重視すべきなのは、教科指導でも進路指導でもなく生徒指導であり、「最も教師らしい仕事」が生徒指導だと思います[※]。教科指導や進路指導の能力は他の仕事でも習得できるのですが、生徒指導の能力だけは教員を経験しなければ習得できないからです。筆者も生徒指導が上手な先生からテクニックを教えてもらったり、模倣したりしていますが、弁護士の仕事では絶対に習得できないものだと実感します。

スクールロイヤーにとって大切なことは、人権論や少年事件の経験に基づく助言に固執するのではなく、生徒指導に長けた教員からそのノウハウを学ぶことです。現在の教育現場では泥臭いイメージの生徒指導を根気よくできる教員が評価されず、その結果「子どもの善いところを褒め、悪いことを叱る」ことができない教員が増えていますが、これでは保護者のクレームやいじめなどの重大事態に適切に対応できません。教科指導や進路指導に優れた教員が保護者対応やいじめ対応に優れているとは限らないですが、生徒指導に優れた教員は保護者対応やいじめ対応にも優れていることが多いです。教育紛争を予防する上では、生徒指導に優れた教員を養成することが不可欠です。

生徒指導の極意は、弁護士が依拠しがちな緻密に構成された判例法理や崇高な理念に基づく人権理論ではなく、教員の生徒に対する愛情そのものです。スクールロイヤーは教師の生徒への愛情で成立する生徒指導の本質を理解した上で、本書で紹介した論点を実務で議論してほしいと思っています。

※　神内聡『学校内弁護士』23頁参照。

第2章 教育紛争の典型と問題

第7節 体　罰

体罰の定義

Q120 授業中の私語が多いある生徒が、何度注意をしても全く改善せず日に日にエスカレートするため、思わず手を出そうとしたら、「殴ったら体罰になるぞ」と挑発されました。このように授業を妨害し、教員の指導に従わないどころか、教員を挑発するような生徒に対しても、「胸倉をつかむ」「軽く叩く」等の行為をすれば、体罰に該当するのでしょうか。また、教員の児童生徒に対する有形力の行使にも正当防衛は成立するのでしょうか。

A120 「胸倉をつかむ」「軽く叩く」等の有形力を伴う行為であっても直ちに体罰になるわけではなく、一定の基準に照らし、個別の具体的状況下においては「体罰」ではない「懲戒」行為として認められます。また、教員の児童生徒に対する有形力の行使にも正当防衛は成立します。

　教員は生徒に対し「懲戒」を加えることはできるが、「体罰」を加えることは禁止される（学校教育法11条）。しかし、体罰は例外なく禁止であるにもかかわらず、教育現場では体罰の横行が未だに後を絶たない。この理由を教員の意識の低さに求める論者もあるが、筆者は適法な「懲戒」と違法な「体罰」の区別に関して法律家が的確な議論を教育現場に示していない点にもあると考える。

　例えば、「激しく殴る」「何度も蹴る」等の行為、大阪市立桜宮高校事件のように人権侵害が著しい事例等が体罰として違法である点は当然だが、設問のように「胸倉をつかむ」「軽く叩く」等の行為、児童生徒が教員に暴行を加えた際に制止行為ではなく反撃行為に出た場合等、懲戒と体罰の区別が微妙な場合に関しては、法律家の議論は教育現場の現実を無視して行われている。

第7節 体　罰

　体罰に対する考え方は、①有形力全面禁止論と②有形力の部分的容認論の
２つに大別され、①は1948年の法務庁法務調査意見をはじめ、ほとんどの弁
護士や研究者が支持する考え方であり、この見解を採用する教育委員会も多
い。一方、②は裁判所で採用されたこともある考え方であり、筆者をはじめ
教育現場の経験がある人間にとっては理解しやすい見解である[1]。例えば、
昭和56年の東京高裁の判決は、「有形力の行使と見られる外形をもつた行為
は学校教育上の懲戒行為としては一切許容されないとすることは、本来学校
教育法の予想するところではない」として、有形力の行使であっても懲戒行
為として許容されることを認めた上で、平手及び軽く握った右手の拳で生徒
の頭部を数回軽く叩いた行為につき体罰に該当しないと判示する[2]。また、
最高裁は、生徒の胸元を右手でつかんで壁に押し当て、大声で「もう、すん
なよ」と叱った行為につき、目的、態様、継続時間等から判断して体罰に該
当しないと判示している[3]。このように、判例は有形力の行使であっても直
ちに体罰に該当するとは判断せずに、目的、態様、継続時間等、諸般の事情
を総合して、事案に応じて個別具体的に体罰に該当するかどうかを判断して
おり、②の考え方を採用していると考えられる。

　子どもの人権を尊重する観点からは、①のように教員の生徒に対する有形
力の行使は体罰として全面的に禁止する考え方は傾聴に値するが、①の考え
方は「懲戒」と「体罰」の区別を教条的に理解しすぎる傾向にあり、また、
①の考え方を支持する論者の大半が教育行政職員、弁護士、研究者であり、
実際に教育現場で生徒と対峙した経験に乏しいことから、教育現場の教員を
置き去りにした議論を展開しがちである[4]。このため、①の考え方は実際に
教育現場で生徒と対峙する教員にとっては理念としては理解できても、現実
的な対応策として理解することは難しい。

　体罰に関しては、学校教育法が「懲戒」と「体罰」を区別する趣旨に立ち
戻って考える必要がある。文理解釈上は「懲戒（discipline）」と「体罰（corporal
punishment）」を、有形力の行使といった身体的性質の有無で判断すべき必然
性はなく、有形力の行使という要素で適法性を判断するならば、学校教育法
が「暴行（assault）」という文言ではなく、あえて「体罰」という文言を用い

323

第2章　教育紛争の典型と問題

た趣旨を説明しづらい（「体罰」には制裁的行為を意味する「罰」という語が含まれる）。また、「懲戒」の言語的意味からも「懲戒は有形力の行使を一切伴わない行為である」とは論理的に帰結せず、「懲戒」も「体罰」も法的用語であると同時に教育的用語でもあり、その行為の有する教育的意義を判断せずに単純な有形力の行使の有無のみでは、懲戒と体罰を区別できない。

　ある行為の教育的意義を判断するには、その行為に至った経緯と行為の目的を考察することが不可欠であり、このことは、前述の最高裁判例においても重視されている。同判例は、悪ふざけをした小学2年生の男子を追い掛けて捕まえ、その胸元を右手でつかんで壁に押し当て、大声で「もう、すんなよ」と叱った行為について、有形力の有無のみで体罰であるとは判断せず、上記男子が休み時間に通り掛かった女子数人を蹴った上にこれを注意した上記教員のでん部付近を2回にわたって蹴って逃げ出した「経緯」と、このような悪ふざけをしないように指導するために行われたものであって、悪ふざけの罰として肉体的苦痛を与えるために行われたものではないという「目的」を重視し、当該行為は目的、態様、継続時間等から判断して体罰に該当しないと判断している。この事案で最高裁が重視した目的は「罰」という制裁的目的ではなく、二度と悪ふざけをしないように反省を促すという指導目的であり、教育的見地から目的を判断している点が理解できる。また、最高裁は「有形力の行使以外の他により望ましい対応があり得る場合があれば有形力の行使が認められない」とは考えておらず[5]、この点は、児童生徒に対して教育目的を達成するための手段の相当性を判断する際に重要である。

　実は、①の有形力全面禁止論では、体罰の態様や程度、生徒の年齢や心身の発達状況を重視する一方で、有形力の行使に至った経緯や行為の目的を軽視する傾向があるが、教員が理由もなく有形力を行使することはほとんどあり得ない。例えば、上記の最高裁の事例では、当該児童が、教員の背中に覆いかぶさるようにしてその肩を揉むという「教員に対する挑発行為」、通り掛かった女子を蹴るという「他の児童の人権を侵害する行為」、注意して職員室に向かおうとした教員を蹴って逃げ出したという「教員の指導に対する抵抗行為」をそれぞれ行っている。このような場合でも①の考え方のように

324

有形力の行使を全面的に禁止すべきとすれば、児童生徒に対する適切な指導を萎縮させてしまい、その結果、教員と児童生徒の間の適切な信頼関係を築けないばかりか、他の児童生徒の学習権が侵害されている状況も改善できなくなる。この結論は、学校や教員に安全配慮義務を課す法律論と明らかに矛盾するものであり、教育法の体系的な整合性の観点からも不適切である。

　一方で、文科省は、教員が児童生徒に対して行った懲戒行為が「体罰」に該当するかは「当該児童生徒の年齢、健康、心身の発達状況、当該行為が行われた場所的及び時間的環境、懲戒の態様等の諸条件を総合的に考え、個々の事案ごとに判断する必要があ」り、「単に、懲戒行為をした教員等や、懲戒行為を受けた児童生徒・保護者の主観のみにより判断するのではなく、諸条件を客観的に考慮して判断すべき」であるとする[6]。その上で、同省によれば、①懲戒内容が身体的性質のものや身体に対する侵害を内容とするもの（殴る、蹴る等）、②児童生徒に肉体的苦痛を与えるようなもの（正座・直立等特定の姿勢を長時間にわたって保持させる等）、といった行為は体罰に該当し、①児童生徒から教員等に対する暴力行為に対して、教員等が防衛のためにやむを得ずした有形力の行使、②他の児童生徒に被害を及ぼすような暴力行為に対して、これを制止したり、目前の危険を回避するためにやむを得ずした有形力の行使、といった行為は「正当防衛」「正当行為」として体罰に該当しないとされる。文科省の見解と判例の体罰法理には微妙な乖離がある点は注目すべきだが[7]、少なくとも両者とも有形力の行使の有無だけで体罰を判断していない点は重要である。

　以上の議論を総合して、表1で示す要件を全て充たすような場合には有形力の行使が「体罰」ではなく「懲戒」として適法であると考える。

表1　有形力の行使が「懲戒」として適法な場合

児童生徒の問題行為の態様	①教員に対する挑発行為 ②他の児童の人権（学習権を含む）を侵害する行為 ③教員の指導に対する抵抗行為
教員の懲戒行為の態様	❶今後そのような行為をしないよう反省させ、態度を改めさせる教育目的を有する（「目的の相当性」） ❷行為の態様や継続時間が相当であり、必要最小限の有形力の行使である（「手段の相当性」）

第2章　教育紛争の典型と問題

　表1の基準に基づき本設問を検討すると、当該生徒は「殴ったら体罰になるぞ」と教員を挑発し、授業中の私語をやめずに他の生徒の学習権を侵害し、何度注意しても教員の指導に従わずに抵抗を続けており、①～③の要件を充たすことから、当該生徒に対する教員の有形力の行使が❶❷を有する行為であれば、体罰に該当しない。また、「胸倉をつかむ」行為は、少なくとも最高裁は目的、態様、継続時間等からして体罰ではないと判断しているため、手段の相当性として法的問題は少ないと考えられる。一方、「軽く叩く」行為は、外形的に有形力の行使の印象が強い点を重視して「手段が相当でない」と考える論者も多く、実際にそのように解する教育委員会の実務もあるが、あくまでも印象論に基づくものであって適切ではない（「胸倉をつかむ」ことと「軽く叩く」ことのいずれが有形力の行使の印象が強いかは容易に判断できない）。目的の相当性と手段の相当性は一体的に判断されるものであり、かつ最高裁によれば、有形力の行使以外に目的を達成できる対応があってもそれだけで有形力の行使が認められないわけではないことから、「軽く叩く」行為であっても事案ごとの①～③の要件に関する個別具体的な事情に照らし、目的と手段を一体的に考察して相当性を判断すべきである。したがって、設問のように①～③の要件を全て充たす問題性の強い生徒の行動に対しては、「軽く叩く」行為も目的と手段の相当性を有し、体罰に該当しないと考える。

　なお、前述の文科省の通知によれば、児童生徒が教員に暴行を加えようとした場合にこれを制止する行為は「正当防衛」「正当行為」として体罰に該当しない。また、教員が児童生徒の暴行に対して反撃行為に出た場合は、「目前の危険を回避するためにやむを得ずした有形力の行使」であり、やはり「正当防衛」「正当行為」として体罰に該当しない。この点で、「教員が児童生徒から暴行を受けた場合に、制止行為ではなく反撃行為をすれば体罰に該当する」と考える論者もいるが、学校外で教員が第三者から暴行を受けて反撃すれば当然に正当防衛が成立するにもかかわらず、学校内で教員と児童生徒の関係になればそれが成立しなくなるという論理は法律論として説得力に欠ける上、教員の生命や身体に関する人権をあまりに軽視する考え方であり、人権論としても妥当ではない。

326

第7節 体罰

1　なお、アメリカの一部の州では生徒に弁明の機会を与えるなど厳格な要件の下で体罰を法的に許容する例もある。この点について、アメリカの「体罰」は曖昧で恣意的な基準の下に運用される日本の体罰と異なり、事後的な評価が可能であると考える立場がある（坂田仰『スクール・リーガルマインド』（学事出版、2006）185頁〜、坂田仰『学校・法・社会』（学事出版、2002）130頁〜を参照）。なお、アメリカ合衆国連邦最高裁は「体罰」を容認する法令を合憲であると解している（Ingraham v. Wright, 430 U.S. 651 1977）。
2　東京高判昭和56年4月1日刑月13巻4・5号341頁。
3　最三小判平成21年4月28日民集63巻4号904頁。
4　教育現場の視点からは、許される「体罰」があるのではなく、正当な業務上の行為としての有形力の行使が容認される場合があると理解されるべきであるとする考え方もある。澤田哲夫「体罰・学校現場の状況　自身の教職経験から」スクール・コンプライアンス研究3号52頁。
5　市川多美子〔18〕最高裁判所判例解説民事篇平成21年度（上）417頁。
6　平成25年3月13日24文科初第1269号通知「体罰の禁止及び児童生徒理解に基づく指導の徹底について」参照。
7　例えば、文科省の通知は、「身体的性質」の懲戒は「体罰」に該当すると解していることから、同省の通知に従えば、最高裁の判断基準よりも有形力の行使が「体罰」と評価される可能性が高くなるであろう。

体罰を行った教員に対する処分

Q121　体罰を行った教員に対して、体罰を受けた生徒と保護者が当該教員を解雇するよう学校に要求していますが、直ちに解雇すべきでしょうか。

A121　体罰をしたからといって、直ちに懲戒解雇になるわけではなく、体罰に至った経緯や目的、行為の態様や被害の程度などを勘案して処分を選択します。

「体罰」を行った教員に対する処分基準は、公立教員の場合はおおむね表2のような基準により運用されている（自治体による多少の差異はある）。

このように、「体罰」を行った教員でも直ちに懲戒免職になるのではなく、「体罰」の程度（「生徒の傷害の程度」）に応じて処分基準が定められているので、体罰を行った教員に対して、被害生徒や保護者が解雇を要求しても、学校が

第2章　教育紛争の典型と問題

表2　「体罰」を行った教員に対する処分基準

①免職	「体罰」により生徒を死亡させ、又は重傷ないし重大な後遺症を負わせた場合
②停職又は減給	「体罰」により生徒に傷害を負わせた場合、又は常習的に「体罰」を行った場合
③戒告	生徒が傷害を負うに至らない程度の「体罰」を行った場合
④過去の行為	過去にも「体罰」による処分を受けている場合は加重される

教員を解雇（懲戒免職）すべき法的義務が生じるわけではない。

　表2の基準では、生徒の被害の程度が処分の主な判断基準となっている。確かに、生徒を死亡させたり、重傷を負わせる行為は、たとえ体罰を行った経緯や教育目的を考慮したとしても人権侵害の程度が重大であることから厳重な処分を下すべきであり、直ちに解雇（懲戒免職）すべきである。しかし、生徒の被害の程度が重大でない場合は、生徒の被害の程度のみで処分を判断すべきではなく、体罰に至った経緯や目的、行為の態様や被害の程度等を勘案して処分を選択することになるため、学校はたとえ被害生徒や保護者の要求があっても、体罰を行った教員を直ちに解雇すべきではない。

　Q120で説明したとおり、適法な懲戒と違法な体罰の区別は外形的な行為の態様や被害の程度だけで判断できないし、学校が被害生徒や保護者の要求のみに捉われて解雇（懲戒免職）を行えば、教員の必要な指導が委縮し、「悪しき先例」が作られるリスクが大きい。また、教員が理由もなく体罰を行うことはほとんどあり得ないことから、体罰が行われた場合は児童生徒にも何らかの非があったことが推測されるが、保護者が教員の解雇を要求する場合は、子どもから聞いた事実のみで認識した不正確な事実関係に基づき、体罰を受けた事実のみが強調されていることも多い。

　体罰がなくならない背景には、体罰の違法性に関する教員の認識不足だけでなく、学校と家庭の役割分担が正面から議論されていない日本社会にも問題がある。本来家庭で行われるべき「しつけ」によって防止されるはずの児童生徒の問題行動を学校が抱えているからこそ、体罰を行う教員が後を絶たないのである。例えば、「授業中に私語をする」「目上の人をからかう」等の問題行動は、本来は家庭で担う「しつけ」で矯正されるべき事項であり、学

校教育の範疇ではない。また、教員は親権者と同様に法令で「懲戒」が認められている立場であり、時に「親代わり」になることが必要な児童生徒が存在することも、懲戒を超えた体罰を生んでしまう。

体罰に至った経緯や目的について正確な事実関係を認識せずに教員の処分を求める保護者に対しては、厳正に対応することが必要であり、学校と家庭の役割分担を理解させるべきである。

言葉の暴力と不適切な指導

Q122 「教員の暴言によって児童生徒が不登校になった」として、保護者が教員の発言の録音や医師の診断書を提出してきた場合は、「体罰」の問題として扱うべきでしょうか。また、このような場合に教員の処分を検討すべき判断基準を教えてください。

A122 教員の暴言は「言葉の暴力」といった体罰ではなく不適切な指導であり、法的には懲戒権の逸脱・濫用として扱われるべき問題です。不適切な指導であるかどうかは、①当該児童生徒以外の児童生徒が受けても不登校になり得るリスクがある指導であるか、②他の教員の視点から考察しても不適切な指導であるか、という2つの基準から客観的に判断した上で処分を検討すべきであり、この点は被害者から教員の発言の録音や医師の診断書が提出されたとしても同様です。

「体罰」の解釈について、有形力の行使を伴う行為だけでなく、教員の暴言などのいわゆる「言葉の暴力」によって生徒に精神的苦痛を与える行為も「体罰」に含めるとする立場もあり、実際にそのような運用を行う自治体もある[8]。

しかし、この解釈は「体罰（corporal punishment）」という文言をかなり拡大解釈しすぎており、文理上の無理があるだけでなく、体罰に該当する行為が無限定に広がりすぎることから妥当ではない。「言葉の暴力」は教員の懲戒権の逸脱・濫用の問題として検討されるべきであり、具体的には教員の発

言が不適切な指導であったかどうかを判断すべきである。

　この際に、被害生徒の主観的感情を基準に指導の適切性を判断することは、教員にとって予測不可能な法的リスクをもたらしかねず、通常の有形力の行使を伴う「体罰」で生徒が受ける肉体的苦痛と、「言葉の暴力」で生徒が受ける精神的苦痛の決定的な違いは、前者は傷害の程度が判断しやすく、客観的な評価が可能であるのに対し、後者は苦痛を受けた生徒の主観的な評価になりがちで、原則として法的な処分対象になじまない点にあるから、設問のように、たとえ教員の発言によって児童生徒が不登校に陥ったとしても、当該児童生徒の言い分と保護者の要求のみに基づいて教員の指導の適切性を判断すべきではなく、できる限り客観的な見地から判断すべきである。

　教員の発言が不適切な指導に該当するかどうかは、①当該児童生徒以外の児童生徒が受けても不登校になり得るリスクがある指導であるか、②他の教員の視点から考察しても不適切な指導であるか、という2つの基準から客観的に判断することが妥当である。当該児童生徒のみが不快に感じていたとしても、他の児童生徒が不快に感じない指導ならば、主観的な感受性の問題であって客観的に不適切な指導とまでは言い難く、同じ教員の立場から考察して、具体的状況における当該教員の発言が教育者として不適切であるとまでは評価できない場合も、客観的に不適切な指導とは言えない。

　教員の発言が問題とされる場合には、被害者側が教員の発言に関する録音や精神科医の診断書を提出することもよくあるが、たとえこのような証拠が提出されたとしても、指導の適切性を客観的に判断すべき点には何ら影響を及ぼさないので、前述のような客観的基準に基づいて、指導の適切性を判断すべきである。

8　例えば、東京都では暴言又は威嚇によって生徒が苦痛を受け、欠席ないし不登校になった場合は、停職・減給・戒告の処分対象になるとしており、「言葉の暴力」も「体罰」とみなして処分対象としている（東京都教育委員会「教職員の主な非行に対する標準的な処分量定」〈http://www.kyoiku.metro.tokyo.jp/pickup/p_gakko/kizyun.htm〉参照）。

第8節　発達障害・特別支援教育

不当な差別的取扱いの禁止と合理的配慮

Q123 障害のある児童生徒への対応に関する法律上の注意点について教えてください。

A123 障害のある児童生徒の対応は障害者差別解消法が適用されるため、同法及び文科省が策定したガイドラインの内容を理解しておく必要があります。同法では、全ての学校に対して「障害を理由とする不当な差別的取扱い」を禁止し、「障害者の性別、年齢及び障害の状態に応じた社会的障壁の除去の実施についての必要かつ合理的な配慮」については国公立学校に対して法的義務を、私立学校に対して努力義務を、それぞれ課しています。教育現場においては「合理的な配慮」が注目されていますが、「不当な差別的取扱い」にも注意すべきです。

　障害者差別解消法（2016年4月施行）は「身体障害、知的障害、精神障害（発達障害を含む。）その他の心身の機能の障害」（同法2条1項）を対象として、これらの障害を理由とする差別の解消を推進するために制定された。同法の特色は、発達障害者支援法（2005年4月施行）と関連して、発達障害への差別の解消も盛り込んでいる点である。また、同法の制定を受けて、文科省では、学校など同省が所管する事業分野におけるガイドラインである「文部科学省所管事業分野における障害を理由とする差別の解消の推進に関する対応指針」を策定した。学校は国公私立を問わず、発達障害のある児童生徒の対応に関しては、障害者差別解消法及び文科省の策定したガイドラインの内容を理解しておく必要がある。

　障害者差別解消法は、主に「障害を理由とする不当な差別的取扱いの禁止」と「障害者の性別、年齢及び障害の状態に応じた社会的障壁の除去の実施についての必要かつ合理的な配慮」の2つの義務を規定する（表を参照）。このうち、「不当な差別的取扱いの禁止」は行政機関・民間事業者を問わず

331

第2章　教育紛争の典型と問題

表　「不当な差別的取扱い」と「合理的配慮」

	不当な差別的取扱い	合理的配慮
定義	正当な理由なく、障害を理由として、財・サービスや各種機会の提供を拒否する又は提供に当たって場所・時間帯などを制限する、障害者でない者に対しては付さない条件を付けることなどにより、障害者の権利利益を侵害すること	障害者が他の者との平等を基礎として全ての人権及び基本的自由を享有し、又は行使することを確保するための必要かつ適当な変更及び調整であって、特定の場合において必要とされるものであり、かつ、均衡を失した又は過度の負担を課さないもの
解釈上の争点	正当な理由	過度の負担
公立学校の義務	法的義務	法的義務
私立学校の義務	法的義務	努力義務

法的義務として課せられているため（同法7条1項・8条1項）、国公私立を問わず学校は障害を理由とする不当な差別的取扱いをしてはならない。一方、「合理的配慮」は、行政機関等は法的義務であるが民間事業者は努力義務であるため（同法7条2項・8条2項）、国公立学校にとって「合理的配慮」は法的義務であるが、私立学校は努力義務にとどまる[1]。

　不当な差別的取扱いは、「正当な理由なく、障害を理由として、財・サービスや各種機会の提供を拒否する又は提供に当たって場所・時間帯などを制限する、障害者でない者に対しては付さない条件を付けることなどにより、障害者の権利利益を侵害すること」であり、「正当な理由」とは、「障害者に対して、障害を理由として、財・サービスや各種機会の提供を拒否するなどの取扱いが客観的に見て正当な目的の下に行われたものであり、その目的に照らしてやむを得ないと言える場合」である[2]。また、「正当な理由」の判断は、個別の事案ごとに「障害者、事業者、第三者の権利利益（例：安全の確保、財産の保全、事業の目的・内容・機能の維持、損害発生の防止等）及び行政機関等の事務・事業の目的・内容・機能の維持等の観点に鑑み、具体的場面や状況に応じて総合的・客観的に判断することが必要」であり、「行政機関等及び事業者は、正当な理由があると判断した場合には、障害者にその理由を説明するものとし、理解を得るよう努めることが望ましい」とされる[3]。

　文科省が策定したガイドラインによれば、次のような取扱いが障害を理由

第8節　発達障害・特別支援教育

として行われた場合は、「不当な差別的取扱い」に当たり得る。

① 学校、社会教育施設、スポーツ施設、文化施設等において、窓口対応を拒否し、又は対応の順序を後回しにすること。
② 資料の送付、パンフレットの提供、説明会やシンポジウムへの出席等を拒むこと。
③ 社会教育施設、スポーツ施設、文化施設等やそれらのサービスの利用をさせないこと。
④ 学校への入学の出願の受理、受験、入学、授業等の受講や研究指導、実習等校外教育活動、入寮、式典参加を拒むことや、これらを拒まない代わりとして正当な理由のない条件を付すこと。
⑤ 試験等において合理的配慮の提供を受けたことを理由に、当該試験等の結果を学習評価の対象から除外したり、評価において差を付けたりすること。

　しかし、あまり議論されていないが、教育現場において上記の具体例が「不当な差別的取扱い」として安易に理解されることには注意を要する。①～③は「不当な差別的取扱い」と評価することに異論はないが、④⑤を一様に「不当な差別的取扱い」として評価することは、人的・財政的余裕のない教育現場の実情に鑑みると現実的でないからである。特に「不当な差別的取扱い」は私立学校でも禁止される事項だが、私立学校は公立学校と比べて人的・財政的な余裕があるとは言えず、学校の実情如何によっては障害を有する児童生徒の受入れが困難であったりするため、このような対応が④のように「不当な差別的取扱い」と評価されると私立学校の運営は立ち行かない。また、発達障害のように個人差の大きい障害については、障害の程度に応じて学習評価に差をつけなければかえって公平性を欠いてしまうため、⑤のように評価に差をつけることが「不当な差別的取扱い」と評価されると教員の学習評価の負担が大きくなってしまう。
　なお、内閣府の策定したガイドライン（「内閣府本府所管事業分野における障害

第2章　教育紛争の典型と問題

を理由とする差別の解消の推進に関する対応指針」）では、上記の文科省が策定した
「不当な差別的取扱い」の具体例の他に、障害を理由として「教育及び保育
の提供に当たって、仮利用期間を設ける、他の利用者の同意を求めるなど、
他の利用者と異なる手順を課すこと」も「不当な差別的取扱い」に当たり得
ると規定され、例えば、発達障害のある児童生徒に対して、その存在や障害
に対する学校の方針等につき、他の同級生や保護者に同意を求めることが
「不当な差別的取扱い」に当たり得る点は注意を要する（後述Q127を参照）。

　一方、「合理的な配慮」とは、障害者権利条約において「障害者が他の者
との平等を基礎として全ての人権及び基本的自由を享有し、又は行使するこ
とを確保するための必要かつ適当な変更及び調整であって、特定の場合にお
いて必要とされるものであり、かつ、均衡を失した又は過度の負担を課さな
いもの」と定義されている（同条約2条）。しかし、合理的配慮は「行政機関
等及び事業者の事務・事業の目的・内容・機能に照らし、必要とされる範囲
で本来の業務に付随するものに限られること、障害者でない者との比較にお
いて同等の機会の提供を受けるためのものであること、事務・事業の目的・
内容・機能の本質的な変更には及ばないことに留意する必要」があり、また、
過重な負担については個別の事案ごとに「具体的場面や状況に応じて総合
的・客観的に判断することが必要」であると考えられている[4]。

　障害者差別解消法施行後の教育現場では「不当な差別的取扱い」よりも
「合理的配慮」の解釈が注目されているが、「合理的配慮」は「不当な差別的
取扱い」以上に具体的場面や状況に応じて柔軟に解釈すべき多様かつ個別性
の高いものであり、その意味では「過重な負担」の解釈も含めて学校の個別
具体的な事情も相応に考慮できるため、解釈如何によっては学校にとって必
ずしも負担の大きいものではない。一方、「不当な差別的取扱い」は国公私
立問わず全ての学校において禁止される上に、内閣府及び文科省が策定した
ガイドラインが示す「不当な差別的取扱い」に当たり得る具体例は、教育現
場の感覚以上に広く解されている点に注意すべきである。

1　坂田仰＝黒川雅子＝河内祥子＝山田知代『図解・表解　教育法規』（2017、新訂第3版、

第8節 発達障害・特別支援教育

教育開発研究所）200頁。
2 内閣府「障害を理由とする差別の解消の推進に関する基本方針」参照。
3 内閣府・前掲注2）。
4 内閣府・前掲注2）。

法的視点から留意すべき発達障害の特徴

Q124 学校が法的視点から留意しておくべき発達障害のある児童生徒の特徴について教えてください。

A124 発達障害は、①外見上の障害が認識しづらいこと、②障害の内容や程度が多様であり、個人差が大きいこと、③医学的診断が難しく、医学的な知見や治療法も未だ発展途上段階であること、といった特徴があり、法的対応に際して留意しておく必要があります。

現在の教育現場では発達障害のある児童生徒の対応に苦慮している場合が多いが、発達障害は身体障害や知的障害等の障害と比べて、法的視点から重要な特徴を持っている（なお、本書では発達障害について、発達障害者支援法の定義に基づき理解する）[5]。

第一に、発達障害は他の障害と比べて外見上、障害が認識しづらい。この特徴を法的視点から考えると、発達障害への対応は身体障害や知的障害と比べて、学校や教員が児童生徒の障害を認識できずに思いがけない差別を生じさせてしまうリスクがあるということである。例えば、身体障害のある児童生徒に対して文科省のガイドラインが示す「筆談、要約筆記、読み上げ、手話、点字など多様なコミュニケーション手段や分かりやすい表現を使って説明をするなどの意思疎通の配慮を行う」ことは、身体障害が外見上認識しやすいことから学校や教員も対応しやすいが、発達障害のある児童生徒に対して同省のガイドラインが示す「比喩表現等の理解が困難な障害者に対し、比喩や暗喩、二重否定表現などを用いずに説明する」ことは、対応それ自体も容易ではなく、発達障害を外見上認識しづらいため思いがけず発達障害を有

335

する児童生徒を差別してしまう可能性がある。

　第二に、発達障害は他の障害と比べて障害の内容や程度が多様であり、個人差が非常に大きい。発達障害者支援法では、「自閉症、アスペルガー症候群その他の広汎性発達障害、学習障害、注意欠陥多動性障害その他これに類する脳機能の障害であってその症状が通常低年齢において発現するもの」が発達障害の定義に含まれるが（同法2条）、医学的にはこれ以外の障害も発達障害として理解されるものもあり、その内容は他の障害と比べても非常に多様である。また、発達障害の程度は専門家の中でも見解が分かれており、例えば、一部の専門家が提唱する「軽度発達障害」は世界保健機構（WHO）が示す基準であるICD-10（疾病及び関連保健問題の国際統計分類）に該当しない等、程度によっては障害に該当しない可能性すらある。このように、発達障害の内容や程度は多様で個人差が大きいため、医学的な専門知識に乏しい学校や教員が、あらゆる発達障害に対して個別具体的に適切な対応を行うことは不可能に近い。例えば、文科省のガイドラインでは、発達障害のある児童生徒への「合理的配慮」の具体例として「発達障害等のため、人前での発表が困難な児童生徒等に対し、代替措置としてレポートを課したり、発表を録画したもので学習評価を行ったりすること」を示すが、このような対応は発達障害の内容や程度を的確に判断してこそ成立し得るものであり、そのような的確な判断が困難である教育現場に大きな負担を強いるものである。

　第三に、発達障害は医学的には非常に新しい研究や臨床の領域であり、未だに医学的知見や治療法は発展途上であるため、教育現場で発達障害のある児童生徒に対応する際に、的確な医学的支援を行うことができる専門家が非常に少ない。身体障害や知的障害はある程度の医学的知見や治療法等が確立されており、教育現場でそのような児童生徒の個別具体的なニーズに対応する際にも専門知識を有する医師等による的確な医学的支援が受けやすいが、発達障害の研究や臨床の歴史は長くても数十年程度であり、発達障害自体も社会的に広く認識されるようになったのは発達障害者支援法が制定されて以降のせいぜい十数年程度であることから、医学的知見や治療法も様々な議論がある中で発達障害を的確に診断できる医師自体不足しているため、学校や

教員が適切な医学的支援を受けられる状況にあるとは言い難い。

　以上のような発達障害の特徴と現状を踏まえて、教育現場は発達障害のある児童生徒に対して「合理的配慮」をはじめとする法的対応が必要になるため、現状では法的に大きなリスクを抱えている。

5　発達障害の定義は論者により異なっており、発達障害者支援法の定義と医学的定義も一致していない。このことは、発達障害への対応が他の障害対応と異なる難しさを持つことを如実に示すものと言える。

発達障害と成績評価

Q125 公立中学校で発達障害のある生徒の保護者から、次のような特別な配慮を要求された場合はどのように対応すべきでしょうか。

① 数学の試験の代わりにレポートにするよう求められた場合
② 体育の集団競技に参加する代わりにレポートにするよう求められた場合

A125 ①②とも、保護者に発達障害の診断経験が豊富な医師の意見書の提出を求め、レポートを課したとしても成績評価上で生徒間の公平性が確保できるかどうかを判断すべきです。

　発達障害のある児童生徒の対応として、保護者から特定の科目の試験や授業内容についてレポート等の代替措置が求められる場合がある。文科省のガイドラインでは、「発達障害等のため、人前での発表が困難な児童生徒等に対し、代替措置としてレポートを課したり、発表を録画したもので学習評価を行ったりすること」は「合理的配慮」の具体例として示されているので、設問のように保護者の要求を受けて数学の試験や体育の集団競技についてレポートなどの代替措置をとることは、「合理的配慮」が法的義務である公立学校では当然のようにも思われる[6]。

　しかし、学校は教育目標を達成するために必要な範囲で成績評価を行わな

第2章　教育紛争の典型と問題

ければならず、成績評価において厳格な公平性が要求されることは当然のことであるから、発達障害を理由に児童生徒に対して「合理的配慮」を施すとしても、その際には成績評価の公平性を教育的視点から適切に判断すべきである。なぜなら、①のように数学の試験は発達障害がなくとも苦手な生徒は多く、そのような生徒が試験を受けた結果により評価された成績よりも、発達障害のある生徒がレポートで評価された成績が高くなった場合、成績評価の公平性の観点からは全く問題がないとは言えないからである。また、②のように体育の集団競技で、障害はないが運動が苦手な生徒が運動能力や集団への貢献度などによって評価された成績よりも発達障害のある生徒がレポートで評価された成績が高くなった場合も、同様の問題が生じ得る。このような問題が生じ得るのは、発達障害の内容や程度の個人差が大きいためで、一律に代替措置による成績評価を行うことは困難である。

　そこで、学校は一般の生徒と発達障害のある生徒との間の成績評価の公平性を確保するために、レポートによる代替措置を求める保護者に対して、保護者に発達障害の診断経験が豊富な医師の意見書の提出を求めた上で、レポートを課しても成績評価上の生徒間の公平性を確保できる事情の有無を教育的見地から判断すべきである。このように考えても、「合理的配慮」は「障害の特性や社会的障壁の除去が求められる具体的場面や状況に応じて異なり、多様かつ個別性の高いもの」であり、「代替措置の選択も含め、双方の建設的対話による相互理解を通じて、必要かつ合理的な範囲で、柔軟に対応がなされるものである」ことから[7]、公立学校が法的義務を果たしていないと評価されるわけではない。

6　発達障害者支援法の参議院内閣委員会附帯決議（2004年12月）は、「発達障害児に対する保育及び教育的支援と支援体制の整備に当たっては、発達障害児が障害のない児童・生徒とともに育ち学ぶことを基本としつつ、発達障害児及びその保護者の意思とニーズを最大限尊重すること」とし、学校は発達障害を有する児童生徒及び保護者の意思とニーズを最大限尊重することが求められている。坂田=黒川=河内=山田・前掲注1）202頁参照。

7　内閣府・前掲注2）。

第8節　発達障害・特別支援教育

発達障害の診断を促すことの適否

Q126 発達障害の疑いがある児童生徒の保護者に対し、学校が医師の診断を受けるよう要求できるでしょうか。医師の受診を拒否する保護者に対しては、どのような対応が可能でしょうか。

A126 できます。むしろ、発達障害は疑いがあっても教員では的確な医学的診断が困難であることから、発達障害を専門とする医師の受診を積極的に要求すべきであり、学校の対応方針を保護者と協議すべきです。また、医師の受診を拒否する保護者に対しては、保護者が受診を拒否したことにより生じた発達障害を理由とする紛争に関して、学校が今後一切責任を負わない旨の念書と誓約書を作成し、保護者に提出を求めるべきです。

　　教員は日常的に児童生徒と接するため、発達障害の疑いがある児童生徒の特徴や言動を察しやすく、保護者よりも教員が当該児童生徒の発達障害の可能性を認識することはよくある。学校は発達障害のある児童生徒に対する「合理的配慮」だけでなく、他の児童生徒に対する安全配慮義務も踏まえた対応をすべき立場なので、学校が保護者に対して医師の診断を受診するよう要求することは法的に問題ない。また、教員がその際に「発達障害の疑いがある」旨を保護者に告げて受診を要求することについては反対論もあるが、教員は専門知識に乏しくとも日常的に児童生徒の特徴や言動を把握しやすい職業なので、発達障害の疑いを認識する能力があっても不自然ではなく、この点も法的に問題ないと考えられる。
　一方、学校が保護者に医師の受診を求めても保護者が拒否する場合もあり、保護者としては子どもが学校から発達障害の疑いを持たれること自体に嫌悪感を持つ場合もあるが、発達障害のある児童生徒が学校生活を送るには、家庭生活と異なって他の児童生徒との関係で適切な対応が必要であり、当該児童生徒の発達障害を一因とする教育紛争を未然に予防するためにも保護者は

学校の要求に応じて子どもを医師に受診させるべきである。保護者が医師の受診を拒否する場合は、保護者が受診を拒否したことにより生じた発達障害を理由とする紛争に関して、学校が今後一切責任を負わない旨の念書と誓約書を作成し、保護者に提出を求めるべきであろう。

発達障害の情報共有（発達障害児が加害者になった場合など）

Q127 発達障害のある児童生徒が他の児童生徒に危害を加えた場合は、どのように対応すればよいでしょうか。また、被害者が学校に加害者の発達障害に関する情報を提供するよう要求してきた場合は、どのように対応すべきでしょうか。

A127 発達障害のある児童生徒が加害者の場合は、加害者への指導と発達障害への支援の2つが必要になるため、被害者の場合と異なって学校は困難な対応を迫られます。このため、発達障害のある児童生徒の保護者に対して、当該児童生徒の発達障害の事情等を同じクラスの児童生徒と共有するか、あらかじめ保護者の同意や意見を文書で記録しておくべきです。また、発達障害に関する情報は個人情報保護法制の適用を受けるため、学校は原則として加害者の保護者の同意がなければ被害者に情報を提供できないですが、被害者の生命、身体又は財産の保護のために必要がある場合や、児童の健全な育成の推進のために特に必要がある場合には、情報を提供できる場合があると考えられます。なお、発達障害のある児童生徒への対応に関して他の児童生徒や保護者に理解と同意を求めることは、内閣府のガイドラインでは「不当な差別的取扱い」に該当する可能性があることに注意すべきです。

教育現場では発達障害のある児童生徒と他の児童生徒との間でいじめや学校事故等の教育紛争が生じることが多いが、発達障害のある児童生徒が被害者の場合は、被害者への支援と発達障害へ

第8節　発達障害・特別支援教育

の支援がともに「支援」という同じ方向性なので対応しやすく、法的問題は少ない。ところが、発達障害のある児童生徒が加害者の場合は、加害者への指導と発達障害への支援という異なる方向性での対応が必要であることから、当該児童生徒だけでなく被害者との関係で学校は困難な対応を迫られることになる。

　教育行政や弁護士はこの問題をほとんど議論しておらず、教育現場に対して有意義な意見を提供できていない[8]。しかし、紛争予防の観点からは、発達障害のある児童生徒と一般の児童生徒が集団生活を営む学校生活の特徴に鑑みて、発達障害のある児童生徒の保護者に対して当該児童生徒の発達障害の事情等を同じクラスの児童生徒と共有するか、あらかじめ保護者の同意や意見を文書で記録しておくべきである。こうしておけば、学校は発達障害のある児童生徒・被害者のいずれの関係においても、バランスを考えた対応を検討している姿勢を示すことができ、仮に紛争が訴訟化した場合でも学校の過失と評価される可能性は低くなる。発達障害のある児童生徒が関わる教育紛争は決して学校と当該児童生徒との間だけで生じるものだけではないため、その対応については保護者の理解と協力が不可欠であろう。

　また、発達障害のある児童生徒から何らかの被害を受けた被害者の保護者は、加害者の発達障害に関する情報提供を学校に要求し、対応に関する法的問題の有無を確認しようとすることが多い。発達障害に関する情報は個人情報保護法制の適用を受けるため、学校は原則として加害者の保護者の同意がなければ被害者に情報を提供できないが[9]、このような法の運用は、発達障害のある加害者だけでなく被害者とも日常的な信頼関係を築く必要がある学校にとって必ずしも現実的ではない。そのため、個人情報保護法制の目的外利用の例外規定に鑑みて、被害者の生命、身体又は財産の保護のために必要がある場合や、児童の健全な育成の推進のために特に必要がある場合には、発達障害のある児童生徒の保護者の同意がなくとも発達障害に関する情報を被害者に提供できる場合があると考えるべきであろう[10]。

　なお、「合理的配慮」が必要になるのは発達障害のある児童生徒に対して「合理的配慮」の義務を負う学校との関係においてであり、他の児童生徒は

341

発達障害のある児童生徒に対して「合理的配慮」をする必要はない点にも注意すべきである[11]。また、Q123で説明したとおり、内閣府の策定したガイドラインでは、教育の提供に当たって障害を理由に他の利用者の同意を求める等、他の利用者と異なる手順を課すことは「不当な差別的取扱い」に当たり得ると規定するため、発達障害のある児童生徒の存在や障害に対する学校の対応方針等につき、他の同級生や保護者に理解や同意を求めることが「不当な差別的取扱い」に当たり得る可能性があるが、この規定は児童生徒や保護者の様々な価値観を調整しなければならない教育現場の実情を全く考慮していない非現実的なものであり、早急に改正されるべきであろう。

8　この論点に関するほとんど唯一の著作は、坂田仰=河内祥子『イラストと設題で学ぶ学校のリスクマネジメントワークブック』(時事通信社、2017) 54頁で示されている設題である。
9　個人情報保護法16条、東京都個人情報の保護に関する条例10条など。
10　公立学校に関しては、各自治体の個人情報保護条例で規定する目的外利用の例外規定を適用する。
11　坂田=河内・前掲注8) 57頁。

私立学校と障害者差別解消法

Q128 私立学校において、施設の不備や対応できる教員の不足を理由に、障害のある児童生徒の入学を拒否できるでしょうか。

A128 内閣府が策定したガイドラインでは、このような入学拒否は「不当な差別的取扱い」に当たり得るとして、私立学校でも禁止される可能性がありますが、施設の不備や対応できる教員の不足は「不当な差別的取扱い」に該当しない「正当な理由」として考慮できるため、必ずしも入学を拒否できないわけではありません。

　　　　Q123説明したとおり、文科省が策定したガイドラインでは「学校への入学の出願の受理、受験、入学、授業等の受講や研究指導、実習等校外教育活動、入寮、式典参加を拒むことや、これ

第8節　発達障害・特別支援教育

らを拒まない代わりとして正当な理由のない条件を付すこと」は「不当な差別的取扱い」に当たり得るとされ、「不当な差別的取扱い」の禁止は国公私立学校を問わず法的義務であることから、私立学校が障害のある児童生徒の入学を拒否することは原則としてできないと解する立場もあり得る。

　しかし、「正当な理由」により入学を拒否する場合は「不当な差別的取扱い」に該当しない。そして、「正当な理由」の判断は、個別の事案ごとに「障害者、事業者、第三者の権利利益（例：安全の確保、財産の保全、事業の目的・内容・機能の維持、損害発生の防止等）及び行政機関等の事務・事業の目的・内容・機能の維持等の観点に鑑み、具体的場面や状況に応じて総合的・客観的に判断することが必要」であり[12]、設置者が地方公共団体である公立学校と比べて人的資源や財政的事情に余裕がない私立学校において、施設の不備や対応できる教員の不足は「正当な理由」を判断する際に十分考慮に値する要素であるため、設問のように私立学校が障害のある児童生徒の入学を拒否することは、必ずしも禁止されることではない。

　なお、私立学校における障害のある児童生徒の受入れ拒否の問題はインクルーシブ教育の拡充という論点と関連する（後述Focus- 9 参照）。

12　内閣府・前掲注 2 ）。

343

第2章　教育紛争の典型と問題

インクルーシブ教育の課題

Focus-9

　インクルーシブ教育は「障害児と健常児が『共生』して学ぶ教育」と理解されています[1]。

　例えば、障害のある子どもが家から最も近い学校への入学を希望する場合に、最も近い特別支援学級のある学校ではなく、最も近い学校の通常学級への入学を認めることは、インクルーシブ教育に適う対応です。筆者は、日本では障害のある子どもが、支援を受けながら大学進学に向けた学習ができる環境の学校が存在しないこと、換言すれば、障害のある子どものための進学校がないことは、「障害のある子どもが、その能力や可能性を最大限に伸ばし、自立し社会参加することができる」ことを要請する[2]インクルーシブ教育の観点から問題が大きいと考えています。

　障害のある子どもが「障害に対する手厚い専門的な支援や日常的なケア」と、「難関大学などへの進学を目指せるだけの学力の向上」の、2つの教育的ニーズを求めることは決して珍しいことではなく[3]、筆者自身もこうしたニーズを持つ生徒の指導経験があります。日本の特別支援教育は慢性的な人材不足と予算不足の中で、こうした教育的ニーズとインクルーシブ教育の理念を実現する余裕がないのが実情ですが、会計検査院で年間で約900億円近くの「無駄遣い」が指摘される国の事業に鑑みれば、政府はこのような障害のある子どもの教育的ニーズを実現する政策を一日も早く実行に移すべきでしょう。

1　インクルーシブ教育の定義は論者によってまちまちであり、ほとんど統一されていないため、ここでは、障害者権利条約24条及び文科省「共生社会の形成に向けたインクルーシブ教育システム構築のための特別支援教育の推進（報告）」〈http://www.mext.go.jp/b_menu/shingi/chukyo/chukyo3/044/attach/1321668.htm〉を参照した。

2　文科省・前傾注1）の「(2) インクルーシブ教育システム構築のための特別支援教育の推進」を参照。

3　実際に、学力の高い身体障害児の保護者の中には、特別支援学校における手厚い専門的な支援や日常的なケアに期待しつつも、一方で特別支援学校での教育内容が知的障害児の存在も考慮したものになっていることから、学力の向上というニーズに応えられないのではないか、と不安視する保護者も多い。

第9節　外国人

外国人の就学義務

Q129　外国人の就学義務について教えてください。また、外国人の児童生徒について、特に確認するとよい点等はあるでしょうか。

A129　外国人の保護者は就学義務がないですが、日本の学校への入学を希望する外国人の子どもは無償で入学できます。外国人の児童生徒については、日本語能力、居住地、保護者の国籍、保護者の在留資格等を確認し、日本の公立学校の特徴や災害共済給付などの諸制度を説明する等、適切な受入れを行う必要があります。

　法令上の就学義務は日本国民である保護者に課せられる義務であり、外国人の保護者には就学義務がないため、外国人の子どもが日本国内の小中学校に登校しなくとも、外国人の保護者の就学義務違反は生じない。しかし、国際人権規約や子どもの権利条約の規定[1]に鑑みて、外国人であっても希望すれば日本人と同様に無償で小中学校への就学が認められており、外国人に対しても教科書の無償給付措置や就学援助措置等の日本人と同様の就学支援が受けられる。また、国は外国人の子どもの就学を促進するため、「不就学外国人児童生徒支援事業」を実施している。

　外国人の就学については、就学状況の調査、住所地の確認、在留管理制度との関係等の行政上の課題と、日本語能力、文化や慣習の違い等の教育上の課題の双方が存在する。行政上の課題では、外国人の就学状況や住所地を確認する際に戸別訪問等を要する負担の大きさが指摘される。

　教育上の課題では日本語能力の問題が重要である。ほとんどの自治体では、外国人の就学に際して日本語指導等が行われており、国の予算でも外国人の児童生徒に対する日本語指導等を行う教員の給与費等を国庫負担するが、個々の子どもの日本語能力は実際に面談で調査しなければ把握が難しい上、

第2章　教育紛争の典型と問題

個人差が大きいことから個別具体的な日本語指導を行わなければならず、学校や教員の負担が大きい。また、公立学校の特徴は国により大きく異なるため、政治的中立性や宗教的中立性が強く要請される日本の公立学校の特徴を説明することも重要である[2]。その他には、日本語能力が低い保護者が災害共済給付の加入手続を忘れた状態で学校事故の当事者になった場合に、紛争解決に支障が生じることがないよう、外国人の保護者に災害共済給付の加入手続をさせておくことが重要である。

　なお、外国人の就学義務の実質的な判断が難しい場合もある。例えば、国際結婚をした夫婦の場合は保護者の国籍によって就学義務の有無が異なるので、国際結婚後も日本国籍を保持する場合は就学義務が生じることになるが、国際結婚により夫婦の双方ともが外国籍になれば就学義務は生じない（もっとも、子どもの就学には影響ない）。

1　国際人権規約A規約13条2項 (a)「初等教育は、義務的なものとし、すべての者に対して無償のものとすること」、子どもの権利条約28条1項「締約国は、教育についての児童の権利を認めるものとし、この権利を漸進的にかつ機会の平等を基礎として達成するため、特に、(a) 初等教育を義務的なものとし、すべての者に対して無償のものとする」参照。
2　宗教上の理由による給食対応については、Q165参照。

外国人の保護者対応

Q130　外国人の保護者の対応について、注意すべき点を教えてください。

· ·

A130　児童生徒よりも保護者のほうが日本語能力の低い場合が多いので、言語が原因の紛争を予防するために、できる限り文書での対応を行うとよいです。また、権利意識や文化の違いを原因とする紛争もあるため、丁寧に信頼関係を築いていくとよいです。

解説 外国人の保護者の対応に苦慮する学校は多いが、その理由は「日本語能力」と「文化や価値観の違い」の2つが大きい（ただし、それ以外は日本人の保護者と何ら変わるところはない）。

Q129で説明したとおり、外国人の子どもは日本語能力の不足が課題になりやすいが、児童生徒に対しては日本語指導等が行われる上、日常的に学校生活を営む中で日本語を用いる環境で過ごすので日本語の習得も早く、児童生徒よりも保護者のほうが日本語能力の低い場合が多い。実際の教育現場では、教員が日本語能力の低い外国人の保護者と面談する場合は、子どもがその通訳を担うことも珍しくないが、この場合は通訳である子どもが教員の話す内容を全て理解していることが前提なので、子どもの負担が大きくなってしまう上に、後で保護者から「日本語の内容が分からなかった」「そんなことを言われた記憶はない」等の反論をされた際に、紛争の原因が子どもの通訳力に責任転嫁されてしまうリスクもある。そのため、日本語能力の低い外国人の保護者の対応では、言語上の誤解や紛争を予防する観点から文書による対応が望ましく、文書ならば「言った」「言わない」の水掛け論を予防できるし、保護者にとっても音声よりも文字のほうが翻訳しやすい。また、学校が日本語の文書の内容を保護者の母国語で理解させる法的義務はなく、その内容を理解すべきかどうかは保護者の子どもに対する責務の範囲であり、「日本語の内容が分からなかった」という主張を排斥できる。

外国人の保護者対応に関しては、日本人との権利意識や文化の違いを指摘する教員も多いが、筆者は権利意識に関しては外国人が日本人に合わせるべきとは考えていない。確かに、外国人の保護者の多くは日本人よりも権利意識が強いが、同時に日本人よりも法的義務や責任所在を明確にする意識も強く、保護者の法的義務や責任を理解させる上では外国人のほうが日本人よりもスムーズな場合も多いからである。一方、文化の違いに関しては、外国人であっても日本の教育制度に基づく学校文化に合わせるべきである。外国人の保護者には就学義務はないが、子どもが日本の学校に就学する以上、日本の教育制度に基づく学校の教育方針よりも自国の文化に基づく家庭の教育方針が常に優先されるということはなく、学校の教育方針を不当に破壊しない

合理的な範囲内で自国の文化に基づく教育方針が尊重されるにすぎない。

筆者も教員をしている中で、外国人の保護者とコミュニケーションがうまく取れない経験もあったが、権利意識や文化の違いはあっても、粘り強く信頼関係を築いて学校の教育方針を理解してもらうことは日本人の保護者の場合と何ら変わりはないと考える。

外国人の子どもに対する教育

Q131 外国人に対する政治的教育について、注意すべき点を教えてください。

A131 外国人の子どもは、現在の日本の選挙制度の下では将来有権者になれない可能性があることから、外国人の子どもが在籍する現在の教育現場では主権者教育という語を用いるべきではなく「政治的教育」という語を用いるべきです。

2016年に選挙権が18歳に引き下げられたことで、教育現場では高校生を中心に、選挙に関する政治的教育への関心が高まっており、文科省と総務省も早速副教材「私たちが拓く日本の未来」を作成し、各学校に配布した。

しかし、同教材は外国籍の生徒が多数存在する現状の高校現場への配慮が一切なく、生徒用に配布される副教材には「有権者」という語が何度も使用されているが、有権者になるためには日本国籍が必要であり、現行の選挙制度では国政選挙・地方選挙を問わず、また永住許可の有無を問わず、いかなる場合でも日本国籍を有しなければ有権者になれないことが明記されていない。筆者を含め高校で公民科目を担当する教員の中には、外国籍の生徒が多数存在する現状の高校現場に相応しい政治的教育のあり方を議論する動きも一部にあったが、結果的に政府及び政府と密接に関連する有識者のみによって早急に副教材が作成された感は否めない。

第9節　外国人

　また、選挙権の引下げと呼応する形で「主権者教育」という言葉も活発に使用されており、日弁連も人権擁護大会宣言（2016）で「あるべき主権者教育の推進を求める宣言─民主的な社会を担う資質を育むために─」を発表したが[3]、筆者はこうした動きを懸念している。特に人権擁護を担う職能団体としての弁護士団体が主権者教育という語を安易に使用し、しかも外国籍の生徒に対する配慮をほとんど欠いた内容の宣言を発表することは、弁護士業界自体が外国籍の生徒が多数在籍する現状の高校現場の実情を全く理解せずに、主権者教育という語を波及させようとしている点で問題視すべきであろう。現行の選挙制度の下では主権者教育という語の使用は控えるべきであり、「政治的教育」の語を使用すべきである。

　筆者自身は、政治的教育は民主主義社会を維持する最重要手段であると考えており、弁護士の立場だけでなく公民科教員の立場からも学校での政治的教育を一層充実すべき必要性を感じているが、同時に日本の政治の現実を直視した内容も子どもたちに伝えなければならないことも重要である。外国人の子どもが多数存在する現状の日本の教育現場で学び、日本人と外国人が共生する社会で生きていく子どもたちに必要な政治的教育こそ不可欠であって、現状の政治的教育のように、政府が作成した副教材に外国人の子どもへの配慮が一切なく、弁護士団体が率先して主権者教育という語を広めようとする動向は、未だに「国民国家」的なイメージの政治的教育に捉われる動向として批判すべきであろう。

3　日弁連「あるべき主権者教育の推進を求める宣言─民主的な社会を担う資質を育むために─」〈https://www.nichibenren.or.jp/activity/document/civil_liberties/year/2016/2016_2.html〉参照。

349

第2章　教育紛争の典型と問題

第10節　部活動

部活動顧問と部活動指導員の職務内容

Q132 部活動顧問及び部活動指導員の職務内容について教えてください。

A132 部活動顧問は法令上の規定がなく、職務内容も明らかでありません。一方、部活動指導員は法令上「スポーツ、文化、科学等に関する教育活動に係る『技術的な指導』に従事する」と規定され、さらに通知上は指導計画の作成、日常的な生徒指導、事故対応等より広範な職務を担当します。

　「部活動顧問」は教員の重要な業務として認識されているが、実は法令上の規定がなく、その職務内容も明らかでない。部活動は「生徒の自主的、自発的な参加により行われる」（学習指導要領総則）ものであって教育課程に含まれず、中教審は校務の具体的な範囲を「教育課程に基づく学習指導などの教育活動に関する面」と考えており[1]、教育課程ではない部活動は校務の具体的な範囲内と断定できない。

　しかし、実務では部活動が「学校教育の一環として、教育課程との関連が図られるよう留意」（学習指導要領総則）すべきことを理由に、法的にも教員の職務内容の一つと位置づけている[2]。判例は、部活動顧問は「生徒を指導監督し事故の発生を未然に防止すべき一般的な注意義務」を負うと判示し[3]、最近の裁判例も「部活動について指導，監督に当たる教諭等は，部活動を行う生徒の生命及び身体の安全に配慮すべき義務を負う」と判示する[4]。学習指導要領の文言及び判例の判断枠組みに照らすと、部活動顧問の職務内容は、「生徒の生命及び身体の安全に配慮し、事故の発生を未然に防止するために、生徒の自主的、自発的な活動を指導し、監督」するものであると理解できる（ただし、近時の文科省は学校における働き方改革の一環として、部活動を「学校の業務だが、必ずしも教師が担う必要のない業務」であると位置づけ[5]、従来の部活動に対する

第10節　部活動

見解を変更した点に注意すべきである）。

　一方、2017年4月より導入された「部活動指導員」の職務内容は、スポーツ、文化、科学等に関する教育活動に係る「技術的な指導」に従事する（学校教育法施行規則78条の2）として、法令上明確に規定されている。しかし、スポーツ庁の通知では、部活動指導員は、指導計画の作成、日常的な生徒指導、事故対応等も担当するとされ[6]、法令よりも職務内容が広範である。日常的な生徒指導や事故対応で技術的な指導に関連する部分とそうでない部分を区別することは容易ではないため、学校が部活動指導員を導入する場合は、部活動指導員の職務内容が「技術的な指導」という文言のイメージ以上に広範である点に注意する必要がある。

1　文科省「教員の職務について」〈http://www.mext.go.jp/b_menu/shingi/chukyo/chukyo3/031/siryo/06111414/003.htm〉参照。

2　より正確に言えば、部活動は「学校教育の一環」であることから、「教諭は、児童の教育をつかさどる」（学校教育法37条11項）とする規定により、部活動も「（学校）教育をつかさどる」教員の業務に含まれると解される（菱村幸彦『スクール・コンプライアンス111選』（ぎょうせい、2017）87頁参照）。しかし、この見解は部活動が他の教育活動と比較して生徒の自主性と自発性を本質としていることや、部活動が沿革的に教育課程「内」から「外」の活動へと位置づけられてきたことを軽視しているように思われる。

3　最二小判昭和58年2月18日民集37巻1号101頁。

4　静岡地判平成28年5月13日判時2336号83頁。なお、顧問教員だけでなく副顧問教員もまた生徒の生命及び身体の安全を保護すべき義務を負っており、顧問教員の不適切な指導等を制止すべき法的義務を負うと判示する裁判例がある（大分地判平成25年3月21日判時2197号89頁）。

5　文科省「学校における働き方改革に関する緊急対策等について」（2017）40頁。

6　平成29年3月14日28ス庁第704号通知「学校教育法施行規則の一部を改正する省令の施行について」参照。

部活動顧問と部活動指導員の関係

Q133　部活動顧問を教員ではなく部活動指導員のみに担当させることは可能でしょうか。

351

A133

部活動指導員が導入された趣旨に鑑みれば可能ですが、スポーツ庁の通知は、部活動指導員のみを顧問とする場合にも「当該部活動を担当する教諭等を指定」し、指導計画の作成、生徒指導、事故対応等の職務に当たらせると規定するため、結局、教員が何らかの形で部活動に関与することが想定されています。

部活動指導員を導入した背景には、教員の部活動業務の負担が大きく、休日も長時間従事しなければならない実態が社会問題化していたことにあるため[7]、部活動指導員の制度趣旨に鑑みれば、部活動顧問を教員ではなく部活動指導員のみに担当させることも可能なはずである。また、部活動指導員は法令上も職務内容が明確に規定されているので、教員よりも部活動指導員を顧問にするほうが法的にも妥当である。

しかし、スポーツ庁の通知は、教員の顧問を置かず部活動指導員のみを顧問とする場合には「当該部活動を担当する教諭等を指定」し、指導計画の作成、生徒指導、事故対応等の職務に当たらせると規定し、「部活動指導員が顧問を担当する場合には、教員は部活動に関与しない」ことは想定されていない。むしろ、校長から当該部活動を「担当するよう指定」された教員は、指導計画の作成・生徒指導・事故対応等、従来の顧問と何ら変わりない職務を担当しなければならず、結局、教員が何らかの形で部活動に関与しなければならないのであれば、教員の部活動業務の負担を軽減する目的で導入した部活動指導員の制度趣旨を没却しかねない。

スポーツ庁の通知は、部活動指導員に顧問を担当させる場合も教員が「補助的に」部活動業務を担当すべきことを要求するが、教員の部活動業務の負担軽減が部活動指導員制度の趣旨である点に鑑みれば、部活動指導員に顧問を担当させる場合は教員を部活動に関与させるべきではない、と解すべきである（もちろん、教員が部活動への関与を希望する場合はこの限りではない）。

---

7 例えば、教員勤務実態調査によれば、中学校教員の土日の部活動の業務時間は、10年前と比べて平均で1時間以上も増加しており、教員の部活動業務の負担が深刻化している

ことが明らかになった(文科省「教員勤務実態調査(平成28年度)の集計(速報値)について(概要)」)。

部活動指導員による懲戒

Q134 部活動指導員は生徒に懲戒を加えることはできるでしょうか。

A134 部活動指導員は教員ではないので懲戒を加えることはできません。ただし、体罰禁止規定も適用されないので、体罰が横行する可能性に注意すべきです。

　学校教育法11条は校長及び教員の懲戒権を規定するが、部活動指導員は教員ではなく、教員免許も必要ではないため、部活動指導員に同条は適用されず、生徒に対する懲戒権がない。

　しかし、スポーツ庁の通知は、部活動指導員が部活動中の日常的な生徒指導に係る対応を行うことを求めており、懲戒権のない部活動指導員に生徒指導を担当させる点が問題となる。例えば、部活動中に他の生徒の活動を妨げる行為をした生徒に対し、部活動指導員は懲戒を加えることなく当該生徒に対する指導を行わなければならないが、現実的には困難である。

　また、部活動指導員は教員でないため、教員に対する体罰禁止規定(学校教育法11条但書)も適用されない。もちろん、体罰は不法行為ないし犯罪に該当するため、部活動指導員も体罰を行えば法的責任を負うのは当然だが、教員の体罰を抑制する機能を有する体罰禁止規定が部活動指導員には存在しないため、部活動指導員の指導で体罰が横行する可能性は否定できず、部活動指導員にも学校教育法11条を準用すべき解釈が必要になろう。

部活動に立ち会う義務

Q135 部活動顧問及び部活動指導員は部活動に立ち会う義務を負いますか。

A135 部活動が生徒の自主性と自発性を本質とする活動に鑑みれば、部活動顧問は常に立ち会う義務を負いません。また、部活動指導員を置く場合は、顧問を担当する教員は立ち会う義務を負わないと考えられます。しかし、柔道部等のように、部活動それ自体に重大な事故を生じる危険性が内在する場合は、部活動指導員を置いて、できる限り部活動に立ち会う時間を多くすることが望ましいです。

部活動中の事故では、部活動顧問が事故の際に立ち会っていたかどうかが争点となる場合が多いが、判例は、部活動が「本来生徒の自主性を尊重すべきものであることに鑑みれば、何らかの事故の発生する危険性を具体的に予見することが可能であるような特段の事情のある場合は格別、そうでない限り、顧問の教諭としては、個々の活動に常時立会い、監視指導すべき義務までを負うものではない」と判示しており[8]、部活動顧問は常に立会う義務は負わない。また、部活動指導員を置く場合は、教員の部活動業務の負担軽減を目的とする制度趣旨に鑑みて、顧問を担当する教員は立会う義務を負わないと考えられる。

しかし、部活動は柔道部のように重大な事故が発生する危険性が内在する活動から、文化部のように危険性がそれほど内在しない活動まで多岐にわたるため、部活動顧問に対して法的に要求される立会いの態様は一律に理解できない。判例も柔道部の事故では、「技能を競い合う格闘技である柔道には、本来的に一定の危険が内在しているから、学校教育としての柔道の指導、特に、心身共に未発達な中学校の生徒に対する柔道の指導にあっては、その指導に当たる者は、柔道の試合又は練習によって生ずるおそれのある危険から生徒を保護するために、常に安全面に十分な配慮をし、事故の発生を未然に防止すべき一般的な注意義務を負うものである」と判示する[9]。

部活動中の事故の多くは生徒の技術不足と指導者の技術的指導力不足が原因であるが、そもそも当該部活動の経験や知識を持たない教員であっても事実上強制的に部活動顧問を担当させる現状を放置してきた教育政策に重大な責任がある。そのため、部活動の「技術的な指導」を担当する部活動指導員を導入するのであれば、特に重大な事故が発生する危険性が内在する部活動は、できる限り部活動指導員を導入すべきであり[10]、部活動指導員の立会い時間を増やすことで教員の立会いの負担を減らして法的リスクを軽減するだけでなく、教員よりも技術的指導に優れた部活動指導員が指導するほうが生徒にとっても望ましいと考える。

8　最二小判昭和58年2月18日・前掲注3）。
9　最一小判平成9年9月4日集民185号63頁。
10　部活動指導員制度が導入された今後は、重大な事故が発生する危険性が内在する部活動について、部活動指導員の導入を検討せずに重大な事故が発生した場合は、学校の過失が肯定される可能性が高くなろう。

部活動指導に求められる能力

Q136 部活動顧問及び部活動指導員に必要な能力はどのようなものですか。

A136 判例は、平均的なスポーツ指導者程度の危険性の認識能力では足りず、専門的かつ科学的な知見に反しない程度の危険性の認識能力を要求していますが、部活動指導員にこのような能力を要求するのは合理的でも、教員に同様の能力を要求すべきではありません。

部活動顧問は「生徒を指導監督し事故の発生を未然に防止すべき一般的な注意義務」を負うが、判例は、サッカー部の大会試合中の落雷事故で、「平均的なスポーツ指導者において、落雷事故発生の危険性の認識が薄く」とも、そのような認識が当時の専門的な文献等

に基づく「科学的知見に反するもの」であれば、注意義務違反となると判示する[11]ため、判例によれば、部活動顧問に必要な能力は、平均的なスポーツ指導者程度の危険性の認識能力では足りず、専門的かつ科学的な知見に反しない程度の危険性の認識能力でなければならない。

しかし、部活動の法令上の位置づけが不明確な中で、当該部活動の経験や専門知識がなくとも職務命令で事実上強制的に部活動顧問を担当させられる教員にこのような能力を要求することは、児童生徒が受けた被害を救済する必要があるとしても法的には著しく合理性を欠き妥当でない。

一方、部活動指導員は教員と異なり、当該部活動の経験や専門知識が豊富な専門家であるから、部活動指導員に対して専門的かつ科学的な知見に反しない程度の危険性の認識能力を要求することは不合理ではない。そのため、部活動指導員が導入される今後は、判例が部活動顧問に要求する能力は、部活動指導員に限って要求されると考えるべきである。

---

[11] 最二小判平成18年3月13日集民219号703頁。

職務命令による部活動顧問の担当

Q137 部活動顧問を職務命令で強制的に担当させることはできますか。

A137 部活動が教育課程外の活動であり、生徒の自主性と自発性に本質があること、また、判例上は部活動顧問に高度な能力が要求され、事故が起きた場合に重大な法的責任を負うことからすれば、職務命令で強制的に担当させることはできません。

　　部活動は法令上の位置づけが不明確であり、学習指導要領に「生徒の自主的、自発的な参加により行われる部活動」は「学校教育の一環として、教育課程との関連が図られるよう留意すること」と規定されるにすぎない[12]。

この点で、部活動は「学校教育の一環」であり、教諭は児童生徒の「教育をつかさどる」（学校教育法37条11項）こと、学校で行われる教育活動には学習指導要領に明記がないもの（例えば、朝の読書活動、放課後の補習授業、夏季休業中のプール指導等）も含まれ、これらの業務も学校教育法上の教員の職務と解されていることを理由に、部活動顧問は校務分掌の1つであり、職務命令で強制的に担当させることができると考える説もある[13]。また、公立学校では教育委員会が制定する学校管理運営規則で「校長は、教員に対して部活動の指導業務を校務として分掌させることができる」と規定する場合が多く[14]、同規則に基づき職務命令として強制的に部活動顧問を担当させることができると解されている。

しかし、部活動は沿革的には教育課程の「内」から「外」へと位置づけられてきたものであり[15]、学校教育の一環といえども教育課程外の活動と理解すべきである。教育課程ではない活動を学校教育法上の教員の職務として理解するならば、教員の職務に含まれる教育課程外の活動の範囲を画する判断基準が必要だが、こうした基準を設定するのは容易でない（中教審が考える校務の具体的な範囲に部活動が明示されていない点からもこの点が推察される）。学校教育法37条11項を根拠に、「教育活動」とみなされる教育はすべからく教諭が「つかさどる」ものであると解すれば、教員はあらゆる教育活動を無制限に担当しなければならなくなる。朝の読書活動、放課後の補習活動、夏季休業中のプール指導等は、生徒の判断で自主的、自発的に行われるのではなく、学校の判断に基づいて学校が主体的に行う教育活動である点で、「生徒の自主的、自発的な参加により行われる」部活動とは本質が全く異なるため、こうした教育活動と部活動を同列の校務分掌としては理解できない。

部活動の本質が「生徒の自主的、自発的な参加により行われる」ことにある点は判例も認めており[16]、そうであるならば、教員の部活動顧問の担当も自主性や自発性に基づくべきである。また、判例上部活動顧問に必要な能力は、平均的なスポーツ指導者程度の危険性の認識能力では足りず、専門的かつ科学的な知見に反しない程度の危険性の認識能力であり、重大な法的責任を負う職務であるから、校長が教員に部活動顧問を職務命令で強制的に担当

第2章　教育紛争の典型と問題

させる際には、部活動顧問に必要とされる能力を適切に判断し、重大な法的
責任を負うリスクを理解した上で担当させるべきだが、現実的には難しい。
生徒の利益の観点からも、指導経験や指導意欲に乏しい教員が職務命令で強
制的に顧問を担当するよりも、指導経験や指導意欲の豊富な教員が自主的・
自発的に顧問を担当したほうが、ずっと生徒の利益に資するはずである。

　以上から、部活動顧問は原則として部活動指導員が担当し、例外的に教員
が自主的・自発的に顧問を希望する場合は教員が担当すべきであって、教員
に部活動顧問を職務命令で強制的に担当させることはできないと考えるべき
である。また、部活動顧問の担当で自主性や自発性を考慮するならば、部活
動顧問の法的責任も、生徒の自主的、自発的な活動を支える限度で責任が生
じると考えるべきである（Q139を参照）。

補足

部活動に関する生徒の要求に学校が応じる義務

　生徒が特定の部活動の設置を要求するが、顧問を担当できる教員がいない
場合に、学校が生徒の要求に応じる法的義務があるだろうか。学校はできる
限り指導能力に優れた部活動指導員を学外から募集することが望ましいが、
生徒の部活動が教育課程外の活動であり、法的に学校で必ず実施すべき活動
とまでは言えないため、学校が生徒の要求に応えて部活動顧問を担当する教
員や部活動指導員を確保して部活動を設置すべき法的義務はなく、学校は生
徒の要求を拒否できると考えられる（筆者としては、生徒の利益に配慮して、隣接
学校等と協議して合同部活動を設置する等、学校設置者がある程度の努力をすべきではな
いかと考えている）。

12　より具体的には、中学校学習指導要領解説総則編において、「生徒の自主的、自発的な
　　参加により行われる部活動について、①スポーツや文化及び科学等に親しませ、学習意欲
　　の向上や責任感、連帯感の涵養、互いに協力し合って友情を深めるといった好ましい人間
　　関係の形成等に資するものであるとの意義、②部活動は、教育課程において学習したこと
　　なども踏まえ、自らの適性や興味・関心等をより深く追求していく機会であることから、第
　　2章以下に示す各教科等の目標及び内容との関係にも配慮しつつ、生徒自身が教育課程
　　において学習する内容について改めてその大切さを認識するよう促すなど、学校教育の一

第10節　部活動

環として、教育課程との関連が図られるようにする」（84頁）と規定されている。

13　菱村・前掲注２）87頁。

14　例えば、東京都立学校の管理運営に関する規則12条の12第２項は、「校長は、所属職員（事務職員等を除く。）に部活動の指導業務を校務として分掌させることができる」と規定する。

15　神内聡『学校内弁護士』43頁。

16　最二小判昭和58年２月18日・前掲注３）。

部活動顧問の法的責任と通常の学校事故との違い

Q138　部活動中の事故で部活動顧問が法的責任を負う場合に、通常の学校事故と異なる法的視点を教えてください。

··

A138　判例は、部活動中の事故も通常の学校事故と同じく「予見可能性」と「結果回避可能性」を検討して部活動顧問の法的責任を判断していますが、部活動中の事故は①生徒が自主的、自発的に参加した活動で生じた事故であり、②教員は当該部活動の経験や専門知識の有無にかかわらず、事実上強制的に顧問を担当させられる等、通常の学校事故と全く異なる背景事情があるため、部活動の特徴を鑑みた判断枠組みを構築すべきです。

解説　部活動中の事故は学校事故の典型例であり、部活動顧問の過失と法的責任の成否は、学校事故と同様に「予見可能性の有無」と「結果回避可能性の有無」を検討し、予見可能性も学校事故と同様に当該部活動自体に事故を生じさせる危険性が内在するかどうかを基準に判断する。部活動中の事故に関する最高裁判所の考え方は次の３つの判例に示されている。

①　最二小判昭和58年２月18日（民集37巻１号101頁）

バレーボール部員がトランポリンで遊んでいた生徒に殴られて負傷した事故で、最高裁は部活動であっても「それが学校の教育活動の一環として行われるものである以上、その実施について、顧問の教諭を始め学校側に、生徒を指導監督し事故の発生を未然に防止すべき一般的な注意義務」があるとし

359

第2章　教育紛争の典型と問題

た上で、顧問教員の過失が成立するためにはトランポリンの使用をめぐるけんかが教員にとって予見可能だったことが必要だが、「従来からの部活動中の体育館の使用方法とその範囲」「トランポリンの管理等につき生徒に対して実施されていた指導内容」「体育館の使用方法等についての過去における生徒間の対立や紛争の有無」「対立や紛争が生じた場合に暴力に訴えることがないように指導されていたか否か」等を総合検討して判断すべきと判示した。この判例は予見可能性の成否に関して、事故以前の過去の使用環境や指導内容を重視する。

② 最一小判平成９年９月４日（集民185号63頁）

柔道部の練習中に大外刈りの技をかけられて転倒し負傷した事故で、最高裁は柔道指導者の安全配慮義務について判示した上で、大外刈りは中学１年生で学習する基本的な投げ技だが、大外刈りを含む技を自由にかけ合う乱取り練習に参加させるには「初心者に十分受け身を習得させる必要」があり、一般に体力、技能の劣る中学生の初心者を回し乱取り練習に参加させることは特に慎重な配慮が求められ、「有段者から大外刈りなどの技をかけられても対応し得るだけの受け身を習得しているかどうかをよく見極めなければならない」として、具体的な指導上の注意義務を検討する。この判例は柔道での負傷事故は予見可能性が認められやすいことを前提に（本件でも予見可能性は否定していないと思われる）、結果回避可能性を中心に検討したとも考えられ、指導上のガイドラインである「柔道指導の手引」に沿った指導であったかどうか、易しい技から難しい技へと段階的に指導していたかどうか、といった点を結果回避可能性の成否で重視する（Q135参照）。

③ 最二小判平成18年３月13日（集民219号703頁）

サッカー部の試合中の落雷事故で、最高裁は、教育活動の一環として行われる部活動では生徒は部活動顧問教員の「指導監督に従って行動する」から、教員は「できる限り生徒の安全にかかわる事故の危険性を具体的に予見し、その予見に基づいて当該事故の発生を未然に防止する措置」をとることで部活動中の生徒を保護すべき注意義務を負うとした上で、「たとえ平均的なスポーツ指導者において、落雷事故発生の危険性の認識が薄く、雨がやみ、空

360

が明るくなり，雷鳴が遠のくにつれ，落雷事故発生の危険性は減弱するとの認識が一般的」だったとしても、このような認識は事故当時の「科学的知見に反するものであって，その指導監督に従って行動する生徒を保護すべき」部活動顧問教員の注意義務を免れさせる事情とはなり得ないと判示した（Q136参照）。

　ただし、③は最高裁が部活動の本質と実態を全く誤解しているので、先例となり得ない。なぜなら、学習指導要領で部活動の本質は生徒の自主性と自発性にあることが明示され、①の判例も部活動は「本来生徒の自主性を尊重すべき」と判示するが、③の判例は部活動に参加する生徒は顧問教員の「指導監督に従って行動する」と理解しており、生徒の自主性を重視する学習指導要領や判例の理解と矛盾する上、教員は当該部活動の経験や専門知識がなくとも顧問を事実上強制的に担当させられる実態に鑑みれば、裁判所が顧問教員に科学的知見まで要求するのは法律論として非常識だからである。したがって、部活動中の事故の予見可能性と結果回避可能性は、上記①②の判例の判断枠組みに基づいて検討すべきである。

　また、部活動中の事故は通常の学校事故と異なる法的視点が必要である。なぜなら、通常の学校事故は教育課程上の授業時間中や生徒が在校中の休み時間中に発生し、例えば、体育の授業中の事故は体育の教員免許と専門知識を持つ体育教員が担当する授業中の事故であるが、部活動中の事故はそもそも教育課程上の時間帯ではない放課後等に、生徒の自主的、自発的な参加に基づき行われる部活動中に発生する事故である。部活動を指導する顧問教員は当該部活動の経験や専門知識がなくとも事実上強制的に時間外労働として顧問業務を担当させられているため、通常の学校事故と部活動中の事故は本質的に全く異なる事故である（次頁の表を参照）。

　実は、表で示した通常の学校事故と部活動中の事故の違いを意識した法律家の見解や裁判例はほとんどない。例えば、専門的技能を有しない教員が重大事故の危険性が高い柔道部の顧問教員を事実上強制的に担当させられた場合の事故でも、柔道の専門的技能を有する顧問教員の場合と全く同様の判断枠組みで法的責任の成否を判断する裁判例[17]もあり、明らかに不当である。

361

第2章　教育紛争の典型と問題

表　通常の学校事故と部活動中の事故の違い

	通常の学校事故	部活動中の学校事故
教育課程	教育課程内	教育課程外
強制性	生徒は法令により強制的に履修	生徒は自主的、自発的に参加
時間帯	授業中・休み時間・清掃時間	放課後
教員の能力	教員免許を有する教員が担当	当該部活動の経験や専門知識がない教員も担当
労働時間	勤務時間内	ほとんどが時間外労働

　また、通常の学校事故は法令で生徒が強制的に履修しなければならない授業等の時間中の事故であるのに対し、部活動中の事故は生徒が保護者の同意の下に自主的、自発的に参加した時間中の事故である点で決定的に異なる。部活動中の事故に関しては生徒や保護者は部活動に内在する危険性をある程度認識して自主的、自発的に参加することから、その危険が現実化したとしてもある程度甘受すべき立場にあると考えるべきであるが、この点に言及する裁判例は皆無である。不幸にして部活動中の事故で生徒の尊い生命が失われたり、重い後遺障害を負う被害が発生することは耐え難いことだが、部活動への参加を決定するのは教員ではなく生徒自身と保護者であり、両者が部活動に内在する危険性を認識せずに参加することがあってはならない。部活動が生徒の自主性と自発性に本質がある以上、部活動中の事故の法的責任も自主的・自発的に参加した生徒や保護者の危険性の認識と、認識した範囲での危険の現実化であるかどうかを考慮して判断すべきである。

　以上のとおり、筆者は部活動中の事故の法的責任に関しては、学校事故と異なる判断枠組みを構築すべきことを強く主張するものである。

17　例えば、福島地判郡山支平成21年3月27日判時2048号79頁等。

部活動中の事故に関して教員に法的責任を負わせるべきではない場合

Q139
部活動中の事故で顧問教員が法的責任を負うべきでない場合について教えてください。

第10節 部活動

A139 ①当該部活動へ自主的、自発的に参加した生徒が、当該部活動に参加するために必要な最低限の能力を備えていなかった場合、②部活動終了後の更衣時間中に部員同士のけんかで負傷した場合、③医師が予見不可能であり、かつ業界団体の文献や指針に対応記載がなかった症状による事故の場合、④生徒や保護者が負傷事実を正確に伝えず、練習参加を希望した場合、⑤教員が当該部活動の経験や専門知識に乏しいにもかかわらず、顧問教員を担当している場合、⑥教員の勤務時間外の練習中に起きた事故の場合、⑦教育行政が指針等に応じた環境整備のための予算上の措置を講じていなかった場合等は、原則として顧問教員が法的責任を負うべきではないと考えられます。

部活動中の事故は通常の学校事故と異なる法的視点が必要だが、そのような視点がない裁判例では、本来教員が負うべきでない法的責任を認めた事案も多い。以下に、顧問教員が法的責任を負うべきでない場合を最近の裁判例で検討する。

① 当該部活動へ自主的、自発的に参加した生徒が、当該部活動に参加するために必要な最低限の能力を備えていなかった場合

剣道部の活動中に仮入部中の部員が竹刀を振り回して他の部員を負傷させた事故で、「仮入部生の中には、竹刀の危険性もわきまえていない生徒がいることが十分予想される」ので、本件事故は顧問教員にとって十分予見可能であり、仮入部生に対して「竹刀の危険性をわきまえ、いたずらで振り回すなど危険な行為に及ぶことがないよう厳重に注意するなど直接指導にあたる義務」があったとして、教員の法的責任を認めた裁判例[18]がある。しかし、仮入部生とはいえ剣道部に入部を希望する生徒ならば竹刀の危険性をわきまえる能力は顧問教員が注意指導しなくとも保護者の家庭教育や生活上で十分習得しておくべきものであり、教員に注意指導義務を課すのは妥当でない。

② 部活動終了後の更衣時間中に部員同士のけんかで負傷した場合

柔道部の練習終了後の更衣時間中に発生したけんかでの負傷事故で、加害者が暴行事件や傷害事件を数回起こしており、顧問教員が不在の際に加害者

が負傷事故を発生させかねない遊びに興じているのが常態化していることを認識していた場合は、更衣時間中でも立会監視義務を負うとして、教員の法的責任を認めた裁判例[19]がある。しかし、このような加害者の問題行動に対して、顧問教員に更衣時間中まで立会い義務を課すのは、本来は家庭教育が担うべき加害者の人格矯正を教員が時間外労働で行うことを事実上容認する司法判断であり、妥当でない。

③ 医師が予見不可能であり、かつ業界団体の文献や指針に対応記載がなかった症状による事故の場合

柔道部の練習中に脳震盪を起こした生徒が、2週間以上経って出場した大会のウォーミングアップ練習中に投げられた際に急性疾患を発症した事故で、顧問教員が生徒本人から脳震盪後も練習参加は特に問題ないと医師から言われた旨の報告を受けており、脳震盪を起こしてから大会まで2週間以上経過していたことや、脳震盪は柔道練習で頻繁にある症状であり、事故当時の全日本柔道連盟作成の柔道安全指導の文献や体育連盟の指針で脳震盪症状が出た生徒への対応が記載されておらず、本件事故のようなセカンドインパクト症候群は柔道界で広く認識されていなかった事情でも、顧問教員には本件事故の予見可能性があったとして、教員の法的責任を認めた高裁判例[20]がある。しかし、医師ですら予見不可能であり、かつ業界団体の文献や指針に対応記載がなかった症状による事故までも顧問教員が法的責任を負うのであれば、部活動顧問業務の法的リスクは常軌を逸したものと言わざるを得ない（なお、本件の第一審[21]は教員の法的責任を否定する）。本件の高裁判決はあまりに非常識な司法判断であり、妥当でない。

④ 生徒や保護者が負傷事実を正確に伝えず、練習参加を希望した場合

陸上部の生徒が大会で棒高跳びの跳躍中にバランスを崩して落下した事故で、生徒が本件事故の約3週間前に左足首をひねるという先行負傷を負っていた事情の下では、顧問教員は棒高跳び本来の危険性のみならず助走や跳躍に関わる左足首の痛み、練習不足及び自身の体調に対して抱いている不安等も影響して、生徒の安全に関わる事故が発生する危険があることを具体的に予見することが可能であり、生徒に対して先行負傷の状態や体調に対して抱

いている不安の内容等を具体的に確認した上、生徒に指示して本件試合への出場をやめさせるべき法的義務を負っていたのにこれを怠ったとして、教員の法的責任を認めた高裁判例[22]がある。この裁判例は、本件事故の約1週間前に診察した医師が、数日後に大会があることを聞いたにもかかわらず診察の上で症状は著明に改善し腫れも圧痛もないと診断し、本件大会への出場を止めなかったこと、生徒は体調に不安はあるものの、棒高跳びを跳ぶことができるという自信があったことから、棒高跳びは棄権したくないと考えて本件事故の前日に幅跳び及びリレーを棄権したこと、等の事情から、顧問教員が大会に出場しないよう指示したとしても生徒は大会に出場したいと述べた可能性があるが、生徒はまだ高校2年生で判断能力等の点で未熟であったというべきであり、当該顧問教員自身がかつて棒高跳びの選手であり、30年以上跳躍専門で陸上競技部の指導に当たってきたもので棒高跳びの危険性を熟知していたとの理由で、教員の法的責任を認める。しかし、部活動が生徒の自主的、自発的な参加に基づく活動ならば、大会出場の当否も顧問教員ではなく生徒自身と保護者が出場した場合の危険性を認識した上で決定すべきである（本件は、医師ですら大会出場を制止していないことから、そもそも顧問教員が事故の発生を具体的に予見不可能だった事案である）。

　また、柔道部の練習中に頭部を負傷した生徒が3か月後の合宿中に再び頭部を負傷し重症となった事故で、柔道は死亡確率及び重度の負傷事故の発生確率が高いことから、柔道部顧問教員は「生徒の健康状態や体力及び技量等の特性を十分に把握して、それに応じた指導」をすべき法的義務を負うとした上で、たとえ生徒が負傷した事実の情報等を正確に提供しておらず、練習への参加を希望していた場合であっても、顧問教員が頭部を負傷した後に再び頭部に衝撃を受けた場合の危険性を認識していた場合は部活動に参加させるべきではなかったとして、教員の法的責任を認めた裁判例[23]があるが、この裁判例も、部活動が生徒の自主的、自発的な参加に基づく活動である点が全く配慮されておらず、妥当でない。

　⑤　教員が当該部活動の経験や専門知識に乏しいにもかかわらず、顧問教員を担当している場合

体操部の平行棒の練習中に、着地の際に床に頭部を強打し負傷した事故で、平行棒の演技は高度の危険性が内在するため、体操部の顧問教員は、新たに難易度が増した技に生徒が挑戦するような場合は、当該生徒の技量、技の習熟度、失敗の可能性や危険性等を考慮して、仮に演技が成功しなくとも、最低限身体の強打等による傷害や後遺障害を負うことがないよう十分な補助態勢やマット等の設備を整えた上で自らの指導の下で演技を行わせるべき法的義務を負うとした上で、顧問教員が身体の落下が予想される前方方向にマットを敷き、又は補助者を置く等の措置をとっていれば本件事故は起きなかったとして、教員の法的責任を認めた裁判例[24]がある。しかし、本件顧問教員は体操競技の経験がなく、体操部の指導方法は民間の体操クラブの練習方法等を参考にする等して独学で学んだ人物であり、このような人物に裁判所が事故の法的責任を負わせることに筆者は強い憤りを感じるとともに、本件は経験や専門知識のない教員に体操部のような危険性の高い部活動の顧問を事実上強制的に担当させた校長の校務分掌上の責任とそれを黙認した学校設置者の組織的責任を問うべき事案であり、部活動顧問が何らの経験や専門知識がなくとも強制的に担当させられた上に重い法的責任を負わされるという実態を示した裁判例と言える。

⑥ 教員の勤務時間外の練習中に起きた事故の場合

野球部の朝練習中にフリーバッティングで右眼にボールの直撃を受けて負傷した事故で、顧問教員はフリーバッティング練習でネットがボール係を打球から保護する位置に確実に設置されていることを、同練習に参加して自ら又は他に野球の練習における安全指導の知識を有する教員に指示して確認するか、同練習では必ずネットが上記位置に設置されボール係がネットから出ることなく保護されている状態を維持するよう野球部員らに対して徹底した指導を行うべき法的義務があるとした上で、本件の顧問教員は実際にそのような指導をして一定の成果があったことも認められるが、練習への出席が稀であり他の教員に監督を頼むこともしていなかったことや、本件事故は通常の安全確認をしていれば防げ得たことからすれば、顧問教員の指導は徹底されていなかったとして、教員の法的責任を認めた裁判例[25]がある。しかし、

第10節　部活動

本件事故は朝練習の時間帯に起きたものであり、そもそも顧問教員の勤務時間外だったことが裁判上で全く考慮されていない。むしろ、裁判所は顧問教員が朝練習に出席することが稀であり、朝練習中は職員室に待機していることが通常であったことや、放課後の練習は途中から参加することが多く、それ以外の教員も練習に立ち会うことはなかったことを指摘するが、顧問教員とはいえ部活動の朝練習・放課後練習はともに教員の勤務時間外であり、超勤4項目にも該当しないから、練習に常時参加しないことは労働者として当然のことであって、このような労働法の常識に反する司法判断が教員の部活動業務の時間外労働を助長している点は法曹全体で猛省すべきである。

違法な時間外労働による部活動業務を防ぐためにも、教員の勤務時間外の練習中に生じた事故は、たとえ顧問教員でも原則として法的責任を負わず、例外的に顧問教員に当該部活動の経験や専門知識があり、かつ当該教員が部活動顧問を希望して担当した場合には法的責任を負うと解すべきである。

⑦　教育行政が指針等に応じた環境整備のための予算上の措置を講じていなかった場合

中学1年生のバドミントン部員が体育館で練習中に熱中症になった事故で、熱中症は重篤な場合は死に至る疾患なので、教員は安全配慮義務の一環として熱中症予防に努める義務を負い、熱中症予防の指針の趣旨を踏まえて熱中症予防を実現する措置をとるにはその前提となる温度の把握が必要であり、そのために校長には温度計を設置する義務があるとした上で、本件事故当時までに熱中症予防の指針等が広く周知され、教育委員会で指針の実施状況を調査し、温度計の設置等の具体的対策を行う必要があると表明され、教育委員会から熱中症対策に万全を期するようにとの通知がされていた等の事情の下では、本件事故当時当該中学校体育館に一般の乾式温度計が一切設置されていなかったことは上記の法的義務に違反し、このことは当時他の多くの中学校でも温度計を必要な場所全てに置いて厳密な温度の確認による管理を行うとの実態はなかったとしても異ならないと判断した裁判例[26]がある。確かに、熱中症予防のために学校がとるべき措置は法的義務として理解できるが、本件のような温度計設置義務は校長ではなく学校設置者が予算を確保して実

367

現すべき教育行政上の義務であり、教育行政担当者が対策表明や通知のみを持って法的責任を一切問われていない一方で、校長に法的責任を負わせるのは、教育現場に責任を転嫁する司法判断であり妥当でない。

　以上の裁判例から、Q138で示した部活動の特徴を何ら考慮しない司法判断が部活動顧問を担当する教員にとって重大なリスクとなることが理解できるだろう。教員の部活動業務の負担は労働時間上だけでなく、こうした不当な司法判断がもたらす法的リスクに起因する心理的負担も多大であることを法律家は認識すべきであり、スクールロイヤーは教育現場に接する機会を活用して通常の学校事故と異なる部活動中の事故の判断枠組みの構築を議論すべきである。

18　仙台高判平成20年3月21日判例地方自治314号44頁。
19　神戸地判平成21年10月27日判時2064号108頁。
20　東京高判平成25年7月3日判時2195号20頁。
21　横浜地判平成25年2月15日判タ1390号252頁。
22　福岡高判平成22年2月4日判時2077号47頁。なお、本件の第一審（福岡地判平成21年7月17日判時2077号52頁）は、棒高跳びのような危険な技術を伴う競技については、顧問教員は「いわば競技自体に内在する危険性とは区別される他の又は追加的な事故の危険性が具体的に予見される場合に初めてこれを防止する措置を執るべき注意義務を負う」と判示した上で、本件事故当時はそのような他の又は追加的な事故の危険性が生じていたとは認められず、顧問教員がそのような危険性があると具体的に予見することができたとも認められないとして、教員の法的責任を否定しているが、第一審の判断が妥当である。
23　札幌地判平成24年3月9日判時2148号101頁。
24　大阪地判平成22年9月3日判時2102号87頁。
25　横浜地判平成25年9月6日労働判例ジャーナル22号29頁。
26　大阪地判平成28年5月24日判時2331号36頁。なお、この判決内容は控訴審（大阪高判平成28年12月22日判例時報2331号31頁）においても維持されている。

部活動中の生徒の異常の認識と対応

Q140　部活動の練習中に生徒に何らかの異常が見られた場合には、生徒が回復したように見え、かつ練習を続けることを希望したとしても中止させるべきでしょうか。

第10節　部活動

A140
部活動が生徒の自主的、自発的な参加に基づくことに鑑みれば、生徒が自己の異常をある程度正確に判断し得る負傷等の状況で練習を続けることを希望した場合は、中止の最終的な判断は生徒自身とその保護者がすべきですが、熱中症等のように生徒に意識障害が生じて自己の異常を正確に判断できない状況の場合は、即座に部活動を中止させるべきです。

部活動の練習中には生徒に体調不良等の異常が見られる場合があるが、判例で顧問教員は部活動に参加する生徒に対する安全配慮義務を負うことから、たとえ生徒が練習の継続を希望する場合でも即座に練習を中止させて適切な治療等を受けさせなければならない。

しかし、実際の部活動では、生徒が一見すると回復して何事もなかったような様子であったり、治療等を受けた後も生徒や保護者が顧問教員に正確な情報を提供せずに練習参加を希望する場合も多い（Q139の④の裁判例を参照）ため、顧問教員が練習を中止させることは容易ではない。特に熱中症に関する事故では、顧問教員の中止判断をめぐって裁判で争われる場合が多い。

最近では、野球部の練習中の熱中症事故で、顧問教員は生徒に何らかの異常を発見した場合にはその容態を確認し、必要に応じて運動の禁止、応急処置、医療機関への搬送等の措置を取るべき法的義務を負うとした上で、生徒が100mダッシュを中断した理由を誤解してダッシュを再開させ（実際は熱痙攣が理由であった）、再開後は熱中症を念頭に置いて生徒の状況を注視し、少しでも異常な状況があれば即座にダッシュを中止させて給水・塩分摂取・休憩を命じ、必要に応じて熱中症に対する応急処置や病院への搬送措置を講ずるべき注意義務を負っていたにもかかわらず、ダッシュの再開直後の当該生徒の走る様子が変であり、足を上げても足が余り前に出ておらず遅すぎるという状況であったことを認識することができたが、ダッシュを続行させた点に注意義務違反があるとして、教員の法的責任を認めた高裁判例[27]がある。また、剣道部の練習中の熱中症事故で、生徒が練習の途中で「もう無理です」と述べ、その後に竹刀を落としたのにそれに気付かず竹刀を構える仕草

369

を続ける等の異常な行動を顧問教員が認識し得たことから、生徒が何らかの意識障害を発現していたことを認識し得たため、その時点で直ちに練習を中止させて救急車の出動を要請する等して医療機関へ搬送し、それまでの応急措置として適切な冷却措置を取るべき法的義務があったにもかかわらず、生徒の行動を「演技」として何の処置も取らず、かえって「気付け」と称して生徒の頬を平手打ちした行為と、練習を継続する顧問教員を制止する等して直ちに練習を中止し、救急車の出動を要請するなどの適切な処置を取るべき法的義務があるのにこれをしなかった副顧問教員の不作為（部員の生命及び身体の安全を保護すべき義務は、顧問・副顧問を問わず負う法的義務であると判断した）につき、教員の法的責任を認めた裁判例[28]が参考になる。これらの裁判例は、生徒に熱中症の症候である異常な状況が生じたことを顧問教員は「認識し得た」ならば法的責任を認める点に注意すべきであり、顧問教員は熱中症の危険性が少しでも存在する部活動の環境で生徒に異常な状況が生じた場合は、直ちに部活動を中止させて適切な処置・治療等をしなければならない。

　部活動が生徒の自主的、自発的な参加に基づくことに鑑みれば、生徒が自己の異常をある程度正確に判断し得る負傷等の状況で部活動への参加・継続を希望した場合は、中止の最終的な判断は生徒自身とその保護者がすべきであって、教員は法的責任を負わないと解すべきだが、熱中症等は意識障害を生じるため生徒が意識的に自己の体調等の異常を正確に判断することは困難な状況であり、顧問教員は生徒の状況を注視して少しでも異常を認識した場合は即座に部活動を中止させるべきである。

27　高松高判平成27年5月29日判時2267号38頁。もっとも、本件の第一審（徳島地判平成26年3月24日判例集未登載）は事故が起きた6月は熱中症の発症例が少ないことや、教員が気象台の気温を前提に行動したことは不適切とは言い難く、顧問教員の認識も生徒が熱中症に罹患していると認識することは困難であったとして、教員の法的責任を否定している。一方、控訴審では本件顧問教員が保健体育科主任教員であり、熱中症予防について注意喚起すべき立場であったとして、6月であっても熱中症の発症例は多いと記載する文献等を閲読すべき立場であったことからすれば、本件顧問教員はたとえ6月であり、湿度が低い状況であっても熱中症の危険性を認識すべきであったと判断している。

28　大分地判平成25年3月21日判時2197号89頁。なお、本件は部活動中の体罰事案としても重要な裁判例である。

自主練習中の事故

Q141 部活動中の事故であるかどうかを判断する基準を教えてください。例えば、自主練習中に事故が起きた場合に、学校は責任を負いますか。

A141 生徒が教員の指揮監督下にあったかを客観的に判断して部活動中の事故であるかどうかを区別すべきです。そのため、自主練習中の事故は、学校は原則として責任を負いません。

　部活動では教員が立ち会って指導する時間もあれば、生徒が専ら自発的に自主練習を行う時間もあるので、学校の法的責任の成否が争われる場合には当該事故が部活動中の事故といえるかどうかが争点になりやすいが、その判断基準を定立するのは難しい。

　この点に関しては、「生徒が教員の指揮監督下にあったかどうか」を基準に判断する考え方があり、労働災害での労働時間の判断基準で用いられる「使用者の指揮監督下にあったかどうか」を基準とする考え方に類似する。部活動は生徒の自主的、自発的な活動だが、実質的には顧問教員の指揮監督の下に行われることが多く、顧問教員が立ち会っていなくとも、顧問教員の指示や、顧問教員が作成した練習計画に基づき練習が行われている場合は、客観的には「教員の指揮監督下にある」と判断できるだろう。

　一方、部活動時間前後の自主練習は、顧問教員の指揮監督下にあると客観的に判断するのは難しく、部活動時間外の自主練習中の事故まで学校の法的責任が問われるならば、学校の法的責任は無限定になりかねず、生徒の自主性と自発性を本質とする部活動が、事実上全ての時間において教員の指揮監督下で行われる活動になってしまうので、教員の指揮監督下から離れた部活動時間外の自主練習中に事故が生じた場合は、原則として学校は責任を負わないと考えるべきである。例えば、学校で定めた部活動開始時刻前や、顧問教員等が解散・終了命令を出した後の自主練習は、教員の指揮監督下ではないと言えるが、顧問教員が自主練習を指示した場合や、顧問教員が作成した

練習計画それ自体に部活動時間外の自主練習が想定されている場合等は、客観的に教員の指揮監督下であると言える。

部活動顧問と部活動指導員の報酬

Q142 部活動顧問及び部活動指導員を無報酬で担当させることはできますか。

A142 公立学校教員については、勤務時間外であっても部活動顧問を無報酬で担当させることができるとする裁判例がありますが、妥当ではありません。私立学校教員については、勤務時間外に部活動顧問を担当させる場合は割増賃金による時間外勤務手当を支給しなければなりません。これに対し、部活動指導員を無報酬で担当させることは公立・私立ともに可能です。

　　公立学校教員は給特法が適用され、教員に時間外勤務を命じることができる場合は、①校外実習その他生徒の実習に関する業務、②修学旅行その他学校の行事に関する業務、③職員会議に関する業務、④非常災害の場合、児童又は生徒の指導に関し緊急の措置を必要とする場合その他やむを得ない場合に必要な業務、のいずれかに該当する場合で、かつ臨時又は緊急のやむを得ない必要がある場合に限られる（「超勤基準政令」）。部活動顧問の業務は、上記の①～④のいずれにも該当しないため、勤務時間外に部活動顧問を職務命令で担当させることは違法である。

　しかし、実際には大半の教員が勤務時間外に部活動顧問を担当しており、これは、勤務時間外の顧問業務は教員が「自発的行為」として行っており、職務命令に基づくものではないと解釈しているからである。裁判例でも「教員の職務はその全てを勤務時間内に処理するのは困難なので、教員は必然的に時間外労働を行うことを前提に職員会議で職務分担等を教員自らの意思に基づいて決定する」との理解に基づき、「校長が教育職員にひたすらお願い

第10節 部活動

してクラス担任や部活動の担当を引き受けてもらうことがあるが、このような場合も、教育職員がプロフェッションの一員であるとの自覚のもとにやむを得ず引き受けたものと考えることができるから、引き受けた教育職員の自主的な決定というべき」であり、勤務時間外の部活動顧問の業務は教員が自主的に行うので無報酬で担当させてよいと判示するものがある[29]。

しかし、そもそも勤務時間内に終わらないほどの業務量が存在すること自体違法性が推定されるし、部活動顧問業務を教員個々による任意の自発的行為であると考える論理は無理がありすぎる[30]。また、教員が校長から懇願されて顧問の担当を受ければ自主的な決定とみなす点や、学校教育法で校長の補佐機関と理解される職員会議を教員の意思決定機関と誤解する点は、裁判所の良識が疑われるほど妥当でない（Q150参照）。結局、現状の部活動顧問業務は違法と解せざるを得ない[31]。

一方、私立学校教員は給特法の適用がないため、勤務時間外の部活動顧問業務は民間企業と同様の時間外労働の扱いになり[32]、三六協定に基づき時間外労働としての顧問業務を命じることが可能だが、顧問業務の手当には割増賃金による時間外労働手当を支給しなければならない。しかし、私立学校でも公立学校に準じる形で教職調整額を支給する給与体系を採用する場合が多く[33]、実際に私立学校の部活動業務に対して割増賃金による時間外労働手当が支給されているかは不透明であり、教職調整額を定額残業手当（みなし残業代）と評価しても、実際に部活動顧問業務を担当させた時間分に見合う割増賃金と同等の金額が含まれていなければ違法になる（Q149参照）。

なお、部活動指導員に関しては、法令上しかるべき手当を支給する旨の規定が存在しないので、法令上は部活動指導員を無報酬で担当させることも可能である。実際には、部活動指導員を無報酬で担当させる学校は少ないであろうが、これまで教員が担当してきた部活動顧問業務の大半が実質無報酬だったことに鑑みると、部活動指導員に報酬を支払うことには反発もあり得る。この点でも、部活動業務の法的位置づけが不明確なまま違法な労働実態を放置していた教育行政と労働行政の責任は重大であろう。

373

第2章　教育紛争の典型と問題

29 札幌高判平成19年 9 月27日裁判所ウェブサイト。

30 小川正人「教員の長時間労働と給特法　給特法の問題点と改廃の課題」季刊教育法
192号77頁。

31 札幌高判平成19年 9 月27日・前掲注29）の裁判例も、「我が国の小学校、中学校、高
等学校、養護学校における教育は、控訴人ら教育職員の長時間にわたる時間外勤務等に
負うところが相当に大きいというべきである。我が国の未来を担うべき児童生徒に対する教
育の充実が重要であることはいうまでもなく、そのために教育職員が授業の準備を十分に
したり、ゆとりを持って児童生徒に接することができるよう、財政事情、給源等が許す限り
教育職員の定数を増やす努力を引き続き行う必要がある。現場の教育を担当する教育職員
の意見を十分に汲み取るなどして、我が国の未来のために実り多い教育改革がなされるこ
とを切望する」と付言しており、このような付言が裁判例で示されること自体異例であるこ
とから、司法もまた現状の部活動顧問業務の問題点が無視できないものであることを物
語っていると言える。

32 文科省「時間外勤務に関する法令上の根拠」参照。

33 私学経営研究会「私学教職員の諸手当等に関するアンケート調査報告書　高校編」
（2015）によれば、 7 割近い学校が教職調整額を導入している。

部活動でのレギュラー選考

Q143

部活動の試合でレギュラーになれなかった生徒の保護者か
ら、「うちの子は一度も欠席せずに練習に参加しているのに
レギュラーにしてもらえず、試合に勝つために技術の上手
な生徒ばかりがレギュラーになっている。学校教育の一環として部活動を
やっているのだから『勝利至上主義』に走るのではなく、努力しているうち
の子をレギュラーにすべきである」と要求された場合、部活動顧問は保護者
の要求に応じて当該生徒をレギュラーにする義務があるでしょうか。

A143

部活動顧問は保護者の要求に応じる法的義務はないとも考
えられますが、保護者の要求も学習指導要領の部活動に関
する規定や教育的配慮に照らして合理性がある以上、法的
義務がないとまで断言することは難しく、顧問教員は非常に難しい立場に立
たされます。このような教員の心理的負担を除去するためにも、部活動を学
校教育の一環として理解する理想と現実の部活動の実態の違いに対して社会

全体が議論し、スポーツ利権の学校教育に対する弊害をただすべきです。

　　部活動顧問の職務内容には教育的裁量に基づき当該部活動を運営する業務が含まれるため、部活動顧問は部活動運営に関して、原則として全くの事実誤認か、判断過程に著しい不合理が認められるような裁量権の逸脱・濫用がない限り法的責任を負わない。レギュラーの選考も部活動顧問の部活動運営業務に含まれ、それが恣意によるものではなく、学習指導要領の規定に照らして正当な根拠に基づくものであれば、教員の裁量の範囲内であると考える見解もある[34]。また、部活動のレギュラー選考は、①公平性、②透明性、③明確性、④予測可能性という原則に従って選考し、かつ教育的配慮も行うことが求められるとする見解もある[35]。

　しかし、保護者の要求が不合理である場合はともかく、設問の保護者の要求はあながち不合理とも言えない。むしろ、部活動は生徒の自主的、自発的な参加に基づき、学校教育の一環として行われると規定する学習指導要領に照らせば、試合での勝利を得るために技術力のみを重視するレギュラー選考は設問の保護者の要求より正当な根拠があるとは言い難い。また、技術力は最も客観的な判断基準なので、技術力重視で行うレギュラー選考は公平性・透明性・明確性・予測可能性の全てを充たすが、教育的配慮の観点からは設問の保護者の要求のほうが合理的であろう。つまり、設問のような保護者の要求に教員が応じる法的義務はないと断言するのは容易ではないのである。仮に教員が保護者の要求に応じて参加態度を基準にレギュラー選考をすれば、今度は技術力があるのにレギュラーを外された保護者からクレームが生ずることになり、どちらにしても顧問教員は非常に難しい立場に置かれることになり、過酷な心理的負担が生ずるが、こうした顧問教員の負担は実際の教育現場では珍しいことではない。

　他の選考方法としては、全ての生徒に公平にレギュラーになる機会（回数）を与える方法があり得るが、こうした選考の結果勝利から遠ざかれば、大学・高校入試等で部活動実績が必要となる生徒やその保護者の不満が増える可能性も大きく、部活動実績の宣伝効果を重視する学校の経営方針にも反す

第2章　教育紛争の典型と問題

るため、顧問教員の心理的負担が増大こそすれ軽減されることはない。

　筆者は、学習指導要領が部活動は生徒の自主的、自発的な参加に基づき、学校教育の一環として行う「理想」を掲げる一方で、学校教育の枠を超えてまで勝利至上主義によって部活動を運営せざるを得ない「現実」との矛盾を文科省と社会全体が放置し、教育現場で顧問を担当する教員に問題を押し付けている現状に強い憤りを感じる。特に、一部のスポーツでは部活動が事実上プロ選手の養成課程として運用され、特待生制度等により学業よりも部活動が事実上優先される状況もあることから、現状の部活動を学校教育の一環として理解することには無理があり、スポーツ関連の利権に絡む企業やマスメディア等の弊害も無視できない。

　設問のような部活動の理想と現実の矛盾から生じる心理的負担を負わされる教員は、世界でも日本だけであろう。長年にわたり部活動の理想と現実の矛盾を放置してきた文科省は猛省すべきであり、社会全体がその矛盾に目を背けずに真剣に議論し、スポーツ利権の学校教育に対する弊害をただすべき時期が来ているのである。

補　足

特待生の学費返還義務

　私立学校等では、入学後特定の部活動に所属し実績を上げることを条件に、有望な生徒を学費免除・貸与で入学させる「特待生」制度がよく見られる。特待生制度も条件付学費特約として有効だが、入学後に学費免除・貸与条件である特定の部活動を退部した場合に、学費を支払う義務を負うだろうか。

　退部後の学費についてはこれを納入する義務があることに異論は少ないが、退部前の学費までも支払う義務があるかは争いがある。特待性が入学後の負傷により退部した場合には、入学時に学校が交付した特待生制度に関する書面に「貸与」ではなく「免除」と規定するのであれば、退部前の学費は返還する必要がないとする見解がある[36]。しかし、学校側が、特待生は学費上の優遇措置を得られる以上入学後のリスクはある程度甘受すべきであると反論する余地もあろう。また、特待生の退部理由が自己又は保護者の責に帰すべ

きものである場合は、退部前の学費も返還すべきである。

---

34 近畿弁護士会連合会民事介入暴力及び弁護士業務妨害対策委員会編『事例解説　教育対象暴力』（ぎょうせい、2015）151頁。

35 高松政裕「部活動と選手選考」白井久明=片岡理恵子=高松政裕=宮田義晃『Q&A学校部活動・体育活動の法律相談』（日本加除出版、2017）161〜164頁。

36 白井=片岡=高松=宮田・前掲注35）白井久明「特待生問題・奨学金」134〜137頁。

第2章　教育紛争の典型と問題

学校内弁護士の視点から
考える部活動問題
Focus-10

　部活動が教員の長時間労働の原因であり、過酷な法的責任を負うリスクがあることは統計資料や判例から明らかであり、最近は「部活動不要論」も強く主張されていますが、部活動は日本の「学校文化」として社会全体が認めていることから、部活動を廃止することは容易ではありません。

　例えば、部活動の一種である高校野球を廃止することは、教員や野球関係者だけでなく地域社会も納得しないでしょう。筆者自身、高校野球のファンであり、勤務校の野球部の甲子園予選ではいつも応援の盛り上がりを楽しみにしています。部活動は学校文化というより日本文化そのものなのです。

　筆者は、部活動の在り方を改善する必要性は強く感じていますが、「部活動不要論」には反対です。教員の多くは、部活動自体が問題なのではなく、「部活動顧問が無報酬で過酷な法的責任を負い、強制的に担当させられる」ことが問題だと考えています。相応の報酬が支給され、法的責任が軽減された上で希望制であれば、積極的に部活動顧問を希望する教員もたくさんいると思います。その上で次の3つを提案します。

　1つ目は、文科省が予算と教員数を確保し、裁判所が部活動指導者の法的責任を軽減する新たな判例を示すことです。文科省は部活動指導員の導入が部活動業務の改善につながると安易に考えていますが、教員ではない部活動指導員を導入しても、部活動を学校教育の一環として理解する以上は教員の負担が減るわけではなく、現在の判例法理では部活動指導員もまた過酷な法的責任を負うため、部活動指導員の報酬に対する予算も不十分な中では良い人材が部活動指導員にならず、結果的に子どもたちが不利益を被ります。

　2つ目は、海外のクラブ活動の良い面を取り入れることです。例えば、アメリカのクラブ活動は、シーズンごとに生徒が参加する部活動が異なり、生徒は1年間に様々なクラブ活動を経験できる上に、指導者はシーズン中のみクラブ指導を担当するので負担が少ないです。日本の部活動は通年で行うので生徒が様々な部活動を経験できないだけでなく、教員も通年で部活動顧問を担当するので負担が大きいで

378

す。生徒が多様な部活動に親しみ、教員の負担も軽減されるのであれば、海外のクラブ活動の良い面は積極的に取り入れて部活動の改善を図るべきです。

　３つ目は、保護者が子どもの部活動参加に責任を持つことです。部活動は生徒が自主的・自発的に参加する活動であり、部活動に内在する危険性は生徒も保護者も認識した上で参加すべきであって、認識した危険が現実化した場合に学校や教員のみに責任を負わせるべきではありません。

　日本の部活動をめぐる問題の原因は、生徒の自主性と自発性に基づく部活動の本質に目を背けて教員に責任を転嫁し続けてきた文科省と裁判所の怠慢、学校教育の一環であるはずの部活動から生じる利権にあずかろうとするマスメディア等の営利企業、そしてこれらの問題を知りながら黙認してきた日本社会にあります。日本の教育制度にしか存在しない部活動は、多様で幅広い人間性を持ったグローバルな人材を育む可能性を持っており、部活動を不要と考えるのではなく、上記の提案から着手していくべきではないかと考えます。

第2章　教育紛争の典型と問題

第11節　児童虐待

学校と教員の虐待通告義務

　実際に虐待を受けたかは定かではないものの、虐待を受けていると疑われる児童生徒の保護者に対して、学校はどのように対応すべきでしょうか。

　学校及び教員は、たとえ虐待が疑われるにすぎない場合でも、速やかに福祉事務所又は児童相談所へ通告すべきで、保護者からクレームがあった場合は学校で対応すべきではなく、警察や児童相談所に対応を求めるべきです。

解説　文科省は、児童虐待防止法に基づく学校及び教員の義務について、次のようにまとめている[1]。

① 学校及び教職員は、児童虐待の早期発見のための努力義務が課されていること
② 児童虐待を発見した者は、速やかに福祉事務所又は児童相談所へ通告しなければならない義務が課されていること
③ 児童虐待の被害を受けた児童生徒に対して適切な保護が行われるようにすること
④ 児童相談所等の関係機関等との連携強化に努めること

したがって、保護者が子どもを虐待していることを発見した場合は、②により速やかに福祉事務所又は児童相談所に通告しなければならない。また、児童虐待防止法は通告義務の対象となる子どもについて「児童虐待を受けたと思われる児童」と定義し（児童虐待防止法6条）、虐待を受けていると疑われる児童生徒も通告の対象であることから、文科省の通知でも「児童虐待の疑いがある場合には、確証がないときであっても、早期発見の観点から、児童

380

相談所等の関係機関へ連絡、相談をするなど、日頃からの連携を十分に行う」とされ[2]、厚生労働省の見解及び文科省の通知では、こうした通告は児童虐待防止法の趣旨に基づくものであることから、保護者への連絡なくとも親権侵害にはならず、結果的に虐待を受けた事実が判明しなかった場合であってもそのことによって学校が刑事上・民事上の責任を問われることにはならないと考えられている[3]から、設問のように、児童生徒が虐待を受けていると疑われるにすぎない場合にも、保護者への連絡なく児童相談所に通告すべきである。

　教員は日常的に児童生徒と接するので、その様子や変化を直感的に感じ取ることも多く、保護者と接した際の言動等で虐待の可能性に気づくこともある。特に学級担任は「親代わり」の立場を裁判例でも想定されている職務であることから（Q71参照）そのような機会が多く、虐待が不登校の要因であることも非常に多いため、学級経営にも多大な影響を与える事項である。文科省も前述の通知[4]で「保護者との関係悪化を懸念して通告をためらわないこと」と明記することから、学級担任は少しでも異常を感じ取ったならば校長に報告して協議した上で積極的に児童相談所に通告すべきであり、事後に保護者からのクレームがあった場合は速やかに警察と児童相談所に対応を委ねるべきである（Q145参照）。

1　文科省「学校等における児童虐待防止に向けた取組について（報告書）」(2006) 3〜4頁。

2　平成22年1月26日21初児生第29号通知「児童虐待防止に向けた学校等における適切な対応の徹底について」参照。同通知では「学校の教職員は、職務上、児童虐待を発見しやすい立場にあることを再確認し、学校生活のみならず、幼児児童生徒の日常生活面について十分な観察、注意を払いながら教育活動をする中で、児童虐待の早期発見・対応に努める必要があること。そのために、学級担任、生徒指導担当教員、養護教諭、スクールカウンセラーなど教職員等が協力して、日頃から幼児児童生徒の状況の把握に努めるとともに、幼児児童生徒がいつでも相談できる雰囲気を醸成すること」として、教員が児童虐待を発見しやすい立場であることを念頭に置いた学校の虐待対応が示されている。また、虐待対応については「上記の対応に当たっては、管理職への報告、連絡及び相談を徹底するなど、学校として組織的に取り組むとともに、教育委員会への連絡、又は必要に応じて相談を行うこと」とされている。

3　平成24年3月29日23文科初第1707号通知「児童虐待に係る速やかな通告の一層の推進について」参照。

第2章　教育紛争の典型と問題

4　平成22年1月26日21初児生第29号・前掲注2）。

学校と児童相談所の関係

Q145　虐待を受けている児童生徒の対応に関して、学校と、警察及び児童相談所との役割分担について教えてください。また、一時保護中の児童生徒の教育に関しては、どのように対応すべきでしょうか。

A145　原則として虐待は犯罪や福祉の問題であって教育機関である学校が対応すべきではなく、警察や児童相談所に対応を委ねるべきです。警察や児童相談所が積極的に対応しない場合は、学校が両者に対応を委ねた事実を証拠化し、場合によっては警察庁や厚生労働省の担当部署に連絡して必ず対応するように動くべきであって、教員に過重に負担をかけないようにすべきですが、保護者の不適切な学習指導等「教育虐待」に関しては、教員が介入すべき場合もあります。また、児童相談所に一時保護されている児童生徒に対しては、一定の条件で指導要録上出席扱いにすることもできます。

　文科省の報告書は、児童虐待防止の取組において学校に「できること」と「できないこと」を明確にし、教員に過大な責務や負担を負わせないようにする必要性を示しており、学校でできないこととして、①虐待が疑われる家庭への立入調査等の介入、②虐待を受けた子ども又は虐待を行う保護者に対する医療・福祉・保健的な措置等、を挙げる。虐待は本質的には犯罪や福祉の問題であって教育問題ではないので、学校は速やかに警察や児童相談所に連絡し、対応を委ねるべきである。

　しかし、実際の教育現場では教員が上記①②に関する一次的対応を担わなければならない場合も多い。筆者も教員として、警察や児童相談所に連絡しても「たらい回し」にされた経験は何度もある。警察や児童相談所に人員上の余裕がなく、極めて緊急性の高いケースでなければ事実上対応することが

第11節　児童虐待

難しいからといって、教員が虐待の一次的対応を担わざるを得ない実態を正当化する理由には到底なり得ない。人員上の余裕がないのは教員も同じであり、ましてや教員が担う職務は子どもの教育活動であって、虐待の犯罪捜査や福祉的対応ではない。警察や児童相談所が対応するために法令上緊急性は要件ではない。警察や児童相談所は学校からの連絡があれば、たとえ人員上の余裕がなく緊急性が高いとは言えないと判断しても必ず対応すべきであり、速やかに学校に職員を派遣して対応を協議すべきである。

　一方、学校は虐待対応に関して事後的に保護者から何らかのクレームを受けたり、場合によっては法的責任を追及される可能性もあるため、警察や児童相談所に連絡した事実や受けた助言等を記録化しておくことが重要である。また、警察や児童相談所に連絡しても両者が速やかな対応を渋るようであれば、「警察庁生活安全局少年課」や「厚生労働省子ども家庭局虐待防止対策推進室」に直接連絡し、対応を委ねるべきである。

　なお、虐待の中には保護者の不適切な学習指導により、児童生徒が身体的・精神的な苦痛を受けている類型もある（「教育虐待」と呼ばれることが多い）。教育虐待は教育熱心な保護者に多いとされるが、児童生徒の能力に見合う適切な学習指導がなされていないため、教員が保護者に助言する等積極的に対応したほうがよい場合もあろう（ただし、このような保護者が教員の助言を受け入れるかは別問題である）。

　また、児童生徒が児童相談所に一時保護された場合は一時的に学校に登校できなくなることがほとんどだが[5]、児童相談所の一時保護所にて学習指導相談員等から指導を受けて学習を継続する場合も多い。このような一時保護中の児童生徒の取扱いは、文科省の通知によれば以下のとおりである[6]。

① 　校長が一時保護中の児童生徒を指導要録上出席扱いにできる場合
　当該児童生徒が児童相談所の一時保護所で相談・指導を受ける場合であって、当該児童生徒の自立を支援する上で当該相談・指導が有効・適切であると判断され、かつ、以下の要件を満たす時
　（ⅰ）　当該施設と学校との間で児童生徒の生活指導や学習指導に関

383

第2章　教育紛争の典型と問題

　　　する十分な連携・協力が保たれていること
　（ⅱ）　当該施設で児童生徒の状況に適した学習環境が整えられてい
　　　る等、適切な相談・指導が行われていることが確認できること
　　　（「児童相談所の一時保護所の学習環境が出席扱いを認めることができるかを
　　　判断する際の目安」がある）
②　一時保護中の児童生徒が学習を行っていない場合（上記①以外の場合）
　指導要録上「出席停止・忌引等の日数」に含めることが適当

　婦人保護施設をはじめ一時保護所以外の施設で一時保護中であっても、上
記①に準ずる場合は出席扱いとすることができる。また、一時保護中の児童
生徒が学校に復帰した場合は、状況に応じ補習等を実施して単位認定を適切
に行うことが望ましいとされる。

5　一時保護所からの通学も可能であるが、児童相談所の実務は一時保護所からの通学をほ
　とんど認めていない。
6　平成27年7月31日27文科初第335号通知「一時保護等が行われている児童生徒の指導要
　録に係る適切な対応及び児童虐待防止対策に係る対応について」参照。

第12節　少年事件

少年事件の類型と学校への連絡

Q146 児童生徒の犯罪が少年事件として扱われる場合について教えてください。また、生徒が逮捕されたこと等を学校が知る機会としては、どのような場合がありますか。

A146 14歳以上の生徒が犯罪に該当する行為を行った場合は犯罪少年として扱われ、14歳未満の児童生徒が犯罪に該当する行為を行った場合は触法少年として扱われます。少年事件では生徒が逮捕・勾留・観護措置等により一時的に学校への登校ができなくなる場合があります。また、公立学校は「学校・警察相互連絡制度」によって生徒が逮捕されたことを知ることが多いです。

未成年者である児童生徒の犯罪は少年法が適用され、少年事件として取り扱われるが、少年事件は年齢によって次のように区別され、手続も異なる。

（1）　14歳以上の生徒が犯罪に該当する行為を行った場合

犯罪少年として扱われる。まず、警察の捜査段階では生徒は「在宅」又は身柄を拘束される「逮捕・勾留」のいずれかの状態で被疑者として捜査を受ける。「在宅」であれば学校への登校を継続できるが、「逮捕・勾留」になれば学校に登校できない。次に、警察は捜査後に原則として生徒を家庭裁判所に送致する（全件送致主義）。在宅で捜査を受ける場合でも家庭裁判所に事件記録が送致されるので、後日家庭裁判所から呼び出されることになるが、微罪であれば「警察官限り」として家庭裁判所に送致されないこともある。また、嫌疑なし又は嫌疑不十分であれば当然釈放される。一方「逮捕・勾留」されたまま家庭裁判所に送致された生徒は、家庭裁判所の判断で「少年鑑別所での観護措置」になることがほとんどで、この場合は数週間少年鑑別所に収容されるため、やはり学校へは登校できない。また、家庭裁判所に送致後

第2章 教育紛争の典型と問題

は家庭裁判所調査官による調査が行われ、これは在宅の場合も同様なので、学校を欠席して調査に応じなければならない場合もある。最後に、家庭裁判所は「審判開始」又は「審判不開始」のいずれかを判断し、後者の場合はそこで事件は終了する。前者の場合は少年審判が非公開で行われ、①不処分決定、②保護観察処分、③施設送致（少年院・児童自立支援施設など）、④試験観察処分、のいずれかが選択される。

学校が少年事件で注意すべき点は、逮捕・勾留・観護措置等で児童生徒が身柄を拘束された場合は学校に登校できなくなる点であり、この際の学校の対応が問題になる（Q147参照）。

（2）　14歳未満の児童生徒が犯罪に該当する行為を行った場合

14歳未満の児童生徒には犯罪が成立せず（刑法41条）、「触法少年」として扱われる。まず、警察が触法調査を行い、児童相談所に児童生徒を送致する。この際に児童相談所で「一時保護」とされる可能性もあり、その場合は学校に登校できなくなる。次に児童相談所は「福祉的措置」又は「家庭裁判所への送致」のいずれかを選択し、前者としては訓戒や誓約書提出、児童福祉司の指導等があるが、児童福祉施設へ児童生徒を入所させる可能性もあり、その場合は学校に登校できなくなる。家庭裁判所に送致された場合は「少年鑑別所での観護措置」が必要と判断され収容される場合があり、この場合も学校に登校できなくなる。審判の要否、審判での処分については上記犯罪少年と同様である。

（3）　犯罪を行うおそれがある生徒（虞犯）

①保護者の正当な監督に服しない性癖がある少年、②正当な理由がないのに家庭に寄りつかない少年、③犯罪性のある人もしくは不道徳な人と交際し、又はいかがわしい場所に出入りする少年、④自己又は他人の徳性を害する行為をする性癖のある少年、のいずれかに該当する生徒は、「虞犯少年」として扱われる。虞犯少年は年齢によって処遇が異なる。14歳以上18歳未満の虞犯少年は、警察の判断で家庭裁判所又は児童相談所へ送致される。18歳以上の虞犯少年は、家庭裁判所へ送致される。14歳未満で上記虞犯要件に該当する場合は、警察が「要保護児童」と判断すれば児童相談所に通告し、児童相

386

第12節 少年事件

談所で調査して必要な場合に一時保護や家庭裁判所への送致が行われる。

　以上のとおり、刑法及び少年法は「14歳」を基準に犯罪の成否を区別するため、一般的には中学2年生は原則として犯罪が成立する生徒と成立しない生徒が混在し、中学3年生は原則として全ての生徒に犯罪が成立する。また、虞犯少年に関しては、高校3年生の虞犯は家庭裁判所に送致される生徒とそうでない生徒が混在する。なお、少年審判では「要保護性」や更生可能性について当該生徒に関わる様々な人物の意見を聞く場合があり、教員が上申書を作成して提出したり、審判に出席して意見を述べることも多い。

　児童生徒が逮捕された情報等、学校が在籍する児童生徒の少年事件を知る機会はいくつかのルートがあり、①警察・学校相互連絡制度による警察からの連絡、②調査官から送付される学校照会書、③保護者・他の児童生徒からの連絡、等が考えられる。①の制度は多くの教育委員会が警察と結んでいる協定で、「逮捕事案」「虞犯事案」「非行少年等及び児童・生徒の被害に係る事案で警察署長が学校への連絡の必要性を認めた事案」について警察から学校に連絡する制度であり[1]、私立学校も個別に警察と協定を結んでいる場合がある。②は家庭裁判所に送致された後、調査官による調査の一環で学校に照会書が送付される場合であり、捜査段階では学校が知らなかった少年事件の事実を知る機会になる。③は噂の域を出ない憶測も多いが、在宅で捜査を受ける生徒が自ら友人に事実を告知することで発覚する場合もある。

1　ただし、警察は必ずしも全ての対象事件について自動的に学校に連絡しているわけではないようである。権利擁護マニュアルプロジェクトチーム『新・子どもの権利擁護マニュアル』（東京弁護士会、2016）170頁。

少年事件に関する学校の対応

Q147
公立学校の中学3年生が逮捕・勾留されました。学校の対応として、下記について教えてください。
①当該生徒の懲戒処分を検討する際の注意点
②身柄拘束により欠席が長期にわたる場合の指導要録上の取扱い

387

③他の生徒や保護者に噂が広まり、学級担任が当該生徒の状況について質問を受けた場合

①少年法上の手続が終了しない段階で懲戒処分をすべきでなく、終了した段階で校長は諸般の要素を考慮して合理的裁量により懲戒処分をすべきですが、スクールロイヤーは学校が教育機関であって更生機関でないことに留意した上で、少年事件の付添人の感覚で助言しないように注意すべきです。また、退学処分や停学処分ができない中学生に対しては、教育委員会が保護者に命ずる出席停止措置の検討も考えられます。

②指導要録上の扱いは一旦保留とし、後日少年法上の手続が終了した段階で処分内容に応じて指導要録上の扱いを決定すべきで、非行事実が認められない場合は「出席停止」扱いにすべきです。

③生徒のプライバシー保護と無罪推定原則を第一に考慮しつつ、非行事実に応じた対応を検討すべきです。

解説

設問①のように、学校が児童生徒の少年事件を知った場合、学校は当該児童生徒の懲戒処分を検討することが一般的だが、家庭裁判所の判断があるまでは「無罪推定の原則」が働くため、当該児童生徒が非行事実を否認している場合は、現行犯逮捕のように非行事実が明らかな場合を除いて懲戒処分をすることはできない。また、非行事実を認めている場合であっても、警察や当該生徒から得た事実関係を慎重に判断して懲戒処分を検討すべきである。少年事件では「非行事実」と「要保護性」が判断されるが、学校の対応も2つの要素を考慮して行う。

まず、少年法上の手続きが終了した時点で児童生徒に非行事実が認められなかった場合は原則として懲戒処分にできない。児童生徒に対する懲戒処分は当該行為の軽重、本人の性格及び平素の行状、同行為の他の児童生徒に与える影響、懲戒処分の本人及び他の児童生徒に及ぼす訓戒的効果、同行為を不問に付した場合の一般的影響等、諸般の要素を考慮して校長の合理的裁量

により判断すべきだが、非行事実が認められなかった場合は当該児童生徒を懲戒処分にする前提を欠くからである。ただし、非行事実は認められなくとも校則違反その他の事実が認められるのであれば、そのことを理由に学校が懲戒処分することができるのは当然である。

　一方、児童生徒が非行事実を認めている場合や、少年法上の手続が終了した時点で非行事実が認められた場合は、当該児童生徒を退学処分にすることは適法である。上記のとおり、児童生徒に対する懲戒処分は諸般の要素を考慮して校長の合理的裁量により判断するが、ほとんどの児童生徒は犯罪に該当する行為に及ばないことや、他の児童生徒に及ぼす影響等を考慮すれば、校長が非行事実を認めた児童生徒を「生徒の本分に反した者」（学校教育法施行規則26条3項）に該当すると解して当該児童生徒を退学処分にすることは不合理とは言えないからである。

　また、スクールロイヤーが少年事件の児童生徒の懲戒処分を検討する際に助言する場合は、学校は教育機関だが少年院等の更生機関ではない点に留意すべきである。スクールロイヤーを担当する弁護士の多くは少年事件の経験が豊富であると予想されるため、少年事件の付添人の感覚でスクールロイヤーを担当することのリスクを理解していない可能性があることを、筆者は懸念している。少年事件では付添人として少年の利益に立つことが弁護士としての職務だが、スクールロイヤーは教員や他の児童生徒の利益を含めた学校の利益を実現すべき職務であり、付添人の職務とは全く異なるため、スクールロイヤーが懲戒処分を検討する際には、教育と更生の双方が必要な児童生徒を学校に在籍させることに関して、更生活動の専門家ではない教員の負担や他の児童生徒への影響等も考慮して慎重に判断しなければならず、少年事件の付添人と同じ感覚で学校に助言することは絶対に避けるべきである。

　もっとも、設問①の場合は公立学校の中学3年生であり、法令上学校は退学処分も停学処分もできない（私立学校であれば中学生でも退学処分にできる）ため、逮捕・勾留・観護措置等により一時的に身柄を拘束されたとしても、後日学校に復帰することを前提に処分を検討しなければならない。この点で、児童生徒が家庭裁判所での少年審判で非行事実が認められた上で保護観察処

分ないし試験観察となった場合だけでなく、不処分決定であっても、教育委員会が保護者に対して当該児童生徒の出席停止を命ずることは可能と考えられる。少年審判の刑事政策的判断と教育委員会の教育的判断はそれぞれ異なる視点からのものであり、学校において教育と更生の双方を教員が担うことは負担が大きく、本質的には教員の職務外であることや、他の児童生徒への影響も考慮しなければならないことに鑑みて、当該児童生徒に対する懲戒処分ではないが、保護者に対する出席停止措置を行うことで対応することが望ましいと考えられ、設問①でもそのような対応が許される。

　設問②のように、児童生徒が逮捕・勾留・観護措置等により学校を長期欠席せざるを得なくなった場合は、指導要録上の扱いは一旦保留とし、後日少年法上の手続が終了した段階で処分内容に応じて指導要録上の扱いを決定すべきである。児童生徒の非行事実が認められた場合は「欠席」として扱うべきだが、非行事実が認められた場合であっても再非行のおそれがなくなったことから審判不開始になった場合や、学校が当該児童生徒の学校生活への復帰の必要性を認める場合は、一時保護等が行われている児童生徒が学習を行っていない場合に準じて「出席停止」として扱うのもよいのではないかと考えられる[2]。児童生徒が嫌疑なし又は嫌疑不十分で釈放された場合や、審判の結果非行事実が認められなかった場合は、一時保護に準じて「出席停止」として扱うべきである。

　児童生徒の身柄が拘束され、長期間学校に登校できない状態が継続した場合は、他の児童生徒にとって興味関心の対象になりやすい一方、少年事件は当該児童生徒にとって重大なプライバシーに関わる事実であり、学校が当該事実を取り扱うことに関しては慎重に対応しなければ法的責任を問われ得る。まず、当該事件について他の児童生徒や保護者が全く認識していない場合は、学校はそのまま事実を公表せずに、後日少年法上の手続きが終了した時点で必要がある場合に事実の概要に限って他の児童生徒や保護者に説明する対応策もあり得る。この場合、学校は「事実を隠ぺいした」との印象を持たれるおそれもあるが、当該児童生徒のプライバシーを保護する必要性からはこのような対応のほうが望ましいであろう。一方、設問③のように、当該事件に

ついて他の児童生徒や保護者に噂が広まっている場合は、学校は難しい判断を迫られる。特に学級担任が当該児童生徒と同じクラスの児童生徒から当該児童生徒の状況について何気なく質問されることは、学級担任という立場上あり得るところであり、また質問に回答しなかったり、回答できない旨を表明すれば、かえって他の児童生徒や保護者に対して不信感を与えかねず、ひいては学級経営に影響を及ぼしかねない。

　少年事件の児童生徒のプライバシーを厳守する観点からは、学校は絶対に事実を公表せず、学級担任も質問への回答を拒絶し通す対応が法的に最もリスクが少ないと考えられるが、現実の教育現場でこうした対応が容易ではないのも事実であることから、他の児童生徒や保護者に対して最低限の事実について回答した上で、処分が決定されるまでは「無罪推定の原則」が働くことを同時に注意付言する対応も考えられる。

　また、学校が事実を公表するかどうかは、児童生徒の非行事実に応じて判断される可能性もある。例えば、児童生徒が認めた非行事実が性犯罪である場合は、同じクラスの女子生徒やその保護者の関心は高く、非行事実についてある程度の情報を知る必要性がないとは言い難い。非行事実が学校内で行われた犯罪である場合も、児童生徒や保護者が知る必要性はあろう。したがって、設問③では、スクールロイヤーが逮捕・勾留されている生徒のプライバシー保護と無罪推定原則を第一に考慮しつつ、非行事実に応じた対応を助言すべきであると考えられる。

2　平成27年7月31日27文科初第335号通知「保護等が行われている児童生徒の指導要録に係る適切な対応及び児童虐待防止対策に係る対応について」別紙1参照。

スクールロイヤーの犯罪被害者対応

Q148
同じ学校の児童生徒が被害者と加害者である少年事件の場合に、犯罪被害者となった児童生徒の相談や助言をスクールロイヤーが行うことは、利益相反の可能性がありますか。

A148

児童生徒が学校外で、第三者が加害者である犯罪の被害者になった場合には、スクールロイヤーが直接被害者に対する相談や助言を行うことは可能ですが、同じ学校の児童生徒が被害者と加害者である少年事件の場合には、事件の発生要因によっては、被害者は学校にとって紛争の相手方になる可能性があり得るため、利益相反の観点から原則としてスクールロイヤーが被害者に対して直接相談や助言を行うべきではないと考えられます。

解説

　スクールロイヤーが犯罪被害者となった児童生徒の対応をする可能性としては2つの場合が考えられる。

　1つは、児童生徒が学校外で、第三者が加害者である犯罪の被害者になった場合に、相談、助言、示談交渉、代理人業務等を求められるケースで、これはスクールロイヤーの立場上、学校との利益相反はほとんど生じないことから児童生徒の依頼に応じることは可能である。筆者も、スクールロイヤーの立場で痴漢の被害者となった女子生徒の相談や助言を行った経験が何度かある（もちろん教員や学級担任としての立場でも対応する）。

　もう1つは、学校内外のいずれで発生したかにかかわらず、同じ学校の児童生徒が被害者と加害者である少年事件の被害者対応であるが、この場合は加害者である児童生徒も被害者と同じ学校に在籍しているので学校の利益の観点からは一方当事者のみに関わる対応は難しく、事件の発生要因によっては被害者が加害者に対する学校の管理監督責任を追及する可能性もあり、学校内の少年事件の被害者は潜在的に学校にとって紛争の相手方となり得る立場にある。スクールロイヤーは制度上は学校の代理人業務までは想定されていないことが多いが、絶対に代理人にならないわけではないことから、このような場合は潜在的な利益相反の可能性が存在すると考えられるので、同じ学校の児童生徒が被害者と加害者である少年事件の場合は、スクールロイヤーが被害者に対する相談や助言を行うことは、たとえ被害者本人や保護者から依頼されても利益相反の観点から原則として応じるべきではない。事件の要因を検討して被害者が潜在的に学校に対する紛争の相手方にならない場

第12節 少年事件

合に限って例外的に助言や相談を行ってもよいと考えられる。例えば、学校外での性犯罪で、学校に加害者の管理監督責任が発生する事情がなく、被害者の名誉やプライバシーの観点から学校による被害者支援が必要不可欠であると考えられるような場合は、スクールロイヤーが被害者に対して直接相談や助言を行うことは可能であろう。

筆者も、教員の立場では被害者に対する相談や助言ができても、弁護士の立場では難しくなる複雑な心情を経験している。また、派遣型ではなく配置型のスクールロイヤーのように定期的に学校に勤務する場合は被害者と顔なじみになることもあり、直接依頼を受けた場合にそれを拒否することは心情的に難しいこともあろう。そのような場合は、被害者の学級担任等の教員に対して相談や助言を行うことで、スクールロイヤーとして間接的に犯罪被害者支援を行うことも考えられる。

教員が加害者である刑事事件の被害者対応について

補 足

児童生徒間の少年事件と異なり、教員が児童生徒に対して犯罪を行った場合に、スクールロイヤーは被害者からの相談や助言を行うべきであろうか（例えば、児童生徒が教員から体罰やわいせつ行為を受けた場合等）。

スクールロイヤーが子どもの人権を保障する立場でもある点を強調すれば、このような被害者に対して弁護士として直接相談や助言を行うことが望ましいが、被害者が教員から体罰やわいせつ行為を受けた場合は、児童生徒間の少年事件よりもさらに被害者本人や保護者が学校に対して法的責任を追及する可能性が高いことから、Q148の設問以上に利益相反の可能性が高くなる。したがって、教員が勤務校の児童生徒に対して犯罪を行った場合には、たとえ被害者から依頼があってもスクールロイヤーが直接相談や助言を行うことは避け、学校設置者が加害者である教員を法令に基づいて厳正に処断することに際して的確な相談と助言を行うことで、被害者となった児童生徒の人権保障を実現すべきであろう。

第2章　教育紛争の典型と問題

法律上の基準年齢と教育現場での課題 Focus-11

　教育現場では学校での学年と法律上の重要な基準年齢が異なる点に注意しなければなりません（表を参照）。

　特に、児童福祉法の基準年齢が18歳である点は、同じ高校3年生でも同法で保護される生徒とそうでない生徒に区別されるので、高校在籍中であっても誕生日が早い生徒ほど児童相談所の保護や支援を受けられないリスクが発生します。また、公職選挙法の選挙権年齢が18歳以上に引き下げられたので、高校3年生のクラスには有権者の生徒とそうでない生徒が混在し、選挙犯罪のリスクが高まったのですが、有権者とそうでない者が日常生活を共にする環境が他ではほとんどないので、この問題への関心はほとんどありません（Q156参照）。

　法律は「法の下の平等」に基づき、基準年齢を設定した上で画一的に扱う手段ですが、教育は一人一人の子どもの個性に基づき個別的に扱う営みであり、両者は本質的に異なります。例えば、少年法は14歳を基準に犯罪少年と触法少年に区別しますが、教育において13歳12か月の中学2年生と14歳1か月の中学2年生で異なる扱いをする合理的理由は見出せません。どんな年齢であっても、その子の個性と能力に応じて扱うのが教育だからです。

　画一的な法律と個別的な教育活動が本質的に全く異なる点は、教師と弁護士を兼業する筆者にとっていつも頭を悩ませる問題です。教育現場で難しい対応を迫られる教員の負担や基準年齢で画一的に扱われる子どもへの不利益を考えれば、法律の基準年齢と教育制度が関連するように、早急に改正すべきであると思います。

表　法律上の基準年齢と教育現場での課題

	基準年齢	教育現場の課題
少年法	14歳	中学2年生で犯罪が成立する生徒とそうでない生徒が混在する
児童福祉法	18歳	高校3年生で児童相談所の保護や支援を受けられる生徒とそうでない生徒が混在する
公職選挙法	18歳	高校3年生で有権者の生徒とそうでない生徒が混在する（選挙犯罪のリスク）
民　法	20歳	未成年者の子どもと保護者の意見が対立しても保護者の意見が優先される

394

第13節　教員の労働問題

教員の時間外労働

Q149 教員に時間外労働を命じることができる場合と、割増賃金を支払う必要性について教えてください。また、労働組合との協定を結べば、勤務時間外に部活動などの業務を命じることはできるでしょうか。

A149 公立学校教員には、①生徒の実習　②学校行事　③職員会議　④非常災害のいずれかの場合であって、かつ臨時又は緊急のやむを得ない必要のある場合でなければ、時間外労働を命ずることはできませんが、割増賃金を支払う必要はありません。これに対し、国私立学校教員は、労働組合等との協定に基づき部活動などの業務を時間外労働で命ずることができますが、必ず割増賃金を支払う必要があります。なお、公務員である公立学校教員について、労働基準法33条3項及び36条に基づき時間外労働で部活動業務が認められるかは争いがあります。

解説　教員の時間外労働に関しては、公立学校教員と国私立学校教員で法制度が異なる（表を参照）。

公立学校教員の時間外労働は労働基準法ではなく給特法が適用されるため、給特法に基づく政令で定められた4項目（「超勤4項目」）以外の場合は時間外労働を命じることはできない。例外的に時間外労働が認められる超勤4項目とは、①生徒の実習、②学校行事、③職員会議、④非常災害、の場合であって、かつ「臨時又は緊急のやむを得ない必要のある場合」である。このように、政令上で時間外労働が認められている超勤4項目は厳格な要件であり、公立学校教員に関しては事実上時間外労働を命じることは不可能に近いが、実際には教員の長時間労働が社会問題化し、政府の働き方改革でも議論されている。例えば、部活動に関しては超勤4項目に該当しないので時間外労働で部活動業務を命じることはできないが、放課後や休日に部活

第2章 教育紛争の典型と問題

表 教員の時間外労働

	公立学校教員	国・私立学校教員
時間外労働の可否	原則として不可（給特法）	原則として不可（労働基準法）
時間外労働を命ずることができる場合	超勤4項目に該当する場合（①生徒の実習②学校行事③職員会議④非常災害のいずれかの場合であって、かつ臨時又は緊急のやむを得ない必要のある場合）	労働組合等の書面による協定（三六協定）に基づく場合
割増賃金の必要性	不要（教職調整額で対応）	必要（ただし定額残業手当で対応することも許される）

動顧問の業務で時間外労働に従事する教員は非常に多い。また、公立学校教員に超勤4項目に該当する時間外労働を命じたとしても、給特法の適用により割増賃金（労働基準法37条）を支払う必要はなく、「教職調整額」と呼ばれる特殊な給与体系が適用される。ただし、教職調整額の算定基準時間は1971年の給特法制定時の調査による教員の平均残業時間であり、今日の教員の残業時間の実態とかけ離れていることは文科省も認めるところである[1]。

　一方、国私立学校教員については、通常の民間企業と同様に労働組合等の書面による協定（三六協定）に基づき時間外労働を命じることができる（労働基準法36条参照）が、この場合は必ず割増賃金を支払わなければならない。しかし、実際には多くの私立学校で教員に対して公立学校と同様に「教職調整額」と称する特殊な給与体系が導入され、三六協定にかかわらず部活動業務等の時間外労働が行われたとしても割増賃金が支払われていない違法な実態がある。公立学校教員が法令上は給特法により超勤4項目以外の時間外労働が認められていないのに対して、私立学校教員は法令上の制限がない上に教職調整額による脱法的な時間外労働が慣行化している点で違法性が深刻であると言わざるを得ず、労働基準監督署等の労働行政の怠慢は厳しく批判されるべきであろう。

　もっとも、私立学校教員の「教職調整額」は実質的には定額残業手当（みなし残業代）と評価できる場合もあり、定額残業手当も、実際に教員が勤務した時間外労働時間に応じた割増賃金額を下回らない場合は適法なので、結局は時間外労働に見合う定額残業手当と評価できる給与体系であるかが争点

396

第13節 教員の労働問題

になる（Q150の裁判例[2]を参照）。また、私立学校でも教員の給与体系に教職調整額が設けられているならば、給特法を準用ないし類推適用して私立学校教員に対しても超勤4項目以外の時間外労働を認めないとする解釈もあろう（そうなれば、私立学校教員も部活動顧問等を時間外労働で命じることはできなくなる）。

　なお、公立学校教員の部活動業務等を労働基準法33条3項の「公務のために臨時の必要がある場合」及び別表第一の12「教育、研究又は調査の事業」に含むと解し、同法36条の協定に基づき割増賃金を支払うことを前提に、時間外労働として命じることができるか、という論点に関しては争いがあり、できると解する論者も多いが、筆者は給特法の改正なくしては難しいのではないかと考えている。

1　文科省「教職調整額の見直しについて（案）」参照。
2　東京地判平成28年2月26日労働判例ジャーナル55号39頁。

教員の労働に関する判例理論

Q150 教員の時間外労働に関する裁判例の考え方について教えてください。

A150 公立学校教員の時間外労働に関しては、教員の時間外労働は強制によらずに各自が職務の性質や状況に応じて自主的にこれらの業務に従事していることから「労働」性を否定する最高裁判例や、教員は職員会議で時間外労働にならざるを得ないことを前提に自主的に校務分掌を決定し、校長からの懇願であっても「プロフェッションの一員」であるとの自覚に基づいて自主的に決定していることから時間外労働ではないとする高裁判例がありますが、いずれも学校教育法や教員の勤務実態について誤った理解に基づいており、教員以外の職種の時間外労働に関する司法判断と明らかに整合性を欠いている点からも妥当ではありません。また、私立学校教員の「教職調整額」などの定額残業手当に関しては、①定額手当が教員に一律に支給される場合や、②定額手当に対応する時間外

397

労働時間が明らかでない場合は、定額残業手当と認められず、違法な時間外労働となります。

　公立学校教員の時間外労働が超勤4項目によって厳格に限定されているにもかかわらず、教員の長時間労働が社会問題化している背景には、文科省の政策上の怠慢と不当な司法判断が存在する。
　まず、文科省は、部活動業務、採点業務、放課後の保護者対応等の教員の業務が、事実上給特法で認められていない時間外労働に該当することを黙認していたと言える。日本の教員が長時間労働を強いられている実態は、随分以前から統計で明らかになっていたが、文科省は教員数増加のために予算獲得に尽力するのではなく、教員以外の人材を活用することで「その場しのぎ」の対応を行ったり、教員数増加のための予算上の裏付けなく授業時間数の増加をはじめ教員業務を増やす政策を行ってきた。
　また、不当な司法判断も問題である。例えば、最高裁は、公立学校教員の時間外労働の違法性が争われた事案で、教員の時間外労働は「それが自主的、自発的、創造的に行われるものではなく、校長等から勤務時間外に強制的に特定の業務をすることを命じられたと評価できるような場合には、違法となる」と解されるが、学校設置者は教員に対して「労働時間の管理の中で、その勤務内容、態様が生命や健康を害するような状態であることを認識、予見し得た場合には、事務の分配等を適正にするなどして勤務により健康を害することがないよう配慮すべき義務を負う」とした控訴審の判断を覆し、「研究授業の準備」「初任者教員の支援指導」「担任をする生徒のための児童自立支援施設への出張や家庭訪問」「養護施設指導部長・生徒指導部長としての活動」「部活動顧問業務」「校内パトロール」「教材研究・プリント作成・テスト採点」等の業務が時間外に行われたとしても、これらの業務は全て校長が明示的にも黙示的にも時間外勤務を命じたとは認められず、教員は強制によらずに各自が職務の性質や状況に応じて自主的にこれらの業務に従事していたとして「労働」性を否定する[3]。このような最高裁の判断は「『労働』性（校長の勤務命令）否認説」と呼ばれるが、他の最高裁判例の考え方と明らか

第13節　教員の労働問題

に整合性を欠き、「『自主性、自発性』という言葉に幻惑されたものか、法律概念としての『労働』の捉え方に関して最高裁判決を含め先例をすべて失念するのか、と疑わしめるほどに常軌を逸している」として、厳しく批判されている[4]。また、別の高裁判例[5]は、教員の職務について「自発性、創造性に期待するところが大きいという面で、いわゆるプロフェッションの一員として、一般的な職業とは異なった特質を持つ」と理解した上で、教員が「プロフェッションの一員であるとの自覚のもと、自主的に正規の勤務時間を超えて勤務した場合には、その勤務時間が長時間に及ぶとしても時間外勤務等手当は支給されない」と解するのが給特法の趣旨だが、「時間外勤務等を行うに至った事情、従事した職務の内容、勤務の実情等に照らし、時間外勤務等を命じられたと同視できるほど当該教育職員の自由意思を極めて強く拘束するような形態で時間外勤務等がなされ、そのような時間外勤務等が常態化している」等、給特法の趣旨を没却するような事情が認められる場合は、時間外勤務手当を支給すべきであると判示するが、各教員に割り当てられた職務を全て勤務時間内に処理することは困難であることから、各教員は必然的に時間外勤務等を行うことを前提に職員会議で職務分担等を決定していると考えられるので、教員は自らの意思に基づいて自主的に時間外勤務等を行ったものと評価するのが相当であり、校長が教員にひたすらお願いしてクラス担任や部活動の担当を引き受けてもらう場合であっても教員が「プロフェッションの一員であるとの自覚のもとにやむを得ず引き受けたものと考えることができる」ので、引き受けた教員の自主的な決定というべきであるとして、結論として「時間外労働」とは認めず、時間外勤務手当を支給しなくとも違法ではないと判断する。この裁判例に至っては、職員会議が校長の主宰の下に校長の校務を円滑に遂行するための諮問機関として設置されるものであり、全教員による意思決定機関とは規定されていない（学校教育法施行規則48条参照）にもかかわらず、職員会議で各教員が自主的に校務分掌を決定していると誤解し、校務を掌理し教員を監督する立場である校長（学校教育法37条4項参照）の懇願に対してもなお教員にプロフェッションを根拠とする自主的な決定が存在すると曲解する等、もはや法令解釈の態をなしていない。そもそ

399

第2章　教育紛争の典型と問題

も教員の職務が「プロフェッションの一員」であることを根拠に他の職業とは異なる時間外労働が認められるとすれば、労働基準法で原則として許されないはずの時間外労働が、「『プロフェッションの一員』の法理」とも言うべき詭弁であらゆる職業において容認されてしまう。こうした裁判例が示す給特法のロジックと学校現場における勤務実態の間には「大きな断裂が存在しており、その断裂が教員の長時間の時間外労働を生み出している原因となっている」[6]と言えるし、教員以外の職種の時間外労働に関する司法判断との整合性が全くない点で法的に著しく妥当性を欠いている。なお、上記高裁判例は判決文の最後で、「我が国の小学校、中学校、高等学校、養護学校における教育は、控訴人ら教育職員の長時間にわたる時間外勤務等に負うところが相当に大きいというべきである。我が国の未来を担うべき児童生徒に対する教育の充実が重要であることはいうまでもなく、そのために教育職員が授業の準備を十分にしたり、ゆとりを持って児童生徒に接することができるよう、財政事情、給源等が許す限り教育職員の定数を増やす努力を引き続き行う必要がある。現場の教育を担当する教育職員の意見を十分に汲み取るなどして、我が国の未来のために実り多い教育改革がなされることを切望する」と付言しており、裁判官自身も後ろめたさを含みながら教員の長時間労働の実態を判断したのではないかと思われる。

　一方、私立学校教員の時間外労働に関しては、公立学校教員の「教職調整額」に相当する給与体系が定額残業手当（みなし残業代）として評価できるかが問題になる。この点で、専門学校教員の残業代が争われた事案で、学校法人から教員に対する黙示の残業指示があったことを認め、「使用者が時間外労働等に対する定額手当を支払う場合には、就業規則等において当該手当が割増賃金の支払に代えて支払うものであることが明示されることに加え、当該手当の性格及び運用等に照らして、実質的に時間外労働等の対価と認められることが必要である」と解した上で、①定額手当が教員に一律に支給される場合は、定額手当が教員の時間外労働に対する対価ではなく、業務自体に対する功労等の趣旨で支給されるものであると推認できる、②定額手当に対応する時間外労働時間が明らかではなく、教員が当該定額手当に対応する時

間外労働時間を超過する時間外労働を行った場合に別途支払われるべき割増賃金を計算することができない、といった場合は、当該手当の性格及び運用等に照らして実質的に時間外労働等の対価とは認められないと判断する裁判例[7]があり、私立学校教員に対する「教職調整額」等の特殊な給与体系に基づく時間外労働の違法性を判断する上で参考になろう。

---

3 最三小判平成23年7月12日集民237号179頁。
4 萬井隆令「なぜ公立学校教員に残業手当がつかないのか」日本労働研究雑誌585号53頁。
5 札幌高判平成19年9月27日裁判所ウェブサイト。
6 小川正人「教員の長時間労働と給特法―給特法の問題点と改廃の課題―」季刊教育法192号77頁。
7 東京地判平成28年2月26日・前掲注2)。この裁判例では、1年単位の変形労働時間制が適用されるためには、労働組合又は労働者の代表との間で労使協定書が取り交わされていることが必要であり、シフト表の作成に教員が参加していたことだけでは労使協定があったと同視できないと判断されている点も重要である。変形労働時間制もまた、私立学校教員における違法な時間外労働の脱法的制度として利用されることが多いからである。

教員のパワハラ

Q151 管理職教員の一般教員に対するパワハラはどのような場合が該当するでしょうか。

A151 パワハラの定義は明確ではなく、一般的には、①職場内の優位性、②業務の適正な範囲の逸脱、③精神的・身体的苦痛又は職場環境を悪化させる、という3つの要件が必要ですが、教育現場では、①教員間の優位性を背景にした行為が他の職業においても一般的に許されない態様で行われたか、②教員として通常有すべき最低限度の能力があれば業務を遂行できる程度の職務命令であるか、といった点を検討し、パワハラに該当するかを判断すべきだと考えます。

解説 パワーハラスメント（「パワハラ」）の問題は教育現場に限られないが、パワハラの定義や要件は必ずしも一義的ではなく、職務内容や職場環境等の個別具体的な状況を検討して判断する必要がある。

第2章　教育紛争の典型と問題

厚生労働省は、職場のパワハラを「同じ職場で働く者に対して、職務上の地位や人間関係などの職場内の優位性を背景に、業務の適正な範囲を超えて、精神的・身体的苦痛を与える又は職場環境を悪化させる行為」と定義する[8]。これによれば、①職場内の優位性、②業務の適正な範囲の逸脱、③精神的・身体的苦痛又は職場環境を悪化させる、という3つの要件がパワハラの成立に必要となる。

また、同省は具体的なパワハラ事例として、❶身体的な攻撃（暴行・傷害）、❷精神的な攻撃（脅迫・名誉毀損・侮辱・ひどい暴言）、❸人間関係からの切り離し（隔離・仲間外し・無視）、❹過大な要求（業務上明らかに不要なことや遂行不可能なことの強制、仕事の妨害）、❺過小な要求（業務上の合理性なく、能力や経験とかけ離れた程度の低い仕事を命じることや仕事を与えないこと）、❻個の侵害（私的なことに過度に立ち入ること）、といった事例を列挙する。

教育現場でも校長や教頭等の管理職教員が、一般教員に対して怒号や暴言を伴う不適切な態様により職務命令を発したり、一般教員が遂行可能な業務量の範囲を超える職務命令を発したりすることは、しばしば問題になり得る。教員は個性的で裁量の多い仕事に慣れた人間が多く、学校という閉鎖的で特殊な環境下で社会人経験を積んでいることから、社会常識とかけ離れた感覚の人間が管理職に就くことも珍しいことではない。一方、教員はたとえ新人であっても教員免許を取得し、教員としての最低限の研鑽を受けており、専門職として必要な能力を備えていなければならず、教員の「業務の適正な範囲」を判断することは難しい面がある。そこで、教育現場でのパワハラは、①教員間の優位性を背景にした行為が他の職業においても一般的に許されない態様で行われたか、②教員として通常有すべき最低限度の能力があれば業務を遂行できる程度の職務命令であるか、といった点を検討すべきであろう。例えば、校長が一般教員を、人格を侮辱するような暴言を用いて叱責する行為は、他の職業であっても許されない行為だが、叱責された教員が通常有すべき最低限度の能力を備えておらず、児童生徒の学習権を侵害する行為を繰り返していた場合は、一概にパワハラであるとは断定しがたい。

しかし、この考え方では、教員にとって「最低限度の能力」とは何かが問

題になる。教員免許を有し、採用試験に合格している以上、教科指導に関して最低限度の能力すらない教員が管理職教員から厳しく叱責されてもやむを得ないだろうが、学級担任や部活動顧問に関してはそもそも法令上教員の業務であるかどうかが明確ではない業務であり、教育実習でもほとんど扱わない業務なので、学級担任や部活動顧問を担当する最低限度の能力が不足しているからといって厳しく叱責することは、パワハラに該当する可能性が高くなるとも考えられる。また、最低限度の能力を有しない教員を採用した任命権者の責任も当然生ずるであろう。

　なお、パワハラとは異なるが、小学校の初任者教員がうつ病で自殺した件につき公務災害として認定されるかが争われた裁判例[9]は、たとえ指導しやすい学年の学級の運営を担当させ、校務分掌についても他の初任者より少なく、初任者研修レポートの提出が初任者全員に求められていたとしても、(自殺した)初任者教員にとっては日常の学級運営及び校務分掌に加えて初任者研修及び研究指定校の準備業務に従事することは相当の負担があったと認定しており、そもそも初任者教員に対する業務量が初任者教員の一般的な能力を超えていたことを示唆している。この裁判例は、「経験の乏しい初任者教員が学級担任として児童の万引き疑惑の情報を保護者に伝える際には上司から手厚い指導が必要だったこと」「初任者教員にとって自らが担任する学級内トラブルを校長に直接報告し直接指導を受けることを精神的負担に感じることは十分想定できること」「初任者教員が周囲からの声掛けに対し『大丈夫です』とだけ答えていたからと言って、周囲からのアドバイスを受け入れない傾向にあったと認めることはできないこと」として、初任者教員に対する支援体制の不備を指摘するが、同時に管理職教員が初任者教員に対して適切な支援を施さずに職務命令をするならば、パワハラに該当する可能性があることも示唆している。

　教員の職務や能力は他の職業と異なる面もあり、教員に対するパワハラを判断することは難しい。これは、教員の業務量がそもそも教員が通常有すべき能力を超えた膨大な業務量になっており、管理職教員が命ずる業務が一般教員にとってもはや適正に遂行できる範囲にないことが常態化している面も

第2章 教育紛争の典型と問題

あるが、一方では、教員免許が医師免許や弁護士資格等と異なって統一的な取得過程がなく、大学や通信課程等によっては極めて容易に免許が取得できるため、教員免許が教員として最低限度の能力を証明する機能を持たない実態にも起因すると思われる。実際に、フィンランド等の教育先進国と評価される国の教員の平均的な能力は極めて高く、教員免許取得過程も厳しい。スクールロイヤーをはじめ弁護士が教員に対するパワハラを解決する上では、こうした背景事情も理解しておく必要があろう。

---

8 厚生労働省「職場のパワーハラスメントの予防・解決に向けた提言」(2012) 参照。
9 東京高判平成29年2月23日労働判例1158号59頁。

有期雇用教員と無期雇用への転換

Q152 あらかじめ5年以内とする有期雇用契約に基づき教員を雇用し、5年を超えない期間で雇止めをすることは適法でしょうか。また、無期雇用教員は正規雇用教員とどのように異なるでしょうか。

....

A152 当該有期雇用契約と雇止めが、改正労働契約法により導入された有期雇用の無期雇用への転換を防止する目的である場合は、労働契約法の改正の趣旨に反して違法と判断される可能性があります。また、無期雇用教員は、契約期間が期間の定めのないこと以外は、現に締結している有期雇用と同一の労働条件である点で正規雇用教員とは異なります。無期雇用教員は今回の労働契約法の改正により新たに誕生する新しい雇用形態の教員であり、教育現場での活用が望まれます。

2013年4月の改正労働契約法施行で有期労働契約（以下「有期雇用」）に関する新しいルールが導入され、同一の使用者との間で有期労働契約が通算で5年を超えて反復更新された場合に、労働者の申込みにより無期労働契約（以下「無期雇用」）に転換されることになった

第13節　教員の労働問題

（労働契約法18条）。これを受けて、有期雇用教員[10]が同じ学校で通算5年を超えて毎年勤務した場合に、当該教員が無期雇用への転換を申し込む場合には、6年目以降は「無期雇用教員」として雇用されることになる。

　ただし、有期雇用教員の通算契約期間に契約がない期間が6か月以上ある場合は、「通算で5年を超えて反復更新された」とは言えず、無期雇用への転換は認められないため、学校設置者は次のような方法で無期雇用への転換を防止することを行っている。

① 　雇用期間をあらかじめ5年以内とする有期雇用契約に基づき教員を雇用し、5年を超えない期間で雇止めをする
② 　毎年の雇用期間を4月1日から3月30日までとし、3月30日で一度雇止めをした上で、1日の空白を置いて4月1日に再び雇用することで、有期雇用が反復更新されることを防ぐ

　上記①②の方法は形式的には法令に違反しないが、無期雇用への転換を防止する目的でこれらの方法を用いるならば、有期雇用の下で働く労働者が安心して働き続けることができる社会の実現を目指す労働契約法改正の趣旨に明らかに反しており、裁判で争われた場合に違法と判断される可能性は否定できない。実際に、厚生労働省は「無期転換ルールを避けることを目的として、無期転換申込権が発生する前に雇止めをすることは、労働契約法の趣旨に照らして望ましいものではない」とする[11]。

　また、「5年」を基準とする有期雇用のルールは、そもそも教員の仕事には適していない。小学校や中高一貫校では児童生徒は少なくとも6年間は在籍するため、児童生徒の教育を担当する有期雇用教員が最初から5年以内で雇止めになるならば必ず在籍期間の途中で担当教員が交代することになるが、これでは児童生徒や保護者との間に信頼関係を築くことは到底困難であり、教育的観点からは不適切であって授業料の対価に相応しい教育とも言えない。したがって、筆者は今回の労働契約法改正を教員に適用すること自体が妥当ではないと考えている。

405

今回の労働契約法改正でもう１つ重要な点は、新たに「無期雇用教員」という立場の教員が誕生することである。無期雇用教員は同様に期間の定めのない正規雇用教員[12]とは全く異なる立場で、その労働条件は、契約期間が期間の定めのないものに転換されること以外は「現に締結している有期雇用と同一の労働条件」である。したがって、例えば「年俸300万円・勤務日５日・退職金なし」という条件で有期雇用されていた教員が無期雇用への転換を申し込んだことにより無期雇用教員になっても、学校設置者と別の合意がない限り「年俸300万円・勤務日５日・退職金なし」で期間の定めなく雇用されることになり、通常は昇給・賞与・退職金等が支給される正規雇用教員とは異なる。

もっとも、筆者は無期雇用教員を新たな雇用形態として教育現場で活用すべきであると考えている。無期雇用教員は有期雇用と異なって児童生徒のために継続的に教育活動に従事することができ、少なくとも児童生徒の在籍期間よりも先に学校を去らなければならないという、前述のような有期雇用教員の弊害を除去することができるからである。

なお、改正労働契約法では同一の使用者と労働契約を締結している有期契約労働者と無期契約労働者との間で、期間の定めがあることにより不合理に労働条件を相違させることを禁止する規定が追加された（労働契約法20条）。したがって、教育現場においても有期雇用教員と期間の定めのない教員との間で、賃金や労働時間だけでなく、一切の労働条件について不合理な労働条件の相違が生ずることは禁止される。労働条件の相違が不合理と認められるかどうかは、①職務の内容（業務の内容及び当該業務に伴う責任の程度）、②当該職務の内容及び配置の変更の範囲、③その他の事情、を考慮して個々の労働条件ごとに判断される[13]。

---

10 教育現場では有期雇用教員は「特任」教員と呼称されることが多い。

11 厚生労働省「有期契約労働者の無期転換ポータルサイト」参照。

12 教育現場では期間の定めのない正規雇用教員は「専任教員」と呼称されることが多い。

13 厚生労働省「労働契約法の改正について～有期労働契約の新しいルールができました～」参照。

教員の仕事のやりがいと労働時間　　Focus-12

　給特法の正当化根拠でもありますが、教員の仕事が他の仕事と比べて評価しづらいことは事実です。

　例えば、「教員は忙しい」といっても、全ての教員が忙しいわけではありません。生徒対応や部活動指導を熱心に行う教員は毎日残業ばかりですが、生徒や保護者とほとんど向き合わず、毎年同じ授業ばかり繰り返す教員は毎日定時に帰ります。また、日常的な生徒指導や保護者対応等は大変な労力が必要ですが、評価しづらい仕事でもあります。一方、進学実績や部活動の実績等は評価しやすいですが、教員の仕事内容よりも生徒の能力に左右される結果です。しかし、教員の世界では、不登校や家庭問題を抱える子どもが多い学校での生徒指導や保護者対応の経験よりも、進学校での指導や教育委員会での行政事務の経験が重視され、実際に公立学校教員では後者の経験が「出世コース」です（私立学校も同様で、金銭的に恵まれた円満な家庭の生徒が多い進学校や大学附属校等のほうが評価は高いです）。生徒指導や保護者対応が上手な先生は教員として最も卓越した能力を持っていますが、現実にはこうした先生は高く評価されていません。

　しかし、教員としてのやりがいを考えた場合、元々能力が高く恵まれた家庭環境にある進学校の生徒を教えて進学実績を出すよりも、複雑な家庭問題を抱える不登校の生徒を毎日登校できるように指導するほうが、教員の仕事としては圧倒的に難しいことから、後者にやりがいを感じるはずです。

　教員にとって仕事の源は、「子どもたちのために仕事をする」という精神であり、それはお金に換えられない教員のやりがいですが、そうした教員の自己犠牲の精神を使用者が悪用して違法な時間外労働を常態化させ、国がそれを放置する状況は絶対に許されず、教育予算を確保して教員数を増やす以外に選択肢はありません。筆者は、教員を辞める人が増加傾向にある点を憂慮していますが、教員を辞める人の多くは仕事が嫌になったのではなく、やりがいは感じても多忙の中で燃え尽きてしまう人です。つまり、やりがいはあっても過酷すぎる労働環境では、結局良い人材はいなくなってしまうため、子どもたちに人材不足の不利益が及ぶのです。

　教員の労働環境の改善は、子どもの人権の観点からも重要なことなのです。

第 2 章　教育紛争の典型と問題

第14節　法教育

法教育の定義とスクールロイヤーの役割

Q153 法教育とはどのような教育でしょうか。スクールロイヤーが法教育に関わることはあるでしょうか。

A153 法務省は、法教育を「法や司法制度、これらの基礎になっている価値を理解し、法的なものの考え方を身につけるための教育」と定義しています。また、スクールロイヤーはいじめの予防教育を担うことが制度上想定され、学校の教育活動に最も身近な弁護士として、法教育にも関与する機会が期待されます。

　法教育の定義は論者によって異なるが、法務省は、法教育を「法や司法制度、これらの基礎になっている価値を理解し、法的なものの考え方を身につけるための教育」と定義する[1]。また、日弁連は、法教育を「子どもたちに、個人を尊重する自由で公正な民主主義社会の担い手として、法や司法制度の基礎にある考え方を理解してもらい、法的なものの見方や考え方を身につけてもらうための教育」と定義する[2]。両者の共通点は、法教育が司法制度などの「知識」を習得する教育ではなく、「法的なものの考え方」を習得する教育、と理解する点である。

　現行学習指導要領では、法務省や日弁連が定義するような「法的なものの考え方」を習得する学習内容は直接明記されていないが、社会科をはじめ、日本国憲法や司法制度の学習等を介して間接的に法教育を行うことは一般的であり、裁判傍聴や模擬裁判等の実践的な法教育を行う授業や、弁護士による出張授業を実施する学校も多い。さらに、高校では次期学習指導要領より新科目「公共」が創設され、その内容として単元内の要素に「法的主体となる私たち」が設定され、「協働により目指すべきもの（公正な手続に則り各人の意見や利害を公平に調整して、個人や社会の紛争を調停・解決すること）」を学習することが想定されており[3]、この内容は法務省が定義する「法的なものの考え

408

第14節　法教育

方」を学ぶ法教育のスタンスに類似すると考えられる。このような動きから、弁護士業界は教育現場で法教育が今後一層重要性を増すと予想している（Focus-13参照）。

　一方、文科省が想定するスクールロイヤー制度は、弁護士が、「実例（裁判例等）を示しながら、人権を守ることの重要性やいじめの法律上の扱い（刑事罰の対象となり得ることや、不法行為に該当し損害賠償責任が発生し得ること等）について教える授業モデルの構築や実践的な教材の開発を行う」という、「いじめの予防教育」の中心的役割を担うことを想定する。弁護士業界では、いじめの予防教育も広い意味では「法的なものの考え方」を学ぶ機会として法教育の一内容と考えられており、スクールロイヤーはいじめの予防教育の場面で法教育に関わることが期待されている（なお、文科省はいじめ防止法ガイドラインでいじめの予防教育の方針も示している（Q95参照））。

　また、スクールロイヤーは教育現場に最も関与する弁護士なので、学校の教育活動にとっても身近な弁護士であり、教員が法教育を授業で実践する際にはスクールロイヤーに相談したり、助言を受ける機会もあり得る。その意味では、スクールロイヤーは法教育自体に広く関与することも期待され、教育活動に関与する観点からは、教員免許を有する弁護士がスクールロイヤーを担当することは有意義であると言えよう（Q170参照）。

1　法務省「法教育」〈http://www.moj.go.jp/housei/shihouhousei/index2.html〉参照。
2　日弁連「法教育とは」〈https://www.nichibenren.or.jp/activity/human/education/purpose.html〉参照。
3　文科省「「公共（仮称）」の構成②（案）」参照。

日本の法教育の問題点

Q154　日本の弁護士が取り組んでいる法教育の問題点について教えてください。

A154　現状の日本の弁護士が取り組んでいる法教育には、①法教育を行う主体が教員ではなく弁護士であると誤解している、

409

②「主権者教育」や「ワークルール教育」といった不適切な教育を推進している、③１年間の体系的な学習計画や成績評価の視点が欠けている、④日本の教育制度が海外と異なる実情を理解していない、といった根本的な問題点を抱えており、教育現場や子どもたちが本当に求めている法教育の視点を持つべきです。

　日本の弁護士業界では法教育活動が非常に盛んであり、法教育に取り組む弁護士が非常に多く、各地の弁護士会に法教育を担当する委員会が設置されている。筆者は弁護士が行っている法教育の進展について、以前と比べると法教育の内容や教材が多様化しており、弁護士による法教育の実施回数が増加し、実施校も多様化している点を大変評価している。実際に、弁護士が行っている法教育は、「模擬裁判」や「ルール作り」だけでなく、「いじめ予防」「主権者」「ワークルール」「消費者」「憲法」「被害者支援」等、非常に多岐にわたっており、実施校も以前は児童生徒の能力が高い一部の進学校や大学受験のための勉強が必要ない大学附属校に偏っていたが、最近は公立学校をはじめ、商業高校、特別支援学校等、様々な学校で実施されている。教育政策上も新学習指導要領では法教育が重視される新科目「公共」が高校の必修科目として導入されることで、弁護士が行う法教育の裾野が広がることが期待される。

　しかし、残念ながら現状の弁護士が取り組んでいる法教育には根本的な問題点が存在することも事実である。筆者は公民教員として日常的に公民科目の授業を担当する立場であるが、その視点から懸念している４つの根本的な問題点について以下に述べる。

（１）　法教育を行う主体が教員ではなく弁護士であるとの誤解

　第一の問題点は、現状の弁護士の法教育は、法教育を行う主体が教員ではなく弁護士であるかのように誤解している姿勢が見受けられる点であり、法教育は弁護士が教員に「代わって」授業することを想定する弁護士も多い。この姿勢は弁護士会が作成している法教育教材からも推測され、これらの教材は内容としては優れている部分もあるが、学習指導要領に明記がない法教

育という限られた分野の教材であるにもかかわらず高額であることから、教員が購入して授業案で参考することが全く想定されていない[4]。また、教員の授業は1年間の体系的な学習計画に基づいて行われ、かつ児童生徒の成績評価を伴うものであるが、弁護士の法教育は年間学習計画との関連付けがほとんど意識されておらず、成績評価基準も作られていない。こうした問題点は「法教育を行う主体が教員ではなく弁護士である」という、言わば法教育の出発点での誤解に原因があると考えられる。

　法教育を行う主体はあくまでも教員であり、弁護士はサポート役に徹するべきである。教員としての立場から察するに、教員が弁護士に求める法教育のサポートは、政府の公定解釈である学習指導要領解説とは異なる解説を弁護士に示してもらうことであり、例えば、「教科書に掲載されている大量の知識に関して、弁護士の視点から重要度に濃淡を示してもらう」「教科書で重要とされる概念や制度に関して、弁護士の視点から概念の内容や制度趣旨、実務上の知見や分かりやすい具体例を示してもらう」等のサポートが考えられ[5]、こうしたサポートは限られた授業時間内で適切な法教育を行う責任がある教員にとって大変有意義である。

　また、子どもの視点から法教育を考えた場合、論理的思考力、判断力、表現力等の能力も重要だが、子どもたちはそれらの能力を駆使するための最低限の知識を理解したいと求めている点も忘れてはならない。例えば、筆者が担当する「現代社会」の授業で、新たに有権者となる高校3年生に向けた政治教育を実施する際にヒアリング調査を行ったところ、生徒の要望は模擬投票や模擬選挙といった実践的授業よりも、各政党の違いや「保守」「リベラル」等の政治的用語の意味を教えてほしいといった要望が圧倒的に多く、実際に投票所に行って投票する際に必要な最低限の知識を理解したいという要望であった。このことは、弁護士をはじめ大人が求める政治教育と、子どもたちが求める政治教育が明らかに乖離している問題点を示している。

　以上から、現状の弁護士の法教育は教育現場や子どもが求める法教育の視点が欠けており、その背景に「（教員ではなく）弁護士が行う法教育」という誤解が存在する。

第2章 教育紛争の典型と問題

（2）「主権者教育」や「ワークルール教育」といった不適切な教育の推進

第二の問題点は、弁護士が行う法教育の内容が多様化する一方で、弁護士が不適切な法教育を推進しようとしている点である。筆者は特に「主権者教育」と「ワークルール教育」の問題点を懸念しており、この2つは何ら学術的知見や客観的検証結果に基づかない印象論に立脚する点で共通する。主権者教育は「若者の政治参加が積極的でない原因は主権者教育にある」との主張に立脚して日弁連がこれをテーマに人権大会を開催して組織的に推進する教育活動だが、筆者が知る限りこの主張の根拠となる学術的知見や客観的検証結果は何ら示されていない。政治教育が日本よりも積極的とされる欧米の先進国も若者の投票率は低く、教育に政治参加を促す効果があることは実証できていない。政治教育の知識面を考察しても、日本の公民科目で学習する知識は海外の公民教育よりも広範で幅広いものであり、日本の公民教育が海外と比べて決して遅れているわけでもない。同様に、ワークルール教育も「日本の労働者のワークルールが守られていない原因はワークルール教育が普及していないことにある」との主張に立脚して議員立法による「ワークルール教育推進法（仮称）」の制定が進められ、日弁連も意見書を作成してこれを支援するが、この主張も根拠として学術的知見や客観的検証結果を示していない。むしろ、日本の公民教科書は労働三法以外にも最近の労働法制の改正等にも言及した詳細なワークルールの知識を網羅しており、少なくとも「ワークルール教育が普及していないから日本の労働者のワークルールが守られていない」という主張は事実無根である。

加えて、この2つの教育を推進することは、人権の専門家である弁護士として自省すべき問題をそれぞれ抱えている。主権者教育という語は、外国人の参政権が法的に認められていない状況下で、多くの外国人の子どもが日本人の子どもとともに学ぶ今日の教育現場では決して用いるべきではない語であり、人権の専門家たる弁護士が政治的マイノリティに配慮せずに主権者教育という語を率先して教育現場に普及させようとする姿勢は猛省すべきである（Q131参照）。また、教員の過酷な労働環境が社会問題になっているにもかかわらず、教員のワークルールが全く守られていない教育現場で子どもた

ちにワークルールを教育することは本末転倒であり、人権の専門家たる弁護士として検討すべき課題の優先順位をはき違えている。つまり、主権者教育もワークルール教育も、若者の政治的無関心や労働問題の責任を安易に「教育」に転嫁させる発想であり、教育現場で子どもたちに真摯に教えてきた教員を蔑むような発想と言っても過言ではない（筆者も教員なので憤りを感じる）。

現在の教育現場では「○○教育」の乱立が教員を疲弊させる要因でもあり、「○○教育」の中には「いじめ予防教育」のように学術的知見に基づく必要性が存在するのも事実だが[6]、必要性が実証されていないものも多く、ただでさえ膨大な知識量を要求する日本の教育に必要性の乏しい「○○教育」が導入されることで、子どもたちや教員の負担が増大することは避けなければならない。少なくとも弁護士団体が組織的に推進する主権者教育とワークルール教育は必要性に乏しい「○○教育」の代表例と言える。

（3） １年間の体系的な学習計画や成績評価の視点の欠如

第三の問題点は、１年間の体系的な学習計画上での弁護士が関わる法教育の位置づけが不明確であり、「場当たり」的な授業になりがちで、法教育の成績評価基準が議論できていないことである。現状の弁護士の出張授業は授業時間や進度に余裕がある時期に「穴埋め」的に実施される場合が圧倒的に多く、弁護士の法教育が１年間の学習計画上で体系的に位置づけられているわけではない。例えば、「模擬裁判」は通常最低でも２～３時間の授業時間が必要だが、年間学習計画の見地からは限られた授業時数で学習指導要領で要求される内容を消化しなければならないため、「模擬裁判」だけに数時間も授業時間を費やすわけにはいかない。もっとも、この問題点は弁護士だけでなく、教員自体に弁護士が関わる法教育を学習計画で体系的に位置づける視点が欠けていることにも原因がある。体系的な学習計画を意識しない現状の法教育では、子どもたちに対する教育効果は不完全にならざるを得ない。

また、現状の弁護士の法教育には成績評価の視点がなく、授業後に「感想文」を収集するのみであり、知識や能力の向上を確認する作業がない。教育効果は授業前と授業後で子どもの知識と能力を比較することで検証できるが、ある程度客観的に機能し得る成績評価基準がなければ検証は難しい[7]。加え

て、新学習指導要領でアクティブ・ラーニングが導入されるため、法教育の成績評価基準もアクティブ・ラーニングを前提に議論しなければならない。

こうした問題点に対応するためには、例えば、「弁護士が教員の学習計画策定の段階から参画する」「教員免許を保有する弁護士が授業を1年間担当する」といった手段を講ずることも必要になろう。

（4） 日本の教育制度が海外と異なる実情への認識不足

第四の問題点は、弁護士が法教育に関わる際に、日本と海外の教育制度の根本的な違いを理解していない点である（Focus-2参照）。欧米で実践されている法教育は「少人数教育」「選択教科中心」「負担の小さい大学入試制度」を特徴とする欧米の教育制度の中で発展してきたものだが、現状で弁護士が構想する法教育は少なくとも日本の教育制度の特徴に配慮しておらず、欧米の法教育を直接日本に輸入すれば教員や子どもたちの負担が大きく、弊害になりかねない。仮に欧米の法教育を輸入するならば、教育予算を確保して教員数を増やし、大学入試の科目数を減らすことが前提であるが、実現困難である。日本の弁護士が構想すべき法教育は、あくまでも「大人数教育」「必修教科中心」「負担の大きい大学入試制度」を特徴とする日本の教育制度に立脚したものでなければならない。

以上が弁護士による法教育の根本的な問題点であるが、そもそも日本ではアメリカと法教育の概念自体も異なる点も付記しておきたい。アメリカでは法教育はlaw related educationという語であり、法学部の法学教育を指すlegal educationとは区別される上、その内容については、education to equip non-lawyers with the knowledge and skills pertaining to the law, the legal process, and the legal system, and fundamental principles and values on which these are basedと定義されている[8]。この定義を日本の法務省などが示す定義と比較すると、知識（knowledge）とスキル（skill）の語が意図的に消去されていることが理解できる。このことは、アメリカの法教育が知識とスキルを重視するのに対し、日本の法教育は「法的なものの考え方（legal mind）」を重視することを意味するが、筆者が担当する公民科目の授業で生徒に対して「教えてほしい法教育」を質問したところ、大半の生徒が最も希

望する法教育は「入試で出題される憲法や司法制度などの知識を学習すること」であり、次に希望する法教育は「日本の法制度の趣旨や背景事情について教わること」[9]であって、現在の日本の弁護士が中心的に取り組んでいる法教育の内容とは異なる[10]（もっとも、最近は弁護士が取り組むべき法教育を実証的に検討しようとする例[11]もある）。

　裁判員裁判の導入以降、弁護士による法教育は多くの実践を重ねてきたが、今後は新科目「公共」の導入や道徳の教科化とも相まって重要性が更に高まるものと推測され、そのような動向と期待に応えるためにも本項で列挙した課題を謙虚に受け止め、弁護士が組織的に改善に取り組む必要があろう。

4　例えば、近時日弁連が刊行した『小学校のための法教育12教材　一人ひとりを大切にする子どもを育む』（東洋館出版社、2017）は、約3000円と指導教材としてはかなり高額であり、およそ教員が購入する教材として想定されていない。内容も半分近くが学級担任を担当する教員であれば日常的に実践する学級経営手法であり、教員が弁護士に求める法教育とは大きく乖離したものと言わざるを得ない。一方、法むるーむネット編著『法むるーむ　高校生からの法律相談』（清水書院、2016）は、弁護士だけでなく教材作成の段階から現役の高校教員が参画していることから、教員や生徒の目線に沿った内容になっており、法教育教材として大変優れている上、価格も約1000円と安価で学校教材として教員が購入するのに適した価格である。

5　筆者はそもそも弁護士が必要以上に授業案を作成する必要はないと考えている。現状は法教育の需要に比してあまりにも多くの授業案が氾濫している状況にあり、むしろ、教科書に記載された内容に関する弁護士作成の解説書や、法的思考力を意識させる上で汎用性の高い授業案のほうが教育現場でのニーズは大きいと考えられる。

6　例えば、いじめ予防教育については、いじめの追跡調査の結果から「ほとんど全員の子どもがいじめの被害経験だけでなく加害経験も持つ」という知見が得られていることから、いじめの最も有効な対策は「全員をいじめ加害に向かわせないようにするという予防教育的な対応を講じていくことでしかない」とする実証研究（滝充「Evidenceに基づくいじめ対策」国立教育政策研究所紀要136集119～135頁）が存在する。

7　弁護士会で主催する模擬裁判選手権では、ある程度客観的な基準で勝敗を決定しているので、法教育の成績評価の参考になるのではないかと考えられる。

8　American Bar Association「Law-Related Education Network」〈https://www.americanbar.org/groups/public_education/resources/law_related_education_network.html〉参照。

9　例えば、筆者が授業をしていると、授業中に「なぜ三審制になっているのか」「なぜ死刑が確定してもすぐに執行されないのか」といった質問に回答する必要性が非常に高い。

10　もっとも、筆者が授業を担当する生徒は私立高校生であることから、大学受験のニーズが高い点は否めない。ただし、「子どもたちが求める法教育が何か」という視点が必要であるという示唆は、弁護士にも理解できる生徒のニーズであろう。

11 例えば、関東弁護士会連合会『これからの法教育』(現代人文社、2011)126〜139頁では、アンケート結果に基づいて、教員と弁護士の法教育の意識の違いや、求める法教育の違いなどを考察しており、現実的な法教育を実践していく上での非常に貴重な示唆となっている。

政治的教育の課題

Q155 日本の政治的教育の課題について教えてください。

A155 日本の政治的教育は、教員の政治的中立性を理由とする教授の自由への制約が非常に強く、政治的教育で「主体的で対話的な深い学び」を実現することが困難な上に、「子どもたちが求める政治的教育」の視点が決定的に欠けています。

2016年に選挙権が18歳に引き下げられたことで、教育現場では高校生を中心に、選挙に関する政治的教育への関心が高まっており、文科省と総務省も早速副教材「私たちが拓く日本の未来」を作成し、各学校に配布する等、政治的教育は政府にとっても大きな関心事である。

しかし、現状の日本の政治的教育には課題が多い。その背景には、教員に過度の政治的中立性を求めるあまり、政治的教育に関する教員の教授の自由が著しく制約されている状況にある（表1参照）。

表1以外の政治的教育の指導上の制約としては、学習指導要領上の規定及び前述の副教材に含まれる教師用指導資料に付随する「指導上の政治的中立の確保等に関する留意点」[12]がある。例えば、高等学校学習指導要領の「地理歴史」「公民」分野は「内容の指導に当たっては、教育基本法第14条及び第15条の規定に基づき、適切に行うよう特に慎重に配慮して、政治及び宗教に関する教育を行うものとする」と規定し、前述の副教材の付随資料は**表2**のような留意点を示している。

しかし、副教材の付随資料は法令が規定する教員の政治的教育の制約よりも更に踏み込んで、具体的に指導上の制約を課している点に注意すべきであ

表1　教員の政治的教育の制約

国公私立教員	・特定の政党を支持し、又はこれに反対するための政治教育その他政治的活動をしてはならない（教育基本法14条） ・学校の児童、生徒及び学生に対する教育上の地位を利用して選挙運動をすることができない（公職選挙法137条）
国公立教員	・国家公務員法、地方公務員法、教育公務員特例法上の政治的行為の制限の適用

る。例えば、教員が特定の見解を自分の考えとして述べることは、教員の認識が生徒に大きな影響を与える立場にあることから避けることが必要である、生徒から教員の主義主張を尋ねるような質問がある場合には慎重に対応する、実際の選挙に合わせて模擬選挙を行う際には、実在する全ての政党を取り扱う必要がある（一部の政党や候補者を除外して実施することは不適当）等と記載されており、このような制約は教員が政治的教育を行う際に重大な制約となるだけでなく、海外の政治的教育に比べても格段に教員の教授の自由に対する制約が強い。もちろん、教員が教育者としての地位や影響力を利用し、児童生徒に特定の政治的見解を押し付けることは絶対にあってはならないが、教員が個人としての政治的見解を児童生徒に示す限りにおいては、教員の政治的中立性を不当に侵害するおそれはなく、副教材の留意点は必要以上に教員の教授の自由を制約するものである。

　そもそも、政治的教育を行うに際して、完全な政治的中立性を確保することは事実上不可能に近い。例えば、与党と野党の政策を授業中に説明する際には、与党の政策は政権担当政党として公約を実現できているかどうかを児童生徒に説明するが、野党の政策はそうではないから、与党と野党の政策を中立的に説明することは不可能だけでなく、教育的には不適切である。

　また、新学習指導要領が掲げる「主体的で対話的な深い学び（アクティブ・ラーニング）」を政治的教育でも実現するには、児童生徒からの質問に教員ができる限り適切に回答する機会を増やすことが重要である。例えば、児童生徒は自分の政治的教育の深い学びへの欲求から教員に対して教員個人の政治的見解を知りたいと考えることは何ら不自然なことではなく、またそのような児童生徒の欲求に対して教員が自己の政治的見解を示しつつ政治的教育の

第2章　教育紛争の典型と問題

深い学びを児童生徒に実現しようとすることは、「主体的で対話的な深い学び」の重要な実践であるが、児童生徒が教員の主義主張を尋ねる質問をした場合に「慎重な対応」が必要となれば、教員と児童生徒の活発な対話的な学びを阻害することになりかねない。

　筆者が最も懸念することは、日本の政治的教育では「子どもたちが求める政治的教育」の視点が決定的に欠けていることである[13]。例えば、前述の副教材では「模擬投票」「模擬議会」といった実践的な教育内容が提示されているが、子どもたちが本当にそのような政治的教育を求めているかは疑問であり、筆者の勤務校の生徒へのヒアリング調査では模擬投票や模擬選挙の要望よりも、各政党や与党内の派閥での意見の違いや「保守」「リベラル」といった政治的用語の意味を教えてほしい、という現実的な要望のほうがはるかに多かったが（Q154参照）、こうした知識は政府が作成した前述の副教材には全く記載されていない。仮に、日本の政治的教育の構造が「大人が求める政治的教育」を子どもたちに押し付けるものであれば、早急に改めるべきであり、政治的教育を推進する弁護士も認識を改めるべきであろう。

表2　政治的教育に関する「指導上の政治的中立の確保等に関する留意点」

① 政治的に対立する見解（例えば、現に国会等で法律案等が審議されているような課題）を指導で取り上げる場合
・学校の政治的中立性を保ちつつ、生徒が個人として多様な見方や考え方の中で自分の考えを深めるとともに、学級内で冷静で理性的な議論が行われるよう留意することが求められ、具体的には、1つの主張に誘導することを避け、生徒の議論がより深まり、議論の争点についてその背景や多様な意見が見出せるよう、国会等において議論となっている主要な論点について、対立する見解を複数の新聞や国会等における議事録等を用いて紹介することなどにより、偏った取扱いとならないように留意するとともに、新たに生じた重要な論点についても取り扱う
② 授業中に個別の課題に関して教員が特定の見解を取り上げることや、特定の見解を自分の考えとして述べる場合
・教員の個人的な主義主張を避けて中立かつ公正な立場で指導するよう留意することが必要であり、教員が特定の見解を自分の考えとして述べることは、教員の認識が生徒に大きな影響を与える立場にあることから、避けることが必要 ・生徒から教員の主義主張を尋ねるような質問がある場合には、慎重に対応する
③ 授業中に特定の政党に関する政策等に触れる場合
・現実に存在する政党名やその政党が主張する政策等に触れるに当たっては、1つの政党についてのみ取り上げるということは避け、授業の狙いに照らした理解が可能となるよう複数の政党の主張を並列して紹介する

第14節　法教育

---

④　特定の政党に所属している政治家などを学校に招く場合

・政治家等から具体的な投票行動や支持の呼びかけが行われないよう配慮することが必要
・保護者も多様な見方や考え方をもっていることから、特定の政治家等の協力を得る場合には事前に当該学習活動の趣旨や留意事項について保護者に周知するよう配慮することも必要
・議員等を招く場合には、学校の政治的中立性を確保するために議会事務局等と連携し、複数の会派を招くことも含め、生徒が様々な意見に触れることができるようにするといった工夫を行う

⑤　新聞記事やテレビの討論番組を活用する場合

・政治的に対立する見解がある現実の課題については、現実の利害の関連等もあって国民の中に様々な見解があり、取り上げる事象について異なる見解を持つ新聞が見られる場合には、異なる見解を持つ複数紙を使用することが望まれる
・放送で取り上げた個々の見方や考え方について生徒に強く印象付けられると考えられる場合には、必要に応じて他の資料を使用することなどによって、取り上げた課題については様々な見解があることを生徒に理解させることが必要

⑥　実際の選挙に合わせて実施する模擬選挙で、模擬選挙の事前指導（事後指導）でどの政党等に投票するか（投票したか）を他の生徒の前で発表させる場合

・実際の選挙に当たってどの政党や候補者に投票しようとしているかは「投票の秘密」として守られるべきものであり、選挙運動期間中等に満18歳以上の生徒に尋ねることは控えることが必要

⑦　実際の選挙に合わせて模擬選挙を行う際には実在する全ての政党を取り扱う必要があるか

・実際の選挙に合わせて模擬選挙を実施し、満18歳以上の生徒が参加する場合には、学校が一部の政党や候補者を除外して実施することは有権者である生徒の投票行動に影響を及ぼすことになることから不適当

⑧　住民投票が行われることになっている問題について、授業で事前に模擬投票させる場合

・保護者も多様な見方や考え方を持っていることから、事前に当該学習活動の趣旨や留意事項について保護者に周知するよう配慮することも必要

（なお、外国籍の児童生徒に対する政治的教育についてはQ131参照）

12　総務省「指導上の政治的中立の確保等に関する留意点」参照。
13　弁護士かつ、実際に現役の公民科教員として、高校生の有権者に日常的に授業で接する立場から認識した懸念である。

高校生の選挙犯罪

Q156 高校3年生のクラスには有権者と有権者でない生徒がいます。どのような点に注意して政治的教育を行えばよいで

419

第 2 章　教育紛争の典型と問題

しょうか。

A156　同じクラスの生徒同士のメールやSNSのやり取りであっても、選挙犯罪になり得る危険性を注意喚起すべきです。

　18歳以上に選挙権が引き下げられ、高校3年生のクラスには有権者になった生徒とまだ有権者でない生徒が混在することになったため、学級担任をはじめ教員には有権者になった生徒とまだ有権者でない生徒の取扱いを区別する必要が生じる。特に注意すべき点は、有権者でなければできない選挙運動に関する法令に反する選挙犯罪の危険性である。

　有権者になった生徒とまだ有権者でない生徒で区別される活動や行為は、表3のとおりである。

　以上のように、同じクラスの生徒でも、有権者になった生徒とまだ有権者でない生徒との間には可能な活動に大きな差異があり、かつ法令に違反した場合は選挙犯罪に問われる危険性もあるため、教員は十分に注意喚起すべきである。例えば、18歳以上の高校3年生が同じクラスの18歳未満の生徒に選挙運動メッセージをリツイートで送った場合は選挙犯罪ではないが、リツ

表3　高校生と選挙犯罪

主体	活動	具体例
有権者でなくてもできるもの	政治活動	・小学生が特定の政治家の応援演説を聞くこと
有権者でなければできないもの	選挙運動	・特定の選挙について、特定の候補者の当選を目的として、投票を得る又は得させるために直接又は間接に必要かつ有利な行為 ・選挙運動の様子を動画サイトなどに投稿すること ・自分で選挙運動メッセージを電子掲示板やブログなどに書き込むこと ・選挙運動メッセージをSNS等で広める（リツイート、シェアなど）こと
有権者であってもできないもの	選挙犯罪	・満18歳未満の者を利用して選挙運動を行うこと ・電子メールによる選挙運動（候補者や政党等から来た選挙運動のための電子メールを他の選挙人に転送すること） ・実際の選挙に関して、当選人を予想する「人気投票」の経過又は結果を公表すること

第14節　法教育

イートを受け取った18歳未満の生徒がさらにクラスの他の生徒に広めれば選挙犯罪になってしまう。この点はほとんどの社員が有権者である一般企業とは異なる、高校3年生のクラスに特有のリスクと言ってよく、学級担任をはじめ教員は十分注意すべきである。

　また、このような注意は政治的教育の授業でも同様である。例えば、前述Q155の副教材の留意点は、「満18歳以上の生徒と満18歳未満の生徒、選挙権の有無や公職選挙法上の選挙運動が可能かどうかなど法律上差異があることを理解させ、満18歳以上の生徒が、同じ高校生という理由で満18歳未満の生徒に同じ行動を求めることは違法となる場合があることを理解させる必要」があると規定しており、特に選挙運動期間中の授業では、「たとえ教育的なねらいがあったとしても、選挙運動期間中等に満18歳未満の生徒が満18歳以上の生徒に、自分が支持又は評価している特定の政党や候補者に投票するよう呼びかけたり、支持するよう理解を求めたりする場合などには、公職選挙法上、満18歳未満の者によるものが禁止されている選挙運動となるおそれがある」「満18歳以上と満18歳未満の生徒が混在する第3学年等において、例えば、実際の選挙に伴って模擬選挙を実施する際には、選挙運動期間中等に、特定の候補者や政党への生徒の支持や不支持を明らかにするような学習活動を行うことは困難が生じることが想定され、慎重な対応」が求められる[14]、と示している。

　高校生に選挙権が引き下げられたことは日本政治史上極めて画期的な出来事だが、同時に高校生が選挙犯罪に巻き込まれやすくなった危険性も生じている。このことは、教員だけでなく、スクールロイヤーとして教育現場と関わる弁護士も十分に認識しておくべきであろう。

14　総務省・前掲注12)。

421

第2章　教育紛争の典型と問題

新科目「公共」と道徳の教科化　**Focus-13**

「アクティブ・ラーニング」で注目される新学習指導要領ですが、弁護士業界では高校の新学習指導要領で導入される新科目「公共」が注目されています[1]。「公共」は現行の公民科目「現代社会」を廃止して新設する新たな公民科目で、全ての高校生が履修する必修科目であり、中教審の素案[2]では、「グローバル化する国際社会に主体的に生きる平和で民主的な国家及び社会の有為な形成者」を育成するための新科目と理解されています。弁護士業界が注目するのは、法教育の観点から「公共」の授業に弁護士が関わることが素案で想定されているからで、筆者としても、素案での「公共」の新科目としての意義はそれなりに理解できます。

しかし、2018年3月に文科省が発表した新学習指導要領案では、素案が明らかに「改悪」されているのです。特に注意すべき点は、①総則部分で「公共」と道徳教育の関連が記載され、「公共」の指導計画の作成に当たり道徳教育の目標に基づくことが要求されていること、②公民の目標で「国民主権を担う」「自国を愛し」という記載が追加されたこと、③学習内容から「立憲主義」が削除されたこと、④地理歴史分野で記載されていた「固有の領土である竹島や北方領土」という記載が公民でも記載されることになったこと、⑤「行為の結果である個人や社会全体の幸福を重視する考え方」と「行為の動機となる公正などの義務を重視する考え方」が誤解されていること、といった点です。

中でも①は重大な問題で、小中学校での道徳の教科化と連動するように、高校でも「公共」を介して道徳を事実上必修化する姿勢が見出せますが、道徳の教科化は様々な問題を含んでいます（後述）。また、②は外国籍の生徒も多数在籍する現在の高校現場で、「グローバル化する国際社会の有為な形成者」を育成するという「公共」の科目目標と相容れない記載です。むしろ、グローバル化の中で「国民主権」や「愛国心」にこだわる教育はこれからの社会を生きる高校生のニーズには沿わないのです。

また、新学習指導要領では「公共」の他に、「地理総合」「歴史総合」という新科目も必修科目として導入されますが、必修科目の増加は生徒や教員に大きな負担をもたらします。そもそも、なぜ今までの公民教育を変えて「公共」を導入する必要

があるのか、という点に関しては、何ら実証的な議論もなく、生徒や教員のニーズを汲み取った形跡もありません。弁護士業界は法教育を推進する立場から「公共」に賛同する意見が多いですが、むしろ「公共」がもたらす新たな弊害を警戒すべきなのです。

　一方、2018年度より小中学校で道徳が教科化され、それまでの「道徳の時間」から「特別の教科」としての道徳になり、検定教科書を用いた授業と成績評価を行うことになります。筆者は、文科省が「本来は『道徳教育推進教師』という専門教員を育成して教科化された道徳を担当させるべきだが、当面は学級担任が担当する」とする点に強く反対しています。

　筆者自身は道徳を教えること自体には反対ではなく、むしろ、古典から現代哲学に至る思想を分かりやすく教えた上で、日常的な問題を倫理的な価値判断に依拠して子どもたちに考えさせることは大変重要だと思います。しかし、理想的な道徳教育の実践には高度な専門知識と教授法の習得が不可欠であり、少なくとも担任業務の延長上にある性質のものではないにもかかわらず、学級担任に道徳教育を担当させる点は、文科省が道徳教育を軽視しているかのようです。

　また、道徳の教科化に当たっては、「学校の道徳で教えるべきもの」「家庭で保護者が教えるべきもの」の識別が議論できておらず、学校と家庭の役割分担が明確にされていない日本の教育問題が反映されています。

　筆者は、新科目「公共」の導入と道徳の教科化が、ただでさえ疲弊している教員とこれからの社会を生きていく子どもたちにとって新たな弊害をもたらす可能性を強く懸念しています。

1　新学習指導要領は、小学校は2020年度から、中学校は2021年度から、高校は2022年度から、それぞれ全面的に実施される。

2　「高等学校学習指導要領における「公共（仮称）」の改訂の方向性（案）」参照。

第15節　著作権

学校の教育活動と著作権

Q157 授業以外で、教員や児童生徒が著作権者の許諾なく著作物の複製ができるでしょうか。また、著作物を複製する場合の注意点について教えてください。

A157 授業以外にも定期試験、部活動、学校行事、学級活動、生徒指導・進路指導等、学校教育法及び学習指導要領に規定された教育活動全般で著作物の複製ができますが、職員会議は含まれないと解されています。また、購入又は借り受けて利用することを想定しているものを購入等に代えてコピーすることや、同一の新聞・雑誌などのコラム、連載記事を継続的に複製して利用することは認められないと解されていますが、学校教育上の必要性と著作権者の権利保護の必要性の調和の観点から事案に応じて個別具体的に判断すべきです。部活動や文化祭等で著作者の許諾なく著作物を演奏・上演することは、①営利目的でないこと、②聴衆又は観衆から料金を受けないこと、③実演する児童生徒に報酬が支払われないこと、を条件に認められます。

解説

著作権法は著作権者の許諾なく著作物の複製等をすることを禁止するが、学校教育に関しては例外規定を設けている。

著作権法35条1項は、学校で「教育を担任する者及び授業を受ける者」が授業の過程における使用に供する目的で「必要と認められる限度」において著作権者の許諾なく著作物を複製できることを規定する。同条のガイドライン[1]では、著作権者の許諾なく著作物の複製ができる者は「教育を担任する者」及び「授業を受ける者」に限られ、授業参観する保護者は含まれない。また、「授業の過程における使用」[2]は学校教育法及び学習指導要領に規定された教育活動全般に及び、授業だけでなく、定期試験、部活動、学校行事、学級活動、生徒指導・進路指導等が含まれ、インターネットで同時

に他の学校と遠隔授業をする際に複製した著作物を「公衆送信」することも許される（同条2項）[3]。したがって、授業以外の学校の教育活動でも著作物の複製ができるが、職員会議はこれに含まれないと解されている点に注意すべきであり、職員会議で著作物を複製して配布する場合は著作権者の許諾を得なければならない[4]。

　注意点としては、上記に該当する場合であっても「著作権者の利益を不当に害することとなる場合」は複製できないことである（著作権法35条ただし書）。まず、同条のガイドラインは「児童・生徒・学生が授業を受けるに際し、購入または借り受けて利用することを想定しているものを購入等に代えてコピーすること」は認められないと解する。例えば、「参考書、問題集、ドリル、ワークブック、資料集、テストペーパー、白地図、教材として使われる楽譜」（以下「参考書等」）の著作物をコピーする場合である。また、複製の部数と態様によっては「著作権者の利益を不当に害する」可能性があり、原則として複製の部数は「通常の1クラスの人数と担任する者の和」が限度とされ、「同一の新聞・雑誌などのコラム、連載記事を継続的に複製」することは認められないと解されている。しかし、児童生徒全員に購入させることが困難な高額な参考書等を教育上有意義であると考えて、その一部のみを継続的にコピーして学校の教育活動に使用することまでも著作権侵害と評価すれば、経済的に参考書等を購入できない児童生徒の学習権や、教員が児童生徒のために創意工夫した授業を行うことにも影響が大きい。また、学校教育では児童生徒に同一の新聞・雑誌などのコラム・記事等を継続的に閲覧させることで学習意欲や社会的関心等を高める必要性も高いことから、このような継続的な複製を「著作権者の利益を不当に害する」と解することは、学校教育の現実に鑑みて疑問もある。筆者としては、著作権法35条の趣旨が学校教育の目的を達成する必要性と著作権者の権利を保護する必要性の調和にあることに鑑みれば、著作権者の利益だけでなく教育現場のニーズも考慮されるべきであり、学校教育は公共性が強く原則として営利性はないため、著作権者の権利侵害の危険性は低いことから、学校教育の目標を達成すべき必要性をより考慮した柔軟な解釈も必要ではないかと考えている[5]。そこで、同条のガ

第2章　教育紛争の典型と問題

イドラインの解釈を尊重しつつも、学校教育の必要性と著作権者の権利保護
の必要性との調和の観点から事案に応じて個別具体的に判断すべきであり、
スクールロイヤーが相談や助言を行う場合も考えられる。

　なお、同条に基づき著作物を複製する場合に「出所を明示する慣行」があ
れば出所を明示しなければならない（著作権法48条1項3号）。学校教育でこう
した慣行が必ず存在するとは断言できないが、同条のガイドラインでは、例
えば、書籍の場合は「書名、作品名、著作者名、出版社名、発行年」を明示
することが望ましいとされる。

　また、部活動や文化祭等の学校行事で著作物を上演・演奏したりする場合
があるが、①営利目的でないこと、②聴衆又は観衆から料金を受けないこと、
③実演する児童生徒に報酬が支払われないこと、の3要件を満たす場合は、
著作権者の許諾なく上演・演奏をすることができる（著作権法38条。上映・口述
の場合も同じ）。部活動や文化祭等の学校行事では、通常①〜③の要件を満た
すであろう。

1　著作権法第35条ガイドライン協議会「学校その他の教育機関における著作物の複製に関
　する著作権法第35条ガイドライン」(2004) 参照。
2　改正著作権法では「授業の過程における利用」。
3　改正著作権法では35条3項。
4　新聞等については、学校設置者が公益社団法人日本複製権センターと契約することで、
　同センターが管理する新聞等の著作物の複製について包括的な許諾が得られる。
5　神内聡『学校内弁護士』198頁。

入試問題と著作権

Q158 入試問題で、著作権者の許諾なく著作物を複製する場合の注意点について教えてください。

A158 原則として著作物は原文のまま利用すべきですが、著作者
人格権を侵害しない範囲で真にやむを得ない改変は認めら
れ、「ふりがな」を付ける、「虫食い」問題にする、文章を
分解して正しい順序に並べさせる等の改変は認められると解されています。

426

もっとも、教員が著作権法違反かどうかを判断することは難しいため、スクールロイヤーが確認することも考えられます。

　著作権法36条は、著作物を「入学試験その他人の学識技能に関する試験又は検定の目的上必要と認められる限度において、当該試験又は検定の問題として」著作権者の許諾なく複製することを認める。

　入学試験で他人の著作物を複製して出題する場合の注意点は著作者人格権との関係であり、出題する際に「著作物の性質並びにその利用の目的及び態様に照らしやむを得ないと認められる改変」（著作権法20条2項4号）が問題になるが、原則として「試験問題としての性格上真にやむを得ない改変である場合を除き、原文のまま利用」しなければならないとされ、真にやむを得ない改変かどうかの判断は個別具体的に判断される[6]。例えば、受験者に分かりやすいよう「ふりがな」を付ける、「虫喰い」問題にして正しい語を答えさせる、分解した文章を正しい順序に並べさせる等の改変はやむを得ない改変として認められる一方、難解な表現の原文を平易な表現に修正して出題する、途中の部分を省略した旨を明示せずに省略して出題する等の改変は、著作者人格権を侵害する可能性がある[7]。しかし、一方で入学試験は種類・試験科目・出題方法が多種多様であり、教員が著作者人格権の侵害を的確に判断することは不可能に近い。

　筆者も入学試験を作成する立場なので本設問に関連した経験が何度もあるが、入学試験の作成はそれ自体教員にとって非常に負担であり、作成した入学試験問題が著作権法に違反しないかどうかを教員自身で確認することは困難なので、スクールロイヤーが入学試験問題の著作権に関する確認作業を担当することも、教員の業務負担軽減や分業の観点からは望ましい。

　なお、同条に基づいて入学試験で著作物を複製する場合に「出所を明示する慣行」があれば出所を明示しなければならない（著作権法48条1項3号）が、入学試験の種類や試験科目によってはこうした慣行があると断言できないものもあろう（定期試験で著作物を複製する場合は学校の教育活動の一環として、36条で

| 第2章 教育紛争の典型と問題

はなく35条1項が適用される）。

---

6 大和淳『学校教育と著作権』（著作権情報センター、改訂版、2015）22頁。
7 大和・前掲注6）22頁。

教育現場での公正な慣行に基づく引用

Q159 学校内の共有サーバに著作物をPDF等でデータ化して、教員が閲覧できる状態にすることは、著作権者の許諾なくできるでしょうか。また、学校で教員が作成・編集する著作物における「引用」と「複製」の区別について教えてください。

....

A159 著作物をPDF等でデータ化することは「複製」に、学校内の共有サーバで閲覧できる状態にすることは「公衆送信」にそれぞれ該当し、著作権者の許諾なく行うことはできません。教員が作成・編集した別の著作物に他の著作物を「引用」し、それをデータ化して共有サーバで閲覧することは可能ですが、教員が作成・編集した部分が全体から考察して「従たるもの」と評価され、他の著作物からの引用部分が「主たるもの」と評価される場合は「引用」ではなく「複製」に該当するため注意すべきです。

　教員の業務の効率化を図る目的で、学校内の共有サーバに有用な著作物をPDF等でデータ化して閲覧できる状態にすることは、「著作物をPDF等でデータ化」する点で「複製」に該当し、「学校内の共有サーバで閲覧できる状態」にする点で「公衆送信」に該当し、いずれも著作権者の許諾なしに行うことは著作権侵害になる（「公衆送信」の「公衆」は「不特定又は特定多数の者」を意味し、たとえ教員しかアクセスできない学校内の共有サーバであっても、学校内の教員は「特定多数」に該当するので「公衆送信」となる）。

　もっとも、教員の業務の効率化を図るという意味ではこのような作業の必要性も無視できない。1つの方法としては、有用な著作物を「引用」した別の著作物を教員が作成・編集し、それをデータ化して共有サーバで閲覧でき

第15節 著作権

るようにする方法があり得る。著作権法32条は、「公正な慣行に合致」し、かつ「引用の目的上正当な範囲内」であれば著作権者の許諾なく著作物を引用できることを認めている。注意点は、著作物を作成・編集する教員が「引用」と「複製」の違いを理解しておくことである。引用は「公正な慣行に合致」しなければならないため、教員が作成・編集した著作物が他の著作物からの引用部分と区別できることが必要である。また、引用は「正当な範囲内」でなければならず、教員の作成・編集した部分が全体から考察して「従たるもの」と評価され、他の著作物からの引用部分が「主たるもの」と評価される場合は「正当な範囲内」の引用と認められず、著作権者の許諾が必要な「複製」に該当する。したがって、共有サーバで閲覧できる著作物にするために他の有用な著作物を「引用」した別の著作物を教員が作成・編集するとしても、それが実質的に他の著作物の「複製」と評価される場合は、結局著作権侵害になるので注意すべきである。

なお、教員が職務上作成した著作物は、別段の定めがない限り学校設置者が著作者となる（職務著作・著作権法15条1項参照）。

未成年者の商取引

Q160 卒業生が定期試験の過去問題や制服をインターネットオークションに出品していますが、差し止めることはできるでしょうか。

A160 定期試験の過去問題の出品は著作権侵害になるので、学校は差止請求をすることができますが、制服の出品は著作権侵害にならないので、差止請求できません。

定期試験の過去問題の著作権は作成した教員（職務著作により学校）にあるので、卒業生が教員に無断で定期試験の過去問題をインターネットオークションに出品することは著作権侵害であり、学校は卒業生及びインターネットオークションの管理会社に著作権侵害の差

429

第2章 教育紛争の典型と問題

止めを請求できる。

　一方、制服は原則として著作物ではなく卒業生が購入した所有物なので、これを販売することは問題なく、学校は差止めを請求できないが、学校が商標登録している商標が制服に表示されており、かつ卒業生が制服を改変（スカートを短く切っている等）している場合は、商標権侵害となる可能性がある。

児童生徒のインターネットオークション取引の制限　　補 足

　Q160の事例が在校生である場合、未成年者であっても保護者の許可があればインターネットオークションの取引ができる（民法5条1項）が、インターネットオークションはトラブルも多い現状に鑑みると、校則で学校が禁止することや、許可制にすることは合理的な範囲の制約として許される。

※　なお、2019年1月より施行予定の改正著作権法では、ICT教育を活用するため、学校設置者が一括で補償金を支払うことを条件に、授業や予習・復習等で教員が他人の著作物を用いて作成した教材をネットワークを通じて生徒の端末に送信する行為等について、著作権者の許諾なく行えるようになる予定である。

430

第3章　その他の教育紛争

第3章　その他の教育紛争

教員の成績評価権とアクティブ・ラーニング

Q161　新学習指導要領で「主体的で対話的な深い学び（アクティブ・ラーニング）」が導入された場合、教員の成績評価権に関する法的視点に変化は生じるでしょうか。

A161　アクティブ・ラーニングの成績評価は、客観的な学力テストによる知識の確認よりも授業中の思考力、判断力、表現力を重視するため、これまで以上に授業態度や発言量が成績に影響しますが、教員の主観的判断や恣意性が児童生徒の成績評価で法的問題の発生を増加させる可能性もあります。

　　新学習指導要領が掲げる「主体的で対話的な深い学び（アクティブ・ラーニング）」は、これまで以上に思考力、判断力、表現力の育成が重視され、多量の知識を受動的に詰め込む日本の教育の弊害を改善する意義を持つ。筆者も、日本の試験制度が大学入試から司法試験に至るまで知識偏重である点は日本人の教育観と合わせて改善すべきであると考えているので、アクティブ・ラーニングを日本の学校教育で全面的に導入することに賛成である。

　しかし、現実の日本の教育現場はアクティブ・ラーニングを受け入れる準備が十分ではなく、新たな法的問題を増加させるリスクも存在する。そもそ

431

第3章　その他の教育紛争

もアクティブ・ラーニングは海外の教育制度を前提とした学習手法であり、日本の教育制度にそのまま移入することは不可能である点はFocus-2で説明したとおりだが、筆者が法的視点から特に懸念するのは成績評価の問題である。実は、アクティブ・ラーニングに基づく成績評価はほとんど本質的な議論が進んでいない。

　アクティブ・ラーニングの成績評価の特徴は、客観的なペーパーテストによる知識の確認よりも、授業中の授業態度や発言量等の授業貢献度が成績評価の対象として重要になる点であり、授業貢献度の評価として思考力、判断力、表現力が評価されるが、その前提として、児童生徒のそのような能力を授業貢献度の中で評価できる確固とした評価基準を教員が理解しておく必要がある。しかし、教員1人当たりの児童生徒数が多い日本式の「大人数授業」で授業貢献度の評価を適切に行うのは非常に難しい（この点は筆者も授業を担当する立場なので強く実感するところである）。実際に、客観的に授業貢献度を評価することは「少人数授業」であっても難しく、教員が主観的判断や恣意性を持って児童生徒の授業貢献度を評価することは海外でも珍しくない。このため、アクティブ・ラーニングが導入された場合には、教員の成績評価権と関連して表のような法的問題が増加する可能性がある。

　教員の成績評価権は教員の教育専門家としての見地に基づく裁量に委ねられており、平等原則や比例原則等に反する著しく不合理な成績評価でない限り、原則として違法とはならないが、アクティブ・ラーニングの下での成績評価は教員が客観的基準により児童生徒の授業貢献度を評価するのに限界があるため、①の場合に平等原則違反を理由とする児童生徒や保護者のクレー

表　アクティブ・ラーニングがもたらす教員の成績評価権の法的問題

	法的問題	具体例
①	教員の恣意性を原因とする問題	児童生徒や保護者から成績評価の基準を説明するように求められたが、基準が客観的とは言えない場合
②	**不登校児童生徒の成績評価の問題**	**授業貢献度を事実上全く評価することができない不登校児童生徒の代替的な成績評価方法が、他の児童生徒との公平性を欠く場合**
③	発達障害を有する児童生徒の成績評価の問題	表現力や人前での発表を苦手とする発達障害を有する児童生徒が、授業貢献度の評価上不利益を受ける場合

432

ムに対して合理的な反論を示しにくい問題がある。また、②の場合は教育機会確保法との関係で、③の場合は障害者差別解消法との関係で、それぞれ成績評価と法的対応が難しい問題であり、アクティブ・ラーニングの導入を推進する立場の政策担当者がこのような他の教育法令との関係や整合性を考慮していないとすれば、教育現場の実情が全く理解できていないという批判は免れず、アクティブ・ラーニングの実施が教員に多大な負担と法的リスクを負わせることになろう。

教員の連絡手段の制限

Q162 教員が児童生徒との連絡手段に、メールやコミュニケーションアプリ（LINE等）を使用することを禁止する服務規程は適法でしょうか。

A162 服務規定が合理的な範囲内であれば適法ですが、無条件にメールやLINE等の使用を禁止することは合理性が認められず違法になる可能性があります。

　最近の教員不祥事では、私的に児童生徒とメールアドレスやコミュニケーションアプリ（LINE等）の連絡先を交換した上で、不適切なやり取りを行って処分されるケースが目立つことから、一部の教育委員会は教員が児童生徒との連絡手段にメールやLINE等を使用することを禁止する通知を発出している。学校設置者は管理する教員の服務監督権（地方公務員法32条、地方教育行政法43条1項等）を有し、合理的な範囲内で教員の服務規程を制定できるため、教員と児童生徒の連絡手段の制約も合理的な範囲内であれば認められる。

　しかし、上記の教員不祥事はそもそも教員が児童生徒との間でメールやLINE等を私的かつ不適切な目的に用いることに問題があり、メールやLINE等の連絡手段それ自体に問題があるわけではない。教員の業務負担の軽減や効率化の観点からは、教員が児童生徒との連絡手段にメールやLINE等を使

用することで事務連絡を効率化する必要性は大きく、法的視点からも児童生徒や保護者とのやり取りをメールやLINE等で行うことで、やり取りの内容や到達事実を記録し、証拠化する意義が認められる。また、日本語能力が不足する児童生徒や保護者に対しては、電話での口頭連絡よりもメールやLINE等の文字による連絡のほうが誤解が生じにくい。

　筆者も、メールやLINE等による連絡の有用性が教育現場で確実に存在すると考えている。例えば、児童生徒が教員に対していじめられている事実を申告する場合、児童生徒にとっては口頭で教員に伝えるよりもメールやLINEのほうが伝えやすいことも多く、いじめの早期発見にとってメールやLINE等は確実に有用である。また、学級担任業務でもメールやLINE等は連絡事項の効率的な伝達手段や児童生徒との日常的なコミュニケーションの手段として有用であり、裁判例にも学級担任が生徒との連絡手段にLINE等を活用していた事案で、学級担任として必要な連絡事項を生徒らに伝え、生徒らとのコミュニケーションを深めるための１つの手段として行っていたことは、担任するクラス全員の生徒らに負う指導監督義務を履行するための必要な行為であったと判示するものがある[1]。海外では教員と児童生徒のメールでの事務連絡も普通に行われており、ネットいじめ等に対処するには日本の教員自体もソーシャルメディアに親しむ必要があると指摘する見解もある[2]。

　このようなメールやLINE等の必要性に鑑みれば、学校設置者が教員が児童生徒との連絡手段にメールやLINE等を使用することを例外なく禁止することは、合理性を欠いた服務監督権の行使として違法であると考える余地がある。もっとも、メールやLINE等の私的かつ不適切な使用を抑止する必要性もあることから、「校長及び保護者の許可を得ること」「教員が児童生徒にメールする際には保護者や管理職教員にもcc（Carbon Copy）で送ること」等の条件を付すことは、合理的な制約として許される。

　前述のとおり、メールやLINE上で児童生徒と不適切な言動を行う教員は連絡手段が問題ではなく、その人格自体が教員として不適格であり、本来は任命権者である学校設置者が責任をもってそのような人物を採用しないよう的確に判断することで対処すべきであって、メールやLINE等の連絡手段の

制限で対処することは本質的には誤りである。今日の児童生徒は、生まれた時からメールやLINE等の存在する社会で生きている以上、教員がそのような現実に背を向けてメールやLINE等での対応を拒み続けることは教育的見地からも妥当でなく、学校設置者はメールやLINE等の有用性を適切に理解して合理的に服務監督権を行使すべきであろう。

1　横浜地判横須賀支部平成28年11月7日判例集未登載。
2　加納寛子「ネットいじめの予防」加納寛子編『ネットいじめの構造と対処・予防』(金子書房、2016)110〜113頁。

教員免許の更新

Q163　教員免許の更新を忘れたことで免許が失効した教員が行った授業について、児童生徒の単位を認定し、課程を修了させることはできるでしょうか。また、学校設置者や管理職教員には教員免許の更新状況を確認する法的義務はありますか。

A163　教員免許が失効した教員が行った授業は無効ですが、実務上は児童生徒への救済措置として単位を認定し、課程を修了させる見解もあります。また、学校設置者や管理職教員は個々の教員の免許更新状況を確認する法的義務があると考えられます。

　教員免許更新制(2009年施行)は、「その時々で求められる教員として必要な資質能力が保持されるよう、定期的に最新の知識技能を身に付けることで、教員が自信と誇りを持って教壇に立ち、社会の尊敬と信頼を得ることを目指す」ことを目的とし、教員は教育職員免許法9条の2・9条の3に基づく所定の時期に免許更新講習を受講する義務があり、受講しなかった場合には免許は失効する。ただし、免許更新講習の受講対象者は現職教員等に限定され、教員免許を持っていても現に教職に就いておらず、今後も就く予定がない者は免許更新講習の受講対象者とならない(教員に就く予定がなければ免許更新講習を受講できない)ため、教員免許は失効

しない。

　免許更新講習及び更新手続を忘れたことで免許が失効した教員が行った授業の法的効力については、法令上は教員免許が失効した者の授業は無効であり、単位も課程修了も認められないのが原則だが、実務上は「瑕疵ある行政行為の治癒」として扱い、児童生徒に不利益がないよう単位を認定し、課程を修了させる見解が有力であり、実際に類似の問題として、2006年に発生した高校における必修科目単位未履修問題では、学習指導要領上の必修科目の未履修につき、「瑕疵ある行政行為の治癒」として扱うことで生徒の救済措置を行った。もっとも、このような「超法規的措置」は全面的に肯定できる措置とは言い難い。仮に、教員免許が失効した教員の授業でも必ず児童生徒の救済措置が図られるのであれば、免許更新制度の趣旨が実質的に没却され、免許更新講習を故意に受講せず失効する教員が後を絶たなくなってしまう。したがって、「瑕疵ある行政行為の治癒」によって児童生徒の救済措置を安易に認めるべきではなく、法令上の救済措置を整備すべきである。

　また、教員免許が失効した教員の授業が行われた場合、学校設置者や管理職の児童生徒に対する法的責任の成否も問題になる。学校設置者や管理職は管理する教員の過失によって児童生徒が不利益を受けないよう監督すべき法的義務を負っているとすれば、監督過失を問われる可能性はあり得る。また、教員免許の更新状況は、教員採用の際に提出する免許状や履歴書によって確認することは比較的容易なので、教員免許の更新状況を確認する法的義務を負う場合もあろう。

　ただ、教員免許更新制は講習内容の形骸化が進んでおり、講習を受講すべき教員が事実上例外措置によって受講義務を免除されている等、制度自体の存在意義を議論すべきである。海外と比較しても、医師免許に更新制を導入する国は非常に多いが、日本のように教員免許に更新制を導入する国はほとんどない（その一方、日本は医師免許に更新制を導入していない）。したがって、本設問を検討する際には制度自体の議論と一体的に行うべきであろう。

第3章　その他の教育紛争

学校徴収金の徴収

Q164 教材費や部活動費などの学校徴収金の徴収は、教員が行うべきでしょうか。また、給食費の未納にはどのように対処すべきでしょうか。

A164 学校徴収金の徴収は基本的には教員の業務ではなく、銀行振込・口座引き落としでの対応や公会計化を検討すべきです。また、給食費の未納を防ぐためには給食費を前払いにすべきです。

　教科書以外の教材費、部活動費、給食費等は予算に計上せず学校が保護者から徴収して管理する「学校徴収金」[3]として扱われ、その徴収は校長の校務掌理権の一環として各教員が校務分掌により担当することが一般的である。

　しかし、学校徴収金の徴収は教育活動自体ではなく、教員業務とするのは妥当でない。学校における働き方改革特別部会も、学校徴収金の徴収は基本的に教員業務ではなく、銀行振込・口座引き落としとすべきであり、給食費は公会計化すべきことを提唱している[4]。

　学校徴収金には様々な種類があり、用途に応じて会計上の位置づけが異なる。教材費は、法的には教材を販売する業者と教材を購入する保護者との間の売買契約に基づく費用だが、学校が売買代金を保護者から徴収した上で業者に渡すため、会計的には「預り金」である[5]。

　部活動費は部活動顧問が徴収するが、あらかじめ使途が決まった状況で徴収されるわけではない点で教材費と異なる。部活動顧問が徴収した部活動費は「預り金」として管理し、部の名義で様々な用途に使用した上で、余剰金は返金されるか、以後の部活動のために積み立てておくことが一般的であり、その意味で部活動費は一種の信託財産的な側面がある[6]。

　修学旅行積立金は学校が徴収して業者に渡すことから「預り金」として管理されるが、学校法人が経営する私立学校の修学旅行積立金は、修学旅行が

437

正規の教育活動行事として重要な位置を占める学校教育活動である以上、預り金ではなく帰属収入として処理すべきであるとする見解もある[7]。

給食費は学校が保護者のために給食費を預かり、これを給食業者に支払うことから教材費と同様に「預り金」として管理されるが、給食費が未納の場合には強制的に徴収するための法律構成が問題になる。この点で、「学校給食会計」という特別会計を観念し、保護者を委託者、校長を受託者、児童らを受益者とする黙示の信託契約と理解する見解もある[8]。

学校給食を契約として理解すれば、給食費を支払わない保護者の子どもが給食を食べられない不利益を受けることに法的問題は生じないが、学校給食を教育活動の一環として理解すれば、子どもが不利益を受けることには教育的問題が生じ得る。しかし、子どもに不利益が及ぶ教育的問題が生じるとしてもそれは給食費を未納する保護者の責任であり、未納により生ずる様々な業務上の負担を教員に強いることは本末転倒であって、まず保護者に絶対に給食費を未納にさせない制度設計を講ずべきである。

給食費の公会計化は教員の徴収業務の負担を軽減する効果はあるが、保護者の給食費の未納を防止する効果はない。給食費の未納を抑止する効果がある方法としては、給食費を「前払い」にすることが考えられる。多くの給食費は「後払い」で徴収されるが、後払いにすべき法的根拠はなく、前払いでもよい[9]。教材費、部活動費、修学旅行積立金等の他の学校徴収金が、それぞれの教育サービスを受ける対価として全て前払いで費用を支払う仕組みであり、給食費だけを後払いにする理由は乏しい。給食費を前払いにすれば、保護者が未納状態では子どもに給食は支給されないが、子どもにそのような不利益を与えない心理的圧力が保護者にかかるため、給食費を未納しない動機が働きやすいであろう。

---

3 「私費会計」とも呼ばれる。
4 学校における働き方改革特別部会「中間まとめ」20～21頁。
5 学校法人が教育活動に関連した支出に充てる名目で受領する金銭のうち、収納段階では対応する支出を決定していないもの等、支出との関連が明確でないものは帰属収入として計上されるべきであるとする見解もある。新日本有限責任監査法人編『学校法人の会計実

第3章 その他の教育紛争

務詳解』(中央経済社、第3版、2009)163頁参照。
6 神内聡『学校内弁護士』190頁。
7 あずさ監査法人編『学校法人会計の実務ガイド』(中央経済社、第6版、2014)51頁。
8 川義郎「給食費問題」山口卓男編『新しい学校法務の実践と理論』(日本加除出版、2014)60頁。
9 藤沢市、逗子市等では給食費の前払いが導入されている。

給食対応

Q165 給食の法的位置づけについて教えてください。また、アレルギーや宗教的理由により給食を食べられない児童生徒の対応はどうすべきでしょうか。

. . . .

A165 給食は学校教育の一環として理解され、法的には学級活動の一部として義務教育課程上の教育活動に位置づけられていますが、このような理解は児童生徒や教員の昼食時間の自由を過度に制約する問題もあります。アレルギーを理由とする給食対応は安全配慮義務の観点から必要であると考えられ、判例に照らせば、宗教的理由による給食対応も必要と考えられますが、議論の余地もあります。

解説 　給食は学校給食法が規定する事業だが、法的には学習指導要領で教育課程上の特別活動のうちの学級活動の一部に位置づけられており[10]、学校教育法も義務教育の目標に「食」についての基礎的な理解と技能を養うことを規定し、食育基本法でも学校での食育の推進を掲げることから、給食は学校教育の一環として理解されている。給食は原則として学級担任が給食指導を行う義務教育課程上の教育活動[11]であるから、公立小中学校では保護者は子どもに給食を食べさせる義務が生じるとも考えられる。裁判例[12]では、給食での食中毒事故の事案で、「学校給食は、学校給食法及び学校教育法で定められた目的及び目標を達成するために、学校教育の一環として行われるもの」であり、在学する全ての児童生徒に対し実施されるものであって、全員一律の建前で在学する児童生徒全員に給食を食べる

439

ことを指導し、児童生徒は「昼食として学校給食を喫食する以外に選択の余地は事実上な」いと判示し、給食が義務的であることを示唆するものがある。

しかし、筆者は給食を学校教育の一環として義務的に理解することに反対である。確かに、学校給食制度は「食育」の観点から子どもの健康面や食に対する理解の醸成を支え、貧困家庭や保護者からネグレクトに遭う子どもの救済という福祉的意義は今日でも重要であるが、現状の給食指導の大半は栄養学等の専門性を持たない学級担任が担っており、給食が「食育」の制度として適切に機能しているとは言い難い。また、給食を学校教育の一環と理解した上で、学級担任の昼食時間に給食指導を職務命令として強制することは、ほとんどの労働者にとって昼食時間が休憩時間であることに鑑みれば、労働時間の途中で休憩時間を与えることを義務付ける労働基準法に反するおそれもあり[13]、給食を学校教育の一環と理解すれば教員に過重な負担を強いることになる点も無視すべきではない。「食育」の理念を提唱する一方で、人材不足や財政的な理由に甘んじて学級担任に給食指導を押し付け、過重な法的責任を課すことは本末転倒である。

そもそも食事は本質的に個人の自由な活動であり、昼食時間は児童生徒・教員の双方にとって自由な時間のはずである。欧米では日本ほど給食が子どもや教員にとって強制的な拘束時間であると解されてはおらず、昼食時間に一時帰宅して家庭で食事をとる子どもも多い。筆者は、日本では給食が学校教育の一環として強調されるあまり、児童生徒や教員の昼食時間の自由を過度に制約する点を問題視すべきであると考えており、この点は、学校における働き方改革特別部会が、学習指導要領で給食指導は原則として学級担任が行うと規定するにもかかわらず、ランチルーム等で複数学年が一斉に給食を取ったり、地域ボランティア等の協力を得たりすることを提唱しているように、政策上も一貫性が揺らいでいることからもうかがえる。

以上の点を踏まえて設問を検討すると、アレルギーのある児童生徒の給食対応は、文科省の監修により策定された「学校給食における食物アレルギー対応指針」による運用が行われており、「食物アレルギーを有する児童生徒にも、給食を提供する。そのためにも、安全性を最優先とする」等の6つの

第3章　その他の教育紛争

大原則が規定され[14]、具体的な対応としては、安全性を確保するには給食調理や作業の単純化等の軽減が必須であるため、「学校生活管理指導表により対応者や対応食品を精選して必要最小限の除去を行う」「個別対応はせず、事故防止の観点から原因食物の完全除去対応（二者択一）を基本とする」とし、誤食・誤配を防止するために、「対応する児童生徒を減らす」「対応する食品数を減らす」「複雑・過剰な対応をしない」ことを求めている。アレルギーを理由とする給食対応は、児童生徒の生命・身体に直接影響する事項なので、学校が児童生徒に対して負う安全配慮義務として必要であると考えられ、裁判例でも、小学校の給食でそばアレルギーの児童が死亡した事案で、教育委員会及び教員は児童に対して安全な給食を提供する義務があり、教育委員会はそばアレルギーによって児童が重篤な症状に陥ることは書物や新聞報道で容易に予見可能であったにもかかわらず、教員にそばアレルギーに関する情報を知らせ事故を防ぐ義務を怠ったとして法的責任を認めたものがある[15]。ただし、この裁判例は教育委員会が学級担任にそばアレルギーの危険性を知らせていなかったにもかかわらず、児童調査票や児童本人からそばは食べられないと申告されていたこと、健康診断書に気管支喘息の疾病が存在すると記載されていたこと、食べ盛りの児童がそばの出る給食時にそばを食べていなかったことから、学級担任として児童が「そばを食べないことに何か重大な事情が存在し、それが疾病の発症に関連するのではないかと考えるべきことを要求してもあながち不可能を強いるものではな」いとして、かなり強引な論理で学級担任の予見可能性と結果回避可能性を認めており、本来は労働者にとって自由なはずの昼食時間に給食指導を強制される学級担任に過重な法的責任を負わせる司法判断として妥当でない[16]。

　一方、宗教的理由による児童生徒の給食対応は、公教育の宗教的中立性（憲法20条3項、教育基本法15条）が問題になるが、信仰上の理由により剣道の履修を拒否した生徒を退学処分にした事案で、当該生徒に代替措置を講じることは「目的が宗教的意義を有し，特定の宗教を援助，助長，促進する効果を有する」とは言えないとして、公教育における宗教的中立性に反しないと判断し、代替措置を講じず退学処分にした学校の対応を違法と判断した最高

441

裁判決[17]に照らせば、宗教上の理由により特定の給食献立が食べられない子どもへの代替措置として信仰に応じた特別の給食を提供することは「目的において宗教的意義を有し、特定の宗教を援助、助長、促進する効果を有する」とは評価しづらく、公教育の宗教的中立性に反しないと考えられ、宗教的な理由による児童生徒の給食対応もアレルギーのある子どもの給食対応と同様の対応をすべきことになろう。

もっとも、給食は退学処分等に直接影響する活動でなく、日本の学校給食制度が児童生徒や教員の昼食時間の自由を過度に制約する問題に鑑みれば、児童生徒の生命・身体の危険性に直接影響するアレルギーは安全配慮義務の観点から対応が必要だとしても、生命・身体の危険性に直接影響しない宗教的理由に基づく給食対応を学校や教員に強いることには抵抗感もある[18]。信教の自由は憲法上の重要な人権だが、教員の昼食時間の自由も労働者の重要な人権として憲法上で保障される自由であり、宗教的理由による給食対応は、保護者が信仰に配慮した昼食を自由に作って給食の時間に子どもに食べさせることができることから、学校も保護者の要求に応じて信仰に配慮した給食を提供する法的義務まではないと考えるほうが合理的であろう。

---

10 札幌地判平成 4 年 3 月30日判時1433号124頁は、「小学校・中学校学習指導要領によれば、学校給食は、教育課程上、特別活動のうちの学校活動に位置付けられており、学校教育の一環としての指導が行われている」と判示する。

11 学習指導要領解説は、給食指導は原則として学級担任が行うことを記載する。

12 大阪地判堺支平成11年 9 月10日判タ1025号85頁。

13 労働基準法34条 1 項は、使用者は「休憩時間を労働時間の途中に与えなければならない」と規定し、同条 3 項は休憩時間は労働者に「自由に利用させなければならない」と規定することから、学級担任の昼食時間は給食指導が強制されている以上、休憩時間に該当しないことは明らかである。実際の教育現場では、放課後の15時45分から16時30分の間を休憩時間に設定することが常態化しているが、一般的な昼食時間からかけ離れており、実態として教員は当該時間に児童生徒や保護者対応をしなければならないことが多く、休憩時間を消化できていないことに鑑みれば、給食指導に代えるこのような休憩時間の設定が労働基準法の脱法的行為であることは明らかである。

14 「学校給食における食物アレルギー対応指針」は、①食物アレルギーを有する児童生徒にも、給食を提供し、そのためにも、安全性を最優先とする、②食物アレルギー対応委員会等により組織的に行う、③「学校のアレルギー疾患に対する取り組みガイドライン」に基づき、医師の診断による「学校生活管理指導表」の提出を必須とする、④安全性確保の

ため、原因食物の完全除去対応（提供するかしないか）を原則とする、⑤学校及び調理場の施設設備、人員等を鑑み無理な（過度に複雑な）対応は行わない、⑥教育委員会等は食物アレルギー対応について一定の方針を示すとともに、各学校の取組を支援する、という6つを大原則として提示する。〈http://www.mext.go.jp/component/a_menu/education/detail/__icsFiles/afieldfile/2015/03/26/1355518_1.pdf〉参照。
15　札幌地判平成4年3月30日・前掲注10）。
16　なお、この裁判例では過失相殺として、子どもがそばアレルギーでそばを絶対に食べないように医者から注意を受けており、事故当日に学校から給食にそばが出ることをあらかじめ知らされており、従前から給食にそばが出る時は代替食を持参させるよう指示されてこれを了承していながら子どもに代替食を持参させず、学級担任から子どもがそばを食べたこととその異常及び子どもを帰宅させることを知らされながら、子どもを迎えに行く行動をとらなかったことが保護者の過失として認められている。
17　最二小判平成8年3月8日民集50巻3号469頁。
18　宗教的理由による給食対応について適切な配慮を求める論者も、そのような配慮が教員にとって負担になることを心苦しく感じている。廣瀬裕一「学校給食と個別の配慮－食物アレルギーと宗教的タブー－」週刊教育資料1279号23頁。

通学路の指定と学校の法的責任

Q166 学校及び教育委員会が指定した通学路で起きた交通事故により児童生徒が負傷した場合、教育委員会は法的責任を負うでしょうか。

A166 過去に何度も交通事故が発生していることを確認せずに通学路を指定し、同様の事故が発生した場合等には、教育委員会の通学路指定判断に過失があるとして法的責任を負う可能性があり、指定した通学路自体に安全性の問題がある場合には、道路の「瑕疵」として国家賠償法上の営造物設置管理責任を負う可能性があります。

通学路の指定は法令上の明文の規定がないが、実務上は「学校においては、児童生徒等及び職員の心身の健康の保持増進を図るため、児童生徒等及び職員の健康診断、環境衛生検査、児童生徒等に対する指導その他保健に関する事項について計画を策定し、これを実施しなければならない」と規定する学校保健安全法5条を根拠に、学校が通学路を指定して学校設置者が承認することが通例である。

第3章　その他の教育紛争

　通学路の指定は学校及び学校設置者が行うため、指定した通学路に安全性の問題があり、それが原因で交通事故が起きた場合は、国公私立を問わず学校及び学校設置者は法的責任を問われる可能性がある。例えば、過去に何度も交通事故が発生していることを確認せずに通学路を指定し、同様の事故が発生した場合には、学校設置者の通学路指定判断に過失があるとして、国家賠償法1条ないし民法709条の不法行為責任を問うことが可能であろう。ただし、実際の裁判例では、公立学校の通学路の安全性に問題があった場合は、道路の「瑕疵」として国家賠償法2条の営造物設置管理責任が問われることが多く、結論として国家賠償責任を認めたものと認めなかったものの双方がある[19]。一方、私立学校の通学路の安全性に問題があった場合は、地方公共団体の営造物設置管理責任が問われるとともに、民法709条に基づき学校設置者の不法行為責任が問われることになろう[20]。

　近年は、通学路の集団登校の列に車が衝突する事故が多発しているため、文科省は通知を発し、緊急合同点検に基づく対策の着実な推進とスクールガードや見守り隊等の配置、通学路の交通安全の確保に向けた継続的な取組を提唱している[21]（もっとも、登下校中の安全に関する対応を教員に委ねることは教員の本来の業務外の負担が重くなるため、保護者や地域ボランティアが担うべきである)[22]。

19　通学路の安全性につき「瑕疵」を認めた裁判例としては、京都地判昭和54年12月14日判時966号104頁、大阪地判昭和57年4月23日下民33巻1～4号727頁がある。また、「瑕疵」を認めなかった裁判例としては、名古屋高判昭和59年9月26日判時1141号88頁、名古屋地判昭和61年10月23日判時1238号110頁がある。

20　通学路は私立学校の学校設置者たる学校法人の工作物とは言えないため、民法717条1項の土地工作物責任を追求することは難しいであろう。

21　平成28年11月28日28初健食第33号通知「通学路の交通安全の確保の徹底について」参照。

22　学校における働き方改革特別部会・前掲注4)14頁でも、登下校に関する対応は基本的には学校以外が担うべき業務であると位置づけられている。

中高一貫教育の法的問題

Q167
適性検査による入学者選抜を行っている公立中高一貫校がありますが、法的問題はないでしょうか。また、中高一貫

第3章 その他の教育紛争

教育を行う学校が中学校から高校への内部進学を拒否することはできるでしょうか。

A167 現在の公立中高一貫校の入学者選抜で行われている適性検査は、実質的に学力検査として機能しており、公立中高一貫校の入学時に学力検査を禁止する学校教育法に違反します。また、中学校の入学時に「全員高校へ内部進学できる」とする旨を告知していた場合は、原則として中学校から高校への内部進学を拒否することはできません。

中高一貫教育は主に私立学校で慣例的に行われていたが、1999年より学校教育法で中高一貫教育が法的にも規定され、公立学校の中高一貫教育が行われている。また、小中一貫教育は主に国立大学附属校で行われていたが、2016年より小中一貫教育を行う義務教育学校が学校教育法で規定され、公立学校でも小中一貫教育が法制度化された。

中高一貫教育の類型は表のとおりである。

中等教育学校及び併設型中学校・高等学校では、入学時に「学力検査は行わないものとする」(学校教育法施行規則110条2項)と規定されているが、設問のように、通常「適性検査」と呼ばれる入学試験が課されることが多い。この点で学校設置者は、「学力検査」と「適性検査」は異なるという理屈で入学試験を課しているようである。

しかし、文科省は公立中高一貫校で学力検査を行わないものとした趣旨は中等教育の多様化を一層進めることにあり、「中高一貫教育校が受験準備に偏した教育を行う、いわゆる『受験エリート校』になったり、受験競争の低年齢化が生じたりするようなことは、教育改革に逆行するものであり、あってはならないこと」であって、中高一貫教育校の設置と運営に際しては十分留意すべきことを示している[23]。現状の公立中高一貫校の入試状況は、文科省があってはならないと考えている「受験エリート校」化が進んでおり、中高一貫校への入学は極めて厳しい学力競争を勝ち抜かなければならず、適性

445

第3章　その他の教育紛争

表　中高一貫教育の類型

	中等教育学校	併設型中学校・高等学校	連携型中学校・高等学校
定　義	一つの学校として、一体的に中高一貫教育を行うもの	同一の設置者による中学校と高等学校を接続するもの	異なる設置者間の中学校と高等学校を接続するもの
中学入試	学力検査は行わない	学力検査は行わない	不明
高校入試	行わない	行わない	不明

検査は名称こそ違えども実質的に学力検査として機能している点は否定し難い。したがって、学校設置者がどのように弁解しても、現状の公立中高一貫校で行われている適性検査は実質上、学力検査を禁止した学校教育法施行規則110条2項に違反すると言わざるを得ない。

　なお、公立中高一貫校は通常の公立中学校と異なり、生徒の退学処分が認められている点に注意すべきである（Q114参照）。

　中高一貫教育で問題になりやすいケースとして、中学校から高校へ進学する際の、いわゆる「内部進学」の拒否がある。裁判例では、同一学校法人の設置する小学校から中学校への内部進学のための推薦を拒否した事案で、「学則は、私立学校の建学の精神に基づく指導理念のほか、その学校における教育の実態に即して合理的に解釈されるものであり、その学校における入学、進級、同一法人の設置する上級学校への進学（推薦）については、社会通念上合理性を認めえないものでない限り、学校長の裁量権の範囲内にあるものというべき」と判示し、学則で当該小学校を卒業した者は無考査で中学校の入学を許可すると規定されている場合でも、内部進学者が学力上中学校の教科に適応できないと認められる者は入学を許可しない趣旨であると認めたものがある[24]。したがって、一貫教育での内部進学の許可は、社会通念上不合理でない限り学校の裁量で判断できる。

　一方、小中高一貫教育を施す学校で小学校から中学校への内部進学が拒否された事案で、小学校入学時に「中学校及び高等学校についての在学契約をも併せて締結するとの明示の合意がある等特段の事情」がある場合は小中高一貫教育期間全体についての在学契約が締結されたと解され、「小学校卒業生は全員中学校に進学できる」旨の広告を掲載していた場合は特段の事情に

該当し、学校側からは、小学校から中学校への内部進学を原則として拒否できないとした裁判例（保全決定）[25]がある。したがって、中学入学時に「高校への内部進学が全員可能」といった内容を告知していた場合は、原則として高校への内部進学を拒否することはできないと考えられる。

23　文科省「中高一貫教育Q&A：種類・制度・入学に関すること」〈http://www.mext.go.jp/a_menu/shotou/ikkan/10/1315802.htm〉参照。
24　横浜地判昭和63年10月14日判時1315号101頁。
25　東京地決平成元年6月23日判時1323号97頁。

ホームスクーリングやインターナショナルスクールと就学義務

Q168 ホームスクーリングやインターナショナルスクールへの通学は、保護者の就学義務に違反しないでしょうか。また、多様な教育が求められる中で、就学義務をどのように考えればよいでしょうか。

A168 現行法制では、ホームスクーリングやインターナショナルスクールへの通学は就学義務に違反します。就学義務を教育義務と解して多様な学習活動を認めていく考え方もありますが、学力が家庭の経済力に左右されたり、学力格差や保護者が子どもに特定の教育観を強制する弊害を生じさせないためにも、慎重な対応が望まれます。

　　ホームスクーリングはオルタナティブ教育の一環だけでなく、近年は不登校対策としても注目される教育だが、学校教育法17条は保護者の就学義務を学校教育法で規定する小中学校に就学させる義務と規定するため、現行法制の下ではホームスクーリングは就学義務違反となる。また、インターナショナルスクールも英語力の向上や多様でグローバル化に対応した教育が可能であるという見方から人気が高いが、インターナショナルスクールは学校教育法に規定する学校ではなく、現行法制の

下ではやはり就学義務違反となる[26]。このため、小中学校相当のインターナショナルスクールを卒業しても義務教育課程を修了したと認定されず、原則として日本の高校に入学できない。

　もっとも、教育の多様化を促進する観点からは、就学義務制の下でホームスクーリングやインターナショナルスクールを容認しない教育制度には批判も多い。特にホームスクーリングは不登校児童生徒にとって学校教育以外の重要な選択肢となり得るため、就学義務制を理由にこれを認めないことは不登校児童生徒の学習権を侵害する可能性も否定できない。実際に、教育機会確保法（2017年施行）は、不登校児童生徒が学校以外の場において行う多様で適切な学習活動の重要性に鑑みて、国及び地方公共団体に対して不登校児童生徒の状況に応じた学習活動が行われるように必要な措置を講ずることを求めており（同法13条）、ホームスクーリングは「学校以外の場において行う多様で適切な学習活動」の１つとして許容される可能性も否定されていない。

　ただし、筆者は現状の不登校とホームスクーリングをめぐる議論は、海外のホームスクーリング事情の不正確な理解に基づくことや、子どもの学習権保障を建前にしながら結果的に保護者の極端な教育観を子どもに強制するかのようなホームスクーリングが見受けられる等、適切な議論がなされているとは言い難いと考えている。日本のような就学義務制ではなく、教育義務制を採用する国ではホームスクーリングは一般的に容認されているが、そのような国でもホームスクーリングは「不適切な場合には監督機関による罰則や制裁を設ける」「保護者に教員免許がある場合にのみ認める」等の厳格な条件の下でのみ容認する国が大半であり[27]、ホームスクーリングは決して大々的に認められてはいない。また、ホームスクーリングは学校教育以上に保護者の教育観と密接関連する教育内容が行われるが、家庭の経済事情や保護者の学歴等も教育内容に大きく影響する[28]。そもそもホームスクーリングは、沿革的には子どもの学習権を保障するための制度として容認されてきたものではなく、（特定の宗教教育を重視する）保護者の教育権を絶対視する立場から主張されてきた制度である[29]。したがって、不登校児童生徒の学習権を保障する目的でホームスクーリングを容認する必要性があっても、結果的に保護

第3章　その他の教育紛争

者が特定の教育観を子どもに強制するためにホームスクーリングを利用するのであれば、かえって学習権の侵害になるリスクがあることにも留意すべきである。理念的には不登校児童生徒が自主的に学校に行かずにホームスクーリングを選択する権利があると理解できても、実際上は保護者の管理下で子どもが自主的に判断することはほとんど不可能であり、保護者の特定の教育観の影響下で子どもが判断せざるを得ないことに鑑みれば、ホームスクーリングを容認することで不登校児童生徒の学習権が保障されると短絡的に理解すべきではない。

　筆者自身は日本においても教育の多様化を一層促進すべきであると考えており、ホームスクーリングやインターナショナルスクールも一定の条件下で容認する必要性も高いと思われるが、ホームスクーリングやインターナショナルスクールは学費が高く、家庭の経済力がなければ事実上利用するのが難しく、海外の事情を正確に理解した上で、保護者が特定の教育観を子どもに強制することでかえって学習権の侵害になるリスクや、家庭の経済力によって学力格差が広がるリスクを考慮しながら慎重に検討すべきである。

日本人学校・中学留学 補足

　就学義務は日本国内に在住する日本人の保護者が負う義務であると解されるため、海外に在住する日本人は就学義務がなく、海外の学校を卒業した者を日本の学校を卒業した者とみなすことは法的に可能である。

　もっとも、主に海外在住の日本人の子どものために設置されている「日本人学校」は、文科省が認定した「在外教育施設」であり、「文部科学大臣が中学校の課程と同等の課程を有するものとして認定した在外教育施設」（学校教育法施行規則95条2号）として卒業生は高校に入学する資格を有するため、日本人学校で小中学校相当の教育課程を受けた者は学校教育法に規定する「学校」で義務教育課程を受けた者と同等の法的性格を有する。

　また、現在の就学義務制では学校教育法の規定する中学校に就学しなければならないため（学校教育法17条）、中学時代に海外の中学校で単位を取得す

449

第3章　その他の教育紛争

る「中学留学」は認められていない。ただし、前述のように、就学義務は日本国内に在住する日本人の保護者が負う義務なので、子どもが海外の中学校に転学する際に両親のうち1人が子どもとともに海外に移住した場合には就学義務違反とならないとも考えられるが、就学義務が保護者の親権とも関連する義務であることを重視すれば、親権共同行使の原則（民法818条3項）に鑑みて、両親の一方が引き続き日本国内に在住する場合は就学義務違反になるとも考えられる。

　なお、「高校留学」に関しては、校長は留学を許可した生徒が外国の高校での単位習得を36単位を超えない範囲で認定できる規定がある（学校教育法施行規則93条2項）。

26　文科省「小・中学校への就学について」〈http://www.mext.go.jp/a_menu/shotou/shugaku/index.htm〉参照。

27　例えば、教育義務制を採用するフランスは1998年に義務教育監督強化法を制定し、教育機関における教育を優先してホームスクーリングを「例外」と位置づけ、ホームスクーリングへの監督を強化するとともに、違反した保護者に対しては公民権停止・私法上及び家族法上の権利の停止の罰則を科している（藤井穂高「世界の義務教育の歴史と現状　フランス」清水一彦＝山内芳文『国際化と義務教育』（全国海外教育事情研究会、2008）109〜111頁参照）。また、アメリカのカリフォルニア州の義務教育法は、公立学校就学義務を原則としつつ、教員免許を有する個人教師に指導を受けている子どもは就学義務を免除する制度を規定し、教員免許を有する保護者によるホームスクーリングを「私立学校の一種」として認める。もっとも、近年の法令解釈では、教員免許を持っていない保護者によるホームスクーリングも禁止されていないと解釈しているようである（惣脇宏「カリフォルニア州の児童保護事件：ホームスクーリングと未成年裁判所の就学命令」国立教育政策研究所紀要138集199〜204頁参照）。

28　アメリカのホームスクーリングは、「白人家庭が圧倒的に多いが、近年はヒスパニック家庭も増加している」といった傾向にあり、学校教育を受けている家庭と比べて「白人家庭の割合が高く、黒人家庭の割合が低い」「保護者の学歴が『中学卒業以下』『大学卒業以上』の割合が高く、以前は高学歴の保護者の割合が高かったが近年は低学歴の保護者の割合が高くなっている」「中産階級の割合が高い」「保護者が夫婦2人とも存在し、かつ共働きでない家庭の割合が高い」「子どもが3人以上の家庭の割合が高い」「田舎に居住する家庭の割合が高い」といった傾向にある。「Homeschool Demographics - Coalition for Responsible Home Education」〈https://www.responsiblehomeschooling.org/homeschooling-101/homeschool-demographics/〉を参照。

29　惣脇・前掲注27）203頁。

第3章 その他の教育紛争

性同一性障害の児童生徒の対応

Q169 性同一性障害であることを他の児童生徒に秘匿したいと要望する児童生徒と保護者が、例えば体育の授業で異なる授業内容を求めたり、修学旅行で1人部屋の使用を求めた場合、学校は他の児童生徒や保護者に秘匿したままで対応すべきでしょうか。

A169 人権保障の観点からは要望に応じて秘匿すべきかもしれませんが、一貫して秘匿しながら教員が性同一性障害の児童生徒に対応することは多大な負担を伴い、また教育的観点からは他の児童生徒に障害の存在を理解させた上で差別やいじめを許さない環境を構築するのが望ましいことから、性同一性障害の児童生徒の要望にできる限り配慮した上で、障害を理由に当該児童生徒に対する特別の対応を行うことを他の児童生徒に理解させるために、必要最小限度の障害の告知は許されると考えます。

性同一性障害者特例法で性同一性障害の定義[30]が法定化されたことを受けて、文科省は教育現場における性同一性障害の児童生徒への対応に関する通知[31]を発している。

発達障害は当該児童生徒の障害を他の児童生徒に秘匿した上で学校が特別な対応をしても、他の児童生徒が日常の学校生活でそのことを認識せずに過ごすことは可能だが、性同一性障害の場合はそうではない。例えば、前述の通知では、設問のような「体育又は保健体育において別メニューを設定する」「修学旅行で1人部屋の使用を認め、入浴時間をずらす」等の対応や、「多目的トイレや職員トイレの使用を認める」「自認する性別として名簿上扱う」等の対応は、「性同一性障害に係る児童生徒に対する学校における支援の事例」として紹介されているが、これらの対応は他の児童生徒が日常の学校生活で認識する状況でなければ実施できない点で、発達障害の児童生徒に対する対応と異なる。したがって、性同一性障害の児童生徒がそのことを秘匿していても、当該児童生徒に特別の対応を行うことに関して他の児童生徒

451

第3章　その他の教育紛争

が全く関心を持たずに日常生活を共にすることは難しい。

　文科省の調査[32]では、学校生活で性同一性障害の児童生徒が他の児童生徒や保護者に対して「秘匿している」又は「ごく一部を除いて秘匿している」割合は57.5%に上っており、「秘匿していない」割合は22.4%にすぎなかった。また、他の児童生徒に秘匿したまま学校として可能な対応を進めている事例もあった[33]。

　法的視点からは、性同一性障害の児童生徒の人権を最大限に保障すべきことから、当該児童生徒本人や保護者が他の児童生徒に秘匿することを要望する場合は、たとえ他の児童生徒から質問を受けたり、説明を求められた場合でも学校や教員は一貫して秘匿すべき法的義務があると考えることも可能であろう。この立場からは、例えば、当該児童生徒だけ体育の授業内容が異なる理由や修学旅行等で1人部屋の使用を認める理由について、教員が他の児童生徒から説明を求められて障害の事実を回答した場合には、プライバシーの侵害等を理由とする法的責任を負うことになる。

　しかし、1人の教員が多数の児童生徒の集団に対応しなければならない学校生活の現実を踏まえれば、カウンセラーでも医師でもない教員が、多忙な業務の中で性同一性障害の児童生徒や保護者の要望により他の児童生徒に秘匿しながら特別に対応することは、教員にとって多大な負担になり得ることも考慮すべきである。むしろ、教育的観点からは、性同一性障害の事実を他の児童生徒にも告知した上で、障害に関する正しい知識と特別の対応の必要性を理解させ、性同一性障害を理由とする差別やいじめを絶対に許さない環境を教員と児童生徒がともに構築するほうが望ましいと考えられる。

　もちろん、性同一性障害の児童生徒の要望にできる限り配慮すべきことは当然であるから、当該児童生徒には他の児童生徒に告知したほうが望ましい旨を説明し、告知した後に差別やいじめが生じないように配慮することを約束して当該児童生徒の理解を求めた上で、障害に関する必要最小限度の情報を他の児童生徒に告知することは許されると考えられる。この点で、前述の文科省の通知が、性同一性障害に関する「他の児童生徒や保護者との情報の共有は、当事者である児童生徒や保護者の意向等を踏まえ、個別の事情に応

第3章　その他の教育紛争

じて進める必要がある」と規定する点は参考になろう。

　なお、筆者は「LGBT」という用語が教育現場で使用されることには反対であり、性同一性障害と性的マイノリティは本質的に異なるものであることや、性同一性障害の児童生徒に求められる対応と性的マイノリティの児童生徒に求められる対応もまた異なることに留意すべきである。いずれにしても、性同一性障害や性的マイノリティを理由に差別やいじめが行われることは教育現場以外でもあってはならず、教員だけでなく保護者も正しい認識と価値観を踏まえた上で児童生徒を教育すべきである。

30　同法は、性同一性障害を「生物学的には性別が明らかであるにもかかわらず、心理的にはそれとは別の性別（以下「他の性別」という。）であるとの持続的な確信を持ち、かつ、自己を身体的及び社会的に他の性別に適合させようとする意思を有する者であって、そのことについてその診断を的確に行うために必要な知識及び経験を有する二人以上の医師の一般に認められている医学的知見に基づき行う診断が一致しているもの」（2条）と定義する。
31　平成27年4月30日27文科初児生第3号通知「性同一性障害に係る児童生徒に対するきめ細かな対応の実施等について」参照。
32　文科省「学校における性同一性障害に係る対応に関する状況調査について」（2014）参照。
33　もっとも、文科省・前掲注32）の調査では、抜粋で紹介されている学校の対応事例のほとんどは、性同一性障害であることを他の児童生徒に秘匿していない事例であった。

学校と組織内弁護士

Q170 学校が組織内弁護士（「学校内弁護士」）としてスクールロイヤーを導入するメリットとデメリットについて教えてください。

A170 教員という立場を活かしたメリット（子どもに最も近い立場で活動できる等）があり、子どもの利益を実現するスクールロイヤーとしては最も理想的な形態であると考えられますが、通常の組織内弁護士と同様のデメリット（利益相反のリスク等）もあります。

453

第3章　その他の教育紛争

　　学校が組織内弁護士としてスクールロイヤーを導入する類型としては、「教員」として弁護士を雇用する場合と、「事務職員」として弁護士を雇用する場合の２つが考えられ、前者の場合は弁護士が教員免許を取得している必要があるが、後者の場合は教員免許は不要なので、組織内弁護士としてスクールロイヤーを導入するハードルは後者のほうが圧倒的に低い。ただ、筆者自身が教員としてスクールロイヤーを担当し、そのような弁護士の職域を本書では「学校内弁護士」として独立的に扱っているため、本項でも「学校内弁護士」としてスクールロイヤーを導入するメリットとデメリットについて説明する[34]。

　スクールロイヤーが学校内弁護士として雇用されるメリットとデメリットは、表のとおりである。

　①②は、利害関係が複雑な教育紛争において学校内弁護士が有する魅力である。①のメリットは子どもと保護者の利害が一致するとは限らない場合に、スクールロイヤーが究極的には「子どもの利益」を実現する職域であることに鑑みれば、どのような弁護士よりも子どもに最も近い立場で弁護士として活動できる学校内弁護士の最大の魅力である。また、②のメリットは、教員と学校設置者の利害が一致するとは限らない場合に、現実の教育紛争で弁護士の直接的な法的支援を最も必要とするのが管理職教員でも教育委員会でもなく、紛争当事者たる教育現場の教員であることに鑑みれば、「同僚」として同じ教員目線で助言や相談ができる学校内弁護士の存在意義は大きい。

　③④は、弁護士業務として重要なメリットで、弁護士が適切な法的支援を行う前提となる正確な事実関係の理解に関連する。教育委員会の顧問弁護士や、いわゆる派遣型のスクールロイヤーでは、事実関係が教育現場から到達するまでに「教育現場の教員→校長・教頭などの管理職教員→教育委員会・学校法人関係者→弁護士」と、様々な利害関係者を通過するため、必ずしも正確な事実関係が弁護士に到達するとは限らない。その意味で、③は学校内弁護士がスクールロイヤーとして適切な法的支援を実現するために不可欠のメリットである。また、民間企業や自治体の予防法務では組織や業界の実情に詳しい組織内弁護士（インハウスロイヤー）が担当することが多いが、スクー

第3章　その他の教育紛争

表　スクールロイヤーが「学校内弁護士」として 雇用されるメリット・デメリット

メリット	デメリット
①子どもに最も近い立場で活動できる	❶利益相反のリスクがある
②現場教員に直接助言や相談ができる	❷教員の労働問題に関する相談を受けづらい
③事実に最も近い環境で証拠収集できる	❸校長の監督下で活動しなければならない
④教育紛争の予防に貢献できる	❹キャリアモデルが確立されていない
⑤校務分掌に参画できる	
⑥法教育に貢献できる	
⑦教員として子どもに接することができる	

ルロイヤーが学校内弁護士であれば教育現場や学校という特殊な組織の実情にも詳しいことから④のメリットが重要になる[35]。

　⑤～⑦は、スクールロイヤーが教員でもある学校内弁護士のメリットであり、弁護士であるスクールロイヤーが教員として教育活動に直接貢献できることは、学校だけでなく市民社会を支える教育制度にとっても画期的である。スクールロイヤーが教員であれば、弁護士としてはできない生徒指導であっても教員として可能であり、通常のスクールロイヤーよりも子どもの利益を実現するために採り得る選択肢が多い点も魅力である。

　なお、いじめ防止法上で各学校に設置義務がある「学校いじめ防止対策組織」（同法22条）や重大事態調査委員会（同法28条1項）の構成員として、教員として子どもや保護者と日常的に接している経験と弁護士として教育現場に最も近い立場で事実関係に接することができる学校内弁護士が参画するのもメリットの1つであろう。

　一方、学校内弁護士のデメリットである❶❷は、一般的な組織内弁護士にも共通するものだが[36]、特に利益相反は筆者自身が日常的に悩んでいるリスクであり、利害関係が複雑な教育紛争ゆえに他の業界とは異なる利益相反のリスクもある。また、教員の労働環境が社会的議論になっていることもあり、教育現場では労働問題の相談や助言のニーズが非常に多いが、学校設置者に雇用される学校内弁護士がスクールロイヤーである場合は、労働問題に対して労働者としての教員に効果的な法的支援ができるとは限らない（ただし、この点は学校設置者から委託を受ける通常のスクールロイヤーもさほど変わりはない）。

455

第3章　その他の教育紛争

❸はスクールロイヤーが教員でもある学校内弁護士ならではのデメリットであり、教員である以上校長の監督下で職務を担当しなければならない（学校教育法37条4項）ため、弁護士としての独立性と第三者性をどこまで維持できるかが問題になるが、この点は通常のスクールロイヤーのほうが独立性や第三者性を発揮できるだろう。

❹は筆者が最も懸念するデメリットでもある。弁護士業界からスクールロイヤーが提唱されて久しいが、学校内弁護士はまだ実践する弁護士がほとんどいない[37]。この点は医師兼弁護士である病院内弁護士が既に複数存在する医療業界と比べて教育業界が明らかに後れを取っている点であり、教育業界が法的リスクへの対応を十分に意識できていない証左であろう。学校内弁護士がスクールロイヤーの一形態として認識されなければキャリアモデルの確立も容易ではなく、スクールロイヤー制度の広がりの中で1人でも多く教員として雇用されるスクールロイヤーが増えることが望まれる。

学校内弁護士には教員という立場を活かしたメリットがあり、学校や教員への助言や相談を介して子どもの利益を実現するスクールロイヤーとしては最も理想的な形態であることに異論は少ないと思われる。また、「スクールロイヤー」という言葉のイメージからは、学校に日常的にいるわけではない派遣型のスクールロイヤーよりも、学校で日常的に教員としても子どもと接する学校内弁護士のほうがはるかに「スクールロイヤー」のイメージに適合する点も疑いようがない。こうしたメリットを持つ学校内弁護士がスクールロイヤーの一形態として認識されるためには一人でも多くの学校内弁護士が増えること以外に方法がないため、筆者としては、特別免許状制度等も活用することで学校内弁護士が増えることを強く希望している。

---

34 学校内弁護士に関する情報は、神内聡『学校内弁護士』、山口・前掲注8）、神内聡=五十嵐裕美子=中野敬子=坂本順子「学校現場への弁護士の関わりの諸態様と課題」スクール・コンプライアンス研究5号74頁等も併せて参照していただきたい。

35 弁護士の著作で教育紛争の予防的アプローチを提示する数少ない文献として、堀切忠和『教職員のための学校の危機管理とクレーム対応』（日本加除出版、改訂版、2014）がある。

36 企業内弁護士に関する実情やキャリアプランについては、日本弁護士連合会弁護士業務改革委員会編『企業内弁護士』（商事法務、2009）等に詳しい。また、筆者も所属する「日

本組織内弁護士協会」（JILA）は、組織内弁護士の職域やキャリアプランについて様々な提言を行っている。日本組織内弁護士協会ウェブサイト〈http://jila.jp/〉を参照。

37 なお、2018年4月より、筆者と同じ本郷さくら総合法律事務所に所属する原口暁美弁護士が私立高校での講師を兼務しており、全国で2人目の「学校内弁護士」が誕生している。

おわりに

　筆者の前作である『学校内弁護士 学校現場のための教育紛争対策ガイドブック』は、「学校内弁護士」という弁護士の新しい職域を紹介することが主なテーマであり、教育紛争の解決に関する実務的な争点に関しては、新しい議論を提起することに主眼を置いたものであって、法的論理に関しては稚拙な面が否めませんでした。しかし、本書は議論の提起だけでなく、多少なりとも前作より説得的な法的論理を展開することで、新たな教育政策として導入される「スクールロイヤー」に期待される存在意義と議論すべき課題について、弁護士や教員だけでなく、学校設置者、教育行政担当者からスクールカウンセラー、スクールソーシャルワーカー等の外部専門家、そして子どもや保護者に伝えたいという想いを詰め込んでいます。

　スクールロイヤーは定義が定まっていない弁護士の職域であり、その言葉のイメージから「毎日学校に常駐する弁護士」と誤解されるほど的確な議論がなされない状況で政策として導入され、かつ弁護士業界も積極的に推進しているため、様々なリスクを抱えています。しかし、日常的に多忙な業務に追われる教員や、いじめで苦しむ子どもたちや保護者にとって、「スクールロイヤーがいれば何とかしてくれるのではないか」という期待を抱かせるイメージがあるのも事実であり、スクールロイヤーが教育現場と弁護士の関わり方を大きく変える動きになることは間違いありません。筆者も、スクールロイヤーを担当する弁護士が1人でも増えることで、教育現場の実情を理解してくれる弁護士が1人でも増えることを大いに期待しています。

　ただし、スクールロイヤーが定着するためには、2つのことを忘れてはなりません。

　1つは、文科省、裁判所、弁護士の三者が、それぞれの立場で教員に多大な負担をかけてきたことを認識し、反省することです。文科省はいじめ防止法等の法令やガイドラインを積極的に制定しても、適切に執行するために必要な教育予算を十分に獲得してこなかったため、教育現場の教員は少ない教

員数で新しい法令等が要求する「理想」に対応せざるを得ず、法令等が制定・改正されるたびに負担を強いられてきました。また、裁判所は学級担任や部活動顧問が法令の根拠もなく多大な負担を強いられていることを知りながら、法的責任を限定するどころか拡大する法理で負担を増大させてきた結果、海外と比較しても例を見ない日本独特の教育制度の下で、教員にとって過酷な法的リスクを負わせる教育法が構築されてしまいました。そして、弁護士は子どもの人権を保障するためには教員が余裕を持って仕事ができる労働環境が必要不可欠であることを念頭におくべきですが、これまでの弁護士業界は教育現場との接点を積極的に持とうとせず、教員の過酷な労働環境の改善には十分に取り組んできませんでした（過酷な教員の労働環境の中で子どもたちにワークルールを教えようとする「ワークルール教育推進法」の制定を推進しようとする弁護士業界の動向は、滑稽なアイロニーにすら感じられる）。これら三者が謙虚に反省しないならば、たとえスクールロイヤーを導入しても教員との間に信頼関係を構築することは不可能であり、結果としてスクールロイヤーは定着しないでしょう。

　もう1つは、スクールロイヤーがいじめの防止や保護者対応を主眼に導入されるとしても、それによって教員の負担が軽減されると過大評価せず、教員の過酷な労働環境を根本的に解決するには、教員数を増やすこと以上に有効な手段がないことをスクールロイヤー自身が自覚することです。日弁連は「『スクールロイヤー』の整備を求める意見書」で、スクールロイヤーの導入が教員の業務負担の軽減につながることを示唆していますが、筆者はその点に疑問を抱いており、教育現場の実情を理解しない弁護士がスクールロイヤーになれば、教員の負担はかえって増大するおそれすらあるでしょう。スクールロイヤーが教員の負担軽減に資するためには現在の弁護士会で実施している研修内容では不十分であり、現職教員との交流の機会を増やして弁護士が教育現場の実情を理解する研修を増やすことが不可欠です。

　筆者は、教員ほどやりがいのある仕事は他に存在しないのではないかと考えています。もちろん、弁護士には弁護士でしか経験できないやりがいがあ

おわりに

りますが、それでも未来ある子どもたちのために自分の人生をかけて日常的に貢献することができる教員のやりがいには及ばないと感じるし、たとえ人工知能がどれほど発展しても、子どもに心から寄り添うことのできる優秀な教員には比肩できないでしょう。

しかし、現実の教員は今や数ある職業の中でも「ブラック」の烙印を押される不人気職業です。教員が不人気である実情を招いた一因に我々弁護士の教育現場に対する無理解が存在するのならば、スクールロイヤーは弁護士にとって教育現場の実情を理解し、その信頼を得る絶好の機会であり、教員という仕事の魅力を日本社会に伝えられる役割を果たせるかもしれません。

スクールロイヤーの最大の使命は、弁護士が教育現場と接点を持つことにあります。そのことによって今の日本の教育現場で子どもの権利を守るためには教員数を増やすことが必要不可欠であることを弁護士が認識し、社会に提言していくことができれば、スクールロイヤーの導入は日本の教育に大きな成果をもたらすことができます。学級担任や部活動顧問に代表されるように、日本の教育制度は世界でも例を見ないほど教員にとって負担の大きい教育制度ですが、同時に世界でも例を見ないほど子どもたちと人間的に接することができる教育制度でもあります。そのような日本の教育制度の長所を活かしつつ、子どもたちの権利を保障し、教員も幸せに仕事ができる学校にするためには、本書で繰り返し述べているように教育予算を確保して教員数を増やすしかないのです。もし、筆者のような教員と弁護士を兼ねた学校内弁護士が増えれば、スクールロイヤーが増えるだけでなく教員も増えることになります。その意味で、学校内弁護士が増えることは子どもたちと教員の双方の幸せに貢献できるので、本書を読んで学校内弁護士の魅力が1人でも多くの人に伝わることを願っています。

「教師が幸せに働ける学校でなければ、子どもも幸せに学べない」という格言は、教育界での暗黙の合意であり、筆者も確信していますが、残念ながら今の日本の学校がこの格言を実現できているとは言えません。だからこそ、スクールロイヤーが「子どもと教師の最善の利益」を実現するために貢献できる存在となれることを心から祈っています。

事 項 索 引

あ行

あ アクティブ・ラーニング
.... 40, 49, 51, 59, 422, 431
——のデメリット 59, 432
海外の—— 50, 59
旭川学力テスト事件最高裁判決
.... 25, 42, 50
アンケート調査 226
安全配慮義務
... 32, 77, 102, 108, 224, 245, 315, 339
い いじめ ... 22, 193, 228, 233, 234, 243, 261,
263, 269
——と同調圧力 205, 210, 269
——と不登校 253, 281, 289
——の解消 27, 215, 237
——の構造 228, 231
——の再発防止策 237
——の情報共有 215
——の初期対応 222
——の早期発見義務
.... 200, 248, 264
——の追跡調査 264
——の法的責任 243
——の保護者対応 ... 222, 224, 241
海外の—— 190, 263
転校生への—— 192
日本の—— 263
犯罪でない—— 210, 269
犯罪となる—— 210, 269
暴力を伴わない—— 264
いじめ対応 235, 237, 239, 242
——における警察との連携 ... 269
学級担任の—— 190, 225
現場教員の—— 237
いじめ対策組織 215, 220, 455
いじめ調査 224, 226
いじめの加害者 228, 231
——に対する法的手段
（法的措置） 234, 264
（法的責任） 243
——の保護者の責任 243
——への指導 231, 242
いじめの間接的加害者 231

いじめの重大事態
——調査委員会 23
保護者の申立てによる——
.... 215, 253
いじめの重大事態の調査に関する
ガイドライン 27
いじめの定義 67, 212, 215
損害賠償上の—— 92, 212
いじめの被害者
——の意思確認 222, 237
——の過失相殺 244, 268
——への支援 242
いじめの防止等のための基本的な
方針の改定 27, 215, 237
いじめ防止対策協議会 ... 23, 219, 262
いじめ予防授業（教育）... 55, 261, 408
慰謝料 101, 127
逸失利益 101
因果関係 84, 88, 101, 245
いじめと自殺の—— 101, 245
インクルーシブ教育 343, 344
インターナショナルスクール 447
う ウィッツ青山学園高校事件 287
え 営造物
——が通常有すべき安全性
.... 162
——管理責任 162, 443
——の瑕疵 162
ADR 97
SNS 173, 433
エビデンスに基づく教育政策 25
お オルタナティブ教育 286, 447
オンブズパーソン 9

か行

か 海外の教育 ... 39, 43, 45, 50, 53, 63, 186,
205, 207, 279, 312, 410
——の義務教育制度 45
——のクラブ活動 378
外国人 ... 42, 345, 346, 348
回答
口頭による—— 78
文書による—— 78, 172
メールによる—— 172

外部専門家 … 23, 56, 66, 114, 115, 220
　　──の証言拒絶権 ……………… 118
加害者の保護者の法的責任 ……… 197
学習権 ……………………………… 25, 41
学習指導要領
　　新しい── …………… 21, 422, 431
　　──の法的拘束力 … 30, 40, 49, 64
学年主任 ………………… 34, 69, 170
学納金返還訴訟最高裁判決 … 32, 295
過失 ………………………………… 100
過失相殺 ………… 109, 152, 247, 268
学級活動 …………………………… 21
学級制度 …………………… 21, 182, 203
学級担任 … 20, 35, 69, 170, 197, 201, 203,
　　　　207, 381
　　海外の── ………… 36, 183, 205
　　──のいじめ対応 …………… 190
　　──の学級経営
　　　　……… 110, 182, 192, 194, 201
　　──の職務内容 ………… 34, 182
　　──の人事 …………… 194, 202
　　──の変更要求 ……………… 201
　　──の法的義務 ……………… 185
　　──の法的責任 ……………… 194
学級崩壊 …………………………… 192
学校医 ……………………………… 112
学校管理運営規則 …………… 21, 357
学校給食における食物アレルギー
　　対応指針 ……………………… 440
学校事故 ………… 84, 131, 165, 359
　　海外の──対応 …………… 129
　　──における家庭の責任 …… 152
　　──における児童生徒の過失
　　　　………………………………… 152
　　──の初期対応 ……………… 128
　　──の仲裁 …………………… 22
学校事故対応に関する指針 … 128, 165
学校選択制 ………………………… 33
学校選択の自由 …………………… 63
学校徴収金 ………………… 39, 437
学校内弁護士 ……… 1, 11, 15, 55, 453
学校における働き方改革特別部会
　　……… 23, 39, 53, 56, 207, 437, 440
学校問題解決サポートセンター … 98
家庭教育 …………………………… 89
課程主義 …………………… 45, 279
課程の修了 ………………………… 46
家庭訪問 …………… 39, 173, 223
仮処分 ……………………………… 94

き　危機管理体制 …………………… 165
　　危険性の内在 ……… 134, 157, 359, 366
　　危険等発生時対処要領 ……… 128
　　騎馬戦 ………………………… 159
　　義務教育 ………………… 45, 275
　　給食 ………………… 53, 133, 439
　　　　──時間の事故 …… 133, 149, 439
　　　　──と食育 ………… 150, 439
　　給食対応 ……………………… 439
　　給食費 ………………………… 437
　　　　──の徴収 ……………… 22, 437
　　　　──の未納 ……………… 54, 437
　　教育委員 ……………………… 18
　　教育課程 ……………………… 131
　　　　──の修了認定 ………… 275
　　教育義務制 ………… 45, 279, 448
　　教育虐待 ……………………… 287
　　教育行政職員 ………………… 112
　　教育再生実行会議 …………… 23
　　教育支援センター …………… 284
　　教育実習 ……………………… 184
　　教育条理 ……………………… 25
　　教育対象暴力 ……………… 2, 170
　　教育の私事性 ………………… 63
　　教員免許 ………………… 402, 435
　　　　海外の── ……………… 436
　　教科書検定 ………………… 40, 64
　　教科書検定訴訟 ……………… 99
　　教室の事故 …………………… 131
　　教職調整手当 … 23, 124, 373, 396, 397
　　起立性調節障害 …………… 271, 282
く　組体操 …………………………… 158
け　警察との連携 ……… 75, 112, 269, 296
　　結果回避可能性 ………… 100, 359
　　原級留置 ……… 43, 45, 276, 305, 316
　　　　生徒指導としての── …… 316
　　権利能力なき社団 …………… 180
こ　校外学習の事故 ………… 138, 155
　　公共 ………………… 408, 410, 422
　　校則制定権の法的根拠 …………… 294
　　校庭の事故 …………………… 131
　　公認心理師 …………………… 118
　　合理的配慮
　　　　──と発達障害 ………………… 337
　　　　障害者差別解消法の──
　　　　………………………………… 28, 331
　　個人情報 ………………… 79, 235, 340
　　個人情報保護法制 ……… 85, 236, 340
　　子ども安全対策支援室 ……… 247, 260

事項索引

子どもの権利条約 ················ 19, 41
子どもの最善の利益 ·················· 2
子の奪取（連れ去り） ············ 179
顧問弁護士 ························ 9, 15

さ行

さ 災害共済給付 ········ 78, 89, 125, 127
災害時児童生徒引取責任者 ······ 130
在学関係 ···························· 33
在学契約 ······················ 32, 102
在宅指導 →自宅指導
再発防止策 ···················· 79, 237
債務不履行責任 ·············· 102, 108
サポート校 ························ 284
し 私学助成制度 ······················ 22
時間外労働 ········ 21, 176, 395, 397
私立学校の――手当
···························· 372, 395, 397
始業前の事故 ················ 131, 146
自己抑制力 ········ 55, 153, 186, 198
自殺事件の調査委員会 ············ 259
自主退学勧告 ···················· 252
自主練習中の事故 ················ 371
自宅謹慎 ········ 22, 44, 235, 311, 313
自宅指導 ········ 44, 235, 252, 311
指定避難場所 ···················· 130
児童虐待 ······ 61, 288, 380, 382, 394
児童精神科医 ···················· 115
児童相談所
――との連携 ············ 223, 382
――への通告 ············ 287, 380
私費会計 →学校徴収金
社会福祉士 ························ 119
謝罪文 ····························· 79
就学義務 ········ 45, 275, 447, 449
就学義務違反 ········ 47, 277, 284
修学旅行 ·························· 138
――積立金 ····················· 437
――の事故 ····················· 138
重大事態調査委員会 ····· 255, 258, 455
柔道事故 ·························· 135
柔道指導の手引 ··················· 136
主権者教育 ···················· 348, 410
主体的・対話的で深い学び
···························· 49, 59, 417, 431
出席停止 ········ 13, 234, 311, 314
私立学校の―― ········ 251, 314
障害者権利条約 ············ 334, 344
障害者差別解消法 ············ 27, 331

障害のある児童生徒
···························· 42, 331, 342, 344
――の学習権 ··················· 42
使用者責任 ···· 29, 105, 107, 163, 247
少年事件 ················ 385, 387, 394
少年審判 ·························· 386
情報公開請求 ················· 78, 85
消滅時効 ·························· 102
昭和女子大学事件最高裁判決 ··· 296
初期対応
学校事故の―― ··············· 128
教育紛争の―― ················· 65
所持品検査 ························ 76
事理弁識能力 ······················ 87
親権共同行使の原則 ········ 177, 450
親権者代理監督者 ················ 105
診断書 ··············· 121, 283, 329
す 水泳事故 ···················· 136, 141
スクールカウンセラー
···························· 35, 66, 112, 115
――の守秘義務 ··············· 115
――の利益相反行為 ·············· 7
スクールソーシャルワーカー
···················· 35, 66, 112, 118, 287
私立学校における―― ······ 120
――による紛争解決 ·········· 118
スクールロイヤー
····· 1, 5, 7, 9, 14, 65, 66, 72, 166, 169,
208, 239, 408
――と学校内弁護士の違い
···························· 11, 453
――と顧問弁護士の違い ···· 9, 15
――と生徒指導 ················· 320
――と法教育 ··················· 408
――による加害者指導 ········ 242
――による被害者支援 ········ 242
――の研修 ······················ 5
――の同席 ················ 72, 239
――の独立性と第三者性
···························· 8, 15, 456
――の犯罪被害者対応 ········· 391
――の利益相反行為
···························· 7, 73, 239, 391
スクールロイヤー事業 ··············· 4
せ 政治的活動 ························ 318
政治的教育 ···················· 348, 416
精神保健福祉士 ··················· 119
成績評価 ·························· 431

463

事項索引

清掃
——時間の事故 ………… 131, 149
——時間の法的性質 ………… 131
——指導 ………………………… 53
性同一性障害 ……………………… 451
生徒指導
…290, 292, 296, 298, 300, 304, 316, 320
生徒指導提要 ……………………… 291
誓約書 …………………………… 78, 172
責任能力 …………………………… 87
セクハラ …………………………… 201
選挙運動 …………………………… 318
選挙権引下げ … 318, 348, 394, 416, 420
選挙犯罪
高校生の—— ………………… 419
そ 組織的責任 ……………… 108, 246
訴訟保険 …………………………… 31, 89
卒業認定 …………………………… 47

た行

た 体育館の事故 …………………… 131
体育の授業での事故 ……………… 135
退学 ……… 22, 43, 234, 304, 308, 310
自主——勧告 ……………… 251, 307
小中学校での—— ………… 310
——の判断基準 ……………… 304
——を争う場合の仮処分 ……… 94
中等教育学校での—— … 105, 310
併設型中学校での—— … 105, 310
体罰 ………………………… 22, 43, 322
海外の—— …………………… 327
——を行った教員の処分 …… 327
ち チーム学校
… 2, 16, 23, 55, 66, 112, 114, 169, 196
注意義務 …………………………… 134
——違反 ………………………… 134
中高一貫教育 ……………………… 444
仲裁 ………………………………… 71
中等教育学校 ……………… 33, 103, 445
——での退学 ………………… 105, 310
懲戒権 ……………………… 224, 293
部活動指導員の—— ………… 353
懲戒処分 ………… 12, 234, 299, 301
超勤4項目 ……………………… 21, 176
著作権
インターネットオークション
での—— …………… 429, 430
授業の過程での—— ………… 424
入試問題での—— …………… 426

著作者人格権 ……………………… 426
著作物 ………………… 424, 426, 428
つ 通学路の指定 ………………… 443
て 停学 ……………… 22, 43, 234, 311
小中学校での—— …………… 311
無期—— ………………………… 313
定額残業手当 ………… 373, 396, 397
適応指導教室 ……………………… 284
適応障害 ………………………… 371, 282
適性検査 …………………………… 444
転校生 ……………………………… 192
伝習館事件判決 …………………… 50
電話対応 …………………………… 172
と 登下校指導 …………………… 53
登下校中の事故 …………… 131, 148
同調圧力 ……………… 205, 210, 282
特待生 ……………………………… 376
——の学費返還義務 ………… 376
特別免許状 ……………………… 14, 456
匿名通報アプリ …………………… 248
土地工作物責任 …………………… 162
飛び込み（水泳） ………………… 136
跳び箱 ……………………………… 137
富山大学単位不認定事件最高裁判
決 ………………………………… 295

な行

な 内部進学拒否 ………………… 445
に 日本人学校 …………………… 449
日本スポーツ振興センター … 90, 125
日本の教育 … 19, 43, 57, 185, 194, 203,
207, 263, 275
——の特徴 ………… 61, 203, 207
ね 熱中症 ……………………… 298, 369
ネットいじめ …………… 27, 215, 248
——の早期発見義務 ………… 248
ネットパトロール ………………… 249
念書 …………………………… 78, 172
年齢主義 ………………… 45, 275, 317

は行

は 賠償能力 ……………………… 87
発信者情報開示請求 ……………… 250
発達障害 … 27, 114, 335, 337, 339, 340
——と合理的配慮 …………… 337
——の情報共有 ……………… 340
パワハラ …………………………… 401
犯罪
教員の—— …………………… 393

464

事項索引

校内での―― ……………… 75
児童生徒の―― …… 297, 385, 391
――調査 ……………… 76
犯人探し ……………… 76
ひ PTA ……………………… 180
PTA会費 ……………………… 180
被害届 ……………………… 74
非弁行為 ……………………… 118
秘密録音 ……………… 73, 82, 329
ふ 部活動
…350, 356, 358, 359, 362, 368, 374, 378
海外の―― ……………… 36
――中の事故 ……… 131, 158, 259
――不要論 ……………… 378
部活動顧問
… 20, 35, 208, 350, 355, 356, 362, 372
――の時間外労働 ……… 364, 272
――の立会義務 ……………… 354
――の注意義務 ……………… 350
――の報酬 ……………… 272
――の法的位置づけ ……… 36
――の法的責任 ……… 356, 362
部活動指導員
……………… 35, 112, 350, 351, 355, 378
――の立会義務 ……………… 354
――の懲戒権 ……………… 353
――の報酬 ……………… 372
部活動費 ……………………… 437
服務監督権 ……………………… 433
不就学外国人児童生徒支援事業 ‥ 345
不適切指導 ……………… 213, 329
不登校 ……………… 27, 271, 273, 287
いじめと――
……………… 253, 280, 289, 253
消極的―― ……………… 277
積極的―― ……………… 277
――の権利 ……………… 63, 279
――の理由 ……………… 271
不登校児童生徒
…………… 47, 273, 276, 283, 284, 448
――に対する出席扱い ……… 285
不法行為責任 ……………… 102
プライバシー ……………… 77
フリースクール ……………… 279
――の単位認定 ……………… 284
へ 併設型中学校 ……… 33, 103, 445
――での退学 ……… 105, 310
別居中の保護者 ……………… 177
別室指導 ……………… 22

ほ 放課後の事故 ……………… 131, 146
法教育 ……………… 12, 408, 409
――の成績評価 ……………… 410
報告書 ……………………… 78
災害―― ……………… 78, 127
――に記載する事項 ……… 83
ホウ・レン・ソウ ……………… 70
ホームスクーリング …… 46, 279, 447
保護者
――の監督義務 ……… 88, 198
――の第一義的責任
……………… 53, 106, 297
保護者対応 ……………… 22, 54, 169
いじめの―― …… 222, 224, 241
――の時間帯 ……………… 175
保護者面談 ……………… 72

ま行

み みなし残業代 ……… 373, 396, 400
民事保全上の仮処分 ……………… 94
む 無過失責任 ……………… 108
無期雇用教員 ……………… 404
も モンスター・ペアレント …… 53, 169

や行

や 休み時間
――の事故 ……… 131, 142
――の指導監督義務 …… 142
――の法的性質 ……… 131
ゆ 有期雇用教員 ……………… 27, 404
有形力の行使 ……………… 322
よ 予見可能性
………… 100, 132, 142, 167, 245, 359

ら行

り 利益相反行為 ……………… 7, 73
留学 ……………………… 449
留年 →原級措置
臨時休業 ……………… 84
臨床心理士 ……………… 117
ろ 廊下の事故 ……………… 131
労働契約法の改正 ……… 27, 404
録音対応 ……………… 82

わ行

わ ワークルール教育 ……………… 410
ワークルール教育推進法（仮称）… 23
「私たちが拓く日本の未来」… 348, 416

465

判 例 索 引

最三小判昭和43年12月24日民集22巻13号3428頁〔故意・過失に基づく保全申立てによる仮処分命令の取消と不法行為の成否〕 ……………………………………………… 96

最二小判昭和49年3月22日民集28巻2号347頁〔監督義務者の監督義務違反と不法行為責任の成否〕 ……………………………………………………… 89, 201, 248

最三小判昭和49年7月19日民集28巻5号790頁〔私立大学における学生の懲戒処分の違法性（昭和女子大学事件）〕 ………………………… 26, 296, 303, 306, 310

最三小判昭和50年2月25日民集29巻2号143頁〔安全配慮義務の根拠と債務不履行責任〕 ………………………………………………………………………… 105

大阪地判昭和51年2月27日判時837号75頁〔始業前の小学校教室における事故と学校の法的責任（教員が児童に予習を指示していた場合）〕 …………………… 149

最大判昭和51年5月21日刑集30巻5号615頁〔子どもの学習権・学習指導要領と教員の教授の自由（旭川学力テスト事件）〕 ……………………… 26, 41, 43, 52

最三小判昭和52年3月15日民集31巻2号234頁〔学則の制定根拠と部分社会論（富山大学単位不認定事件）〕 ………………………………………………… 26, 296

最三小判昭和53年7月4日民集32巻5号809頁〔国家賠償法2条の営造物の「瑕疵」の意義〕 ………………………………………………………………………… 165

長野地判昭和54年10月29日判時956号104頁〔公立学校と児童生徒間の在学関係の法的性質〕 ……………………………………………………………………… 34

京都地判昭和54年12月14日判時966号104頁〔通学路の安全性につき営造物の瑕疵を認めた事例〕 …………………………………………………………………… 444

大阪地判昭和55年9月29日判時1004号91頁〔休み時間直後の教員が教室に入室する前に起きた事故と教員の安全保護監督義務〕 ……………………………… 146

最二小判昭和56年2月16日民集35巻1号56頁〔安全配慮義務違反を理由とする債務不履行責任の立証責任〕 …………………………………………………… 105

東京高判昭和56年4月1日刑月13巻4・5号341頁〔有形力の行使と体罰該当性〕 …… 327

福岡地判小倉支昭和56年8月28日判時1032号113頁〔放課後の事故と教員の注意義務〕 ………………………………………………………………………………… 149

大阪地判昭和57年4月23日下民33巻1〜4号727頁〔通学路の安全性につき営造物の瑕疵を認めた事例〕 ………………………………………………………… 444

最二小判昭和58年2月18日民集37巻1号101頁〔部活動の本質と部活動顧問の注意義務・立会い義務〕 …………………………… 26, 101, 162, 351, 355, 359

最二小判昭和58年5月27日民集37巻4号477頁〔法令に基づく通常の注意義務と安全配慮義務の違い〕 …………………………………………………………… 105

最三小判昭和58年6月7日集民139号117頁〔放課後に教室で生徒が殴られた事故と教員の注意義務〕（福岡地判小倉支昭和56年8月28日上告審） ……………… 149

名古屋高判昭和59年9月26日判時1141号88頁〔通学路の安全性につき営造物の瑕疵を

認めなかった事例〕 ……………………………………………………………………………… 444

浦和地判昭和60年4月22日判時1159号68頁〔いじめにおける学級担任の法的義務〕
…………………………………………………………………………………………… 24, 194, 201

東京地判昭和60年5月31日判時1202号64頁〔放課後の事故と教員の注意義務〕……… 149

神戸地判昭和60年9月26日判時1182号123頁〔休み時間中の教室での中学生同士のけ
んかと教員の予見可能性〕 ……………………………………………………………… 146

名古屋地判昭和61年10月23日判時1238号110頁〔通学路の安全性につき営造物の瑕疵
を認めなかった事例〕 ……………………………………………………………… 149, 444

東京高判昭和61年11月25日判例地方自治47号38頁〔休み時間中における教員の児童生
徒に対する監視指導義務〕 …………………………………………………………… 138

最二小判昭和62年2月6日集民150号75頁〔教員の安全配慮義務〕…… 26, 31, 101, 162, 248

最二小判昭和62年2月13日民集41巻1号95頁〔学校事故における教員の結果回避可能
性を否定した事例〕 ……………………………………………………………………… 101

千葉地判昭和62年10月30日判時1266号81頁〔自主退学勧告と退学処分の関係〕……… 308

東京高判昭和62年12月16日行集38巻12号1731頁〔原級留置処分と職員会議の必要性〕
…………………………………………………………………………………………………… 304

横浜地判昭和63年10月14日判時1315号101頁〔内部進学の拒否と学校の裁量権〕…… 447

千葉地判昭和63年12月19日判タ693号175頁〔休み時間中の事故と教員の注意義務〕… 146

東京地決平成元年6月23日判時1323号97頁〔内部進学の拒否と在学契約〕…………… 447

最一小判平成2年1月18日集民159号1頁〔学習指導要領の法的拘束力（伝習館事件）〕
……………………………………………………………………………………………… 41, 52

最二小判平成2年3月23日集民159号261頁〔学校の過失と注意義務〕………………… 101

東京地判八王子支平成3年9月26日判時1400号39頁〔公立学校の在学関係〕………… 296

浦和地判平成4年2月4日判例地方自治98号35頁〔休み時間中の教員の注意義務〕… 145

札幌地判平成4年3月30日判時1433号124頁〔給食の法的性質〕…………… 131, 442, 443

最三小判平成4年10月6日集民166号21頁〔私立大学の応援団員の暴行死亡事故と学
校法人の使用者責任（安全配慮義務の否定）〕 …………………………………… 105

東京高判平成4年10月30日判時1443号30頁〔自主退学勧告の違法性と生徒の意思表示
の効力〕 ………………………………………………………………………………… 308

最三小判平成5年3月30日民集47巻4号3226頁〔学校の設置物の「通常有すべき安全
性」の解釈（幼児がテニス審判台で死亡した事故）〕………………………………… 165

東京高判平成5年4月20日判時1465号87頁〔災害共済給付の「学校の管理下」の意義
（学校の休業期間中の部活動の自主練習中の事故）〕……………………………… 127

京都地判平成5年5月28日判例時報1472号100頁〔学校の不法行為責任が時効消滅し
た場合に債務不履行責任を認めた事例〕 …………………………………………… 105

大阪地判平成7年1月27日判時1561号36頁〔退学処分の判断基準〕………………… 306

秋田地判平成7年9月22日判時1579号124頁〔休み時間中のトイレにおける暴行事件
と学校の法的責任〕 …………………………………………………………………… 134

静岡地判浜松支平成8年2月19日判時1588号130頁〔地方公共団体が学校設置者であ
る場合に国家賠償法でなく民法上の使用者責任を認めた事例〕……………………… 32

467

判例索引

最一小判平成 8 年 2 月22日集民178号437頁〔中学校生徒心得の法的性質〕……………296

最二小判平成 8 年 3 月 8 日民集50巻 3 号469頁〔信仰上の理由による履修拒否と退学
処分〕………………………………………………………… 26, 306, 318, 443

最一小判平成 8 年 7 月18日集民179号629頁〔私立学校の懲戒処分と建学の精神（修得
高校パーマ退学訴訟）〕………………………………………………… 306

京都地判平成 8 年 8 月22日判タ929号113頁〔校外写生中に小学生が交通事故で死亡し
た場合の教員の注意義務〕……………………………………………… 157

金沢地判平成 8 年10月25日判時1629号113頁〔転校生がいじめられた場合の教員・学
級担任の法的責任〕……………………………………………………… 194

最一小判平成 9 年 9 月 4 日裁判集民185号63頁〔柔道部顧問の注意義務と立ち会い義務〕
………………………………………………………… 138, 162, 355, 360

大阪地判堺支平成11年 9 月10日判タ1025号85頁〔食物アレルギーによる死亡事故〕… 442

大阪地判平成13年 5 月25日判時1775号89頁〔私立中学校における自宅謹慎〕………… 313

岐阜地判平成13年12月20日裁判所ウェブサイト〔休み時間中の体育館での事故と教員
の結果回避可能性（体育館の出入りを禁止していた場合）〕……………………… 146

東京高判平成14年 1 月31日東高民53巻 1 ～12号 3 頁〔いじめの被害者の家庭における
コミュニケーション不足と過失相殺の成否〕……………………………… 268

大阪地判平成14年 3 月19日判例集未登載〔下校途中に高校生が別の学校の生徒に殴ら
れて死亡した事故と学校の法的責任〕……………………………………… 149

名古屋地判平成14年11月29日判タ1134号243頁〔子を奪取した別居親から相談を受け
たカウンセラーの法的責任〕……………………………………………… 179

甲府地判平成15年11月 4 日判タ1162号238頁〔休み時間中の小学校体育館での事故と
教員の結果回避可能性〕………………………………………………… 145

高松高判平成16年10月29日判時1913号66頁〔部活動顧問に必要な能力と結果回避可能
性（サッカー部落雷事故）〕……………………………………………… 101

大阪地判平成17年 3 月29日判時1923号69頁〔退学処分と告知聴聞の機会の必要性〕… 303

東京地判平成17年 9 月27日判例地方自治275号10頁〔退学処分と職員会議の必要性〕… 304

東京地判平成17年 9 月28日判タ1214号251頁〔休み時間中の校庭での一輪車事故と教
員の予見可能性〕………………………………………………………… 145

最二小判平成18年 3 月13日集民219号703頁〔部活動顧問に必要な能力と予見可能性
（サッカー部落雷事故）〕（高松高判平成16年10月29日上告審）… 24, 38, 101, 149, 356, 360

横浜地判平成18年 3 月28日判時1938号107頁〔公立学校と親権者間の在学契約に基づ
く調査報告義務〕……………………………………………………… 34

東京地判平成18年 9 月26日判時1952号105頁〔私立学校の在学契約の当事者〕………… 34

最二小判平成18年11月27日民集60巻 9 号3437頁〔在学契約の法的性質（学納金返還訴
訟）〕………………………………………………………… 26, 34, 296, 306

神戸地判平成19年 2 月23日判例地方自治309号67頁〔学校の不法行為責任が時効消滅
した場合に債務不履行責任を認めた事例〕……………………………… 105

東京高判平成19年 4 月11日判例地方自治306号86頁〔学校事故における学級担任の注
意義務〕………………………………………………………………… 189

468

判例索引

広島地判平成19年5月24日判時1984号49頁〔いじめの加害者の保護者の予見可能性
　（教員から事実を伝えられていなかった場合）〕‥‥‥‥‥‥‥‥‥‥‥‥‥‥‥ 234
札幌高判平成19年9月27日裁判所ウェブサイト〔勤務時間外の部活動顧問の法的性
　質〕‥‥‥‥‥‥‥‥‥‥‥‥‥‥‥‥‥‥‥‥‥‥‥‥‥‥‥‥ 24, 374, 401
仙台高判平成20年3月21日判例地方自治314号44頁〔仮入部生が竹刀を振り回した事
　故（児童生徒の部活動参加能力）〕‥‥‥‥‥‥‥‥‥‥‥‥‥‥‥‥‥‥‥‥ 368
最二小判平成20年4月18日集民227号669頁〔始業前の小学校の自習時間中の事故と教
　員の注意義務〕‥ 149／〔学校事故における学級担任の注意義務〕（東京高判平成
　19年4月11日上告審）‥‥‥‥‥‥‥‥‥‥‥‥‥‥‥‥‥‥‥‥‥‥‥‥‥‥ 189
仙台地判平成20年7月31日判時2028号90頁〔始業前の中学校教室における事故と予見
　可能性〕‥ 149／〔子どもの自己抑制力不足による事故〕‥‥‥‥‥ 55, 157, 190, 191
大阪地判平成20年9月25日判時2057号120頁〔退学処分の判断基準〕‥‥‥‥‥‥‥ 306
東京地判平成20年10月29日判タ1298号227頁〔危険性を含む教育活動〕‥‥‥‥‥‥ 162
津地判松阪支部平成20年12月12日判例地方自治320号37頁〔休み時間中の小学校駐車
　場における投石による事故と教員の注意義務〕‥‥‥‥‥‥‥‥‥‥‥‥‥‥‥ 145
福島地判郡山支平成21年3月27日判時2048号79頁〔柔道部顧問の法的責任〕‥‥‥‥ 362
最三小判平成21年4月28日民集63巻4号904頁〔有形力の行使と体罰該当性〕‥‥ 26, 327
福岡地判平成21年7月17日判時2077号52頁〔負傷した生徒が部活動に参加して事故が
　発生した場合の部活動顧問の法的責任〕‥‥‥‥‥‥‥‥‥‥‥‥‥‥‥‥‥‥ 368
神戸地判平成21年10月27日判時2064号108頁〔部活動終了後の更衣室内でのけんか〕‥ 368
最一小判平成21年12月10日民集63巻10号2463頁〔私立中学・高校の在学契約と教育内
　容の変更〕（東京地判平成18年9月26日上告審）‥‥‥‥‥‥‥‥‥ 34, 105, 296
名古屋地判平成21年12月25日判時2090号81頁〔組体操の事故と教員の注意義務〕
　‥‥‥‥‥‥‥‥‥‥‥‥‥‥‥‥‥‥‥‥‥‥‥‥‥‥‥‥‥‥‥‥ 138, 162
福岡高判平成22年2月4日判時2077号47頁〔負傷した生徒が部活動に参加して事故が
　発生した場合の部活動顧問の法的責任〕（福岡地判平成21年7月17日控訴審）‥‥ 368
大阪地判平成22年9月3日判時2102号87頁〔当該部活動の経験や専門知識がない教員
　が部活動顧問を担当させられた場合の法的責任〕‥‥‥‥‥‥‥‥‥‥‥‥‥‥ 368
名古屋高判平成22年11月4日裁判所ウェブサイト〔国立大学法人に対する国家賠償法
　の適用〕‥‥‥‥‥‥‥‥‥‥‥‥‥‥‥‥‥‥‥‥‥‥‥‥‥‥‥‥‥‥‥‥ 31
大分地判平成23年3月30日裁判所ウェブサイト〔水泳の授業中の飛び込み事故と教員
　の注意義務〕‥‥‥‥‥‥‥‥‥‥‥‥‥‥‥‥‥‥‥‥‥‥‥‥‥‥‥ 138, 157
横浜地判平成23年5月13日判時2120号65頁〔高校修学旅行中の水難事故と教員の事前
　調査義務〕‥‥‥‥‥‥‥‥‥‥‥‥‥‥‥‥‥‥‥‥‥‥‥‥‥‥‥‥ 141, 157
名古屋地判平成23年5月20日判時2132号62頁〔いじめの被害者の過失と過失相殺〕‥ 248
最三小判平成23年7月12日集民237号179頁〔公立学校教員の時間外労働〕‥‥‥‥ 26, 401
東京地判平成23年9月5日判時2129号88頁〔清掃時間中の事故と教員の注意義務〕‥ 151
鹿児島地判平成23年11月22日判例集未登載〔体育の授業中のバスケットボールでの事
　故と体育助手の注意義務〕‥‥‥‥‥‥‥‥‥‥‥‥‥‥‥‥‥‥‥‥‥‥‥‥ 138
東京地判平成23年12月7日判例集未登載〔教室からの転落事故と学級担任の日常での

469

指導義務〕……189

札幌地判平成24年3月9日判時2148号101頁〔負傷した生徒が部活動に参加して事故が発生した場合の部活動顧問の法的責任（柔道部の場合）〕……368

東京地判平成24年4月4月18日判例集未登載〔家庭訪問の際に教員が保護者から暴行を受けた場合の校長の法的責任〕……175

大阪地判平成24年11月7日判時2174号86頁〔小学校林間学習中の転落事故と教員の注意義務〕……141

千葉地判平成24年11月16日裁判所ウェブサイト〔授業中の事故と授業担当教員の注意義務〕……138

名古屋高判平成24年12月25日判時2185号70頁〔学校法人の在学契約に基づく安全配慮義務〕……316

横浜地判平成25年2月15日判タ1390号252頁〔医師が予見不可能な事故における部活動顧問の法的責任（柔道事故のセカンドインパクト症候群）〕……368

札幌地判平成25年2月15日判時2179号87頁〔無期停学処分の違法性〕……314

大分地判平成25年3月21日判時2197号89頁〔部活動中の体罰と熱中症事故〕……351, 370

大分地判平成25年4月18日判例集未登載〔校舎内の廊下の転倒事故と営造物の「瑕疵」〕……165

大分地判平成25年6月20日自保ジャーナル1909号20頁〔小学生が蹴ったサッカーボールで職員室内の教員が負傷した事故〕……157

東京高判平成25年7月3日判時2195号20頁〔医師が予見不可能な事故における部活動顧問の法的責任（柔道事故のセカンドインパクト症候群）〕（横浜地判平成25年2月15日控訴審）……368

大阪地判平成25年7月29日判例集未登載〔体育館の天井からの転落事故と営造物の「瑕疵」〕……164

横浜地判平成25年9月6日労働判例ジャーナル22号29頁〔教員の勤務時間外の事故における部活動顧問の法的責任（朝練中の事故）〕……368

福岡高判平成25年12月5日判時2217号45頁〔校舎内の廊下の転倒事故と営造物の「瑕疵」〕（大分地判平成25年4月18日控訴審）……164

前橋地判平成26年3月14日判時2226号49頁〔いじめと自死との間の相当因果関係〕……248

徳島地判平成26年3月24日判例集未登載〔熱中症事故（野球部練習中）〕……370

名古屋地判半田支部平成26年5月22日労働判例ジャーナル29号28頁〔体育の授業中の柔道事故と教員の注意義務（「柔道指導の手引」に沿っていた場合）〕……138

東京地判平成26年11月11日判例集未登載〔体育の授業中の跳び箱事故と教員の注意義務及び学級担任の保護者への連絡義務〕……138, 190

福岡地判平成26年11月18日判例集未登載〔バレーボール用ネットの支柱による事故と営造物の「瑕疵」〕……164

福岡地判平成27年3月3日判時2271号100頁〔騎馬戦の事故と学校の法的責任〕……162／〔学校の不法行為責任が時効消滅した場合に債務不履行責任を認めた事例〕……105

東京地判平成27年3月25日判例集未登載〔技術家庭の授業中の集塵機事故と教員の注意義務〕……138

最一小判平成27年4月9日民集69巻3号455頁〔小学生が校庭から蹴ったサッカーボールを避けようとして転倒し死亡した事故の保護者の法的責任〕……………… 93

福岡高判平成27年4月20日判例集未登載〔国立大学法人に対する国家賠償法の適用〕… 31

高松高判平成27年5月29日判時2267号38頁〔熱中症事故（野球部練習中）〕（徳島地判平成26年3月24日控訴審）………………………………………………………………… 370

福岡高判平成27年5月29日判例集未登載〔子どもの自己抑制力不足による事故と学校・学級担任の法的責任〕……………………………………………………… 157, 190

東京地判平成27年6月29日判例集未登載〔無期停学処分と告知聴聞の機会〕…… 303, 314

熊本地判平成27年9月11日判例集未登載〔学校設置者の就学環境整備義務〕………… 110

東京地判平成28年2月26日労働判例ジャーナル55号39頁〔私立学校教員の時間外労働と定額残業手当〕……………………………………………………………… 397, 401

仙台地判平成28年3月24日判時2321号65頁〔災害時児童生徒引取責任者以外の者に児童を引き渡した後に津波によって死亡した場合の学校の法的責任〕………………… 131

奈良地判平成28年4月28日判例地方自治423号72頁〔プールの飛び込み事故と営造物の「瑕疵」〕………………………………………………………………………… 165

静岡地判平成28年5月13日判時2336号83頁〔部活動顧問の安全配慮義務〕………… 351

大阪地判平成28年5月24日判時2331号36頁〔乾式温度計が設置されていなかった体育館で発生した熱中症事故〕………………………………………………………… 368

高知地判平成28年6月7日判例集未登載〔懲戒処分と告知聴聞の機会の必要性〕…… 303

大阪地判平成28年9月15日判例地方自治422号63頁〔高校におけるいじめの加害者に対する自宅謹慎の違法性〕………………………………………………………… 314

福岡地判平成28年10月26日判例集未登載〔休み時間中の小学校教室における回転行為による事故と教員の予見可能性〕……………………………………………… 145

横浜地判横須賀支部平成28年11月7日判例集未登載〔学級担任と生徒間のLINEによる連絡〕…………………………………………………………………………… 435

横浜地判横須賀支平成28年11月7日判例集未登載〔いじめ防止対策推進法と損害賠償上のいじめの定義の違い〕…………………………………………………… 215, 260

大阪高判平成28年12月22日判例時報2331号31頁〔乾式温度計が設置されていなかった体育館で発生した熱中症事故〕（大阪地判平成28年5月24日控訴審）…………… 368

大分地判平成28年12月22日裁判所ウェブサイト〔公立学校教員が重過失により国家賠償法1条2項で求償される場合〕…………………………………………………… 32

宇都宮地判平成29年2月2日判時2337号69頁〔給食中の白玉団子の誤嚥事故と教員の過失の成否〕……………………………………………………………………… 151

東京高判平成29年2月23日労働判例1158号59頁〔初任者教員のうつ病と公務災害〕… 404

宮崎地判延岡支部平成29年3月29日裁判所ウェブサイト〔小学校校外学習中のプール水難事故と教育委員会の事前承認の必要性〕……………………………………… 141

高松高判平成29年7月18日判例集未登載〔懲戒処分と告知聴聞の機会の必要性〕（高知地判平成28年6月7日控訴審）……………………………………………… 303, 306

横浜地判小田原支部平成29年9月15日判例集未登載〔図工授業中に小学校校門前の公道上での交通事故で児童が死亡した場合の学校の法的責任〕…………………… 157

471

著 者 紹 介

神内　聡（じんない　あきら）

1978年香川県高松市生まれ。東京大学法学部卒業。東京大学大学院教育学研究科修了。筑波大学大学院ビジネス科学研究科修了。弁護士（東京弁護士会）、専修教員免許（社会科）保有。専門は教育法。

現在、本郷さくら総合法律事務所代表弁護士、淑徳中学高等学校社会科教諭。

日本で最初の教師と弁護士を兼業するスクールロイヤーで、2018年現在、全国で唯一の「学校内弁護士」。学校現場で高校生のクラス担任をはじめとする教員業務と、教育法を専門とする弁護士活動を行っている。教師として日常的に子どもたちと触れ合い、現在の教育現場の実情を最もよく知る弁護士として、実践的かつ学術的な視点から日本の教育問題に取り組んでいる。

高校での担当科目は現代社会と世界史。日本弁護士連合会では教育法制ワーキンググループ、東京弁護士会では子どもの人権と少年法に関する特別委員会と法教育委員会に所属。

著書に『学校内弁護士　学校現場のための教育紛争対策ガイドブック』（単著・日本加除出版、2016)、『新しい学校法務の実践と理論』（共著・日本加除出版、2014)など。また、NHKドラマ「やけに弁のたつ弁護士が学校でほえる」では主人公と同じく学校に勤務する弁護士としてスクールロイヤー考証を担当した。

著者が代表を務める本郷さくら総合法律事務所は、約30年間の教員歴を持つ原口暁美弁護士も所属する、日本で唯一の教師の経験を有する弁護士による教育法専門の法律事務所でもある。

スクールロイヤー
——学校現場の事例で学ぶ教育紛争実務Q&A170

2018年7月31日　初版発行
2024年10月24日　初版第5刷発行

著　者　神　内　　　聡
発行者　和　田　　　裕

発行所　日本加除出版株式会社
本　社　〒171-8516
　　　　東京都豊島区南長崎3丁目16番6号

組版　大日本印刷㈱　印刷・製本（POD）　京葉流通倉庫㈱

定価はカバー等に表示してあります。
落丁本・乱丁本は当社にてお取替えいたします。
お問合せの他、ご意見・感想等がございましたら、下記まで
お知らせください。

〒171-8516
東京都豊島区南長崎3丁目16番6号
日本加除出版株式会社　営業企画課
電話　03-3953-5642
FAX　03-3953-2061
e-mail　toiawase@kajo.co.jp
URL　www.kajo.co.jp

Ⓒ Akira Jinnai 2018
Printed in Japan
ISBN978-4-8178-4494-1

JCOPY　〈出版者著作権管理機構　委託出版物〉

本書を無断で複写複製（電子化を含む）することは、著作権法上の例外を除き、禁じられています。複写される場合は、そのつど事前に出版者著作権管理機構（JCOPY）の許諾を得てください。
また本書を代行業者等の第三者に依頼してスキャンやデジタル化することは、たとえ個人や家庭内での利用であっても一切認められておりません。

〈JCOPY〉HP：https://www.jcopy.or.jp, e-mail：info@jcopy.or.jp
電話：03-5244-5088, FAX：03-5244-5089

第2版 学校内弁護士
学校現場のための教育紛争対策ガイドブック

商品番号：40641
略　号：学弁

神内聡 著

2019年8月刊 A5判 240頁 定価2,640円(本体2,400円)
978-4-8178-4581-8

- 学級担任を務める弁護士が教える、活きた教育紛争対策サポートブック。
- 学級担任・部活動顧問・学年主任等、現場の教員が直面するそれぞれの法的問題をはじめ、教育紛争の初期対応や保護者のクレーム対応等を類型化し、教育現場の実情を知る弁護士として法的予防策・解決策を提示。

新しい学校法務の実践と理論
教育現場と弁護士の効果的な連携のために

商品番号：40568
略　号：学法

山口卓男 編著

2014年11月刊 A5判 240頁 定価2,750円(本体2,500円)
978-4-8178-4194-0

- 組織内弁護士の設置、弁護士による教員のための相談窓口の常設などの「制度的な工夫」について解説。事件・事故の予防から発生時の混乱収束、情報管理、児童・生徒のケア、保護者との折衝、教職員の処遇等に至るまでの専門的な法律知識・紛争解決技能が身につく一冊。

日本加除出版

〒171-8516　東京都豊島区南長崎3丁目16番6号
TEL (03)3953-5642　FAX (03)3953-2061（営業部）
www.kajo.co.jp